小論文を学ぶ

知の構築のために

長尾達也

山川出版社

はじめに

　本書は3部構成をとっている。第Ⅰ部は《読みと書きの技術論》、第Ⅱ部は《小論文に必要な知の構築》、第Ⅲ部は《実践演習を通じての知の習得》である。3つの部のどこから読みはじめてもよいが、3つの部はそれぞれ小論文を真に理解するための必要条件を成しており、どれ一つとしておろそかにしてよいものはない。本書全体を読み終わった者は、"三位一体"のパワーをはっきりと自覚することができるはずである。

　いままで数々の小論文の本が出版されてきたが、どれも読み手に得心（とくしん）を与えるものではなかった。なぜなら、そのいずれもが、小論文を単に技術論レベルでとらえるものにすぎなかったからだ。だが、小論文は技術論では対処できない。小論文とは、それ自体が時代を映す鏡であり、時代全体を鳥瞰（ちょうかん）する目（世界観）をもっていないかぎり到底書けるものではない。本書は、そうした観点から小論文の本質の解明をはかり、読者に小論文の正体を明確につかんでもらうことを目的としている。

　いま、世界は、大づかみにいえば500年に一度の大変革の時期に遭遇しており、あらゆる価値観が動揺しはじめている。「なぜ人を殺してはいけないのか」という疑問さえ堂々と唱えられる混乱の時代である。そうした時代だからこそ「小論文」という試験が登場してきたのであるが、そのことをはっきりと認識しないかぎり、小論文でまともな答案を書くことは不可能であるといっていい。

　本書の内容は多少むずかしいはずである。時代を数百年単位で見渡し、現在起こっていることがどのようなことを意味しているのかを知ろうとすれば、どうしても内容的にむずかしくなる。読者には、その「むずかしさ」を通過してもらわなければならない。だが、その「むずかしさ」を通過して本書を理解した者には、他の追随を許さない圧倒的な強さが与えられることになる。平均的な答案のレベルを50点とすれば、事柄が全体として理解できた者は80～90点ぐらいは取れるはずである。小論文で是非とも差をつけたいと思う人は、「むずかしさ」に耐えて、本書を完全に消化してほしい。

　では、諸君のがんばりに期待する。

筆　者

= 目次 =

はじめに

第Ⅰ部　論文の基本的な作り方 ……………………………………… 1
1. 概念化の作業 …………………………………………………… 2
2. 抽象化の作業 …………………………………………………… 16
3. 論理化（段落化）の作業 ……………………………………… 22
4. 具体的な作業 …………………………………………………… 27
5. その他「べからず」集 ………………………………………… 30
6. 小論文問題のタイプ …………………………………………… 42
7. 小論文の対策とは何をすることか …………………………… 43

第Ⅱ部　20世紀的「知」の構造 …………………………………… 47

第1章　20世紀的「知」の概要 ………………………………… 48
1. 高校生の素朴な意識 …………………………………………… 48
2. 「知」の変貌と社会変動 ……………………………………… 49
3. 20世紀的「知」の基本構造 …………………………………… 50
4. 〈知〉の大変貌をみるための4つのキーワード ……………… 52

第2章　近代的〈知〉とその反省 ……………………………… 58
1. 近代的〈知〉のマトリックス ………………………………… 58
2. マトリックスを横に読む ……………………………………… 58
　コンセプト1　二元性 …………………………………………… 60
　コンセプト2　分析性 …………………………………………… 69
　コンセプト3　合理性 …………………………………………… 76
3. マトリックスを縦に読む ……………………………………… 85

第3章　近代的〈知〉を超えて ………………………………… 92
　はじめに　20世紀的〈知〉の展望 ……………………………… 93
1. 環境問題——システム思考の要請 …………………………… 94
2. 情報化の問題——シミュラークルの世界 …………………… 102
3. 異文化理解の問題——共生社会の構築 ……………………… 120
4. 個と公共の問題——自己統治の可能性 ……………………… 140
5. 科学文明の問題——事実と価値の架橋 ……………………… 170
6. 教育問題——自己組織化の可能性 …………………………… 188

第Ⅲ部　実践的問題演習 …………………………………… *203*
1．環境問題 ……………………………………………… *204*
(1)「地球環境の汚染」(京都大　医学部) …………………… *204*
(2)「自然の支配」(早稲田大　人間科学部) ………………… *206*
(3)「環境倫理と自己決定」(北海道大　法学部) …………… *209*
2．情報化の問題 ………………………………………… *212*
(1)「言語の価値と限界」(京都大　文学部) ………………… *212*
(2)「真なる知と贋金」(早稲田大　第一文学部) …………… *216*
(3)「オリジナル・コピー・シミュラークル」(筑波大　第二学群) ………… *219*
3．異文化理解の問題 …………………………………… *223*
(1)「ノーマライゼーション」(香川大　教育学部) ………… *223*
(2)「自己と他者の補完性」(慶應大　文学部) ……………… *225*
(3)「マルチカルチュラリズム」(横浜国立大　教育人間科学部) ………… *229*
(4)「歴史の解釈」(慶應大　経済学部) ……………………… *233*
4．個と公共の問題 ……………………………………… *236*
(1)「パターナリズムと自己決定」(信州大　医学部) ……… *236*
(2)「民主主義と資本主義」(東京都立大　経済学部) ……… *238*
(3)「ゲームの理論」(東京大　文科二類) …………………… *243*
5．科学文明の問題 ……………………………………… *245*
(1)「社会科学の客観性」(大阪大　経済学部) ……………… *245*
(2)「人工身体と自然の身体」(島根大　法文学部) ………… *249*
(3)「幸福論」(奈良女子大　生活環境学部) ………………… *252*
6．教育問題 ……………………………………………… *255*
(1)「教育の現状と課題」(名古屋大　教育学部) …………… *255*
(2)「有害番組のコントロール」(お茶の水女子大　文教育学部) ………… *258*
(3)「教養と専門的知識」(東京大　文科一類) ……………… *261*

第Ⅰ部 論文の基本的な作り方

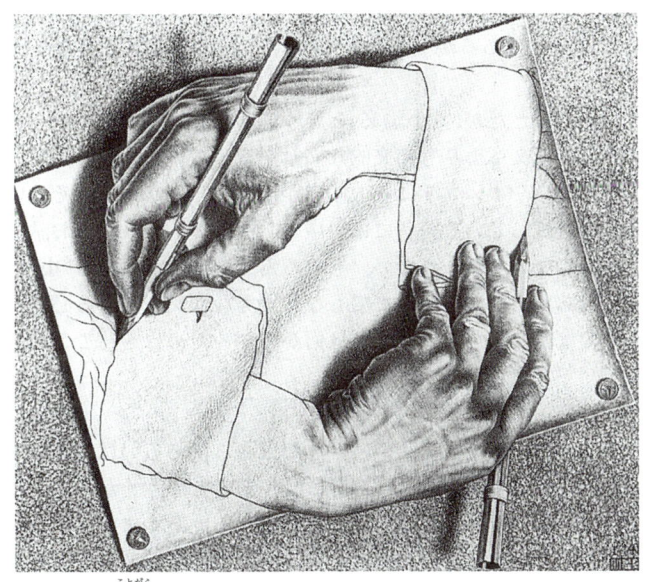

書くことは事柄(ことがら)をリアルに立ち現させることである。
そして,書くことは,他者ばかりでなく自己までも客観的に描出することである。

　ここでまずは論文作成の基本的な作法を勉強していただきたい。論文というのは作文とは違う。単に個人的な思いを述べたてればよいというものではない。論文作成にあたって注意すべき点をはっきりと認識して,その上で必要な知の習得にとりかかってもらいたい。必要な知については第Ⅱ部,第Ⅲ部で示す。第Ⅰ部の「作法」と第Ⅱ部・第Ⅲ部の「知」が合体したときに真の力が身につくはずである。

1. 概念化の作業

(1)「作文」と「小論文」の違い

　小論文の書き方について述べる前に，まず作文と論文の違いをはっきりさせておこう。この違いをいいかげんに考えていると，結局はいつまでたってもまともな小論文は書けるようにならない。小論文の書き方——一般に「論文」と名のつくものの書き方も本質的には同様であるが——の基本は，まずはこの作文との違いを理解することにある。

　しかし，周知のことだが，「小論文」という名の試験の中には，「小論文」とは名ばかりでじつは論文的な文章よりも作文的な文章を求めているものもある。こういっては何だが，割と入学しやすい大学にその傾向がある。したがって，そういう大学を受けるためにこの本を読んでいる読者には，申し訳ないが，これからお話することはあまり実質的な意味はないかもしれない。もちろん，そういう読者も「小論文」という名の「作文」を作るにあたっては，いうまでもなく優秀な作文をつくる必要があるだろうから，その意味では，作文らしい作文とは何かを知るためにも，ここの部分は役に立つだろう。

　前置きが長くなった。本論に入ろう。

　さて，今までに高校生諸君は，いろいろな人から，あるいはいろいろな本で，作文と小論文の違いについて聞いた(読んだ)ことがあると思う。が，おそらくはそのどれもが納得いくものではなかったはずだ。なんとなく，あくまでなんとなく，作文と小論文は違うらしいというところまでは分かったとしても，どこがどのように違うのかについて明瞭な説明を聞いた(読んだ)ことはないはずだ。私もいろいろと参考書の類を見てみたが，明瞭な説明に出会ったためしがない。そんな状況なので，高校生が作文と小論文の説明を知らないのも無理からぬことである。そこで，その違いをこの際はっきりさせておきたい。

　作文というのは，最も広い意味では作られた文章のことを指し，その意味では小論文も作文の一種であることになる。ときどき見かける「小論文といっても何も難しいことはない。小論文も作文も本質は同じである」といった説明は，作文を広義の意味で解しての説明である。しかし，通常，「小論文は作文ではない」といわれる場合の「作文」は，こうした《広義の作文》を意味していない。単なる**作られた文章**といった意味とは若干異なる意味をもっている。それをまずは知ってもらおう。

　例えば，いま仮に「コンピュータ社会と人間」というテーマが与えられたとしよう。

　このテーマのもとで作文的な文章というのは，次のような文章のことである。

　　A【作文的文章】

　「現代の社会はいろいろなところでコンピュータのお世話になっている。銀行のオンライン・システムのお世話になっていない人はいないだろうし，予備校の

模試のコンピュータ処理もわれわれ受験生にとってはありがたいものである。この世の中、あっちに行ってもコンピュータ、こっちに行ってもコンピュータである。今やコンピュータなしの社会など想像もできないといっていいだろう。

しかし、これだけコンピュータが発達してくると、誰しも不安を覚え始める。このままでは人間の労働や人間の知識は不要になってしまうのではないか。すべてコンピュータがわれわれの代わりにやってくれるのはうれしいが、われわれの存在意味自体が失われてしまうのでは、と。たしかに、そう考えると、まったくもって恐ろしい時代に入ったように思えてくる。

―― B【作文的文章（最悪）】――

私の家にはコンピュータがない。こんなに世の中全体にコンピュータが普及しているというのに私の家だけには、まだそれがない。友人と話をしていても、家にコンピュータがないと言うと、ほとんどの友人が、遅れているなあ、という。

しかし、私はそれをある意味で誇りに思っている。というのも、コンピュータ時代になると誰しもコンピュータを使い始めるが、本当はコンピュータを使っているのではなく、逆にコンピュータに使われているにちがいないからである。コンピュータが発達しすぎるとなんだか人間がコンピュータのしもべになったようで恐い気がする。［……以下、略……］

勘の鋭い人はお分かりだと思うが、作文的な文章というのは、私の視点や、あるいは一般的に個人の視点からものをいう文章のことである。上の文章はそれぞれ、Aの文章は個人の視点から、Bの文章は私の視点から書かれている。これが作文的文章の本質である。どちらにしても「私的」文章という点では変わりはない。事柄（事実）そのものよりも、ある個人がその事柄（事実）をどのように受け取ったかという、事柄（事実）の受容に際しての心理や感情を書き記そうとするのが作文の本質である。

おそらく多くの人は、小学校以来こうした文章ばかりに親しんでいるため、文章を書くという営みをこのような「私的」文章を書くことだと勘違いしている人も少なくないだろう。小学校の頃、「○○をして思ったこと」「△△へ行って感じたこと」といった題で大量に作文を書かされたと思うが、そこでどういう内容を書いたかを思い出してほしい。そこで書いた文章というのは、おしなべて「私的」文章であったはずだ。事柄をいったん自分の経験アルバムの中に移し替えて、その上でそのアルバムのページをめくって回想するかのようにものをいう、アノやり方である。「きのうどこどこへ行った。とても楽しかった。もう一度あのような楽しい一時を過ごしたい。……」「誰それは立派だと思った。普通の人はこんなことはできないはずだ。それができる誰それはすばらしい人物だと思った。……」等々。作文的文章というのはおしなべて経験反省的であり内観的である。一度自分の心理のなかに事柄を取り込んで、その上で、すでに心理化（主観化）された事柄を内面的な「思い」として語り直そうとする文章である。

ちなみに、学校でしばしば作文の宿題というものが課せられるだろうが、良い作文と悪い作文――それはまた学校の先生に気に入られるものとそうでないものとの違い

でもある——は，どこがどう違うかについて言い添えておこう。ここでの主題ではないが，今後何らかの役に立つかもしれない。

悪い作文のほうがわかりやすいのでこちらから先に述べておくと，**悪い作文**というのは，次の特徴をもつものである。

1) 事柄を内面化する際に，非常に安直な概念や漠然とした感情に持ち込むもの。
   「楽しい」「嫌だ」「立派だ」「すごい」「こわい」「むかつく」
2) 作文である以上，事柄を心理化するのはしかたないが，その心理化が非常に自分勝手なもの。
   「〇〇は絶対イヤ」「〇〇は許せない」「〇〇はメチャすげえ」

次に良い作文とは何かについてだが，**良い作文**というものは，次のような特徴をもっている場合が多い。

1) 事柄を心理化するに際して，一度普通の心理化をしておいて，次にそれをもっと深めたところで再度心理化するもの。
   「……最初はイヤなことだと思った。しかし考えてみると私だってそれをしているし，単にイヤではすまない。」
   「それは美しいというよりも神々しいといった形容のほうがぴったりするような感じだった。」
2) 内面化(主観化)しているようにみせかけておいて，じつはちゃっかり事柄自体を分析し始めるもの(小論文に近いもの)。
   「……とうてい許されるものではないと思う。しかし，社会自体がそうなってきているのであれば，私の思いとは無関係にそれはそれで客観的・事実的に認めざるを得ないところもある。」
   「周りの人と同じように，わたしはそれに嫌悪感を感じた。だが，私が嫌悪感を感じたということは，広く見れば私の個人的な問題ではなく，社会心理が客観的にそれに抵抗していることの証でもあろう。その意味では，……」

良い作文の書き方など，ここではどうでもいいことだった。本論に戻ろう。

作文と小論文の違いについてはなんとなくわかってもらえただろうか。まだ「なんとなく」でしかないとは思うが，**主観化**や**内面化**が作文の本質だという点——これが決定的な点なのだが——については分かってもらえたと思う。論文が作文と違って，主観化されたものではないことが分かれば，作文と小論文の違いが明瞭に分かってくるはずである。

さて，小論文を書くに際して，最も大切なことは，それが**作文**的にならないことだ。作文のような主観化や内面化に走らないことである。これは十分に留意しておいてほしい。というのは，高校生の多くの人は何度注意をしてもすぐに**作文**的な文章に走ろうとするのである。「私は…」「自分は…」「…と思った」「…と感じた」といった類(たぐい)の文章ばかりが目立つ(といって，そうした表現を絶対とってはならないということではない。お間違いなきよう)。困ったものだが，現状の高校生のレベルというのはその程度のものであり，それゆえにこそ，逆にいえば，小論文でしっかりした実力を身につ

ければ相当にこの試験で優位に立つこともできるというわけである。

では，小論文の文章とはどのようなものであるか。次にその具体例を示しておこう。テーマは先ほどと同様「**コンピュータ社会と人間**」である。

> **C【小論文的文章】**
>
> このところさまざまな分野でコンピュータが使われている。銀行のオンライン処理もコンピュータが使われているし，飛行機の離発着の管理や新幹線の運行もコンピュータが背後で働いている。あるいは学校の成績処理もコンピュータである。
>
> このようにコンピュータが至るところで活躍しているのが現代社会だが，ここまでコンピュータが普及してくると，人間が今までやっていた仕事のほとんどはコンピュータに代替できてしまうのではないかとすら思えてくる。
>
> しかし，コンピュータ化が進めば進むほど，人間の労働や知識の意味が相対的に低下し，人間の存在自体が価値的に低く見積もられるようになる。「管理社会」という概念があるが，現代のようにコンピュータが発達・普及した社会は，さながらコンピュータが人間を管理するという意味での「管理社会」であり，社会全体としてみるとき，道具によって逆におのれが管理されているという一種の倒錯が起こっているといえる。

A，Bのように視点が個人的なレベルにないことがお分かりになっただろうか。言いかえれば，Cの文章はA，Bのような「私的」な文章ではなく，あくまで客観的・社会的な文章である。これが小論文的な文章なのである。その内容の良し悪しは別にして，少なくともこの種の小論文的な文章を書く必要がある。それが小論文作成の第一歩である。

以上のことを，図式化したものが下の図である。小論文の視点と作文の視点の違いに注意してほしい。

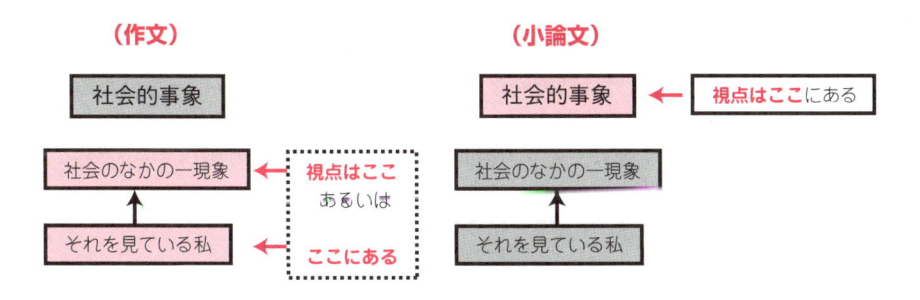

（作文）
社会的事象
↓
社会のなかの一現象 ← 視点はここ
↑　　　　　　　　　あるいは
それを見ている私 ← ここにある

（小論文）
社会的事象 ← 視点はここにある
↓
社会のなかの一現象
↑
それを見ている私

【例題】 次のA，Bの文章は，「作文」的文章かそれとも「小論文」的文章か。

> **A：「孤独について」**
>
> 多忙な社会に生きる中でいつの間にか築き上げられた人間関係。網の目のように広がり，複雑に絡まり合い，一体どのように処理すればよいのか見当もつかな

い。

　学校でも会社でもどこへいっても人間が相手であり，そこに生じる問題は避けられない。互いにもめ合い，規準もないのにあれこれ評価し合い批判し合う。人はその煩雑さに疲れ，そこから逃げようとする。

　こんな社会だから，自閉的な人間になってしまう。何でも心の中に隠し，人に頼ろうとせず他人に対し強がる。本当はとても弱いくせに，それを見られないように隠してしまう。たしかに自分の外のものを現実として受け止めるが，心の中で自分の孤独を悲しみ，ひそかに自分を癒してくれる何かを求めるのである。

　こうして自分の中だけに留まり，いうべきこともいわず，真の自分を閉じ込め，偽（いつわり）の自分が現れる。そのうちに自分を見失い，さまよい続けて結局本当に一人になってしまう。その姿は群れからはずれて迷った小鳥のように淋（さび）しくみえる。

答（　　　　　　　）的

B：「孤独について」

　現代社会がそれ以前の社会に比して，その複雑性，多様性，などの点において数段進んだものとなっていることはいうまでもないことである。人間関係一つをとってみても，社会構造の複雑化にともない非常に錯綜しており，一人の人間が取り結ぶ関係は昔とは比較にならないぐらいに多様で多層的になっている。例えば，一人の人間は他の人間と，家族や親族，あるいは地域や学校や会社やサークルなどにおいて，さらには近年ではサイバー・スペース上においても，他の人たちと複雑に関係を取り結ぶまでになっている。

　現代人は，こうした多様な人間関係の中でその都度の対応を迫られるため，その対応に終始するだけで相当にストレスを感じている。その煩雑さに疲れ，そこから逃げ出して「社会的ひきこもり」に走る者もいるという報告までなされている状況である。他者との表面的で慌ただしいつきあいが増せば増すほど，内面的な欠乏がそれに比例して増幅していっているといえるだろう。人は，どんなに多く人とつきあっても，結局は自分の内面を満たしてくれる「アイデンティティ」（本来的自己）を確認するまでは精神的な安定は得られない，ということなのだろう。

　現代社会は，その表面の多様で賑やかな姿とは裏腹に，人心の内面における「アイデンティティ」を蝕（むしば）み，人と人の間の内面的な関係を切り裂いて一人ひとりを「孤独」の淵（ふち）に突き落とし続けているといえるのではないだろうか。

答（　　　　　　　）的

　答は，Ａが作文的，Ｂが小論文的文章である。Ｂの文章が，Ａの作文的文章と根本的なところで異なっていることが分かってもらえるだろうか。作文的な文章は，社会的できごとを意識化して「私的」に語ろうとする文章であるが，小論文の文章というのは，あくまで社会的な事柄を，主観化や内面化に走らずにあくまで客観的・社会的に語ろうとするのである。視点の違いとでもいおうか，あるいは語り口の違いとでもいおうか，この根本的な違いをまずはしっかり感じ取っておいていただきたい。これ

が分からないでは，まともな答案は書けないのである。

【練習問題】　次の二つの文章は現代の学校教育についての意見文である。それぞれ，「作文」的か「小論文」的かを答えよ。

1) 6年間も英語を勉強しているのに，私は英語を話せない。私だけではない。私の周りの人々も同様である。おそらく日本中の義務教育および高等学校教育を受けた人のほとんどがそうなのではなかろうか。長い時間英語を学習したことが効果として現れないのは日本の一つの特徴といえるだろう。こうしたことが起こるのは，単に日本語と英語が文法構造その他で大きく違っているという言語的特質だけでは説明がつかない。やはり，教育のしかた，つまり英語の教え方に何か根本的な問題があるのであろう。

2) 学級崩壊や学校崩壊という言葉をよく聞くようになった。授業が成立しない，学校が機能しない，話が通じない，等々の情けない現実があるらしい。昔はそんなことはなかったのに最近そのようなことが起こっているというのは，児童・生徒たちの心に何か大きな変化が起こっているということなのだろう。「学校なんてつまんない。一人で遊んでいたほうがいい」。そんな子供たちの声が聞こえてきそうである。そういえば，昔はなかったのに最近出てきたものに，ファミコンがある。最近のファミコンは実際にやってみるとわかるが，じつにおもしろい。こうした一人遊びの遊具が子供たちの心を集団生活から遠ざけてしまってだらけさせているのではないだろうか。

　もう答はお分かりだろう。最初のものが小論文的で後のものが作文的である。なぜそうなのかといえば，最初のものは，**客観的**な事実をまずは述べ（たとえ私的な事情説明ではあっても），その上で，その事実の原因をこれまた**客観的**に考察しようとしているからである。それに比べて，後のものは，自分の中にすべての情報を取り込んで解釈し，意識の中で「ああだろうか，こうだろうか」と吟味しているだけである。**私的**な，いわば日記文である。しかも，そこで論定されていることは，著者の感情や感覚に基づく内容である。こうした文章が作文的な文章である。

(2) 課題文の読み取り

　小論文の問題は，一般的にはある課題を読ませて，その上で受験生に意見を求めるものが多い。あるいは意見を求める前に，とりあえず課題文の趣旨を要約的に述べさせる設問もよく見かける。したがって，まずは課題文の読み取りがまともにできなければ話にならない。それができないでは要約も意見も書けるものではない。

　だが，私の今までの経験では，高校生のほとんどは，悲しいことにこれがまともにできない。大方は，自分勝手な読み方をして，まったく疑問を感じていないのである。

　課題文の読み取りぐらいは自分でできる，と高をくくっている高校生も多いだろうが，まずは正確な読み取りの方法を学んでみて，その上で果たして自分の読み取りがまともかどうか判断してほしい。

　では，その読み取りの方法について述べることにする。

a.《ライン読み》と《面読み》

　読み取りのしかたには，**ライン読み**と**面読み**の二つがある。この二つの方法は私が命名したものであるので，一般的な名称ではないことをお断りしておく。

　さて，**ライン読み**とは，一行一行を丹念に読んでゆくという，ごく普通の読みのことである。おそらくはほとんどの高校生が小学校以来ずっと続けてきたであろう読み方である。文章を丹念に一文ずつ，一行ずつ読んで，だんだんと何をいっているかを判断してゆく，アノ読み方である。

　一方，**面読み**とは，紙面全体(頁全体)を一つの面と考え，そこに展開されている思想を構造的理解のもとに読み取ってゆく方法である。もちろん，面で読むとは言っても，読む時は当然行を追って読まざるを得ないわけだが，面読みの場合には一行一行を丹念に読むというよりは，行を読みながら重要概念を見つけることに専念するのである。それゆえ，重要概念以外のところは単なる論理構造を見てゆくだけで，いわば読み飛ばしていく。キーワード(重要概念)が現れたときにすかさず印を付け，こうして蓄積されたキーワード群の間の意味的関係を構造的に解読してゆくのである。ここで必要とされる能力は，言語能力というよりも論理能力といったほうがいいかもしれない。感覚的には，数学の幾何学の問題を解いているような感覚である。なかなか最初からこの読み方ができるわけではないので，最初はどうしてもライン読みにならざるを得ないと思うが，一度目にラインで読みながら重要概念に印をつけてゆけば，二度目に読むときは，この面読みができるはずである。どのような印をつけるかはあまり問題ではない。下線(傍線)を引いてもよいし，枠で囲ってもよい。要は，どの概念が重要かが紙面全体で見えてくるようにすればよいのである。私は通常は重要概念を枠で囲うことをお勧めしている。しっかりと枠で囲い，それでこの面読みの要領を確実につかんでほしいからである。

　下線(傍線)か枠囲みかは究極的にはどちらでもよいのだが，何も印をつけないというのは絶対にしてはならない。少なくともまだ小論文がうまく書けないうちは，必ず印をつけていただきたい。まともに小論文が書けるようになれば，こうしたまどろっこしい作業は省いてもいいが，まだ書けないうちからそうした高級技には入らないほうが賢明である。

　特に，小論文試験でよく見かける「要約せよ」という設問に対しては，この面読みが絶大な効果を発揮する。一度試してみることをお勧めする。また，国語の問題を解く際の読み取りも，じつはこの方法が効果を発揮する。これまた実際にやってみることをお勧めする。

　ちなみに，今まで私が教えた生徒はこの読み方ができるようになると，すこぶる国語の得点が上がっている。そればかりではなく，なかには大学に入ってからもこの読み方で随分と要領よく読書ができるようになり，大学4年でみごとに司法試験に合格した者もいる。その人も高校生の頃はまったく読みができなかったのだが，この面読みの方法を身につけることでしっかりと文章が読めるようになったのである。

　さて，キーワードに印をつけるといっても，どの単語がキーワードでどの単語がそ

うでないかがわからないでは印のつけようがないではないかと思う人もいるだろう。だが，キーワード探しには，あらかじめ方程式があるわけではない。その文その文に直面して自分で判断するしか方法はない。最初は何がキーワードか分からず面食らうことも多いと思うが，何度も繰り返し面読みを実践していれば，言葉はわるいが，"そのうち"分かるようになる。とにかく，文章全体を一つの面として見て，論理的に完全に把握するまでキーワードを探し求め，そのキーワード群の意味的連関を厳密に考察することである。

　キーワードかどうかを判断する一つの方法は，**何度も登場する概念**と**力が入っている概念**である。この二つを目安にしてキーワード決定を行うといい。何度も登場する概念は，筆者が特に意を注いでいる特定の事実やその意味であるから，それが文章全体の中でのキーワードになっていることが多いのである。もちろん，作者がその語に意を注いでいるからその語が頻出するのであって，頻出するから作者が意を注いでいるというわけではない。したがって，ただ何度も出てくるからというだけでそれがキーワードになっているかどうかは即断できないことはいうまでもない。

　また，力が入っている概念のほうは，どれがそうなのかはなかなか表面的には見えにくいが，文章全体を意味的に見渡せば，おのずから明瞭になってくるものである。

　この面読みの方法がしっかり身についたとき，はじめて文章全体で何が議論され，どのような見解が示されているかが分かるようになる。つまり，やっと文章の要約ができるようになる。往々にして高校生は，こうした論理的な地道な作業を経ずに単なるライン読みだけで分かったつもりになって要約文を書こうとするが，多少難しい課題文などに遭遇すると，途端にこれでは要約できなくなる。それは当然である。ライン読みだけでは論理関係の理解が十分でないために要約作業ができなくなるのである。論理関係を明確に見すえようとすれば，どうしてもライン読みではなく面読みが必要となる。

　高校生のほとんどは，こうした面読みを今までやってこなかったと思う。したがって，それがどういう読み方なのか，よく分からないかもしれない。そこで，実例を示しておくので，これを見てその要領をつかんでほしい。

【面読みの例】

　携帯電話の普及は，たぶんコミュニケーションの欲望の量的な増大そのものと対応しているわけではない。問題なのは，あくまでコミュニケーションをより「手軽」に，より「安易」にすること，つまり，コミュニケーションの欲望とその充足との間の時間差を極小にすることなのである。

　ニワトリが先か卵が先かは定かではないが，今日，テクノロジーの発達にともなって，私たちは自分自身の欲望に対してますます過敏になりつつある。テクノロジーは人々のはんのささやかな欲望を，その当人すら気づいていないうちに目ざとく発見し，先回りして満たしてくれようと待ち構えている。それは痒いところに手の届くようにこまめに世話を焼いてくれる気の良い召使なのであり，その行き届いたケアに慣れていったあげくの果て，私たちは今や公衆電話のありかを

捜すだけの時間すら，どうにももどかしくて待ち切れなくなってしまったのである。

　このことの帰結は二つあると思う。一つは，もどかしさが介在する暇もなく，欲望が芽生えるそばからみたされてゆくその「手軽さ」によって，いわば欲望の「閾値(いきち)」が低くなりつつあるということの危機である。私たちは徐々に，どんな些(さ)細(さい)な欲望に対しても，その充足が延期されることに我慢できなくなってきており，そして，それを実際にテクノロジーがただちに充足してくれるという事態を当然と受け止めつつある。こうした馴れの中では，即座の充足などは思いもよらないような巨大な，強靱(きょうじん)な，あるいは鋭利な欲望を抱き，そしてそれを保持することは，当然，困難にならざるを得ない。喋(しゃべ)りたいという気持ちが起こったか起こらないかのうちに，たちどころに携帯電話を取り出して相手を呼び出せるということ。この「安易さ」――それは，手紙から電話へ，さらにポケットベルやPHSへというコミュニケーション・ツールの進化によって増大する一方の「安易さ」だ――によって，コミュニケーションをめぐる私たちの欲望のボルテージはむしろ著しく下がってきていはしまいか。唐突な例を出すようだが，宮沢賢治のあの傑作童話「銀河鉄道の夜」の主人公の二人の少年ジョバンニとカンパネルラがもし携帯電話を持っていていつでも会話ができたとしたらどうだろう。距離を隔てて二人が互いに相手に投げかけあう激しい気持ちと，その気持ちのすれ違いの上に成立しているあの悲痛な物語は，その無類の美しさともども，いっさいがっさい崩壊するほかないではないか。

　以上はいわば，小姑(こじゅうと)的な厭味(いやみ)である。だが，おそらく，もう一つの考え方があるだろう。この「閾値」の低下現象を，むしろ欲望の「繊細化」とみなすこともできるように思うのだ。巨大で強烈な欲望の負のエネルギーに衝き動かされていた時代から，微小で希薄な欲望が無数に泡立っては消えてゆく時代へ。この歴史的移行を，むしろその肯定的な側面において捉えた場合，低い「閾値」で生起する自分自身の弱い欲望に，たえず過敏に反応し続ける繊細な感性のありようが際立って見えてくる。決して過激な暴力性に至ることなく，弱い発生と消滅を繰り返す繊細な欲望の戯れと，そうした戯れの積分的な総体の中で微妙なバランスを保ちつつ，ゆるやかに変容してゆく主体の姿が浮かび上がってくる。誰でもいうことだが，私の教えている大学のクラスの学生諸君と話していると，彼らの優しさに驚かされることが多い。たぶん彼らは，「激しい気持ち」も「悲痛な美しさ」もあまり求めていないのではないかと思う。それはそれで，たぶん良いことなのだ。

松浦寿輝の文章（早稲田大学教育学部97年，国語出題）

　文章中の下線部分が重要な意味をもつ概念である。下線をほどこしてある部分とその周辺を読んでゆけば，だいたいどのようなことを作者がいおうとしているのか分かるだろう。要約すれば，こうである。

　携帯電話というテクノロジーの普及は，コミュニケーションにおける欲望の閾

値の低下をもたらし，些細な欲望も手軽で安易に充足することを可能にした。そのことはまた，欲望が繊細化したことをも意味し，感性が繊細で優しくなってきたことをも意味する。

　要約文のなかに下線部の概念が多数使われていることに気づくだろう。下線部（重要概念）だけを集めてくれば，ほぼそれで要約文は完成するのである。

　なお，概念に下線をほどこしてゆく作業を実際にやってみると，あまりにたくさんの概念に下線を引いてしまうことがある。それではどれが重要な概念なのかわからなくなってしまう。適度な量の概念だけに下線を引けるようにならなければならない。だが，どうしたらその適度な量がわかるようになるかという重要な問題が残っている。

　そのことについて述べておくと，一つの目安は一段落で最大5つぐらいまでにしておくことである。もちろん課題文の段落の量によってもそれは違ってくることだが，200字程度の段落で最大5つぐらいと思っておいてもらいたい。まあ，だいたいは2〜3，多くて4〜5ぐらいと思っておけばいいだろう。もちろん，ある段落が具体的な事例をだらだらと述べているだけの場合などでは，まったく重要概念がないということもありうるから，あくまで以上述べたことは目安にすぎないが。

b. 面で書く

　さて，この**面読み**の能力が身についたとき，小論文の作成は比較的容易になる。なぜなら，小論文の答案を書く際には，こんどはこの読み方の"逆"をやればよいだけだからである。すなわち，いくつかのキーワード（重要概念）をあらかじめ用意しておいて，それを適所適所に論理的に埋め込んでゆけばよいのである。概念間の辻褄（論理）は自然な成り行きにしたがって形成すればよい。すでにキーワードを用意した段階で，大筋の論理はできあがっており，その間に挟まる細かい論理を文章を立ち上げながら適当に（adequately）考えてゆけばいいのである。

　例えば，上記の早稲田大学の問題文を，拾い集めた概念を使って，逆に文章化することを試みてみよう。

　ここでは，上記文章と同様，四段落構成で書くことを前提として，第一段落から第四段落まで次のような概念をまずは用意する。

> 第一段落……「携帯電話」「コミュニケーション」「欲望」「充足」「手軽・安易」
> 第二段落……「テクノロジー」「ささやかな欲望」「先回り」
> 第三段落……「欲望の閾値の低下」
> 第四段落……「繊細な欲望」「繊細な感性」「優しさ」

　特にこの文章の場合，第三段落に登場する「欲望の閾値の低下」と第四段落に登場する「繊細な感性」「優しさ」という概念が文章全体のなかでの中心（最重要）概念になっている。後に説明するが，こうした最重要概念は第三段落に登場させるのが，上手な論文の鉄則である（その意味では，上記文章の筆者はみごとにその鉄則を守っている）。

さて、上の概念を使って、段落ごとに要約文を作ってみるとこうなる。

> 第一段落……「携帯電話の普及によって、コミュニケーションにおける会話の欲望が手軽で安易に充足されるようになった。」
> 第二段落……「テクノロジーの発達は、ささやかな欲望を先回りして満たしてくれるようになった。」
> 第三段落……「このことは、テクノロジーの発達によって、欲望の閾値が低下していることを意味する。」
> 第四段落……「また、このことは、欲望の閾値の低下にあわせて、感性自体が繊細になって優しくなっていることを意味する。」

あとは、この文章をコア(核)として、話を膨らませてゆけばよいだけである。ちょっと膨らませるだけで、もうすでに立派な小論文の完成である――もちろん、話を膨らませるとは言っても、作文的に私の個人的な話題などに事柄を矮小化してはならないことはすでに述べた通りである。そして、こうしてできあがった文章は、おおよそは上記の問題文と同様の内容になるはずである。

さて、高校生は往々にして、こうした、**概念を文章に埋め込む**という作業の意味(本質)が分からないようだ。

そもそもが、「概念」という言葉の意味すら分からない高校生が多い。この**概念の埋め込み**というのは、小論文作成の最大の(!)技法なのだが、それが体得されていないために高校生はいつまでたっても小論文が書けないのである。

一般に高校生は、小論文作成の本質的意味を、自分の意見を述べること、つまり自分の思いを筋道だって書き連ねることだと考えている。それはそれで間違いではないが、そうした理解で小論文を書こうとすると、どうしてもここでいう概念の埋め込みという作業の意味が分からずじまいになってしまう。つまり、自分の意見はいっていても、その意見を集約的に表すための概念を使わないため、焦点(論点)がぼけた内容になってしまうのである。

小論文を書くというのは、**論理を叙述すること**である前に、**概念を提示すること**なのである。この点をはき違えてしまうと、どんなにすばらしい着想を得たとしても、"まともな"答案は決して書けない。だいたい、「文章が書けない」と嘆く人は、最初の数行は書けても、行き詰まって、途中から何を書いたらいいか分からなくなってしまう、と嘆くが、なぜこうしたことが起こるかを一度考えてほしい。こういう人は原稿用紙の一行一行のラインを自分の意見(論理)で埋めてゆくことが文章を書くことだと思っているのである。おそらく小学校以来そのように作文教育を受けてきたためにそうした"思い込み"が自然に身についたものと思われるが、こうした根拠なきドクサ(臆見)はそろそろ払拭していただきたい。文章を書くこと、したがって広い意味での「作文」とは、意見(論理)をだらだらと述べたてることではなく、<u>紙面の適所適所に「概念」を"埋め込む"作業</u>なのである。したがってそれは、言葉の連鎖である前に、<u>概念間の幾何学的な模様(デザイン)の構築</u>なのである。よい文章というのは、この幾何

1. 概念化の作業

学的な模様が美しい(巧みな)文章である。文章を書く際に必要なことは，自分がどんな意見(論理)をもっているかを検討することでなく，どんな「概念」を使えばよいかを考えることである。使用すべき「概念」さえそろえば，そこにおのずから「論理」は立ち現れてくる。「論理」に意識を傾けるのではなく，「概念」に意識を集中することを，しっかりと身につけていただきたい。

【概念とは何か】

「概念」とは何かについて，ここで少し説明しておこう。

「概念」は「意味」という言葉に似ているが，若干使用法が異なる。概念とは，ある事物を表わす際に，それを使うことによってはじめてその事物がはっきりと意味づけられるような言葉のことである。例えば，「人間」や「人」という概念は，二本足でコトバを使って思考する地球上の動物というモノを表す。

人間が思考する場合，その対象が何であれ，概念的に思考している。だから，逆にいえば，思考するためには概念が必要となる。

「論理」ばかり意識した例：「ごみ問題」に関して行政の責任を追及する論文

最近，「ごみ」に関する話題が多い。分別収集だの処分場確保だのといった問題がよくマスコミで流されている。たしかにここまで産業化が進んできたら，ごみの量が増えるのはやむを得ないことではある。産業社会では物的量が豊かさの尺度になっているため，廃棄物が多量に出てくるのは致し方ないことではある。

しかし，「しかたない」と割り切ってしまっては解決にはつながらない。ごみ問題は何とかして解決しなければならない問題である以上，手をこまねいているわけにはゆかない。では，どうすれば良いのか。一つには，生産段階や消費段階で極力ごみを出さないことであろう。出てくるごみの量が減ればおのずから問題も縮小化するであろう。

もちろん，出てくるごみの量を減らすだけでは根本的な問題の解決にはならないことはいうまでもない。やはり，ごみが出ないような社会をつくることが必要だろう。そのためには，ごみを出すと税金がそれだけ増えるとか，罰金を課すといった行政サイドの役割が必要になるだろう。生産者も消費者も，自分のことだけを考えればごみを減らす努力をしようとは思わないだろうから，行政からの強い強制力がどうしても必要になると思われる。

ごみ問題は，みんなで取り組むべき問題ではあるが，やはり行政からのインパクトがどうしても必要だし，また，それを行うことは行政に与えられた責務であると思う。

いかがであろう。下線部に注目してほしい。こうすればこうなる式の論理を述べている部分である。論理構造や因果関係だけをたどっていることがわかるだろう。この種の論理を展開する高校生の答案はじつに多いが，これが典型的な論理ばかり意識した例である。悪い答案の見本である。少なくとも本書を読んでいる読者諸君は，もはやこうした答案を書かないでいただきたい。

次に，**概念の埋め込み**に留意した文章を書いてみよう。文章中の下線部分に注目してほしい。ここがキーワード(重要概念)の部分である。こうしたキーワードを適所に"埋め込んで"ゆくことによって論文というものは形成される。要は，どのような概念を用意するかで論文の質が決定されるのである。ちなみにここでは「公害」と「環境問題」を対比する形で概念化してみた。その上で「行政」の「責任」を考えるという筋道を考えた。こうした筋道はどのようにでも考えられるので，答は一つではないのだが，大事なことはどのような筋道を考えるにしても，そこで使用する概念を適切に選んでくるということである。

次の論文を作成するために用意したデッサン段階での諸概念

ごみ問題(分別収集，処分場確保)　　　産業化と廃棄物　　　公害
不法行為　　　加害者と被害者の責任関係　　　環境問題
責任関係の特定不可能性　　　産業構造全体の改善・改造
生産者と消費者の努力　　　国や自治体による法規整備
使い捨て社会からリサイクル社会へ　　　各段階の責任
道義的責任から法的責任へ

「概念の埋め込み」に留意した例：「ごみ問題」に関して行政の責任を追及する論文

　最近，『ごみ』に関する話題が多い。分別収集だの処分場確保だのといった問題がよくマスコミで流されている。たしかにここまで産業化が進んできたら，ごみの量が増えるのはやむを得ないことではある。産業社会では物的量が豊かさの尺度になっているため，廃棄物が多量に出てくるのは致し方ないことではある。

　しかし，出てくるごみ(廃棄物)をどうするかという問題，いわゆる「ごみ問題」は放置できる問題ではない。ごみの発生によって地球環境は確実に悪化しているし，またそれによってわれわれ人間も直接間接に生存を脅かされているからである。だが，環境問題というのは，かつての「公害」問題のように，加害者と被害者の責任関係が特定され，不法行為が明瞭であるわけではない。誰が誰の生活と健康を脅かしているのか，その責任(因果)関係が判然としないのである。したがって，環境問題というのは，まずは純然たる法的な問題(加害・被害の問題)である前に社会全体の構造問題であるといえる。

　それゆえに，環境問題を改善するためには，誰が責任を負うかを追及する前に，どのような社会を構造的に構築するかを議論しなければならないことになる。すなわち産業社会の全体構造のデザインの再構築が必要になる。そしてこの場合，いわゆる「使い捨て社会」から「リサイクル社会」へという，いくぶん標語じみた言葉が重要な意味をもっていると思われる。社会全体としてごみを出さない循環型社会を構築するほか方法がないからである。

　さて，そうした「リサイクル社会」の実現にあたっては，当然にも生産者や消費者といった各段階の当事者の努力が必要になる。生産者も消費者もともに極力ごみを出さないように努力しなければリサイクル社会は実現しないからである。し

かし，現段階ではそうした努力だけでは限界があることは明瞭である。各当事者の主体的努力を社会構造全体として合理的にスムースに促すような法規を早急に整備しなければならないだろう。そして，その役割を担うのは，ほかならぬ行政であろう。社会構造全体のデザインを考えられるのは行政をおいてほかにないからである。いまほど行政の責務が問われている時はないといえよう。

　文章が書けないと嘆く人のためにもうひとことつけ加えておくと，およそこうした人は，作文の際にいつも「何かウマイ表現はないか」と，言葉選びに気をもむ。「～といって過言ではない」とか「～と思うのは私一人ではないだろう」といった，ちょっとカッコウのよい表現を使ってみようなどと考えるものである。だが，こうした姿勢を持っている限り"永遠に"文章は書けないと思っていただきたい。文章を書くという作業は，こうしたカッコウを気にすることとは無縁である。残念ながら，小論文の指導者のなかにも，この種の文章の見栄えを気にする人がいるので始末が悪いが，高校生諸君はそうした指導者には近づかないことをお勧めする。文章というのは，何度もいうが，徹頭徹尾「概念」の適所への"埋め込み"の作業なのである。

　ちなみにインターネット上で，「国土交通省ホームページ」を覗いてみると，「21世紀の国土のグランド・デザイン」という論文が見つかる。ここに論文作成の秘訣(ひけつ)である「概念の埋め込み」が端的に示されているので，それを紹介しておこう。この論文は以下の概念を適所に"埋め込む"ことによって作成されているのである(論文自体は国土交通省ホームページを参照のこと)。

「21世紀の国土のグランド・デザイン」のキーワード

地球時代
人口減少・高齢化時代・高度情報化時代・多軸型国土構造・4つの国土軸
多自然居住地域の創造　大都市のリノベーション　地域連携軸の展開
広域国際交流圏の形成　首都機能と東京問題　基地問題を抱える沖縄の振興
参加と連携　重点的,効率的基盤投資　新たな国土計画体系　減災対策
阪神・淡路地域の復興　自然環境の保全　流域圏　沿岸域圏
地域文化の創造　中枢拠点都市圏　大都市のリノベーションのための対策
地方都市の整備(中心市街地の活性化等)
多自然居住地域の創造に向けた施策(中小都市，農山漁村，産業)
豊かな長寿福祉社会　知的資本の充実　東アジア一日圏　地域半日交通圏
情報活力空間

　最後に非常に重要なことをつけ加えておこう。
　小論文を書くということが，概念を埋め込むということであるというところまでは理解してもらったと思うが，では，一体，どのような概念を用意すればよいのか，また，用意すべき概念はどのように見つければよいのかといった問題が残っている。じつは，小論文の作成にあたって最も重要なタスク(作業)になるのがこの部分である。
　この部分について，それなりに要領をつかんでしまえば，それでもう小論文の勉強

はほぼ終了したようなものなのだが，なかなか用意すべき概念を教えるということは難しい。本書では，その部分についても最終的にはわかってもらえるようにしているが，究極的にいえば，その部分についてわかるようになるためには，第Ⅱ部で近代性の概念に習熟するとともに，世界観を諸君がみずからつくってもらう必要がある，と現段階ではいっておこう。どのような概念を使ったらよいのかについては，第Ⅱ部を読んだ上であらためて考えてほしい。

2. 抽象化の作業

(1)「抽象的」は「曖昧」の意味ではない

　一般には，「抽象的」という言葉は「曖昧」と同意味で使われる場合が多い。「君の意見は抽象的で何をいっているか分からない」とか「抽象的な議論ばかりで説得力に欠ける」などという表現にしばしば出会う。しかし，語の本来の意味からすれば，「抽象的」であることは説得力のあることであるし，また明確なことでもある。そのことについて，あらかじめ正確な理解を促しておく必要があるので，若干まどろっこしくもあるが，ここで簡単に説明しておこう。

　そもそも「抽象的」という言葉は abstract の訳語として作られたものだが，この abstract というのは，個々の事物に一般的に備わっている性質や特徴を抜き出してそれを概念化する作業のことを意味している——例えば「キリン」や「ライオン」や「サル」や「ヒト」を abstract すると，そこに「動物」という概念が抽象されてくるという具合に——。「抽象的」であることは，したがって，個別的なものごとを一般化するときに必ず通過しなければならない作業なのである。

　例えば，次のような文を考えてみよう。

> キリンやライオンやサルや人間などには，生きる権利がある。

この文と，次のような文では，どちらが明瞭で説得力があるだろうか。

> 動物には一般に，生きる権利がある。

　いうまでもないだろうが，個別的な概念のままの前者の文よりも，個物を抽象化した後者のほうが，より明確で説得力があることがわかるだろう。前者の具体的な例示だけでは，どういう範囲のものを意味しているのか判然としないが，「動物」という普遍化(抽象化)を行うことによって，はじめてそれが明確になっている。

　往々にして「抽象的な文はよくない」という間違った考えが広く浸透しているが，これはまったく語の本来の意味を見誤った考え方である。なぜこうした考え方が広く普及しているのかというと，おそらくは「抽象的(abstract)」という言葉を「言葉の上だけの(verbal)」あるいは「観念的(ideal)」という言葉と混同しているからである。

　例えば，次のような文を考えてみよう。

> 　先般報道された高校生による殺人事件に，私は相当のショックを受けた。彼は，報道によると，いたって真面目な生徒だったということである。勉強においても部活動においても，非の打ちどころのないほど真面目な生徒だったということである。しかし，考えてみると，真面目な生徒が犯罪を犯すことはありえない。真面目に見えても，やはり本当は不真面目だったにちがいない。<u>犯罪者が真面目であるはずはないからである</u>。

　どうだろうか。ここには「真面目」や「犯罪」といった抽象的な概念が使用されている。しかし，ここで展開されている論理は「抽象的」というよりも「観念的」である。つまり，**「真面目」is not「犯罪」**という定式化が，用語法の上で"観念的(ideal)"にあらかじめ成立しており，それに基づいて特定の事件を解釈しているだけである。つまり本当に事件について考えているのではなく，「真面目」と「犯罪」という概念の関係を言葉の上で(verbal)云々しているだけなのである。

　この種の論理展開はしばしば見かけるものである。高校生の陥りやすい間違いの一つである。これをして「抽象的」という認定を下す場合があるが，これは語の本来の意味をはき違えた間違った評価である。「抽象的」だからダメなのではなく，「ヴァーバル」で「アイディアル」にすぎないからダメなのである。

【練習問題】　「標準語」の過度の普及と「方言」の衰退を憂えている文章を読んだ上で自分の見解を述べさせる問題が出たとする。この解答として次の二つの文章があったとしよう。この二つの文章のうち，ヴァーバルでアイディアルな文章はどちらだと思うか。
1)　方言とは地方の言葉という意味である。そして，各地方にはそれぞれ独自の地方性があり，その地方性が一つの文化だとすれば，方言を捨てるということは，その地方の文化を捨てることを意味する。したがって，標準語が跋扈し，方言が衰退している現状は，さながら文化の衰退の兆しであり，その動きは反文化的ですらある。……
2)　方言の衰退は，それを使用する地方人の意識の変化を物語る。地方の文化資本としての方言を放棄することは，そのまま地方文化を放棄することを意味する。地方の文化が，中央の文化あるいは他の地方の文化に比べて劣ったものであるとの意識，あるいは遅れたものであるとの意識，ともかくもそうした否定的な意識が仮にあるとすれば，それは方言の伝統維持にとって由々しき事態である。……

答＝(1)

(2)「きれいごとで済ますな」の論理について

　なお，抽象的な思考とヴァーバルでアイディアルな思考をはき違えてしまう危険性について，もうひとことつけ加えておこう。

　よく参考書の類に，「きれいごとで済ますな」というアドバイスが書かれている。小論文の答案に「きれいごと」を書いてはいけない，というのである。だが，受験生は，

何が「きれいごと」で何が「きれいごとでない」か，おそらくは定かにはわからないのではないだろうか。自分の答案がきれいごとに終わっているかどうかは気になるところだろうが，その決定的な判断基準が見当たらないはずである。

「きれいごと」と一般にいわれていることは，要するに，ヴァーバルでアイディアルな論理のことである。そんなことは「あんたにいわれなくても概念的にはっきりしている」という内容のことである。例えば，次のような文章を見てみよう。

>　現在の国際社会は，情報の高度な発達と交通機関の発達によって，いろいろな民族が入り乱れて存在しうる環境を生み出した。したがって，民族どうしの摩擦や衝突が頻繁に起こるような状況になっている。日本国内においても外国人と日本人の間の摩擦や衝突がしばしば生じている。
>
>　だが，摩擦や衝突をくり返しているだけでは，何らの進展も見られない。問題を解決するためには，まず人々の意識において"差異"ある者に対するいたわりと同情の心を養うとともに，政治レベルにおいても政策上"差異"ある者どうしが仲良く共存できるような環境をつくることが必要であろう。それが，究極的に文化摩擦を解消する最良の方法ではなかろうか。

いかがであろうか。文中の下線部に注目してもらいたい。「くり返して」いるだけだから「進展」がないのは当然のことであろう。これは事柄の問題ではなく，言葉の上だけでの問題である。こうしたことをヴァーバルでアイディアルな概念というのである。

また，「いたわりと同情の心」をもち「差異ある者どうしが仲良く共存できる環境」があれば事柄が解決することは，いわれなくとも明らかである。これでは，文化摩擦をどう解消するかというときに，「摩擦をなくせばよい」と答えているようなものである。たしかに思いやりと共存できる環境があれば「摩擦」はなくなる。だが，これはヴァーバルでアイディアルな言葉遊びにすぎない。言葉遊びでは現実は変わるはずはない。

だが，往々にしてこの種の論理を展開する高校生というのは多いものである。そうした高校生のうち多少ものがわかる人は，自分の書いた文章がヴァーバルでアイディアルでしかないことに気づくと，こんどはその具体策を長々と書き連ねてゆこうとするものである。「仲良くするためには…云々…」，「共存できる環境をつくるには…云々…」という具合に。そのようにしてどんどんと墓穴を掘ってゆくのである。そもそも発想自体がヴァーバルでアイディアルなものは，どうあがいても所詮はヴァーバルでアイディアルなものでしかない。いくら糊塗策を弄してもムダということである。

(3) 文章を一定の抽象度にまで高めよ

抽象的な文章が，ほんらい明瞭で説得力のあるものであるということは分かってもらえたとして，次には抽象度にもいろいろな程度があり，抽象度の程度によって論文の質が決定されるということについてお話しておかねばならない。

まずは「抽象度」とは何かということについて述べておこう。

抽象度とは，文字通り抽象の度合いのことである。例えば，「キリン」と「ライオン」

と「サル」を抽象すると「動物」という概念が出てくる。そしてまた，「動物」と「植物」を抽象すると「生物」という概念が現れる。この場合，「生物」という概念は「動物」という概念に比べて，より抽象度が高い。したがって，抽象度とは**普遍性**の高低のことであり，より普遍性が高い概念が抽象度が高い概念ということになる。

　問題は，論文作成において，どの程度まで抽象度を高めるかである。一般的にいうと，課題文が与えられたとき，そこにはすでに一定程度の抽象的な概念が内在しているはずであるが，その程度の抽象を行え，ということである。逆にいえば，課題文の抽象度よりも低くなってもダメだし，あまり高くなってもダメということである。最も適切な抽象度は，一般的にいうと，課題文の抽象度と同程度か，それよりも若干高いレベルである。

　ときどき見かけるとんでもない答案に，課題文が示している抽象度をはるかに超えた高い抽象度で語り始めるものがある。例えば，現代の学校教育における教科中心主義に疑問を呈した文章を読んだ上で，意見を問うという問題が出たとしよう。そうした問題にたいして，次のような論理を展開するものである。

> 　教科中心主義では，社会に存在する数多くの問題は解決されない。社会的な問題は教科別には存在していないからである。そもそも教科というのは学問のジャンル分けによってできたものであって，学問自体は人間活動の一つにすぎない。その一つの活動ですべての人間の問題を解決しようというのは無理な話であって，やはり一つのものは一つにすぎないことをしっかりと認識すべきだ。人間はトータルに生きているのであって，学問だけですべてが分かるというものではない。
> ……

　この文章は「学校教育」という概念も「教科中心主義」という概念も飛び越えて，中空に舞い上がるかのように「人間」や「学問」といった概念にまで事柄を不当に抽象させてしまっている。それがために，読者はこうした文章を読むと，「オイオイ，ちょっと待てよ」と思ってしまう。与えられた抽象度を適切に遵守(じゅんしゅ)することが必要なのである。

　なお，ここで紹介した**抽象度の誤り**という悪例に似たものに，**論点設定の誤り**というものがある。直接ここでは関係はないが，似た間違いとして紹介しておこう。

　論点設定の誤りとは，論題（テーマ）から，類推や演繹を通じて，まったく別の論題（テーマ）を思いついて，それについて論じ始めるものである。

　例えば，次のようなものがある（これも教科中心主義についての答案）。

> 　教科中心主義は学校教育においてよく見かけるものである。各教科の先生は各教科の内容だけしか話さず，それ以外のことについては口をつぐんでしまうのである。こうした傾向は教科中心主義の問題であるというより，自己中心主義の問題ではなかろうか。先生は，自分の守備範囲だけを頑(かたく)なに守り，自分だけの世界で話しているのである。相手としている生徒がどうであるかなどは，いわばどうでもいいのである。まったく身勝手としか言いようがない。先生は，生徒を「自

己中」と批判する前に，自分の「自己中」をまずは改善すべきだろう。……

逆に，**抽象度を下げてしまって失敗する例**もあげておこう。例えば，上記の学校教育における教科中心主義のテーマが与えられたときに，次のような論理を展開するものである。

> 学校教育における教科中心主義は，数学に顕著に現われている。数学では因数分解や二次方程式の解き方や図形の処理や確率論など，いろいろなことが教えられるが，どれをとっても数学という教科内部のことであり，それ以上の深まりは感じられない。私の教わった先生も「数学ができないやつはダメ人間だ」といわんばかりであったし，実際，数学ができないでは入試の際に非常に不利である。たしかに数学はものごとを論理的に考えるにあたっては必要なのかもしれないし，現実に科学の世界では数学は必要不可欠なものである。そういう意味では数学は皆が学ばなければならないものかもしれないが，私は数学だけが人生ではないと思う。数学ができなくとも，立派に生きている人は多いし，私も数学を必要とせずに生きてゆこうと思っている。……

この文章は，「教科中心主義」という抽象度を無視して，事柄を「数学」教育だけに限定したものである。これが抽象度を引き下げた論文の見本である。何度もいうが，適切な抽象度を守ることが必要なのである。

結局，どの程度の抽象度が最も適切なのかということが最も気になる点であろうが，それは経験と勘によって判断するしかない。が，そのことについてそれこそ抽象的にいっておくと，課題文の抽象度よりも低い抽象度はまずダメである。だいたい適切な抽象度というものは，課題文より一段だけ高い抽象を行う程度であると思っておいてもらいたい。詳しいことは第Ⅲ部の実践問題を見ながら判断してほしい。

(4) 抽象と具体の統合

抽象的な文章は，それ自体としてみれば，何ら非難するに値するものではない。むしろ抽象的な文章は事柄が一般化，あるいは普遍化されている分，それだけ明瞭で説得力のある文章である。

> **「一般」と「普遍」の違い**
>
> **一般**と**普遍**との違いについて知らない人が多いので，そのことについて若干説明しておこう。
>
> **一般**というのは，論じている対象すべてに当てはまるというほどの意味である（「動物一般」や「学生一般」）。一方，**普遍**とは，**個別**や**特殊**の対立概念であり，**個別**などとは一段レベルが違う抽象概念であることを意味している。言いかえれば，**一般**は複数的であるのに対し，**普遍**は単数的であるということである。

しかしながら，そうはいっても，抽象的なことだけで読者を引っぱってゆくことはなかなか難しいものである。読者は筆者の論理にはじめて遭遇するわけだし，小論文

などでは語数が限られているので，あまりくどくどしい説明はできない。どうしても初見でどういうことをいおうとしているのかを瞬間的に判断させなければならないので，抽象的な概念だけではなく，それを補強するような具体例を挙げて，それを導きの糸にしながら文章を書いてゆくことが"得策"ということになる。

ここでは，小論文の書き方として，より説得力の増す方法を示しておく。つまり，抽象的な概念だけではなく，具体的な事例を織り交ぜて論理を構築する方法を紹介しておこう。

例えば，次の文章をみてみよう。

A

　近頃の高校生は個性的になったという話がある。一人ひとりの高校生がそれぞれの個性を発揮しているというのである。だが，それは本当だろうか。私は，むしろ近年の高校生は内面的には無個性化しており，そうであるがゆえに外面的に個性的であることを「振る舞って」いるのではないか，と思う。

B

　近頃の高校生は個性的になったという話がある。一人ひとりの高校生がそれぞれの個性を発揮しているというのである。たしかに頭髪のスタイルなどは昔のように皆が同じというわけではない。茶髪やルーズ・ソックスやピアスなども，人によっててんでばらばらである。だが，それが果たして「個性」というものなのだろうか。私は，むしろ近年の高校生は内面において無個性化しているからこそ，個性的であることを「振る舞って」いるのではないだろうかと思う。

Aの文章は，具体例を挙げていないのに対して，Bの文章は具体例を挙げている（下線部）。内容的には同じことをいっているのであるが，具体例を挙げたほうが，初見では，より説得力があることがお分かりになるだろう。

次に，具体例ばかりを挙げて抽象を忘れるとどういうことになるかを考えてみよう。

よく見かける答案に，この種の，具体例ばかりの文章が見られる。本人はそれでもなにがしかのことをいっているつもりなのだろうが，客観的に見れば，何ら内容のない答案であり，評価も最低にならざるを得ない。

例えば，次のような内容のものがある。

テーマ：「国際化時代と日本のアイデンティティ」

　私の家の近所には外国人が多い。よく夜になると道ばたで大声でなにやら叫んでいる声が聞こえてくる。近所の人はみな眉をしかめてなんとかして出ていってほしいといっているが，私はそれほどまでして彼らを追い出すのはどうかと思う。先日も母が「早く出ていってほしいのに」と漏らしていた。私は母の気持ちも分からないではないが，彼らがかわいそうに思えた。別に彼らが何か悪いことをしたというわけでもないのだから，「追い出せ」というのは行き過ぎだと思う。外国人と日本人がともに仲良くなってはじめて国際化が実現すると思う。日本人は日本人，外国人は外国人という考えは，これからはよくないと思う。……

この文章は**具体的な事例**は挙げているのだが，**抽象的な概念化**がなされておらず，したがって何がいいたいのかわからない。こうした文章を書くと評価は最低となる。

仮にこの文章に，次のような抽象概念を織り交ぜて書いてみると下のようなものになる。

国際化，共生，他の文化との摩擦や衝突，アイデンティティの理解と融和

↓

─── テーマ：「国際化時代と日本のアイデンティティ」 ───

　国際化時代に必要なことは，民族と民族が，あるいは人種と人種が，互いに相手を認め合いながら共生してゆくことだろう。それぞれの民族や人種がそれぞれにアイデンティティをもっていることは変わらない真実だろうが，そのアイデンティティといえども**共生**と相互理解によって少しずつ変化してゆくと思われるからである。

　例えば，私の家の近所には外国人が多い。よく夜になると道ばたで大声でなにやら叫んでいる声が聞こえてくる。近所の人はみな眉をしかめてなんとかして出ていってほしいといっているが，私はそれほどまでして彼らを追い出すのはどうかと思う。むしろ文化的な相違を認めながら，それぞれの**アイデンティティの理解と融和**をはかってゆくべきではないかと思う。

　文化というものは歴史的に形成されるものであり，しかもそれは自己変革ということもあるかもしれないが，**他の文化との摩擦や衝突**を通じて形成されるものではないだろうか。他の文化との摩擦や衝突を恐れることなく，積極的に他者と共生する道を選ぶことが，真の国際化時代のモラルではないだろうか。

ここで，またしてもどのような抽象概念を用意すればよいのかという疑問が生じてくるだろう。具体だけではだめで，抽象概念が必要だということはわかっても，どのような抽象概念をもってきたらよいのか，あるいはそうした抽象概念を見つける秘訣は何なのかということに関心が向くと思う。

そのことについては，第Ⅱ部を読んでいただきたい。要するに近代的な概念に習熟し，現段階での歴史的に妥当な世界観を自分自身のなかに形成するまでは，何が適切な概念なのかについての納得は得られないということである。第Ⅱ部を読了し，第Ⅲ部の実践問題の解説と模範解答を読み始めれば，おそらくは妥当な抽象概念とは何かについて，それなりの習熟がなされるはずである。

3．論理化（段落化）の作業

　小論文を書く際に最も重要なことは，概念化と抽象化である。**概念化**と**抽象化**が終わってしまえば，ほとんど論文はできたも同然である。なぜなら，すでにその段階でどのような概念を使うか，どの程度抽象的な議論をするかが決定しているからである。

　しかし，それができたとしても，それを論理的に上手に展開しなければ論文にはな

らない。論文は，やはり論理の展開が一つの勝負所であることも事実である。

論理展開は，文章作成においては，**段落構成**や**章立て**という姿で現れるが，以下，段落構成のしかたについて述べることにする。話を簡単にする意味で，ここでは800字程度の論文を想定してお話しよう。

まず，段落構成にはいろいろな種類がある。三段落で構成するものや五段落で構成するものなど，じつにバラエティーに富んでいる。文章を書くことにそれなりに慣れてきた人は，そうしたさまざまな種類の構成を自在に操りながら書くのであるが，初心者がこれをまねて文章を書こうとすると必ず挫折するので，まずは基本中の基本である四段落構成，すなわち**起承転結型**を身につけることをお勧めする。この，四段落構成の起承転結型の文章が書けるようになると，その他の構成も自由に操ることができるようになるのである。

では，起承転結型の文章というのはどういう構成法なのか。その本質的な意味を以下に示しておこう。

(1) 第一段落＝〈起〉の部分

第一段落を書き出すにあたって最も大切なことは，逆説的な言い方だが，第一段落の書き出し部分から考えるようではマトモな書き出し部分はできないということである。小論文の書き方を知らない高校生の9割方は書き出し部分から考えるのが常であるが，これでは書き出しもうまくできなければ，論文全体も良いものにならない。まず最初に考えるべきことは第一段落ではなく，第三段落である。第三段落こそが論文の生命であり，論旨全体の核心部分であるから，そこをどう書くかをまずは考えることから始めなければならない。

すでに述べたように，**概念化**と**抽象化**が論文作成にあたって最も重要な作業である。そして，この作業を適切に行った後は，すでに一群の概念が手元に用意されているはずなので，あとはそれらの諸概念をどのように適切に配置するかの作業になる。概念化の章で述べたように，これは一種の"幾何学"の問題である。そしてそれが段落構成の作業であるが，段落構成の作業の中で最も重要なのが第三段落である。論文全体として何をいおうとするか，それをまずは考えて，その**中心(核心)部分を第三段落に配置**し，しかる後に周辺を固めるべく第一段落からの論理の流れを考えてゆくのである。第三段落がしっかり固まっていれば，第一段落，第二段落は，いわば自動的にできてしまうものである。

しかし，以上の説明では第一段落の説明にはならないだろうから，第一段落に特有の性質を次に述べることにしよう。

第一段落は文章の書き出し部分であるから，これから論文全体がどの方向にむかってゆくのかの方向性を指示する部分である。したがって，話題をある方向に向けてゆくような書き出しをしなければならない。ここで注意しておいてほしいことは，高校生は往々にしてこの部分を単なる"個人的"な話題提供という意味で理解している場合が多いのだが，この部分で書くべきことは単なる"個人的"な話題ではなく，一般的・

社会的な問題提起であるということだ。この違いをしっかりと押さえておいてほしい。絶対に個人的話題を書いてはならないというわけではないが、小論文の答案では字数制限があり、せいぜい1000字程度でまとめなければならないので、個人的話題を出していては中心になるべき部分が十分に展開されずに終わることになり、全体としての評価が低くなるのである。

具体的な例を次に示そう。

個人的な話題提供の例

1) 先日、テレビを見ていたらごみ処分場の風景が映っていた。すでに飽和状態でこれ以上の搬入がほとんどできないようすがそこから伝わってきた。私たちはなにげなくごみを捨てているが、こんなことを続けていていいのだろうか。……

2) 私の家では昨年から一羽のウグイスを飼っている。二階の窓に激突し気を失っているところを助けたのがきっかけで飼い始めたものだ。いまでは家族の一員のような存在となっている。だが、ハタからみていると、狭い鳥かごに無理やり収容し、飼い殺しにしているように見えるようだ。「放してあげたら」という言葉をよく聞く。たしかに元々自然に生きていたものであるから放してあげるのがいいのかもしれないが、愛着もわいているし十分に世話をしてあげているのだから、いまさら放すことは何だか淋しい気がする。……

上記文章を一般的・社会的に変更すると

1) 大量消費社会のなかで生まれ育ったわれわれの世代にとって、モノを消費し、使い終わればそれを廃棄するという行為は、いわば"当たり前"の行為であり、こうした一連の行為に疑問をもつことは稀である。しかし、廃棄されたモノが最終的に集まるごみ処分場が、いま飽和状態に近づきつつあるという現実をテレビなどで目の当たりにすると、どうしても普段の消費や廃棄の行為自体に目を向けざるを得なくなる。……

2) 人間は自然保護を謳いながらも、一方で自然を自分たちの支配下におさめようとする。例えば、野生動物の保護を主張しながら、一方ではそうした野生動物をペットとして愛玩することを社会的に許容している。かくいう私もじつは、野生のウグイスを飼っており、そうした自分が一方で自然保護を意識している事実に時おり矛盾を感じることがある。……

おわかりだろうか。前者の個人的な話題提供の例は、自分にとっての話題という視点から書かれているのに対して、後者の一般的・社会的な問題提供の例では、自分の関心はともかく、事柄のもつ社会的な問題性そのものをズバリ問題にしているのである。もちろん、後者の視点にも私的な問題は含まれてはいる。しかし、その場合の私的な問題は、あくまで社会問題の一環、一部として理解されているのである。

論文の最初に置かれるべき**起**の部分とは、こうした一般的・社会的な問題提起でなければならない。もちろん、何度もいうが、長い論文であれば、個人的な話題から始

めて何も悪いことはないのだが，小論文の答案程度の長さだと，個人的な話題を展開しているうちに字数制限に達してしまうのがオチである。したがって，そうした話題からは書き始めないほうが無難，ということになるのである。

(2) 第二段落＝〈承〉の部分

この部分は**起**部分で提起された問題について，一定の発展的な話題へとつなげてゆく部分である。論文全体からすればそれほど重要な段落ではない。したがって，この部分を第一段落の起の部分に吸収してしまい，全体を三段落とすることもできる（字数制限が600字程度の論文のときなどにはそうした"手"を使うことがよくある）。とりあえずここでは，**承**があることを前提として，**起**の部分との連絡にどういう方法があるか，そのパターンを示しておこう。

1) 具体例を示す。
　例　この問題に関して，例えば，次のようなことがしばしば話題となる。すなわち，……

2) 問題の限定(特定)をはかる。
　例　もちろん，そう簡単にこの問題が解決するはずもなく，解決にはさまざまな付帯的な条件が必要であることはいうまでもない。しかし，いちいちの条件を挙げて問題の解決をはかることよりも，むしろ問題の本質的な意味を問い直すことのほうが重要である。ここで問題にすべき○○の問題の本質は……ということであろう。

3) 問題の発展を示す。
　例　さらに，この問題は次のような問題をも包含している。すなわち，……

ここで重要なことは，**承**の部分では，第一段落での話題からの転換をはかったり，その単なる繰り返しをしたりしないことである。第一段落で設定した問題を厳密に継続的に追いかける姿勢を見せることが第二段落で大切なことである。

(3) 第三段落＝〈転〉の部分

すでに述べたように，この部分が起承転結のうちで最も重要な部分である。この部分の扱いを安易に考えていると，全体の出来栄えがまずいものになる。逆に，この部分の役割と意味をしっかり理解し，それなりの扱いを心得ると，全体として見栄えのする立派な論文ができあがるのである。

この部分は，**転**とはなっていても，単なる話題の転換の部分ではない。したがって，「それはともかく……」とか「さらにいえば……」とか「しかし別様にいえば……」といった書き方は許されない！（表面的・形式的にそういう書き方をしてもいいが，内容的に単なる転換であってはならないということ）。

ここでは，**起**部分，**承**部分で述べられてきた問題(普通は一つの問題)を，**一段深いレベルで掘り下げて検討をはじめる**のである。**深いレベル**というのがミソで，これを，一段階ほど**抽象度が高い**と言いかえてもいい。抽象度が高いので，見た目にはなにや

ら難しい概念が登場するのが常である。例えば，次のような文を見てみよう。

> 起　ものをたらふく食うとうれしくなる。それが人間というものだろう。また，欲しいものを欲しいときに手に入れる。これもまたうれしいものである。人間がうれしいと感じるときの多くの場合は，こうした物質的な満足による場合が多い。
>
> 承　だが，物質的な満足は，即，幸福なのだろうか。つまり，満足イコール幸福という等式は成り立つのだろうか。たしかに，たらふく食い，欲しいものを手に入れれば満足であると同時に幸福感にも包まれるかもしれない。しかし，幸福という概念は，何か永続的な意味を含んでおり，それはその都度その都度の満足とは若干異なっているようにもみえる。
>
> 転　満足は身体的な幸福を意味し，幸福は精神的な幸福を意味する，と<u>定義</u>することも可能かもしれない。しかし，考えてみると，身体的な幸福というのはウソくさい<u>定義</u>である。なぜなら，幸福というのは先にも記したとおり，永続性を持つ概念だからである。どうも，幸福というものを考えると，そこにはその人その人の<u>人生観</u>とでもいうべきものが前提になっているように思われる。おのれの<u>人生観</u>に基づいて，ある<u>行為</u>やある<u>心情</u>が幸福に値するものであるかどうかが判定されるようである。いってみれば，自分の全生涯を通じてその行為や心情に意味が見出せるか，それが問われた末に「YES」が答えられたとき，はじめてその行為や心情に「幸福」という文字があてがわれるのではなかろうか。
>
> 結　そんなことをつらつら考えながら，雑誌をめくっていたら，「幸福になる方法」という文章に出くわした。これはまたすごいことをいうものだと半ば呆(あき)れ半ば感心して読んでみたら，案の定，自分にとっての幸福を早く見つけなさい，という方法にも答えにもなっていないような結論であった。安心と不満が同居したことはいうまでもない。
>
> ※下線部分は，論文のなかでの新出概念。ここで抽象度の高い概念が使われるのである。

上の文章を読んでおわかりだろうが，一段深いレベルに入ってゆく感覚，これが**転**の感覚である。この感覚を早く身につけてもらいたい。それが論文上達の秘訣である。

(4) 第四段落＝〈結〉の部分

　結は，端的に結論部分の意味である。しかし，結論というのは**まとめ**ではないので誤解のないように。「以上をまとめていうと……」といった感覚で書くものではない。高校生はときとしてこの部分を本当の結論の部分と思い込んで，「結局，……」とか「だから，……」という表現で書き出す場合が多いものだが，誤解しないでいただきたい。**結**は結論ではないのである。
　この部分は要するに，**話を落ち着かせるような内容**を書く部分であるにすぎない。したがって，その書き方のパターンじみたことはほとんど記述不可能である。それまでの流れを踏まえながら，話を落ち着かせるような内容であれば，それでよしである。

例えば上記の例のように。ただ，上記の例は精神的な問題を扱っているので，**結**部分で私的な話題にぐっとひきつけて着地しているが，普通には，小論文の問題は社会的な問題が多いので，こうした私的な着地法はむしろ稀であるが。

だいたい，**結**部分は**転**部分からの発展，継承の論理で落ち着くことが多い。したがって，**転**がまともでないと，この**結**もまともなものにはならないと考えていただきたい。どうやって終わるかで気をもんでいるときには，一度自分が書いた**転**がまともかどうかを点検してほしい。

4．具体的な作業

(1) 鉛筆を持って読め

　小論文を書く際に必要なことは，まとめていうと，**概念化**と**抽象化**と**論理化**である。このうち，概念化と抽象化を適切に行えば，論文は書けたも同然である。だが，その概念化を行うに際しては，課題文をまずは概念的に**面読み**する必要があるため，文章を読むときには必ず鉛筆を持って，重要な概念には適切にマークをつけてゆくことがどうしても必要になる。この作業を省くと，結局はろくな答案はできないものと心得ていただきたい。ある程度の能力が備わってくれば，その作業を省くこともできるようになるのだが，最初から鉛筆も持たずに漫然と課題文を読むなどということは，決してやってはならない。

　論文が書けないと嘆く高校生の大多数は，ただ漫然と課題文を読み，思いつき的に作文を始める。こうした姿勢をとっている限り，いくら練習を積んでも決して小論文が上達することはありえない。まずは鉛筆をもって，課題文の**面読み**をしっかりとやることである。それができるようになってはじめてマトモな答案が書けるようになる。ゆめゆめこのことはおろそかに考えないことである。

　鉛筆をもって面読みをはじめると，厳密に文章を読みはじめることになるので，おのずから自分自身の想念も活発に活動するようになる。そうして，読みながら，自分自身の想念を概念として紙面のどこかに書き込んでゆけば，一通り読み終わったときには，それなりに自分自身の見解ができあがっているものである。鉛筆を持って読むことは，単に読みの作業だけではなく，書く作業にも大きく貢献するのである。

　なお，重要な概念に印をつける際に気をつけなければならないことは，安直に文章に長い下線（傍線）を引かないことである。往々にして，高校生はこうした文章や表現に下線（傍線）を引く癖があるが，これをやっているといつまでたっても概念というものの重要さがわからずじまいになるので，文や表現全体に下線（傍線）を引くことはやめてもらいたい。単発的な概念だけにそのつど下線（傍線）を引くようにしてほしい。

　　×　あいうえおかきくけこさしすせそ……
　　◎　あいうえおかきくけこさしすせそ……

(2) 設問をしっかり読め

　受験生の半数ぐらいの人は、課題文はそれなりにしっかり読もうとするが、設問文についてはあまり注意深く読もうとしない。字数制限ぐらいははっきりと意識しても、何について論ずるのかは明確に読み取ろうとしない。例えば、「○○について、本文を踏まえた上で、論じなさい」という設問文があるとき、「○○について」論ずればいいと早合点して、本文を踏まえない（前提としない）文章を平気で作ったりする。あるいは、設問文のなかに論点についての重大なヒントが隠されているときに、それをいいかげんに読み飛ばして、ろくでもない答案を作ったりする。

　設問は貴重なヒントの宝庫と思って、しっかりと意識して厳密に読むことが必要である。設問を安易に考えないことである。

　例えば、次の問題を見てみよう。

例　愛媛大（人文）[前期]

次の文章を読んで、あとの設問に答えなさい。

　あるときのこと、毎週の試験の折に、「人間とは何ぞや？」という題を先生は出された。もちろん答としては、肉体プラス霊魂という風な公式を基として論を展開すべきものであったし、それは十分心得ていたのに、僕は、何か虫の居どころが悪かったせいか、「H_2SO_4＋……＝人間」という風な、全く物質主義的な答案をわざと書いてしまった。例によって、でたらめなフランス語で綴る善意 Bonne Volonte（注）まで棄てていなかったので、その時も、たしか75点（？）ぐらい頂戴できたと思うが、授業がすむと、僕は、アンベルクロード先生に、廊下へ呼び出されてしまった。そして、先生は僕の考えがどんなに浅はかなものであるかを、懇々と説かれた。先生は、少しも怒ってはおられず、むしろ眼に涙をためておられた。生意気な中学生の僕も、これには撃たれてしまった。いまでも、あのときの先生の悲しそうな顔は忘れられない。

注）「誠意」もしくは「善意」を意味するフランス語
出典　渡辺一夫「アンリ・アンベルクロード先生のこと」『渡辺一夫著作集12、偶感集 下巻』（筑摩書房）

　設問　これは高名な人文学者である渡辺一夫（1901～75）が、その少年時代（16、7歳頃）の思い出をつづった文章の一部です。ここに示されている二つの人間観について、今のあなたならどのように答えますか。500字以内で自由に論じなさい。

　設問の波線の部分が要注意部分である。受験生は往々にして、こうしたことは単なる本文の「解説」だと思い込み、波線以下の「ここに示されている二つの人間観について、今のあなたならどのように答えますか」というところだけに注意を振り向ける。それが、そもそもの間違いである。ここは、じっくりと波線部分で何が述べられているのか検討しなければならないのである。

波線部分をしっかり読めば，渡辺一夫という人物が相当に昔の人であり，したがってその人が16歳頃のことといえば，1916年頃の話ということがわかる。まだ20世紀になったばかりの頃の話である。こうしたことが分かれば，設問の意味も判然としてくるだろう。つまり，そうした時代的背景を考えながら，「今のあなた」はこの人間観にたいしてどう思うかということを設問は聞いているのである。

ここまできて，やっと設問に答えることができる。つまり，こうした古い人間観にたいして，現代的視点からそれを批判的に検討すればよいのである。例えば次のように。

> 今の私は20世紀の後半に生きて，21世紀へと生をつないでゆこうとしている。そうした私がいいうることは，渡辺氏の人間観はいわゆる物心二元論的な，あるいは唯物論的な人間観にすぎず，それはもはや時代遅れというほかないということである。先の二つの大戦をわれわれ人類は20世紀に経験した。そこでは人間がぼろ布のように扱われ，物質的な破壊が大規模に起こった。人間が人間性を失い，マシンの一部のように扱われたことをわれわれは歴史のなかにはっきりと覚知している。そうした経験を踏まえた上で，それでもなお人間を唯物論的に見ることは，人間として端的にモラルに反することであろう。渡辺氏はまだ若かったし，またそうした歴史をまだ見ていなかったと思われるので，課題文のような呑気な人間観を振り回していたのだろうが，今そのような人間観を振り回すことは，歴史を省みない不遜の態度であり，空恐ろしいことであるといわざるを得ない。

(3) 概念化のデッサンをせよ

論文作成においては論点の発見が最大の課題となる。だが，論点は設問には直接書かれていない。ヒントは書いてある場合もあるが，論点自体が書いてあるわけではない。当たり前のことだが，論点は自分で見つけなければならない。論点を自分で見つけるためには，何を議論すべきか，を明瞭につかむ必要があるが，そのためには概念のデッサンがなにより重要である。その作業なくしては論点は見つけられない。

概念のデッサンとは論ずべき論点を，論理中心ではなく概念中心に素描することである。

例えば，先に示した(14頁参照)，「ごみ問題」を論点とするならば，次のような概念を用意することである。

> ごみ問題(分別収集，処分場確保)　　産業化と廃棄物　　公害
> 不法行為　　加害者と被害者の責任関係　　環境問題
> 責任関係の特定不可能性　　産業構造全体の改善・改造
> 生産者と消費者の努力　　国や自治体による法規整備
> 使い捨て社会からリサイクル社会へ　　各段階の責任
> 道義的責任から法的責任へ

こうして列挙された概念群をしばし眺めていれば，おのずから，どのように論理(ロジック)や文脈(コンテクスト)を構築すべきかがわかってくる。大事なことは，自分の想念をすぐに文章化するのではなく，まずは概念に結実させ，それをあらかじめ列挙してみることである。この作業を怠ると，ろくな答案にならないので，多少まどろっこしく感じるかもしれないが，必ず行ってもらいたい。

結局，必要な概念をどこから集めてくるかが最大の問題であることは高校生諸君もおそらくは気づいているだろう。それが最大の問題であり，それさえうまくゆけば論文は書けたも同然である。

さて，それは究極的には，次の３つに分類できる。
1) 課題文の中にある概念
2) 課題文には直接明示されていないが，演繹的・類推的に導かれる概念
3) 課題文で問題となっている事柄についての背景的な知の中に見出される概念

このうち，１，２は当然として，３についてだが，これには知識がモノをいうということはおわかりだろう。そこからして，「だから関連ある本をたくさん読んでおこう」，「新聞には毎日目を通しておこう」といったことが叫ばれる。だが，はっきりいって，本を読んでも新聞に目を通しても，言葉は悪いがロクな概念は集まりませんよ，といっておこう。高校生が普通に読書したり新聞に目を通してそこから得る概念というのは，ほとんどが単なる事実的なデータにすぎないからである。いつどこでどこで何があったか，誰がどういうことをいっているか，ぐらいしか頭に入ってこないのである。しかし，小論文試験が平均的なレベルで求めてくることは，そうした事実的なデータの提示ではなく，事実(現実)をどのように評価するか・解釈するかということである。したがって，単に事実を集めてくるような読書では何の役にも立たない。

本を読んだり新聞を読んだりするぐらいなら，「政治経済」や「倫理」の教科書や資料集に目を通しておいたほうが数段マシである。「政治経済」や「倫理」の本には，事実の評価や解釈に使える概念が豊富に記載されているからである。あるいは，論説・評論といわれるジャンルの「国語」の入試問題に目を通しておくだけでも，だいぶ違うものである。

しかし，我田引水でなんだが，本書の第Ⅱ部・第Ⅲ部でそうした評価・解釈の概念を集めるのが一番である。

5．その他「べからず」集

(1) 細かな議論から入るべからず

人との会話を通じて問題点をつめてゆく作業のことを「議論」(argument)というが，論文の上でも何かの問題について自分なりに検討してゆく作業を，同じく「議論」という。上手な議論のしかたについて若干の説明をしておく。

議論のはじめは議論の大枠を示すことである。つまり，どんな問題について議論し

ようとしているのかを示すのである。

　ただ、ここで注意すべきは、「～という問題について議論しよう」とか「～に関して検討してみよう」といった書き方はしないほうがよいということである。なぜこういう書き方をしないほうがよいのかというと、それでは、あたかも自分勝手に問題を設定しているかのような印象を与えるからである。比較的長い説明のなかでどうしてもこの問題を考えざるを得ないという必然性が感じられた後でこういう書き方をするのであれば別だが、そうでなければ唐突な感じは免れず、したがって自分勝手な問題設定という印象につながる。

　では、どういう書き方をすればよいか。「～ということが問題となる」とか「～について考えざるを得ない」といった、一種の必然性を感じさせるような書き方をするのである。そうすれば、たとえ唐突な問題設定であっても、それなりに事柄自体がその方向性を必然化しているような印象を与え、読者もそれに抗うことができない（場合が多い）。

　こうして設定された問題について議論をはじめるのであるが、次にはだんだんと問題点を小さくしてゆく作業を行う。例えば次のように。

> 1）　筆者は……と述べる。たしかにこれは大きな問題であろう。この問題は、現代社会のいわばアキレス腱といってもよい問題である。だが、この問題を考える場合、次の二つのことが問題として浮上してくる。すなわち、一つは……という問題。もう一つは……という問題である。
> 2）　課題文筆者の主張を要約すれば次のようになろう。すなわち、……、と。しかし、ここには大きなトリックが隠されているように思われる。すなわち、たとえ……だとしても、……だと果たしていいうるだろうか、ということである。筆者はこれについては何も述べていない。いや、述べていないことに、じつは大きなトリックが隠されている。……
> 3）　この問題は○○論の問題であろう。○○論を論じる論者は、往々にして筆者の述べるような方向で考えるようであるが、そうした議論のしかたに必然性があるとは思えない。むしろ、問題をこう考えたらどうであろう。すなわち、……と。このように考えるとき、われわれが考えるべき問題は……ということになる。

　逆に、細かな問題から入ってしまう愚を犯した例を示しておこう。

> 1）　筆者は現代の若者がみな自分勝手になったという。だが、少なくとも私や私の身のまわりにいる友人はそんなことはない。私を含めてみな人のことを第一に考える人たちである。だから、筆者のような見解は一般性がないといわざるを得ない。
> 2）　情報化社会の問題が述べている課題文を読んで、とっさに自分とコンピュータとの関係について思い至った。たしかに、私もコンピュータとのつきあいに

> おいて筆者のいうように，どちらが道具化されているかわからないような状況にはまりこんでいるように思う．コンピュータは私の道具であるはずなのに，私がコンピュータの道具になっているような状況がある．

(2) 事実判断だけの文章は書くべからず

事実判断とは，五感に与えられた情報をそのまま記述する文のことである．例えば，「このリンゴは赤い」とか「新聞には○○と書いてあった」とか「○○という話をよく耳にする」といった類(たぐい)の命題である．

一方，**価値判断**や**趣味判断**とは，「良い」「悪い」「すてき」「だめ」「立派」「みごと」「好き」「きらい」等々，論者の内面的価値観や趣味が反映された判断である．「～は困る」「～が大切だ」「～は当然だ」「～は危険だ」等々も，この価値・趣味判断の一種である．

良い論文というのは，この事実判断と価値判断が上手にミキシングされているものである．一方，悪い論文というものは，事実判断だけしか書かれていなかったり，逆に価値判断や趣味判断だけしか書かれていなかったりするものである．例えば次のように．

> 【悪い論文の例】
> **事実判断に偏った例**
> ……ということは今朝の新聞にものっていた．これはいま日本中で問題になっていることである．私の通う学校でも，先日この問題がクラスで討論になった．ある人は……という．またある人は……という．(段落)先日，私は……という経験をした．これも同じ問題だろう．……．(段落)結局，この問題は根の深い問題だということである．
>
> **安易な価値判断(趣味判断?)に偏った例**
> 大切なことを忘れている日本人．私はこんな日本人の一人である自分が悲しい．いつからこんな日本になったのか．外国の人はきっと日本のことを笑っているにちがいない．大人が悪いのか．いや，大人のさらに親が悪いのか．そんなことを詮索してもどうしようもないが，ただ一ついえることは，このままではいけないということだ．われわれ若い人たちが，この日本を本当に良い国にしていかなければならない．そのためには，自分自身苦しいことがあっても我慢してそれを成し遂げるだけの強い心をもたなければならない．みな苦しいことは避けて通ろうとするが，それではいけない．私はヤル．絶対ヤル．だんだん闘志がわいてきた．

次に，良い論文の例を示そう．ここで注意してほしいことは，良い論文というものは事実判断と価値判断・趣味判断がうまくミキシングされていることである．以下，例を示す．文中の波線＿＿＿は価値判断を，細線＿＿＿は事実判断を，それぞれ意味する．

> 【良い論文の例】
> 結局，この問題の行き着く先はどこなのだろう．……ということか．それとも……ということか．いずれにしても，……ということだけははっきりしている．

> 筆者はいう。『……』と。ここには重大な問題が見え隠れしている。すなわち，われわれは……であるか，という問題である。この問題を安直に「良い」とか「悪い」といった価値でくくり出すことは危険である。われわれはその前に……であることを検討する必要がある。
> 　先日，テレビで……が問題となっていた。キャスターは……といっていた。しかし，問題をこのような主観的なところでとらえては，真の解決には決してならないだろう。当事者が……と思うかどうかよりも，そのように当事者が思うようになっている社会システム自体が問題なのである。おそらく，現在のような社会システムが生じてきた背景には，……ということがあるのだろう。それが証拠に，日常われわれは……である。(以下略)

(3) 比喩に終始する文章は書くべからず

　日本語には比喩表現というものがとても多い。いや正確にいうと日本人は比喩表現をとにかく使いたがる。外国にも比喩表現はあるし，しばしばそれに出くわすことも多い。しかし，日本人の比喩表現というのは外国のそれとは何かが違っている。外国のそれは比較的意味が確定しやすいが，日本のは意味を確定することを本質的に嫌っているとしか思えないような漠然曖昧のものが多いのである。ニュースや新聞などでも，この種の曖昧不明瞭な比喩をむやみに使いたがる。

　例えば，ニュースなどを見ているといろいろな比喩に出くわす。公共事業費の「真水」部分，などという表現はまだ許せるとしても，政治家への「闇」献金とか，政治改革は「火だるまになっても」実行する等になると，正確には何をいっているのかだんだん分からなくなる。

　ところでこうした比喩表現は，厳密な議論をする際にはえてして問題点を曖昧にし不明瞭なものにする場合が多い。例えば政治家への「闇」献金と聞くと，なんとなくそれは悪い種類のものであるという先入見ができるが，ではその何が悪いのか，あるいはそもそも"悪い"という価値判断の規準は何なのか，法律に照らして"悪い"のかそれとも道徳的に"悪い"のか，となると，まことに不明瞭そのものである。どうも日本人はこうした比喩表現によって事柄を曖昧不明瞭のまま理解したがる性癖をもっているようである。

　こうした国柄のなかで育った高校生であれば，当然にこの性癖をもっていると考えてまちがいないわけだが，論文を書く作業においては，この性癖が邪魔をすることになる。よく高校生が書いた小論文の答案にこの種の比喩表現が多用してある答案を目にする。例えば次のような——これはあくまで仮想のものであるが。

> 1)　日本はこんごは国際的に根元のしっかりした大木となってゆかねばならない。いわば世界を引っぱってゆく機関車となるのである。大木には多量の栄養が必要だし，機関車には多くの水や石炭が必要だ。それは知識であり技術であるだろう。頭と腕といってもいい。頭と腕があるから人間なのだ。日本は巨大な人

> 間，すなわち巨人となって世界をリードするのである。……。
> 2) 中学生のナイフ所持が問題となっている。しかし，ナイフを持っていることばかりを問題にしていては，木ばかりを見て森を見ないことになる。問題は森である。わたしは思うのだが，この森は相当に繁っている。広い広い森だ。森の全体の姿を上空から観察しなければ木のことばかり気にしていてもはじまらない。木は森という環境があるから安心しているのである。そして森は水があるから存在するのである。だからまず，水が何かを突き止める作業をしなくてはならない。……。

　もう，お分かりであろう。こうした論文は何がいいたいのかさっぱり分からない。比喩ばかりを使って，小論文にとって肝心の概念による明確な論証という作業を行っていないのである。こうした文章は決して書かないようにしてもらいたい。明確な概念操作ということに気をつけてほしい。

(4) 個人の願望・決意は書くべからず

　これまた高校生にありがちな間違いである。自分の個人的な願望や期待や決意を表明することでなにがしか論文が内容あるものになると思っている人が多いのである。例を挙げよう。

> 「これからは私も……に気をつけて生活してゆこうと思う」
> 「私も筆者のいうような……になりたいと思う」
> 「……になりたいと思うのは私一人ではないはずだ」
> 「日本も今後は……になるように心から期待したい」
> 「政治が……にならないよう希望する」

(5) 社会問題を個人の主体的努力に還元するべからず

　小学校時代の道徳訓話の影響か，高校生の中には社会問題を個人の主体的努力の問題にすり替える人がいる。例えば次のように。

> 1) ごみ問題は，結局は個人個人がその都度気をつけて行動することによって解決することができる。
> 2) どんなに良いアイデアであっても，所詮はそれを実行する人一人ひとりがしっかりとした行動をすることが大切だ。

　こうした，社会問題を個人的な問題に矮小化する論理はじつに恐ろしい。この種の論理を突き詰めれば，結局すべての問題はそもそも問題ではなくなるからである。いわば，「ごめんで済めば警察はいらない」ということである。社会問題を個人的な問題に還元させることは決してしてはならない。

(6) バカな論理は書くべからず

利口な論理に定義や定形はないが、バカな論理には定形がある。それを知っておこう。

a. 目的論的説明にたよる論文

ここにいう目的論的説明とは、一定の方向をあらかじめ想定しているにもかかわらず、あたかも因果関係によって客観的にそうであるのようにいう説明の方法である。

> ①「しっかり勉強すれば必ず成績は上がる」
> ②「きちんとした対策をうたないからこんな事態になるのだ」
> ③「彼が成績がいいのは、要領がいいためだ」

なぜ、これらが目的論的説明なのか。それを示すためには、それぞれの文章を分かりやすく翻訳してみればいい。

> ①「しっかり、つまり成績が上がるほど十分に、勉強すれば必ず成績は上がる」
> ──コレハあたり前！
> ②「きちんとした、つまりこんな事態にならずに済むような、そんな対策をうたないからこんな事態になる」──アホラシイ！
> ③「彼が成績がいいのは、要領がいい、つまり成績が上がるような勉強法をとっているためだ」──イッタイ何ガワカッタノカ！

この種の論理は、だいたい次のような文言とともに現れる。
「**しっかり**」「**きちんと**」「**きっちり**」「**ちゃんと**」「**びしっと**」等々の意味不分明な表現。

> やはり親が**しっかり**と子供のことを見守り、学校も**きちんと**した対応をするべきだろう

あるいは、「**適当な**」「**適度な**」「**適切な**」等、**適**をともなう諸語。

> 環境問題の解決策としては、個々人が環境についてしっかりした眼を養い、**適切**に対応することに尽きる

b. 感情論に持ち込む論文

「悲しい」「うれしい」「愉快だ」「不安だ」「恥ずかしい」「腹が立つ」「うきうきする」「陰鬱だ」「うっとうしい」等々の、明らかに感情的な文言を使う文章、あるいは、「許せない」「困る」「どうしようもない」「いけない」「だめだ」「いやだ」「すばらしい」「立派だ」「どうでもいい」等の根拠の不明な価値表現をともなう文章、あるいは、「○○したい」「○○してほしい」「○○が望ましい」「○○しよう」といった願望を表すだけの文章は書いてはならない。

> 1) 近ごろの政治家や官僚のモラルの低下は著しい。彼らは私利私欲で国の大事な政治を行っている。こんなことは絶対に<u>許せない</u>。もっと国のことを真剣に考えるような立派な人が政治家や官僚になってもらわないと<u>困る</u>。われわれ国民は今のような政治家や官僚のために血税を払っているわけではない。こんな政治を続けるのであれば，払った税金を返して<u>ほしい</u>。――こう思うのは私一人ではないと思う。
> 2) 「最近の高校生は……」とよく耳にする。ルーズやピアスや茶髪がはやっているため，高校生というと，どこか乱れたイメージが強いのだろう。しかし，どの高校生も同じではない。一緒にしないで<u>ほしい</u>。ルーズもピアスもしていない高校生だってたくさんいる。そんな高校生からしたら，そんなこといわれる<u>と迷惑だ</u>。だいたい，そういうことをしている高校生は自分が高校生だという自覚をもって<u>ほしい</u>。いけないことをしているということを自覚して，まともになって<u>ほしい</u>。

c.「よい」「わるい」で終始する論文

　できの悪い受験生ほど，「よい」「わるい」を連発する。事柄(問題)をすべて「よい」か「わるい」かで評価しようとするのである。これはきわめて乱暴で粗雑な議論である。小学生ではないのだから，こういう書き方だけは決してしてはならない。

> しばしば「日本人は集団主義的だ」といわれることがある。しかし，集団主義的であることは<u>いい</u>ことだと思う。みんなで力を合わせて何かことをなそうとしているのに，それを<u>悪い</u>という人はどうかしている。……

　なお，「どちらが良くてどちらが悪いとはいえない」とか「一長一短であり……」といった議論も，本質的には「よい」「わるい」を決めつける議論と変わりなく，これまた絶対にとってはならない議論のしかたである。

> 日本人は集団主義的で，ヨーロッパ人は個人主義的である。しかし，<u>どちらが良くてどちらが悪いとはいえない</u>と思う。それぞれに良さがあって，<u>一長一短</u>というところだろう。……

d. YES，NO で単純化する論文

　複雑な事柄を強引に単純化して，YES，NO で答えられるような決めつけを行う答案は書いてはならない。これは一部に存在する，そうした姿勢を促すロクでもない参考書があるだけに，特に注意が必要なことである。自分の立場を**明確化**することは良いことだが，立場を"明確化"することと事柄を"単純化"することとは同じことではない。微妙な立場であることを明確化するということもある。いやむしろ小論文の問題では，問題自体がたいへんに解決の難しい問題が多いので，ほとんどはそうした微

妙な立場の表明にならざるを得ない。それを強引に"単純化"して白か黒かをはっきりさせるような答案は最悪である。事柄には「灰色」という認定もありうるということをしっかりと理解しておきたい。

　歴史とは客観的で事実的な「事件」の記述なのか，それとも歴史家の構想力を前提にした「できごと」の創作なのかという文章を読んで意見を問う問題が出題されたとしよう——つまり，歴史記述は客観的か主観的かが問われたとしよう。

　このとき，白，黒をつけるべく一方の立場だけを肯定して他方を廃棄するような答案は劣悪である。歴史は客観的でなければならないことはいうまでもないが，やはりそうはいっても歴史家の主観に頼らざるを得ない側面もある。どちらの要素もありうる。それを強引にどちらか一方に引き寄せて語るのは事柄の性質上まったく望ましくない。もちろん，双方の意見がともに正しいというのでは話にならないが，例えば，客観的な事件にともなう**事実性**と歴史家の主観がつくりだす**創作性**が一つの「循環性」を形成していることを指摘するだけでも，明確な答案になりうる。つまり歴史とは歴史家の主体的な「問いかけ」と事実からの「学び」とが「循環」しながら「調和点」を見出すときに成立する営みであると押さえることも，れっきとした明確化なのである。要は，明確化のための概念をどれだけ用意できるかが問われているのである。微妙な問題を考えるにあたって，乱暴に YES，NO だけですませ，適切な概念を何ら用意しないなどというのでは話にならないということである。

(7) 途中で概念を変えるべからず

　小論文が**概念の配列**を重視するものであるということを理解していない人は，往々にして論文の途中で勝手に概念を言いかえて別の概念を平気で使用しがちであるが，これは慎まなければならない。別の概念にまったく言いかえてはならないということではないが，できる限り同一の概念で統一しなければならない。

　往々にして，概念の重要性がわかっていない者の文章というのは，例えば第一段落で「言語」といっていたものが第三段落あたりから「言葉」になったり，「主観」といっていたものが途中から「主体」となったり，とにかく勝手な概念を思いつき的に使用しているものが多い。

　これでは論文とはいえない。論文とは，なによりも概念の配列が問題となる文章のことである。したがって，概念の使用には細心の注意を払ってあたらなければならない。第一段落で「言語」という概念を使ったのであれば，一貫して「言語」について語らなければならないのであって，一般的にいえば，途中で勝手に「言語」を「言葉」と言いかえてはならないのである。

　このことは，いってみれば数学の証明問題を解くときに，＋と－を間違えてはならないというのと同様であり，細かいことではあるが非常に重要なことである。ゆめゆめおろそかに考えてはならない。

(8)「ゆえに」「よって」は使用するべからず

　これはおそらく日本の数学教育の成果（？）だろうが，論文中に「よって」「ゆえに」を使っているものをよく見かける。ここではっきりいっておくと，「よって」「ゆえに」は，人文・社会系の論文では普通は使わないものである。論理の帰結を表したいときは，「したがって」「それゆえ」「そうであれば」「そうだとすると」「とすれば」「もしそうなら」「であるからして」等々，「よって」「ゆえに」以外の表現を用いてもらいたい。絶対に「よって」「ゆえに」を使ってはならない，というわけではないが，これはあくまでも数学等の純粋に演繹的な論理の際に使う特殊な用語と思ってもらいたい。

(9) 単調な文章は書くべからず

　引用符には普通，「　」と『　』の二種類がある。それぞれの使い方は小学校以来，いろいろといわれていると思う。だが，実際に知識人（学者や文化人）が使っているのを見ると，小学校以来いわれていることがまったくあたっていないことがわかる。学校は何を教えているのだろう，と疑問に思うものである。早い話，「　」と『　』の使い方というものはそれほど厳密なものではない，ということである。けっこう人によってばらつきがある。したがって，ここでは文章の中に文章を引用をするときは，「『　』」という具合に書いたほうがいいでしょう，ぐらいの注意でとどめておきたい。

　それよりもむしろ，次のことに注意してほしい。引用符以外にも，それに準じた記号として〈　〉や《　》や"　"などがあるが，こうした記号をうまく使い分けてメリハリのある文章を作ってもらいたいということである。例えば，次のように。

> 　漱石の『草枕』だったか，たしかこんな文章があったと思う。「智に働けば角が立つ。情に棹差せば流される。とかくこの世は住みにくい」。これはとてもよくできた文章だと思う。短いがきわめて内容の濃い文章である。特に，〈角が立つ〉，〈流される〉などという表現などは，いかにも漱石らしい"憎い"ほど正鵠を得た表現である。日本人は常日頃こうした経験をイヤというほど重ねているので，こうした文章に出会うと，つい，「そうなんだよナ」とひとりごとをいってしまうのである。……

(10) 句読点をおろそかにするべからず

　句読点の打ち方について間違っている人がけっこう多い。この点についても少し説明しておこう。

　高校生の中には，主語の後には必ず読点を打たなければならないと思っている人がいる。例えば，「私は，……」という具合に。どこで教わったのか知らないが，とんでもない間違いだ。はっきりいって，句読点の打ち方に厳密な規則はない。ただ，漠然たる精神規則があるだけである。どういう規則かというと，**読者に誤解を与えないように打て**という規則と，**文の調子を考えて打て**という規則である。この二つの規則さ

え知っていれば，あとはそのときどきで自分で判断して打てばよいことになる。
　では，**読者に誤解を与えないように打て**という規則について，簡単な例を挙げておこう。

「玄関に，大きな父の傘が置いてあった」　➡　父が大きいということになる
「玄関に，大きな，父の傘が置いてあった」　➡　傘が大きいということになる
「鎮護国家の思想を重視した奈良朝の東大寺などにみられるような……」
➡　奈良朝が重視したということになる
「鎮護国家の思想を重視した，奈良朝の東大寺などにみられるような……」
➡　東大寺が重視したということになる

　次に，**文の調子を考えて打て**という規則について。

「こういう次第であるから人々があらゆる手段を用いて自らの生活を改善しようとするのはむしろやむを得ないといっても良いだろう」。
➡「こういう次第であるから，人々があらゆる手段を用いて自らの生活を改善しようとするのは，むしろやむを得ないといっても良いだろう」。
「こうした疑問に対しては端的に"否"と答えてしかるべきである。それが人間の良心というものである」
➡「こうした疑問に対しては，端的に"否"，と答えてしかるべきである。それが，人間の良心というものである」

【引用文の最後の句点（。）と引用符（　」）の前後関係について】
　よく，「……。」……という具合に文章を書いている人がいるが，これは間違いである。こういう場合には「……」。……と書くものである。
　引用文だけで文章が終わる場合は「……。」でよいかということについては，こういっておこう。あまりお勧めできません，と。教養のある人が書いた論文の文章では，だいたいにおいて「…」。で統一されている。したがって，無難なのは，常に「……」。の順序で書いておくことである。

(11) 文章のリズムを軽んずべからず

　むかしから日本人は文のリズムを大切にしてきた。短歌や俳句はその典型である。「古池や，蛙（かわず）飛び込む水の音」。なんともすばらしいリズムである。日本ではよいリズムの典型は5，7，5，7，7とされている。**タタタタタ，チチチチチチチ，ツツツツツ，テテテテテテテ，トトトトトトト**という具合（書くまでもないことだが）。ここで，押さえておいてほしいのは，このリズムは長短がうまく組み合わさってできているということである。当たり前といえばそれまでだが，文章作成の際にも，この当たり前の美感がモノをいうのである。例えば，次のように。

今までいってきたからわかると思うが，だいたいにおいて（あくまでだいたいに

おいてであるが)いえることは，日本人は程度の差はあっても，他の人の眼をどことなく気にしながら毎日の生活を送っているといっていいのではないかということである。……

⬇

「かくいう次第で，大方の日本人は，程度はともあれ他者の眼を気にして生活している。どうやらそういっていいだろう。……」

「『皇帝のものは皇帝に，神のものは神に』というのはイエスの言葉であるが，こうした政治と宗教の分離の姿勢が明治以降失われたことが日本の悲劇といってもよいのかもしれないと思うとともに，戦後そのことは反省されて政教分離原則という政治原則が一応は樹立されたわけだが，いまでも靖国問題などでそのことが疑われているところをみるとまだまだ日本ではこの原則は完全には樹立されていないのかもしれないと思う。」

⬇

「『皇帝のものは皇帝に，神のものは神に』とはイエスの言葉だ。ここに表されている政治と宗教の分離の姿勢が明治以降失われたことが日本の悲劇といってもよいだろう。戦後，政教癒着が反省され，一応は分離原則が樹立した。が，いまも靖国問題などでそのことが疑われているところをみると，まだまだこの原則は完全に確立されたとはいないのだろう。」

(12) 単発的な形容をするべからず

　ここで学習してほしいことは，畳みかけるような表現方法である。この表現方法は，おそらくもともとは西洋の表現方法であったものが，明治以降，学術方面の文章を通じてしだいに日本人の文章自体にも影響を与えたものと思われるのだが，まあ，それはともかくとして，まずは実例を挙げながら理解を促したい(下線部に注意)。

1)　さらに重要なことは，次のことである。すなわち，法律解釈と政治政策の間に存在するような問題(例えば憲法9条など)において，われわれは往々にして安易に解釈論あるいは立法論を展開しがちだが，現実の複雑な政治状況を考えると，このような安直で表面的な解釈論あるいは立法論だけでは通用しないことが判明する。むろん，そうはいっても，一方の政治的政策だけをパワーポリティックスを背景に云々することも危険であるとともに無意味であることは言をまたないわけで，要は，法解釈論と政策論の中間・中庸の地点の模索が落ち着く先ということになる。……

2)　すぐれた芸術に触れたときの，あの，霊感とも直観ともつかない微妙繊細な心の揺れ，それを私は解明したい。人間の美意識に関わるこの問題は，えてして人間の快・不快の感情に基づいて語られるが，私にはそれは大きな間違い，とんでもない誤解と思えるのだ。美は快楽では断じてない。美は不快の欠如で

も断じてない。美はそれ自体として存在し，しかも人間の主観的な感情をはるかに超越して客観的に存在する。……

　上の例からもわかると思うが，形容や叙述は，単発的ではなく複数の形容や叙述の畳みかけを行うことが望ましい。こうすることによって，形容や叙述に，厳密性とともに説得力が与えられるのである。読者はこうした文章を読むと，そうでない場合と比べて，なぜかグッとひきつけられるのである。

(13) 肯定文に終始する文章は書くべからず

　これはまったくのレトリック（修辞）に属する事柄である。これもまた西洋からの輸入だと思われるのだが，要するに「〜ではなく〜である」式の論理を展開せよ，ということである。英語で「...not...but...」構文というのがあるが，あの論理である。高校生は往々にして論文を書く際に，自分のいいたいことをひたすら肯定形で書こうとするものであるが，否定形を織り交ぜて書くと随分と見栄えのする文章になるのである。例えば，次のように。

　戦後の高度経済成長の後で生まれた私たちの世代は，物質的に豊かであることが当然のように思っている。しかし，考えてみると，日本は特殊であって，そんななかに生活している私たちも特殊な存在である。物質的に豊かなことが当然と思っている私たちは一方で心の貧しさを昂進させているのかもしれない。……

↓

　戦後の高度経済成長の後で生まれた私たちの世代にとっては，物質的に豊かであることは当然のことであり，物質的に貧しい生活など考えられない。水は蛇口から出るものだし，風呂は自動でつくものだし，米はスーパーか米屋で調達できるものと思っている。しかし，考えてみると，そうした常識は特殊日本的あるいは特殊戦後的なものであり，決して一般的なものではないということだ。危険なのは，こうした常識の持ち主が，往々にしてその心を高慢にして人間一般の常識に通用しないような行動をとることである。つまり，物質的な豊かさが心の貧しさを昂進させる可能性があるということである。……

(14) 副詞や限定語のない文章は書くべからず

　高校生の文章には，ぶっきらぼうなものが多い。同じことをいうのでも，ちょっと味付けをして，副詞や限定語をつけ加えると随分と見た目が変わってくる。例えば次のように。

　食品添加物による人体の変調は，目にみえないほどなので見落としがちだが，長い目でみると，これは重大な問題である。これを放置しておくと，子孫の代には大きな問題となるだろう。……

↓

> 食品添加物による人体の変調は，<u>直接目にみえる</u>ほどのものではないし，また<u>即座に身体に感じられる</u>ほどのものでもないので，<u>往々にして見落とされがち</u>であるのだが，長い目でみると，これは重大な問題である。<u>現状をそのままに放置しておくと</u>，われわれの子孫の代には，<u>必ずや大きな社会的問題</u>となるだろうことは<u>容易</u>に予想できるところである。……

6. 小論文問題のタイプ

　参考書などでよくみられるものとして，学部ごとに「人文系」「社会系」「自然系」……と分けるもの，あるいはテーマ内容に即して「自然とは」「人間とは」「文化とは」「歴史とは」「言葉とは」といった具合に分けるもの，さらには，設問形式の違いから「課題文付き」「課題文なし」「要約型」「意見表明型」等に分けるものがある。

　高校生は，どうやらこうしたタイプごとに自分の受ける大学の対策をするのが常であるようだが，はっきりいって，こうした対策ではまったく対策にならない。というのも，社会系や自然系の学部でも平気で人文系の内容の小論を要求するし，設問形式なども年度によってコロコロ変わるからである。従来のタイプ分けは，いわば気休めであり，そうでもしなければ多種多様な小論文試験の対策としてはお手上げなので，なんとなく対策を打ったような気にさせることだけを企図するものである。

　さて，本書は新しいタイプ分けを試みることにする。これはすでにあるタイプ分けに屋上屋を重ねることではなく，まったく別の視点から事柄を腑分けしようとすることである。

　小論文の問題というのは，究極的には，<u>現代という歴史的現在における知のあり方</u>を問う問題であることはすでに述べた。もちろん，いまだ高校生の諸君はその意味についてはまだ十分にははかりかねていると思うが，ここではとりあえずそれを前提にしておいてもらいたい。ここで**知のあり方**というのは，広い意味でいえば，いわゆる**「世界観」**や**「人生観」**や**「社会観」**というほどの意味である。その意味では，<u>小論文の問題というのは畢竟，世界観に関わる問題</u>なのである。

　小論文の問題のタイプ分けについても，その「世界観」という概念がものをいう。というものも，実際に出題された問題をつぶさに観察すると，さまざまな問題でじつにバラエティーに富んだ話題が登場するし，出題のしかたも千差万別なのだが，おしなべていえることは，受験生に一定の世界観(社会観)なり人生観なりがなければまともには答えにくいだろうと思われることである。

　例えば，科学技術の問題などはよく出るが，これなどは「科学技術」をどのように世界観のなかに組み込んでいるかがストレートに問われる問題である。また，産業社会のなかで発生してきた環境破壊の問題などもしばしば出題されるが，これも「環境問題」だけでなく「産業社会」そのものをどのように自らの中で咀嚼しているかが問われている。あるいはまた，「言語」とは何か，「コミュニケーション」とは何か，「公共性」

はどのように実現したらよいのか、等々、すべて一定の世界観（社会観）が問われる問題である。

ただ、問題によっては、そうした世界観をストレートに問いただす問題だけでなく、設問としては要約を求めるだけであったり、下線部をほどこした部分の解釈を求めるだけであるような問題もある。あるいは、そもそも課題文において世界観が問われていること自体が直接にはみえにくい問題もある。したがって、小論文とは世界観を問う問題である、と一般的に言い切るには相当の付帯条件をつけなければならないのだが、あえてざくっとしたいい方をすれば、問題自体は究極的にすべて世界観についての問題である、とはいえるのである。

以上から、小論文のタイプ分けの問題につなげてゆくと、こういうことがいえる。

小論文の問題にはさまざまなものがあるがそれをタイプ分けすると、**直接的に世界観を聞くタイプ（A）**、**社会問題ごとにそれを聞くタイプ（B）**、そして**世界観を聞いているようにはみえないが裏のほうでそれをちゃっかり問題にしているタイプ（C）**、以上の3タイプがある。これらの具体的な見分け方と、解答方法については、第Ⅲ部で出題例に即して示すので、そちらをみていただきたい。

7．小論文の対策とは何をすることか

以上、3つのタイプからもおわかりだろうが、小論文の問題は究極的には世界観ができていないとなかなか答えられないものが多い。このことはあまり話題にされないだけに——それをいうのがみな恐ろしいからであるが——、あえてここでそのことをいってみたのである。小論文のタイプには、何度もいうが、直接世界観を聞く問題と、中途半端にそれを聞く問題と、一見そうは見えないが裏側からそれを聞く問題の、3つのパターンしかないのである。

もちろん、そのほかにも単にグラフや表の読み取り問題などもあるにはあるが、それは小論文というより総合問題といったほうがいいので、ここではそれは小論文の範疇に入れていない。

さて、事情が以上のようであるとすると、一体どのような対策が可能であろうか。今までのようにテーマごとに模範解答を読んでキャッチフレーズ的な文言を借用することを考えたり、あれこれと関連知識をごみ溜めをあさるように拾い集めているだけでは、はっきりいって対策にならない。自分に確信のない文章は、どんな手段を用いようと所詮はバレてしまう。あまり姑息なことを考えずに、「急がば回れ」で世界観の形成を先にやったほうが賢明というものである。

ところで、従来小論文の能力として挙げられてきたものとして「**論理力**」「**表現力**」「**独創力**」などがあることは諸君も知っていよう。しかし、よく考えてみれば、何を書くかという論文の内容が決まらない人がいくら論理や表現に気を使っても、所詮は無内容な文章の体裁づくりで終わってしまう。つまり、単なる文章いじりにしかならない。論理や表現を気にする前に、どんな内容を書くか、それを気にしてもらいたい。

結局，小論文の作成にあたって必要なことは次の3つなのである。

【小論文で必要なこと】
1) 答案のなかで一貫したポイント・オブ・ヴュー(観点)を示すこと。
　ポイント・オブ・ヴューとは，論文の途中でふらふらと揺らぐようなことのない，しっかりと一点を見すえたものの観方のこと。
2) ポイント・オブ・ヴューを支える世界観を持っていること。
　世界観とは，どんな場面でも通用する，応用範囲の非常に広いものの考え方のこと。
3) 世界観を具体化できる概念を持っていること。
　概念とは，世界を解釈するためのタームのこと。それによって，世界観やポイント・オブ・ヴューが明確化するようなターム。

　普通，高校生は，こうしたことよりも文章の流れ(論理)をうまく落ち着かせることを考えるものだが，どんな流れにするかを考えるのではなく，どんな世界観やポイント・オブ・ヴューを示すかに気を使うことが大切なのである。
　さて，そこで，以下の第II部においてその世界観形成のための概念枠組みの学習をしてもらうことにする。この部分ではっきりと世界観を樹立するとともに，世界観の樹立に必要な概念の習得をしてもらいたい。

文章の書き方　まとめ

以上，いろいろと述べてきたが，ここでこれまでのことを作業の順序に即して，まとめる形で整理しておこう。

1．課題文の読み取り段階
①課題文を読むときは鉛筆を持って，重要概念をマークせよ。
②論文作成に必要な概念は余白に書き込んでおけ。
③面読みに徹し，全体の論理構造を幾何学的に解明せよ。
④設問の趣旨を厳密に読み取り，答案の方向性を決定せよ。

2．デッサン（論理の構築）の段階――論理化の段階――
①すぐに文章化せずに，まずは概念だけを並べよ。
　概念だけ並べた例
　環境問題　　個人の心得の問題ではない　　社会システム問題
　リサイクル・システム　　（循環型社会）⇔直線型社会
　いかにして構築するか　　行政　　生産者　　消費者　　立法
②**概念の自然な推移を考えよ。**
　点検事項
　(1)バカな論理を書いていないか。　(2)論理の飛躍はないか。
　(3)事実判断と価値判断が適度にミキシングされているか。
　(4)適切な（ほどよい）抽象がなされているか。
　(5)キーワード（重要概念）がうまく配置されているか。
　(6)段落構成の鉄則にしたがっているか。
※ どのような概念を用意するかについては，第Ⅱ部・第Ⅲ部で学習してもらいたい。

3．文章化の段階
この段階では，すでに論理化は済んでいるはずである。文章化の途中で論理にあやふやな点が出てきたら，すぐに論理化に戻って概念の配置を再考せよ。
　点検事項
　①適切な抽象がなされているか。（課題文と同程度ないしは若干高めの抽象がなされているか。）
　②事実と価値のバランスはよいか。（事実だけ価値づけだけの文章になっていないか。）
　③文章の長短のバランスはよいか。（長文だけ，短文だけの文章になっていないか。文章のリズムはよいか。）
　④重畳的な表現になっているか。（単発的な形容で終わっていないか。厳密な形容がなされているか。）
　⑤副詞や限定語を適切に使っているか。

第Ⅱ部
20世紀的「知」の構造

流れの循環——それは閉じた系（システム）を意味すると同時に，外在的な力を必要としない自己組織的な生成力を意味する。

　第Ⅰ部では**文章のつくり方**を中心に学習したが，第Ⅱ部では**内容のつくり方**を中心に学習する。
　文章の作り方がわかっても，小論文はまだ書けない。それ相応の内容がなければ，「作文」ではありえても，「小論文」にはならない。
　小論文は**世界観を問う試験**である。世界観をもっていなければ，まともな答案をつくることは到底できない。逆に，「ここから語ればいい」という自分の世界観をもっていれば，どんな内容にたいしても答えられる。結局，**世界観の有無が勝敗を決する**のである。
　だが，世界観をもつためには，現在の一般的な世界観を知っていなければ話にならない。まずは現在流布している世界観がいかなるものか，そして，小論文で狙われる問題はどういう世界観を前提にするべきか，それがわかるようにならなければならない。そのために，この第Ⅱ部は存在する。ここで世界観についてじっくりと考えて，みずから不動の世界観をつくっていただきたい。

第 1 章　20世紀的「知」の概要

1. 高校生の素朴な意識

　高校生が何の準備もせずに、あるいは文章の書き方、原稿用紙の使い方等、作文技法だけを学んで小論文に立ち向かうと、だいたいにおいてその内容は、小論文のテーマを深くとらえたものにはならない。原稿用紙の書き方はわかっても、何を書くべきかがわかっていないので、ろくな内容にならないのである。

　たとえば、「環境問題」をテーマにした問題では、高校生の素朴な意識は「環境を破壊する行為はよくない」、「使い捨て意識を改善しよう」、「自然を大切にしよう」といった紋切り型の主張に終わることがもっぱらである。いわば、小学生の頃から一歩も進歩していない素朴な感性をそのままに文章化しただけのものになることが多い。

　こうした高校生の素朴な感性それ自体はけっして批判されるべきものではないのだが、殊それが小論文の答案となり、それなりの社会現象についての論評としてあらわれるときには、もやは許容できるものではなくなる。小論文の問題が問うているのは、小学生でも答えられるような主張ではなく、もっと厳密な社会認識であり、さらにいえばそこで問題になっていることは純粋に学問的な内容なのである。

　小論文を学問的に押さえることが、なにより小論文の上達の秘訣である。だが、そう言うと、"学問は大学に入ってからやるものだからそれを高校生に聞くのは筋違いだ"という反発が予想される。たしかに学問は大学でやることで、高校までは学問とは無縁の世界なのだが、ここでいう「学問」とは、なにも専門知識を振り回す技術的な側面を指しているのではなく、考え方の基本姿勢とでもいうべきものである。どんなに難しく専門的知識が多量に要求される学問であっても、その基本的な考え方というのは、案外単純なものである。そして「学問をやる」というのは、こうした学問に特有の考え方を身につけることを第一義的には意味している。高校生に求められる学問の姿勢——したがって小論文に立ち向かう姿勢——というのは、こういう意味での「考え方」のことである。

　はっきりいって、高校生が素朴に考えつくかぎりの「考え方」——これを「世界観」といってもいいが——というのは、学問の歴史からみれば、だいたい19世紀か、あるいは多少ましなものでも20世紀初頭のものである。早い話、少なくとも学問の現在レベルからすると（したがって小論文が想定しているレベルからすると）、そうした考え方は「古すぎる」のである。小論文を書くにあたっては、もう少し新しい考え方を身につける必要があるということである。「新しい考え方」というのは、1980年代以降に定着してきた考え方である。いわゆる「モダン（近代）」の考え方——17～19世紀の考え——が批判され、それに代わる新たな「知」として20世紀になって登場してきた考え方のことである。これを身につけることが是非とも必要である。そして、それを身につける

とき，はじめて小論文にまともに立ち向かうことができるようになるのである。

2.「知」の変貌と社会変動

　さて，では，1980年代に始まった**新しい知**とは何であるか。それをいよいよ明らかにしていこう。

　先回りしていっておけば，この時期に成立した新しい「知」とは，なにもその時期になってはじめて主張された「知」でもなければ，その時期に突如発見された「知」でもない。最初に発見や主張がなされたのは，もっと早い時期，だいたい20世紀初頭から1950・60年代にかけてである。80年代に起こったことは，それらの種々雑多の「知」が統合された形で学問の世界のコンセンサス（合意）を形成し始めたということである。

　学問というのは，このように，発見や発明によってその都度新たな局面に入るのではなく，まるでマグマが溜ってから噴火が起こるように，それらが一定程度蓄積して，新しい局面に入ることを余儀なくされた段階ではじめて新たな動きに出るものである。学校で後知恵的にならう発明・発見史観（発明や発見によって突如新しい局面に入るという歴史観）というのは，ほとんどウソ臭い話なのである。このことはのちに扱うので，詳しくはそちらを読んでもらいたいが，こうした「常識」の"ウソ"には十分気をつけなければならない。

　それはともかくとして，学問というのは，おおかたは19世紀に体系的に整備されたものであるが（哲学と法学は別だが），どの学問においてもいわば暗黙のコンセンサスとして近代特有の発想である「理性主義」や「合理主義」，あるいは「啓蒙主義」や「進歩史観」といった思想が伏在していた。たとえば，「歴史学」においては，近代啓蒙理性によって市民革命が達成され，人類は明るい未来へと漸進的に進歩することができるようになった，人間が理性的で合理的であれば昨日よりも今日，今日よりも明日はより良い社会になるであろう，といった理性信仰が陰に存在していた。これまた学校などでは今でももち出される論理かもしれないが，こうした「古い」歴史観は今では通用しない。「理性主義」が19世紀の遺物であることは1940年代から70年代にかけていろいろなところで指摘され，80年代には歴史学も認めざるをえなくなっていったのである——ちなみに歴史学というのは実は得体のしれない学問であって，これは政治学や経済学や哲学や宗教学や科学論などの歴史部門，すなわち政治史，経済史，哲学史，宗教史，科学史などの寄せ集めであり，したがって，本来的には固有の問題（例えば正義とは何か，価値とは何か，美とは何か，等々）をもっておらず，その意味では学問の体をなしていないものである。歴史学というのは一つの学問というよりも一つの方法 method（ギリシア語のメタ・ホドス，すなわち「道に従って」の意）なのである。したがって，「歴史学」の「学」の字は余分で，ただの「歴史」で十分なのであるが，こんなことを言うと歴史家におこられそうなのでこの辺でやめておこう。

　ところで，こうした知的変動は，単なる知的変動では終わらず，いろいろな面での社会変動へとつながっていった。

諸君も知っているかもしれないが，たとえば，大学が1980年頃から動きはじめる。それまでは文学は文学部に閉ざされ，理学(科学)は理学部に閉ざされていたのであるが，80年代頃から，こうした閉鎖的な学問領域がにわかに流動化しはじめる。さまざまな学部が連携していわゆる「学際研究」なるものが成立しはじめるのである(なぜ流動化しはじめたのかについてはここでは問わない)。

たとえば，典型的なものとして「国際関係論」なる学問がある。「国際関係論」とは，読んで字のごとく，国際関係について考える学問であるが，ここで使われる学問方法論は，それまでの学問ジャンルからいえば，「法学」であり「経済学」であり「政治学」であり，あるいは場合によっては「心理学」や「宗教学」や「民族学」などにまでおよぶ。international relation という現実的な問題を考えるために使えるものは何でも使おうという臨床的(clinical)な学問である。それまでの学問が原理原則を重んじ，現実の問題解決よりも机上の理論を構築することを目的とした，いわば**基礎的な知**であったとすれば，こうした実際的・実践的な観点から問題を解決することを目的とした学問は端的に**臨床的な知**と呼べる。少なくともこうした新しい学問は，60年代ごろまでは絶対に許されないものであった。どの学問にも該当せず，それぞれの学問の成果を部分的にイイトコ取りして現実問題の解決だけを目的とするような学問は，古い感覚では端的に「学問ではない」と思われていたからである。しかし，それが80年代になると公然と許されるようになった。そして，いまでは，「許される」などという域をはるかに超えて，受験生が殺到し，大学でも最も活気ある学問の一つとなっていることは諸君の知っているとおりである。

そのほかにも，いろいろな学問が様変わりをするのがこの80年代というエポック(時期)であるが，いちいち語り出したらきりがないので，詳細は次章に譲ることにして，ここでしっかりと押さえておいてほしいことは，現在の「知」の構造は，臨床的 clinical になっていると同時に，総合的 synthetic になってきているということである。かつては，文学は文学，理学は理学，医学は医学というジャンル分けにともなう**分析的** analytic(分解的の意味)思考が大勢を占めていたが，現在ではそうした分析的思考よりも，事柄を臨床的に検討するための**総合** synthesis の方法が何よりも重視されているのである。そして，小論文というのは，そうした総合化の思考に合致した試験として登場してきたものなのである。小論文が実質的に登場するのは80年代に入ってからであるが，これは単なる偶然(たまたまそうなったということ)ではなく，学問の歴史的な進捗(しんちょく)状況からして必然的な動きなのである。小論文は学問的背景に裏打ちされて登場した歴史的な現象の一部にすぎないのである。

3．20世紀的「知」の基本構造

このへんで話を整理しておこう。今までの話は概略次のような内容であった。

高校生が素朴に考えつく考え方というものは，おおかたは19世紀的(前時代的)なものでしかない。ところが，当面の課題となっている小論文の問題というのは，20世紀

的知見に裏打ちされたもので，新しい学問を背景にして出題されている問題である（小論文は，その意味で一つの時代現象なのである）。

とすると，それにまともにこたえるためには，当面そうした新しい学問の，観点というか視点というか，おおざっぱにいってものの考え方を学習しておく必要がある。しかるに，その考え方は，大きくいうと臨床的であると同時に総合的なものであり，旧来の学知とは大きく異なっている。——ざっと，こんなところが今までお話した内容である。

ここまでは，なにがなにやらといった印象を受けたことだろう。この辺で話をだんだんと厳密にしてゆこうと思う。詳細は次章に譲ることにして，ここでは概略だけ示しておく。

20世紀になって，知が大変貌を遂げた。このことをまずはしっかりと意識してほしい。「どのように」とか「なぜ」ということはここではまだ問題にしなくてよい（してはいけない）。ともかくも大変貌の事実がある，ということを前提にしてもらいたい。

ここまではとりあえず分かってもらえたとして，それがどのように変貌したのかをもう少し具体的に述べておこう。

まずはこの大変貌の様相を理解してもらうために，次の四つのキーワードを用意しよう。この四つのキーワードによって，20世紀に知に何がおこったのかを概略だけでも理解してもらいたい。

このような知の変貌の様相 mode が概略分かってくると，小論文の解答に際して随分と見通しがききやすくなるものである。諸君は書店などで小論文関係の参考書や問題集に目を通すことがあると思うが，一般に市販されている小論文試験の対策本が得てして次のような特徴をもっていることに気がついているだろう。——いわく，「環境問題」や「言語論」ではこう書きなさい，「人文系小論文」や「社会系小論文」では○○に注意しなさい，「要約型問題」や「課題型問題」ではそれぞれここに留意しなさい，等々——。いわば，さまざまな問題の特徴をつかまえて，そのノウハウを個別に垂れるのが通常の参考書である。だが，ハッキリいって，そんなチマチマした対策をいくら積み重ねても小論文が上達することはありえない。そもそもそのような参考書が世にあふれかえっていること自体が日本の知的環境の劣悪さを物語るものなのである。ここではっきりと言っておくが，受験生はそんな姑息な対策で身をやつす必要はない。要は，近代の知の全体構造を鳥瞰的につかめば——つまり古い考え方のどこがどう古いのかがわかるようになれば——小論文は書けるようになる。小論文の問題が近代のどういう側面を問題にしているのかを上の方から眺めて，その論題にふさわしい解答を少々学問的に用意すれば良いだけである。それができるようになってはじめて，小論文の解答としてまともなものとなる，と同時に，小論文試験において他の追随を許さない圧倒的な差を生み出すことができるようになるのである。

4. 〈知〉の大変貌をみるための4つのキーワード

(1) 二元論から一元論へ

　19世紀までの――厳密には20世紀もそうであるのだが――世界観は，「物心二元論」「心身二元論」などの，いわゆる**二元論**が中心だった。それは16〜17世紀に現れた比較的新しい思想なのだが，それが18世紀あたりからの科学の繁栄にともなって，広く学問一般に広まることになったのである。20世紀に生まれたわれわれは，すでにそうした世界観に慣れ親しんでいるため，それが当たり前で，そうでない考え方がむしろ特異な考え方であるかのように感じるのであるが，われわれの常識的な世界観があくまでも歴史的に形成されてきた一時的な代物であることは，この際強く認識しておくべきである。

　では，今なぜ二元論が一元論へと変貌をとげはじめているのか。

　大づかみに言えば，いま学問の世界で起こっていることは，こうした二元論を克服する作業だからである(これでは説明にならないかな?)。つまり，二元論によって，物質原理と精神原理が切り離され，物質原理だけが特に強調され，そのあげくに自然破壊などに見られる「環境問題」が生じたり，あるいは人間が人間を大量に殺戮する「大量破壊兵器」などが生まれてきた。20世紀に人類に突きつけられた大問題というのは，結局のところ，物心二元論にもとづく科学・技術によって生み出された問題である。そのことにいま人類は気づきはじめ，根本的な世界観を是正しようとしはじめている。物質と精神を無理に切り離すことなく，物質的なものの中に精神性を見出したり(都市景観の重視など)，物質循環のシステム化(目的化)を図ったり(リサイクル運動など)，あるいは精神作用を物質原理に翻訳したり(情報技術)，さまざまな形で今までの二元論的図式を抜本的に修正しようとしだしているのである。

(2) 分析原理から統合原理へ

　分析原理から統合原理へという動きは，また，**分析(analysis)から総合(synthesis)**へという動きとしても言い表すことができる。いずれにしても，これまた現代の大きな知の変貌をものがたるものである。

　「分析」とは複雑な現象を分かりやすい構成単位まで分解することであり，要するにバラバラにして分かりやすくすることを意味する。ものごとを考えるに当たって分析の方法が有効であることを最初に定式化したのは17世紀の哲学者デカルトであった。彼は分かりにくいものごとはとりあえずバラバラにしてみよ，と言った。バラバラにした上でそれぞれの部分の性質を見極めたら，今度はそれを組み立てて全体を考えると良い，というのである。部分を集めて全体を組み立ててゆくことを「総合」というが，デカルトの方法は，その意味では文字通り分析から総合へという方法であった。この

方法によって近代の諸科学も生み出されてきた。そもそも「科学」(分科した学問)という名称自体が，こうした分析的(分解的)な研究方法を前提にしたものである。

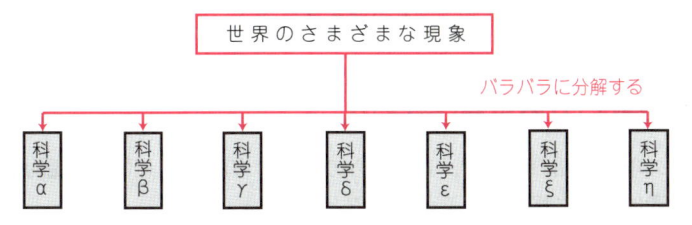

```
                    世界のさまざまな現象
                                        バラバラに分解する
    科学α  科学β  科学γ  科学δ  科学ε  科学ζ  科学η
```

しかし，ここで厳重な注意が必要なことは，デカルトのこの方法は，ここで問題にしている**現代的な意味での分析原理から統合原理へ**あるいは分析から総合へと一致しているわけではない，ということである。デカルトは全体を一度部分にまで分解して，それからそれを組み立てると元どおりのものができあがると考えていたが，現代の学問の手法は，部分と全体との双方向の移行可能性を，それほど安易には想定してはいない。全体は部分に分解(分析)した瞬間にその決定的な特徴を失う可能性があることに現代の学問は気づいている(たとえば生物の死，あるいは分解不可能な社会的な「価値」)。あるいは部分を寄せ集めても全体にならないということにも気づいている(全体のシステム的安定性など)。したがって，デカルトのいう分析・総合という方法と，現代の分析から総合へという方法とは，決定的なところで異なっている。

では，現代における分析から総合へという方法は，それ自体としては，どのような方法なのか。現代の学問の方法は，分析的手法の限界に気づいている。たとえば，社会を考察の対象とした場合，それを経済的側面，法的側面，文化的側面，とバラバラに扱って社会を分析する(analyze)ことも可能だが，それだけでは当の社会自体は浮き彫りにはならないと考える。むしろ現実の社会というものは，いろいろな側面は確かに個別的に存在するものの，それら個別が複雑に作用しあって全体として一つの有機的な組織として機能しており，その有機的機能全体を何らかの形でトータルに表さなければならないと考えている。先にも紹介した「国際関係学」のような学問を想定すればわかるように，国際関係という複雑な現象を，必要に応じて分析(analysis)的手法を用いながらも，全般的方向としては全体を一挙に見渡す総合(synthesis)的手法を用いて考察するのである。平たくいえば，バラバラにせずに全体を全体として考え

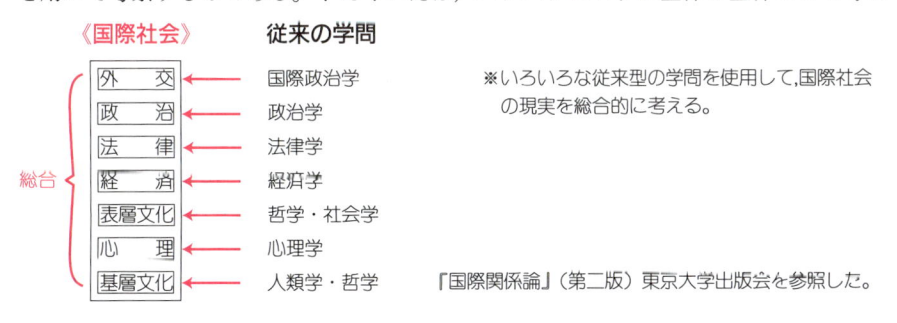

《国際社会》	従来の学問	
外　交 ←	国際政治学	※いろいろな従来型の学問を使用して，国際社会の現実を総合的に考える。
政　治 ←	政治学	
法　律 ←	法律学	
総合　経　済 ←	経済学	
表層文化 ←	哲学・社会学	
心　理 ←	心理学	
基層文化 ←	人類学・哲学	『国際関係論』(第二版)東京大学出版会を参照した。

る，ということである。これが現代流の分析から総合へという知的潮流の意味だが，これは一種の**システム(体系)思考**である。現代でいう「総合」とは，こうしたシステム(体系)的な意味を多分にもった概念なのである。

(3) 意識(理性)から言語(構造)へ

　もう一つの現代の知の特徴は，ことがらの考察の方法が，人間の**意識**的側面からことがらの**構造**的側面に移っているということである。
　これは少々分かりにくい話なので少し詳しく説明しよう。
　そもそも，現在存在するいろいろな学問の営みは，ほぼ19世紀に成立したものである。学問の歴史は，高校生が考えるほど古いものではなく比較的新しいものなのである。もちろん哲学と法学，それに若干の医学的知見はもっと古いものであるが，ほとんどの学問は今から百数十年前に成立したものである。人間の"経験的"な知恵というものはクロマニョン人の頃から存在しているが，それが整然と学問的体系知(理論)として定式化されるようになったのは，ここ200年ぐらいのものなのである。
　学問が成立するにあたって非常に大きな役割を果たしたのが，ほかならぬ科学(science)であった。科学(的方法)が生じたからこそ学問一般が可能になったといっても過言ではないのである。さて，科学の特徴には，すでに示した**分析・総合**という特徴のほかに，もう一つ重要な特徴として**実証性**というものが挙げられる。要するに物事を理論化するに当たっては，実験や観察など**事実**に基づいて判断すべきであるという考え方である。この実証性という特徴が，科学的知見の**客観性**を生み出すとともに，先にみた**物心二元論**(物質と精神を分ける考え方)の定着にも寄与したことは容易に見てとれることだろう。事実に訴えるやり方が，人間の意識(精神)から独立して存在する物質を探究する際の基本的な方法となったのである。
　この実証性の重視は，一方で，物質というものが意識から独立して存在していることを前提するとともに，他方では，自我に与えられた意識の存在を，主観的ではあるが直接的なものとして捉えることにつながった。早い話，私の意識は私にとっては直接的で端的である，ということである。デカルトの「我思う，ゆえに我あり」という言葉は知っていると思うが，私の意識が私という存在と切っても切れない関係にあるというのは，近代の学問の暗黙の前提であった。
　このように，近代の学問は一方に客観的な自然，他方に人間の個人的な意識を前提にしていた。おそらくは，諸君もごく自然にこうした世界観の中で物事を理解しているのではないかと思う。それは近代が生み出した歴史的な世界観なのである。
　こうした世界観——言い換えれば物心二元論——からすると，たとえば言語というものは，人間の意識活動(表象作用)が音声という媒体や文字という媒体をつかって外部に表明される道具，ということになる。つまり，あくまでも言語は人間の内面的意思を外部に伝えるための道具であるから，それを使って運ばれる当のもの(目的)は意思(意識)そのものであり，人間理性の内部に閉ざされたプライベートなものであると

考えられている。それゆえ，たとえば言語が異なるということは，意思(意識)を伝える道具が異なることを意味し，外国語というものは自国語とは異なる意思伝達の道具である，という理解になる。

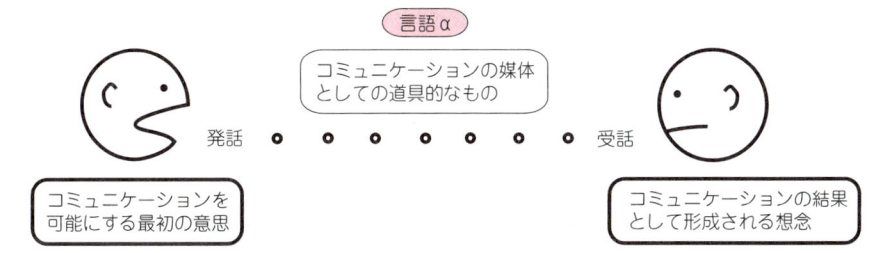

```
              言語α
              コミュニケーションの媒体
              としての道具的なもの
    発話 ○ ○ ○ ○ ○ ○ 受話
コミュニケーションを              コミュニケーションの結果
可能にする最初の意思              として形成される想念
```

　こうした理解は，おそらくはごく普通に高校生がもつものであろう。だがこうした理解は，少なくとも学問の世界では，いまや完全にといっていいほど採用されなくなっている。**20世紀的知**は，全く異なる新しい考え方をしだしているのである。

　たとえば今挙げた例，すなわち言語について考えてみると，現在一般的な学問的知見では，人間の意識は言語という"道具"以前に存在するのではなく，あくまでも言語という"構造"に従属的なかたちで存在しているにすぎない，と考えられている。もっと端的にいうと，言語は意思伝達のための"道具"ではなく，端的に人間の意識の"構造"なのである。つまり人間はそれによってしか意識できない，ということである。意識の枠組み(framework)といってもいいが，ともかくも人間のコミュニケーションを基底的に支えるものとして，言語は意思(意識)に先立って存在すると考えるのである。

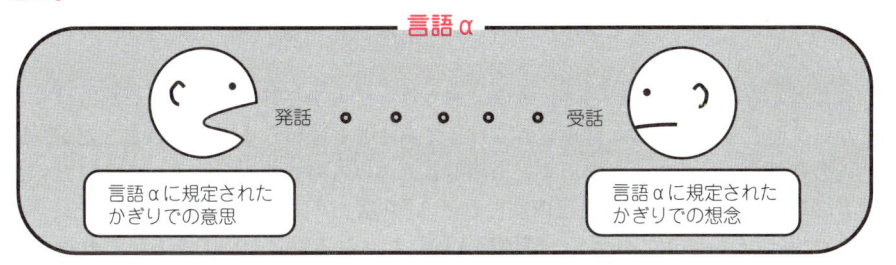

```
              言語α
    発話 ○ ○ ○ ○ 受話
言語αに規定された         言語αに規定された
かぎりでの意思           かぎりでの想念
```

　20世紀という時代は，**意識**そのものも構造化して**無意識**と並列的に，あるいは無意識を前提として考えようとしている。フロイトという心理学者の名前は聞いたことがあると思うが，彼によって始められた無意識の心理学は，人間の意識活動が無意識に規定された，その意味で構造化されたものでしかないことを明らかにしたのである。

　あるいは「自然」という人間意識の対象と思われているものも，それ自体で客観的に存在しているものではなく，つねに主観の観察によって規定されつつ存在しているのではないか，ということが20世紀物理学(コペンハーゲン解釈)によって明らかにされており，その意味でも，主観と客観の一定の関係(構造)のもとでのみ客観は存在しているにすぎない，ということが分かってきているのである。

　詳細については次章に譲ることにして，ここでとりあえず押さえておいてほしいこ

とは，現代の知は，個人の意識を単独で認めるようなことはしない，ということである。あるいは主観を離れて純粋に客観そのものの世界を考えることもしない，ということである。すべては一定の社会的・歴史的な"構造"のもとでのみ存在しうるにすぎないというのが現代の知の一つの大きな特徴となっているのである。

(4) 自我から共同体へ

　近代という時代は，総じていうと**個人主義**の時代である。つまりなんらかの形で社会集団を形成している人間を，集団全体としてみるのではなく個々別々に個人単位でみる時代である。たとえば**「基本的人権」**という概念は近代が生み出した概念だが，それはどう解釈しても個人単位の権利でしかないし，あるいはまた集団的犯罪に対する刑罰も，近代刑法によれば原則としては集団全体に科すことはできず，個人単位で科すのが鉄則となっている。

　このように，近代はあくまでも個人を社会の原基的存在とみなしているが，こうした考え方の根っこのところには，デカルトに始まるとされる**自我原理**がある。

　周知のようにデカルトは**「我思う，ゆえに我あり」**と言って，自我の思惟(思考)が世界のあらゆる現象に先立って存在すると主張した。したがって，デカルト的世界観にしたがうかぎり，他者と自我を並列に並べることはできず，あくまでも自我が最優先の存在ということになる。ここに，近代の個人主義の基本的な特徴があらわになっている。近代の個人主義は，単に一人ひとりを大切にしようということにとどまらず，さらに突き詰めて言えば，他者(としての個人)はともかくとして自分(という個人)を最も大切にしようという主張にほかならない。他者よりも自我を，他人よりも自分を，というのが近代個人主義のホンネなのである。

　もちろんそれだからといって，他者はどうなってもかまわないというのではけっしてない。他者も自己同様に尊重されるべきであることはいうまでもないことだが，近代人の発想では，そのへんがいま一つ明瞭さに欠けるのである。簡単にいっておくと，他者の尊重は，あくまでも自己内部における**「共感」**や**「同情」**という自己感情(シンパシー)に基づくかぎりにおいて，**感情移入的**になされるだけなのである。これはたとえば仏教に見られるような縁起的発想とは根本的に異なる発想である。仏教の縁起説は，基本的には自己よりも他者存在を第一義的な存在とみなして，他者存在一般によってはじめて自己が存立可能であると考える。その意味では，原理的に自己よりも他者が優先されているわけである。ところが近代(西洋)人の発想は，そうした原理的な部分ではあくまでも自己が最優先であり，他者はかろうじて自己内部における共感・同情の対象という位置づけにとどまるのである。この違いは決定的なので，十分に理解しておく必要がある。

　こうした**独我論的傾向**は，いっぽうで心理学に見られるような**内観的方法**を生み出すことになる。自我内部を自己観察することによって自己対話(内省)を行おうとする姿勢が生まれるのである。これはどういうことかというと，世の中で何が起こってい

るかを記述する場合に，現実世界を社会的にありのままに記述するのではなく，一度自分の内部世界に入ってそこで自分自身にどのように感じられているかを自分自身で観察するというきわめて主観的な**反省(reflection)**が大きな意味を持つということである。先の「我思う，ゆえに我あり」もそうであるが，事柄を主観内部の話に閉じ込めてしまうやり方というのが，近代の一つの特徴である。ドウデモイイコトナガラ，コレガ第一章デオ話シタ作文ノ手法デモアル。

「我思う，ゆえに我あり」
——世界の存在より私の存在の方が重要だよ。

あなたの人格を尊重しましょう。
——ただし，それが重要だと私自身が考えるかぎりにおいて。

　こうした主観的で内観的な方法が，いま問い直されている。これまた結論的に言ってしまえば，いまは**共同主観性**や**身体性**が大きな意味を占めはじめている。かつては**私**という存在が世界の第一義的存在であったが，いまは**みんな**が第一義的な存在であるとみなされるようになってきたということである。あるいは，かつて**精神**が自分という存在の中心部分であったのが，いまは**身体**が，その中心部分を形成していると考えられるようになってきたと言ってもいい。自我内部に閉ざされた思考から他我一般を前提とした思考へと大きく変貌しているのが，現代の知の一大特徴なのである。

　以上，近代の知とは何であるのかについての４つのキーワードをお示しした。この４つのキーワードが近代を考えるにあたっての最重要の概念であり，かつまた，現代の学問潮流を考えるにあたっての核心的なことがらである。そしてなにより，それがまた，小論文を書くにあたってのもっとも**大切な心得**でもある。

　では，つぎにいよいよそうした近代の知の具体的な有り様とそれが小論文にどのようにあらわれるかについて見てみることにしよう。

第2章　近代的〈知〉とその反省

1. 近代的〈知〉のマトリックス

　近代の知は一つの堅固な体系として存在する。その部分部分は特徴的な概念によって性格づけられる。ここでは，そうした概念を体系的に明確に知ってもらい，それによって近代の知が全体としてどのようなものであったのかをまずは理解してもらう。近代の知を知ってどうするのかと思うかもしれないが，それを知ることが現代を知ることであり，また，小論文の問題がいったい何を聞いているのかが理解できるようになることにもつながるのである。

　現代のさまざまな問題(戦争，暴力，貧困，飢餓，経済格差，環境汚染，文化摩擦，廃棄物問題，都市問題，等々)は，それぞれ独立した問題として考えることができるし，またそれに応じた各種原因も個別的に考えられる。だが，その究極的で根源的な原因を考えてゆくと，近代という時代全体が生み出したいくつかの基本的な世界観・人間観・方法論などに行き着く。そうした世界観・人間観・方法論を端的に**近代的知**と表現することができる。

　近代的知の構造は複雑に絡み合っており，それを簡明に説明することは非常にむずかしい作業なのだが，ここでは学習の便をはかって，次の頁のようにそれをひとつの体系的知としてまとめてみた。これを全体として理解するとき，現代のさまざまな問題のもっとも根本的な原因が分かるようになると同時に，「小論文」の解答においても，圧倒的な強みを発揮しはじめるはずである。

2. マトリックスを横に読む

　これから，このマトリックスを読み解く作業をおこなう。マトリックスの項目は9つあるが，それぞれを個々ばらばらに扱ったのでは混乱するだけだろうから，ある程度のまとまりをもって説明してゆきたい。とりあえず，マトリックスを横軸にそってみてゆくことにする。

　なお，なぜ3段なのか，あるいはコンセプトが**「二元性」「分析性」「合理性」**となっているのはなぜなのかという疑問もあろう。縦軸の**「世界観・自然観」「人間観・社会観」「学問方法論」**については，何となくそれですべての対象を網羅しているという感じがするだろうが，横軸については，その数やコンセプトの意味などに必然性が感じられないために，すぐには納得がゆかないと思われる。これについて説明しておくと，近代の思考は，結局，漠然とした言い方を許してもらえれば，次のような特徴を持っているといえる。一つは**二元論的思考**，一つはものごとをバラバラに考える傾向すなわち**分析性**，そして最後に妙に合理性にこだわる姿勢。そのほかにもいろいろな特徴は

近代的〈知〉のマトリックス

コンセプト	A. 世界観・自然観	B. 人間観・社会観	C. 学問方法論
1 二元性	**A-1 物心二元論** この世は二つの実体，すなわち物体と精神とからできているという考え方。	**B-1 自我中心主義** 世界の究極の存在は自我であり，すべては自我を中心に回っているという考え方。	**C-1 普遍主義** 自然界の事物は客観的に存在し，自然界の法則は，客観的であるとともに必然的であるとする考え方。

【特徴】 世界を二つに分けて，それぞれが別々の原理をもつとする。精神は物質を支配し，物質を管理することができると考える。人間が中心の傲慢不遜な考え。

2 分析性	**A-2 原子論** 世界の究極単位は，「原子」であり，原子が集まることによっていろいろな性質を持つ組織ができるとする考え方。	**B-2 個人主義** 個々バラバラの原子的な個人が集合したときに社会が出来上がるとする考え方。	**C-2 還元主義** ものごとの全体は，それを構成する部分の総和でしかないという考え方。

【特徴】 事項をバラバラにしようとする。バラバラのものを足し合わせると全体ができると安直に信じている。

3 合理性	**A-3 機械論** 世界は，それを構成する要素間の機械的で力学的な関係でできているという考え方。	**B-3 啓蒙主義（合理主義）** 人間は十分な教育を授ければ理性的になりうるし，社会も適切な管理をすれば合理的になるという考え方。	**C-3 決定論** 現在の事象は過去の事象によって規定（決定）されたものであり，未来も現在によって規定（決定）されるという考え方。

【特徴】 メカニズムさえ分かればすべて説明がつく，要は合理的に考えればよいだけだとする非常に安易な考え。

いままでいろいろな機会に近代的な概念について学ぶ機会があったと思う。たとえば「二元論」や「機械論」などは国語の試験などにもよく登場するし，それなりの理解はすでにもっていたことだろう。だが，近代の概念が結局どのように体系的に構築されているかについては，おそらくは漠然とした"感じ"はもっていただろうが，明確なイメージはもっていなかったと思われる。ここで３×３のマトリックスで示した概念諸群をタテヨコで体系的に学ぶことによって，はじめて近代の諸概念がどのように結びついているかを明確に知ることができるようになるだろう。３×３の概念が，近代を理解する上での必要かつ十分な概念枠組みである。そして，近代を体系的に知ることによって，近代の何が問い直され何が廃棄されようとしているのかが明確にわかるようになるとともに，現代の諸問題をいかに解決したらよいかもそれなりの方向性が見出せるようになるはずである。

あるにはあるのだが、それらはすべてこの三つのどれかの性質の派生的性質として語ることができる。したがって、この三つでだいたいの説明は可能なのである。

コンセプト1　二元性

a. 近代は二元論の時代だった

　近代とは何だったのか。その意味を考えるとき、さまざまな概念が使われるが、もっとも単純に考えると、近代とは二元論の時代だったといえる。**物質と精神、主観と客観、自我と他者、個人と社会、部分と全体、事実と価値、理論と実践、男と女、自然と文化、文明と野蛮、理性と感性、正気と狂気、健常者と障害者**等々、ことごとく二分化し、両項の対立的図式のもとで世界を解釈してきた。

　二元論的図式のなかでも、ひときわ大きな役割を果たしたのが、**物心二元論**である。物心二元論こそが科学を生み出すとともに、文学をフィクションとして定着させ、芸術をロマン主義化した。われわれになじみのある世界のさまざまな文化現象は、おしなべて物心二元論がつくりだしたものにほかならないといっても過言ではない。

　古代や中世においても**善と悪**の二元論や**肉と霊**の二元論など、二元論的思考がなかったわけではない。しかし、物心二元論的思考に関しては、これは端的に近代の専売特許といっていい。その意味は追い追い述べることにするが、とりあえずここで確認しておいてほしいことは、物質と精神を二つの異なるものと考えはじめたことが、近代の特徴であるとともに、このことがその後さまざまな災厄を人類にもたらすことになったということである。

b. 二元論は〈中心化〉思考である

　二元論は、二つの項を用意する。そして二元の対立的関係によってことがらを説明しようとする。その場合、一方の項が他方の項よりも優位に立つものとして語られる場合がほとんどである。たとえば、自我と他者でいえば自我優位、男と女でいえば男性優位、という風に。

　一方を他方よりも優位に立つものとして理解するとき、優位に立つ方を中心に世界が秩序づけられることになる。こうして**中心化された世界観**が生まれる。**自我中心主義、男性中心主義、自民族中心主義**、等々はこうして生み出されたのである。

　近代は中心化された強き者(権力者)と周辺化された弱き者(被抑圧者)の関係の織物として展開した。それは時に自我と他者であったり、男と女であったり、人間と自然であったり、大人と子供であったり、健常者と障害者であったりした。あるいはヨーロッパとヨーロッパ以外という**中心―周辺化**もあった。いずれにせよ、世界の特定の部分だけが特権的な地位を占め、それ以外を支配し君臨するという図式が当たり前の世界観として通用した時代、それが近代であった。

　現在、そうした**中心―周辺**図式が見直されつつあるが、それはとりもなおさず、

二元論図式の廃棄を意味し，世界に優劣をつける分断的思考を停止しようという意思表示にほかならない。

c．二元論は普遍主義を好む

中心化された思考は，容易に普遍的な思考へと人々を導く。つまり，世界の中心として君臨する概念(たとえば「自我」「男」等)は，中心たるべき根拠を必要とするために，容易に普遍的な原理をつくりだしてしまうのである。たとえば「女は男に比べて元来劣っている」，「良心の自由は何者によっても侵されてはならない」，等。

こうして普遍化された強力な"中心"と，それに比較して見劣りする"周辺"という図式は，支配と被支配の関係のもとに，永遠に変わらぬ真理とみなされるようになるのである。人々は，いつの間にかこうして普遍化された図式を「当然」のことと思うようになり，それ以外の思考を忘却してしまい，近代図式の片棒をかつぐ先兵となる，という次第である。

われわれがいかにこうした図式にどっぷりとつかっているか，それをまずはしっかりと認識することから始めなければならない。なぜなら，いま人類が求めていることは，そして些細なことながら小論文が求めていることも，そうした図式を問い直し，新たな少しはマトモな世界観を樹立することだからである。

以下，物心二元論，自我中心主義，普遍主義について，個別的に説明を加えておこう。

(1) A−1　物心二元論

a．二つの「実体」

物心二元論あるいは**心身二元論**は近代的な知の代表格である。どちらの言い方も同じ考え方を意味しているが，この世界は**精神**と**物体**という二つの相異なる——つまり相互に翻訳不可能な——二つの**実体**で構成されている，という考え方である。

実体という言葉にはちょっと注意が必要である。これはsubstanceの翻訳語であるが，substanceとは，現実的にわれわれの前に立ち現れるさまざまな現象の根底に存在する存在者(もの)の本体(基体)という意味である。物心二元論はしたがって，この世には究極的に二つのモノからできていると考えている。物体と精神，これが究極の実体というわけである。

この二元論図式をはじめて考えたのはデカルトである。よく**デカルト的二元論**とか**デカルト的切断**という言い方がなされるが，これらの言葉は物と精神の二元論的世界観を樹立したのがデカルトであることを意味している。

この物心二元論こそが近代のさまざまな具体的な思考を出現させた根源的な考え方である。17世紀ごろから強く打ち出されるようになってきたこの考え方は，おおよそ19世紀ぐらいからは"当たり前"の考え方とみなされるようになる。そして現在では，ほとんど誰も疑わない，常識(common sense)となっている。

だが，この二元論図式によって，近代はいろいろな問題を抱えることになった。自

然のあり方や人間の身体のあり方，あるいは労働のあり方や医療や介護のあり方など，さまざまなことがこの図式に影響されて困った事態を引き起こすことになったのである。いわば二元論は諸悪の根源といってもいい代物なのである。

現在，その問い直しが進んでいるが，残念ながらそれに代わる新しい世界観は，歴然とはできていない。ただ，二元論はだめだから一元的に考えようという方向に向かっていることは事実であり，ぼんやりとではあるが，一元的思考におさまりそうな気運がでてきていることははっきりしている——どのような一元的思考になりつつあるかは，次章で述べる。

b. 主観と客観

主観(subject)と客観(object)という対立的な概念は知っていよう。この二つの概念が歴史的に使われはじめたのは，じつは物心二元論の図式を前提にしてであった。「サブジェクト」といい「オブジェクト」といい，いずれも18世紀に成立した概念であるが(正確にいうとカントから)，16世紀ごろまではこれらの概念は現在われわれが使っているような意味では用いられていなかった。われわれは主観というと「私」的なものを想定し，客観というと対象としての「物」的なものを想定するが，16世紀ごろまでは現在とまったく異なる意味で使われていた。「サブジェクト」がものごと自体の実体的なあり方(基体)を意味し，「オブジェクト」が"主観的"な表象(イメージ)を意味していたのである。したがって，「サブジェクト」とは，私のまわりに広がる事物世界を意味すると同時に私の存在までも意味することができる概念として使用されていたのである。16世紀ごろまでは，そもそも世界を私の内側と外側で分けようなどという世界観がなかったので，現在のように「サブジェクト」が「こちら側」を意味し，「オブジェクト」が「あちら側」を意味するといった，世界を分断するような言葉の使い方も存在しなかったのである。

こうした歴史的な経緯はどうでもいいが，われわれにとってごく常識的な主観—客観という二元論図式が，世界のあり方として普遍的(時代貫通的)に成り立つわけではないということはしっかりとおさえておいてもらいたい。いわば，われわれはある特定の思考パターンに毒されて，いつのまにかそう思い込んで世界を見ているだけなのである。

c. 科学的世界観としての物心二元論

17〜18世紀に，物心二元論と主観・客観図式が一般的な世界観になってくるのとほとんど期を同じくして科学(science)という学問が誕生してくる。これは単なる偶然の一致ではない。物心二元論や主観・客観図式が科学の誕生を促したといっていいのである。科学の特徴は客観性，普遍性，実証性にあるが，これらは，そのまま二元論的世界観の特徴でもある。

物と心は別々の存在であるというのが物心二元論の発想であるが，この発想には，客観の法則はあくまで客観の側に存在し，主観とは無縁に成り立っている，という客

観主義や普遍主義の発想がともなっている。世界が二つに分断されて，われわれからみて「あちら側」がそれ自体としてもちゃんと存在できているという発想があればこそ，客観主義や普遍主義，さらには「あちら側」に聞いてみるというイメージの実証主義が成立するのである。

d. 物心二元論がなぜ問題なのか

再三いっているように，物心二元論は現代の諸問題の元凶と見なされている。これだけ世界がいろいろな難問に直面するようになったのは，ちょっと極端な言い方をすれば，すべて「デカルトが悪い」というわけである。

諸悪の根源と見なされている物心二元論の，いったい何がいけないのだろうか。結論的にいえば，物心二元論にともなう精神優位の考え方や人間優位の考え方，あるいは自然自体は無機的な物質でしかないという考え方が問題なのである。自然と人間を対立させ，自然を一方的に支配し人間の思いのままにコントロールする発想が問題視されている。

例えば，**環境保全**という概念がある。これは人間にとって有益な環境だけを保護しようという，本質的には人間中心の身勝手な発想を表す概念である（この点で**環境保護**という概念とは異なる）。あるいは，**脳死**および**臓器移植**の問題も，人間を精神と身体に分けて考えようとする**物心二元論的発想**に支えられて出てくる問題である——なぜそう言えるのかは，各自考えてみてください。

ともかくも，物心二元論は，現代ではあまりよい評判はない。が，それにもかかわらず世の中はまだまだこの考え方にどっぷりと漬かっているのである。われわれは気づいたときにはすでにこの考え方をとって世界を解釈しようとしているのである——だからこそ，さまざまなところで問題が生じるのであって，考えてみれば当たり前の話なのだが。

精神の世界（subject）		物体の世界 （object）
属性：**思惟**（考えること）	← 互いに異なる世界 →	属性：**延長**（広がり）

(2) B−1　自我中心主義

a. 思惟と延長

デカルトは精神という実体の属性として**思惟**——つまり考えること——を，物体という実体の属性として**延長**——つまり空間内に広がっていること——を考えた。精神は，考える・思う・想像する・想起する等々の思惟活動をその本性としており，一方，物体は，空間中に一定の広がりをもっていることをその本性とする，と考えたわけである。デカルトの属性観はその後の近代的な知に決定的な影響を与えた。たとえば，広がりだけしかもたず，精神性のない物体世界だけを問題にする自然科学は，自然を無機的な大きな機械とみなしてきた。その結果が大規模な環境破壊やその結果としての人間社会の生きにくさという現象となって現れている。意志やそれにもとづく

権利を人間だけにしか認めず，それ以外の自然にはまったく主体性や精神性を認めなかったために，死んだ機械的な世界とそれを操作し管理する精神的主体としての人間という図式ができあがったのである。今さまざまなかたちで問題になっていることは，もとをただすとこの機械論的な自然観とそれを支配する人間という二元論にゆきつくことが多いのである。

b. 自我中心主義とは何か

さて，そうした無機的自然と思惟活動をおこなう精神とでは，どちらが優位を占めるか。いうまでもなく，後者の精神である——少なくとも近代的な世界観はそのようにとらえた——。したがって，物心二元論のもとでは精神の優位が確立されることになった。と同時に——ここが重要な点だが——，そこにいう「精神」とはとりもなおさず「私」の精神であるということになる。なぜなら，精神性が確認されその存在が保証できるのは，かろうじて私自身においてであるから。私以外の「他者の精神」なるものは，想定はできるが確認や保証はできない。われわれが他者をいくら観察しても，そこには物質的な広がりや物体の運動やそれが発する音声や熱などの物質的な諸性質があるだけである。端的な自己意識が感じられない他者の精神は，すくなくとも第一義的には存在しない，ということにならざるをえないわけである。

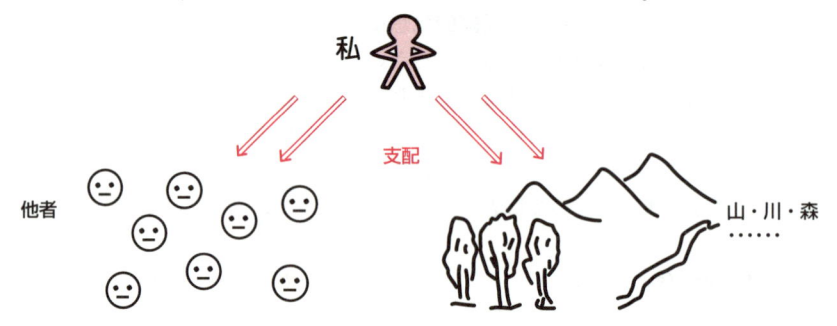

こうして，近代的発想では，精神の主体として考えられるものは端的に「私」であり，その意味では「私」こそが世界の中心に存在することになる。世界は「私」を中心に動いている，と考えるのである。これは率直にいえば**独我論**である。ふつうにはこれを「**自我中心主義**」(エゴセントリズム)というが，「私」が世界の中心だという非常にわがままな考え方が，困ったことに近代の思想の中心にどかっと腰を下ろしているのである。

c. 他者への「思いやり」は自己満足？

もちろん，「そんなことはないだろう。それじゃあ，近代人がみんなわがままだといわんばかりだし，実際，他人のことを思いやる心は近代人だってもっているじゃないか」という反論もあるだろう。それはその通りである。ただ，ここで留意してほしいことは，「思いやり」の心はじつは近代においては自我中心主義の裏返しの表現にすぎないということである。各自の自分勝手をそのまま許してはあまりにも社会が混乱

するので，一方で他者への配慮ということも言わなければ釣り合いがとれないのである。おもしろいことに，ヨーロッパにおいて，**「寛容」(tolerance)**や**「憐憫」(pity)**や**「共感」(sympathy)**といった他者を思いやる感情が重視されはじめるのは，自我中心主義が唱えられるのとほぼ同時期である。自我中心主義が，どうしても「自分勝手」という傾きをもつのでバランスを保つ意味で他者への感情移入も用意しているということである。もちろん，19世紀の哲学者ヘーゲルなど，そうした個人主義的な倫理観は端的に間違っていると主張した者もいたにはいたのだが，これは例外で，全体的な趨勢は個人主義でいいじゃないか，という方向で進んでいったのである。

　もちろん，以上のことはあくまでヨーロッパ近代思想に関することで，だから日本人も同様に自己満足的な思いやりしかもっていない，と断じているわけではない。日本人のいう「思いやり」というのは，伝統的にみるかぎり，孟子的な**「惻隠の心」**であり仏教的な**「慈悲」**の心である場合が多い。だとすれば，自己か他者かという択一でいえば，**他者中心主義**というほかなく，自我中心主義の裏返しの表現にすぎないヨーロッパ的思いやりとは訳(格)がちがう。ただ，ここのところ，日本人もだいぶ西洋化されてきているようで，**「人に迷惑をかけないかぎり，何をしてもよい」**(19世紀の功利主義者 J. S. ミルの言葉)などと平気でいう人が目立つようになった。そもそも，人に迷惑をかけているかどうかを判断するのは結局は自分でしかない——だから，周りの人や将来生まれてくる人ではない！——というごく単純なことが見えなくなっているのである。これがいわゆる「ジコチュウ」な人なのだが，こうした人が増えているところが日本人らしさが失われてきたことの証明でもある。

d. 中心化がもたらすもの

　さて，こうした自我中心主義から，**「自民族中心主義」(エスノセントリズム)**——ちなみに民族というのは英語ではエスノスという，あの「エスニック料理」のエスノである——や，**「自国中心主義」**といった考え方が容易に導き出されてくる。あるいは，**「男性中心主義」**や**「ヨーロッパ中心主義」「人間中心主義」**なども，こうしたエゴセントリズムの帰結である。近代が生み出した**「帝国主義」**(世界を自国の市場とみて他国を植民地化しようという考え方)も，この自国中心主義のあらわれにすぎない。あるいはまた，**「ナショナリズム」(国家主義)**もまた「自国中心主義」の亜種として，この自我中心主義のあらわれである。

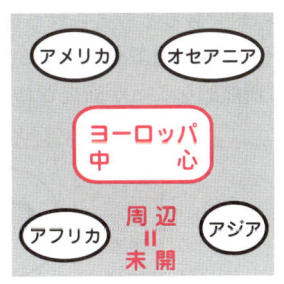

あるいは、諸君は気づいていないかもしれないが、「政治経済」や中学の「公民」でならう**「社会契約思想」**というのも、じつはこの自我中心主義のあらわれにすぎない。というのも、「社会契約」というのは、実態としてはそんな契約など結んだ記憶は誰も持っていないのだが、仮想的に結んだということにしよう、というものである。だが、それは要するに、「みんなが自分勝手に行動したら怖い社会になるから、みんなとりあえず社会的行動(他者との関係をもつ行動)に出る前に自分の意思を棚上げしようよ」という契約である。つまり社会契約説というのは、人間が自分勝手であることを前提にした理論である。先に紹介したヘーゲルなどはそうした社会契約説の個人主義的性格(バラバラ性)が気に入らなかったので、おおいにこの説に反発するのだが、何度もいうようだが趨勢は社会契約説にしたがって近代は動きはじめる。そして20世紀までその考え方が支配的となり、現在の教科書でもそれを正しいものとして教えている。

ともかくも、近代の自我中心主義というのは相当に根が深い。そして深いだけでなく、四方八方に根を伸ばし、いまや大木となっていると言っていい。したがって、それを否定することなどおよそ不可能と思える。だが、現在のいろいろな社会的プロブレムがそこから出てきていることがわかってきたので、「いったいどうしたらいいの」ということになってきている。そして、それが小論文などでも問題として取り上げられ、諸君に解答(回答?)を迫るといったことにもなっているというわけである。

(3) C-1 普遍主義

a. 客観性・普遍性・必然性

二元論的世界観をとると、論理の構築のしかたが客観主義と主観主義に分裂することになる。つまり、物体世界(自然)については純粋に客観的な記述が求められ、精神的なことについてはあくまで主観的な記述が求められることになる。客観世界について、「私には○○と見える」とか「個人的には○○だと思う」といった言い方が忌避され、逆に精神的・心理的世界について、「私の気持ちは客観的に○○である」とか「あなたは必然的に○○であると考えなければならない」といった言い方が嫌われるのは、外的物体世界については客観的にどうなっているかが一意的に確定するが、精神内部の問題は恣意的で偶然的な問題だと信じられているからである。

こうした考え方があるからこそ、科学における「客観的法則」の存在や、そうした客観的法則の「普遍妥当性」といったことが当然視されることになる。科学の法則は「必然」的であると考えられるのも、そこに原因がある。つまり、外的世界については**客観的で普遍的で必然的**なことが求められ、一方、精神世界については**主観的で相対的で偶然的**なことが前提されるわけである。

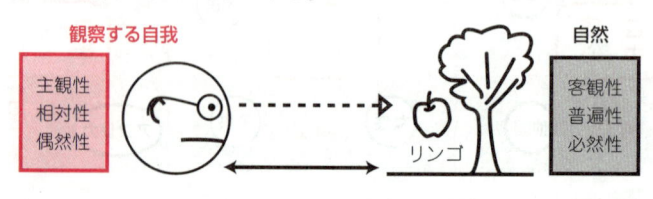

b. 閉じた世界から無限宇宙へ

　外的世界が客観的で普遍的で必然的なのに対して，それを観察する精神世界が主観的で相対的で偶然的であることについて，「そんなの，当たり前じゃないか」と思う人もいるかもしれない。だが，それが「当たり前」に感じるられるのは，まさに現代が近代の延長線上にあるからにすぎない。たとえば，ルネサンス期——16世紀ごろまでの，まだ中世の考え方が色濃く残っていた時代——における**「錬金術」**(卑金属を金に変える化学)では，外的世界(自然，**マクロコスモス**)の変化と内的世界(精神，**ミクロコスモス**)の変化は"必然的"に結びついており，鉄が金に変わった瞬間に私の精神も浄化された聖なる精神に"必然的に"変化すると信じられていたのである。つまり，客観世界と主観世界は，二つの世界として存在するのではなく一つの世界としてしっかりと結びついており，一方の変化が他方の変化を"必然的に"呼び起こすと考えられていた。信じられないかもしれないが，あの大"科学者"ニュートンでさえ，そうした錬金術をまだ信じていたのである。**「占星術」**もそうした考え方のあらわれであるが，古代・中世までは，少なくとも近代のような主観—客観といった二元論的世界観は前提していなかった。あくまで人間は宇宙(コスモス)の一部にすぎず，宇宙(マクロコスモス)が変化すれば人間(ミクロコスモス)も必然的に変化すると考えていたのである。コスモス思想が消え，宇宙が無限な均質空間になったとき近代が始まる。近代において，宇宙は**コスモス**ではなく**スペース**(空間)になったのである。

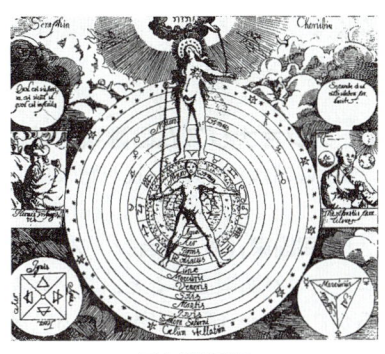

天人相関の図

c. 孤独な近代人

　要するに，近代的な二元論図式にしたがうかぎり，精神的なことは主観的で相対的で偶然的なことでしかない。それがために近代人は精神的な孤独を託つことになったのである。**道徳**や内的**信仰心**を強くもっていなければ安心して生きてゆけなくなったと言ってもいい。古代や中世においてはまだ宇宙と人間とは強く結びついていたので，人間の生きざまや考え方も宇宙全休に合致することが求められていたが，近代では人間が宇宙から切り離されたので，人間は孤独になると同時に自分自身でなんとか自分を支えないかぎり安心して生きてゆくことができなくなったのである。18世紀末のドイツの哲学者カントが『たんなる理性の内なる宗教』という本を著した。このタイトルが，まさに近代人のそうした孤独な精神を言い表している。信仰を，信仰共同体や信仰対象の世界から切り離して，たんなる自己の理性の内部に限定することによって，自らを孤独の淵へと追いやったのである。近年，**「引きこもり」**などという社会現象が報告されているが，これなどはまさに，近代人の孤独が頂点に達したことを物語るものである。人々は自我を世界の中心に据え置くとともに，それを客観世界(宇宙)から

切り離された存在とみなすことによって，宇宙の中での自分自身の位置づけがわからなくなってしまっている。謙虚な人間であればあるほど自分自身を支え切れなくなっているのである。

d. ナショナリズムの源泉も普遍主義

近代においては，自我が肥大化しただけでなく，国家もまた肥大化する運命にあった。

「国民国家」(ネーション・ステイト) という概念を聞いたことがあるだろう。現在，ヨーロッパ諸国をみると，フランスだのドイツだのイギリスだのという国家が存在するが，あれが「国民国家」である。歴史の時間に習ったかもしれないが，こうした「国民国家」概念が登場するのは，18世紀のことである。それ以前のヨーロッパにおいては，国家というものは，地方の独自の文化に則して形成されていたので，ヨーロッパはきわめて多様な国家のモザイク地帯だったのである。

ベネディクト・アンダーソンという政治学者は，こうした近代に生み出された国民国家を**「想像の共同体」**と呼んでいる。すなわち，言語も風俗習慣も異なる多様なる民族を十把一からげにして「国民(ネーション)」という名称のもとに総括し，統一した民族(ネーション)があたかも最初から存在した"かのように"想像して作られたものが現在の国民国家である，というわけだ。ヨーロッパは日本人が想像するよりはるかに多様な言語とローカルな文化に彩られているところである。従来ヨーロッパ人はそうした地方の特徴を堅持してきたのだが，それが18〜19世紀になって，もろもろの事情のもとに国民国家概念によって，いわば強制的に統一されたのである。国家税制や国民教育や徴兵制などによって，地方の特殊性を超えたところに普遍的な国家が存在するかのような社会システムを構築したのである。フランス革命時にある議員が行った演説内容を紹介しておこう。これこそ，まさに普遍主義の現われである。

> 国土の新しい分割[83の県への分割]は，ローカルで特殊な精神をナショナルで公的な精神にとけこませるという，はかりしれない成果を生み出すものでなければならない。すなわち，この大国の住人すべてを，フランス人にしなければならない。なぜなら彼らは，こんにちまでは，プロヴァンス人やノルマンディ人，パリ人やロレーヌ人にすぎなかったからである。

古代や中世において「国家」という概念は，あくまで同じ民族や同じ部族や，あるいは場合によっては地域社会という小さな単位の共同体をさしていたが，近代になって，「ネーション」という擬制的な国家観が登場し，本当は同じ民族ではないのに「同じ」とみなそうという動きが盛んになったということである。これは資本主義体制のもとで国家の経済的な力を誇示し繁栄するために，半ば意図的につくられた虚像であった。言語も違えば宗教も違う，歴史も違えば文化も違う邦どうしが，他国との経済競争の関係上，同じ一つの「国家」の枠内に強制的に納められるようになったのである。イギリスしかり，フランスしかり，そしてドイツにおいてもほぼしかりである。日本でも

アイヌや沖縄の問題を考えれば，それは容易にわかるだろう。そして，国家単位を意識化させるためのいろいろな神話を編み出すとともに，**国旗**や**国歌**を国民に顕揚したのである。——ただ，日本の場合には，ヨーロッパほど言語や習慣が地方によって異なるわけではないので，国民国家が擬制にすぎない，といってもどうもピンとこないところがある。日本人にわかりやすくいうと，この国民国家概念が擬制にすぎないということは，廃藩置県によってできた行政単位としての「県」という発想がどうみても自然に思えないだろう，ということと同じことなのである。

多少抽象的な言い方をすれば，自我中心主義が資本主義と結託したとき，国家を自然発生的な共同体から人為的な国民国家へと祭り上げる力が加わった，とでもいっておこう。他国よりも豊かで強いネーションを夢見て，各国は先をあらそってネーション・ステイトを形成していったということである。そして，それが19世紀から20世紀にかけて見られる，いわゆる**ナショナリズム**(国家主義)の意味でもある。つまり，ナショナリズムとは，二重の意味で普遍化の産物なのである。一つは地方の独自色を消し去り，透明で普遍的な**国民**をつくりだそうとした点において。もう一つは，他国との関係において自国を普遍的に世界の中心に据え置こうとした点において。

いずれにしても，国民国家の形成とそれにともなうナショナリズムが普遍主義的な発想を根底にもつものであることは留意しておく必要がある。とくに現代のポスト・モダンの時代状況にあっては，地球規模での問題解決が求められているので，こうしたナショナリズムは端的に解決の阻害要因になっている。いまは**トランス・ナショナル**なことが強く求められているのである。そして，それは単に国を超えようという意味ではなく，ナショナルなものを作り出した近代を反省し，そこに見られる普遍主義を意識的に脱色化しようという動きでもある。

コンセプト2　分析性

a. 分析と総合という手法

第二のコンセプトは「分析性」である。ことがらを細分化し，部分部分で成り立ったことを全体にまで押し広げようという発想のことである。したがって，分析はつねに総合という手法とともに用いられることになる。そして総合という手法は，部分の**合成**という概念となって現れることになる。

この分析手法を特に強調しだしたのも，デカルトである。彼は『方法序説』のなかで，思考のための「四つの規則」というものを挙げている。その中で，「分析」「総合」を思考の有力な方法だと宣言している(ちなみに残り二つは明晰判明の規則と枚挙・点検の規則)。

デカルトの方法と原子論が結びついたとき，真に分析的方法が威力を発揮することになった。そして近代は原子論的自然を説明する体系をもつに至ったのである。

科学は事柄を考えるに当たっては分析的な手法を用いる。そして部分でなりたったことを線形結合の形で表し法則化しようとする。ニュートンの第二法則 $F=ma$

(Fは物体に働く力，mは物体の質量，aは物体に現われる加速度を示す)にしても線形である。したがって，部分部分でこの法則がなりたつとともに，全体でもこの法則がなりたっていると考えるわけである(物理の時間に習うアレである)。

　分析の方法がさまざまな学問に適用されることによって諸学問が成立したことはすでに述べたが，医学などでも解剖をはじめとして，分析の方法を専ら採用して学問を成立させてきた。そして現在においてもそのやり方に変化はなく，循環器科，泌尿器科，等の体のパーツごとの専門特化が行われている。

b. 個人は社会の要素である

　自然が原子でできていれば，社会だって原子からできていると考えるのが当然の発想というものである。ホッブズ・ロック・ルソーなどは，基本的にそのように原子論的国家観をとるにいたった(ルソーの場合には若干あやしいが)。これが基本的に個人主義につながる。「個人」という語は英語のindividualの翻訳で，英語のそのままの意味では「分けられないもの」の意味であることは知っていよう。アトムが本来ギリシア語のアトモスに由来し，アトモスも「分けられないもの」という意味であったことと考え合わせると，個人主義が原子論的発想のもとに生まれてきたことは明らかである。

　原子論的社会観は，個人を原子とみなすため，平等原理を宗とする。原子に相互に区別がないように，個人にも区別がないものと考えるのである。一方，原子が互いに離ればなれであるように，個人も個々ばらばらであると考えられ，そこから個人の「自由」という発想とともに「個性」という発想が生まれる。20世紀ドイツの哲学者ゲオルク・ジンメルは前者を**「量的個人主義」**と呼び，後者を**「質的個人主義」**と呼んだ。われわれも時と場合に応じて二つの個人主義を使い分けている。**平等**をいうときには前者を，自由を語るときには後者を使うという具合に。あるいは，「最大多数の最大幸福」を原理とする**功利主義**などは前者の原理を，「基本的人権」を語る**自然権思想**の場合には後者の原理を使うという具合に。

　社会を考えるに当たっては個人を単位として考えようという気運が17世紀あたりからにわかに高まって社会契約説を生み出し，近代の社会理論が用意されることになった。現在では，それは当たり前のこととみなされており，**自己決定権**の保障が社会の基本的なルールとなっている。しかし，社会を個人の集まりとみなす考え方が一方で軋みを生み出しているのも事実で，それがために，自己決定権も場合によっては制限されていいのではないかという考えも生まれている。だが，基本はやはり自己決定権を認める方向であることは間違いなく，現在でも原子論的社会観は根強い勢いを保っているといっていい。

c. 要素に戻って考えよう

　全体を部分に分け，部分で成り立ったことを線形結合(足し算)で全体に押し広めて考える考え方は社会の至る所に存在する。分類，場合分け，分析，等の概念が使

われるところでは基本的に近代の分析—総合の方法が使われている。

　お役所の官僚も専門家スタッフが縄張り主義的に専門領域を持って仕事に当たっている。学校にしても教科という縄張りがあり，専門に特化してそれだけを教えればよいという仕組みになっている。これらはすべて分析—総合の思考パターンを使った組織編成の方法である。

　分析—総合の方法はこのように社会の至る所に使われているが，その社会の実態性をはぎ取って純粋に論理だけを抽出してくると，**「要素還元主義」**あるいは**「還元主義」**という概念があらわれる。還元主義はしたがって，原子論や個人主義の論理だけを言い表す概念である。またこの概念は他方で**「構成主義」**を含意しており，部分まで降りていったものは次には全体にまで「構成」できるという信念と結びついている。還元主義と構成主義とは表裏の関係にあるのである。

(1) A−2　原子論

a. 世界は原子からできている

　物心二元論とともに，もう一つ近代が生み出した重要な概念が**原子論的世界観**である。つまり，この世はそれ以上分割できない究極の単位(アトム)によって構成されており，その構成のしかたによってさまざまの性質をもつ現象が出現するという考え方である。化学の時間にならうアノ考え方である。

　この考え方は，もともとギリシア時代のデモクリトスなどが唱えはじめたことであることは知っていると思うが，古代中世を通じていわば封印されていたものである。それが近代になって封印が解かれて一気に時代のパラダイム(規範的思考)となった。17世紀のイギリスの哲学者はほぼおしなべてこの考え方をもつようになる。たとえば，最も有名な人としてホッブズをあげることができるが，この人は若い頃原子論的自然学に興味をもち，後年それを使って人間社会にも原子論が適用できるのではないかと考えはじめて，有名な「社会契約説」を考えだすことになった。すなわち，人間は人間にとってオオカミのような存在で，個々人はみな自分のことしか考えず，他者にとっては危険極まりない存在である。つまり人間は完全にアトム的な存在である。したがって，個々バラバラの存在が集まった社会全体にどうにかして秩序と安定をもたらすために，とりあえず最低限度の合意だけでもみんなで取り交わしておかなければならない。それが「社会契約」である，ウンヌン……。

　とまあ，ホッブズはそんな風に考えたのであるが，ここに原子論的な考え方が端的にあらわれている。これを物理学バージョンで言いかえれば，すべての物質はアトムからできており，それぞれのアトムはまったく無秩序に動き回る，その動き回る速度に応じて運動エネルギーすなわち圧力と熱が発生する……，というような説明となる。

　こうした原子論的な世界観は近代において非常に繁栄する。ほとんどの学問でこの考え方が採用され，バラバラな状態を想定した思考が学問の最初のページを飾ることになった。物理学や化学がそうであるのは当たり前としても，法学や経済学までもがそうした考え方を前提としてかたちづくられていくのである。たとえば，法学におけ

る「基本的人権」という発想はまさにバラバラの個人の権利であるし，経済学における「経済主体」としての家計，企業，政府も，基本的にはそれぞれバラバラの存在である。

b. 原子論的世界観がいま問い直されようとしている

だが，いま学問が遭遇している難題(アポリア)は，まさにこの原子論的発想それ自体なのである。ことがらをバラバラにして考える考え方がさまざまの分野でいま問い直されようとしている。たとえばの話，**地球温暖化問題**や**エネルギー問題**や**人口問題**や**南北問題**など，地球上の構成メンバーが個々バラバラに考えていたのでは地球全体で破滅の道を突き進むことになることがはっきりしてきたので，個々バラバラに意思決定するという方法を抜本的に見直そうじゃないか，ということになってきている。

こうした「バラバラ性」とでもいいうるような性質が原子論の特徴であるが，これは見方をかえれば，原子論がもつ**分析性**を物語るものである。つまり，全体を形づくっているものをとりあえずバラバラに分解(分析)しても全体の性質が変化することはない，という信念を物語るものである。話はできるだけ単純なほうがいい。であれば，とりあえず究極まで話を微小化して，そこで成り立つことを分析したうえでもう一度つなぎあわせて全体を語ればいい。そんな論理がこの分析的思考を支えている。

原子論的な発想それ自体がどうも怪しい思考方法であるということに人類は気づきはじめている。小論文でもっとも狙われやすいのも，この原子論的な発想である。したがって，原子論的な発想が出てきたら，受験生は要警戒の姿勢をとらなければならない。まずそうした発想自体が疑われているということを念頭に置いて問題を処理しなければならないのである。

(2) B-2 個人主義

a. 近代は方法論的個人主義の考えが主流だった

原子論が社会に適用されたとき生み出されるのが，「方法論的個人主義」である。「方法論的」という形容がついているのは，「存在論的」に対する意味である。つまり，社会というものを考えるにあたって，それを存在論的に考えれば，何からできているかその実体性(基体性)が問題となる。社会の実体(基体)を個人と考えると**アトミズム(原子論)**となり，逆に社会の実体(基体)を社会の全体と考えれば**全体論**となる。一方，認識論的に社会を考えるにあたって，どこからどうやって考えるかという観点で分けると，個人単位で考えようという見方として**方法論的個人主義**が浮上し，あくまで全体から考えようという見方として**方法論的集合主義**が浮上してくる。

早い話，人間は社会の成立に先立って個人として存在しているかどうかということが問題なのである。社会がなくったって個人はちゃんと存在しうると考えるのがアトミズムで，社会がなければ個人なんて存在できないと考えるのが全体論である。また，そうした個人と社会の関係を考えようとする場合にどこから切り込むかで，個人から切り込もうというのが方法論的個人主義で，社会全体から一気に考えようというのが方法論的集合主義である。

《アトミズム（原子論・個人主義）》　　**《全体論》**

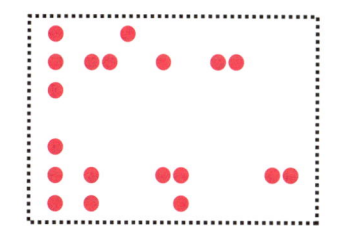

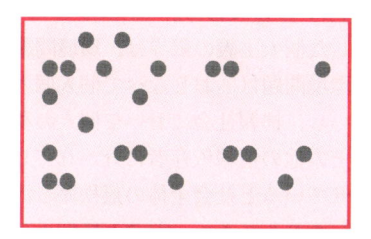

　存在論的な個人主義と方法論的な個人主義は，容易に結びつく運命にある。両者ともに，「社会」なるものはいわば単なる名前だけの存在にすぎないと考えているからである。先に紹介したホッブズを例にとってみよう。ホッブズは社会の究極存在を個人と考えていた。個人がまず存在し，それが勝手な運動を始めるという想定である。これを彼は**「自然状態」**と呼ぶ。そうした社会観をもっているがゆえに，方法論的にも個人単位で発想するしかなく，個人個人の契約としての**「社会契約」**なるものを考え出したのである。もちろん，この「社会契約」なる概念は，なんらの実在性ももちあわせていない，いわば架空の契約である。しかし，そうでも考えなければ個人単位の社会に規律と秩序を見出すことは不可能とホッブズは考えたのである。存在論的な個人主義と方法論的な個人主義がこうしていとも簡単に結びついてしまうのである。

b. 個人主義の限界に突き当たった現代社会

　さて，近代という時代は，おしなべて方法論的個人主義の思考が支配した時代であった。社会は個人からできているという存在論的な側面をとりあえず不問にしても，方法論的にははっきりと個人単位でことがらを考えようとした時代であった。法学しかり，経済学しかり，そして文学などはまったくもってしかりである。社会は個人単位でできている，あるいは少なくともそのように考えて考察してもよいということが暗黙の前提になったのである。

　ところが，今ごろになって，そうした個人単位でものを考える考え方に亀裂が発見されているのだから始末が悪い。もちろん，その亀裂自体は近代の最初のころから見つかってはいたのだが，なにしろそうした声をあげる者は多勢に無勢というありさまでいわば無視されたのである。それがこのところ随分と声が合わさって大きな声になってきたので，亀裂が問題視されるようになってきたというわけである。

　その亀裂とは，たとえば個人の自由を最大限保障して個人の個人性を尊重すればするほど，社会全体の秩序と安定が阻害されるという事態である。近代は総じていえば個人の自由の獲得の時代であったが，個人が自由になればなるほど，社会全体は大衆化を余儀なくされ，大衆化はいつしか衆愚化となり，社会全体の品位もさることながら秩序と安定性において怪しげな雰囲気になってきた。そこで今ごろになって，個人単位でものを考える考え方，すなわち方法論的個人主義が問題ではなかったのか，ということになっているのである。人間というのはどうも間抜けにできているようで，

最初からわかっていたものをここまで突き進んできて、ようやく「やっぱりダメみたいだね」というのである。

こうした個人主義の限界は、**環境問題**や**情報社会の問題**で顕著にあらわれはじめている。環境問題は、おしなべて個人個人の自由に任せていてはとても解決できる問題ではないし、情報社会において個人の利得や権益を認めていると一部の特権的情報独占者とその他の情報依存者に分かれてしまったり、情報へのアクセスを個人単位の自由に任せていると社会全体の無秩序と混乱へと向かってしまったりすることが、しだいにはっきりしてきた。どこかで個人の自由を制限する必要がある、そんな気運がいま時代的に醸成されつつあるといっていいのである。

(3) C-2 還元主義

a. 還元主義は線形思考である

原子論的な世界観を方法論的に純化すると、**要素還元主義**——あるいは簡単に**還元主義**——という方法が抽出される。いわば、要素還元主義は原子論的世界観の方法論的なエキスである。どういうことかというと、ある全体として存在するものを考察する場合に、それを構成している最小単位までとりあえず分解して、その分解したものを考察したうえで、今度はそれを組み合わせることで全体の構造や性質を同定(identify)しようというのである。プラモデルの作製でいえば、部分部分を組み合わせてから着色するかわりに、部分部分をまずは着色まで仕上げたうえで、それを組み合わせて全体を完成させても同じことだろう、と考える方法である。

この方法は、厳密にいうと**線形性(linearity)**の論理である。たとえば、全体が部分 a と部分 b からできているものを考えよう。部分 a の性質が k であると理解され、部分 b の性質も k であると理解されたとき、(a+b) の性質も k であると理解してもよいかどうか。そう理解してもよいというのが**線形的(linear)な思考**である。そして線形的な思考の性質を線形性と呼ぶのである。なぜ「線形」なのかというと、思考が直線的であるからである。部分部分でなりたったことをそのまま重ね合わせて、全体でも成り立つと考えるからである。代数的(記号的)にいえば、$ka+kb=k(a+b)$——結合法則——と考えるということである。

b. 科学は還元主義を基本とする

科学の営みは、総じていえば、この要素還元主義によって成り立ってきた。物理学や化学はもちろん、生物学でも基本的にはこの手法を使って生体を考察してきた。生物という複雑な生命現象でさえこの手法が有効とみなされたのである。こうした還元主義万能感に支えられて、科学はしだいに細分化の道を進むことになり、非常に微細な分野だけを特化して考える学問が次々と作られてきたのである。結局すべて要素にまで還元したものは組み合わせれば全体が出来上がるという一種の信念が形成されたということである。学問には多種多様なものがあり、○○学、△△学、と「学」の名前のつくものは数え切れないほどある。それは、こうした還元主義的な発想で、とりあ

えずことがらを細分化して，細かくしたところで考えたほうが考えやすいし，あとでそれを継ぎ合わせれば元通りになるだろうという，還元主義の裏バージョンの**構成主義**的発想をもっていたためである。

c. 複雑系は還元主義では解決できない

現実のことがらがそう簡単に還元主義的にできているわけではないことが判明しており，研究者の頭を悩ませはじめていることもつけ加えておかなければならない。たとえば**カオス**という現象がいろいろなところで指摘されているが，このカオスという現象，あるいは現象の性質は，いままで安定状態にあり教科書的な定式化が可能であった現象が突如予想できないような無秩序な動きに出ること，あるいはその無秩序な現象のことをさす。部分部分でいかに規則的に動いていても，全体としては無秩序──つまり非規則的──になることがあるが，それをカオスという。その典型的な例は空にうかぶ雲の動きである。天気予報が基本的になかなか当たらないのはそのためだけではないが，すくなくとも一因にはなっている。天気はカオス的なのだ。次の瞬間に雲がどういう動きをするかは，結局のところまったく予測不可能ということである。──だからこそ，「天気予報」という概念がいつしか「気象情報」という名に変わり，明日の天気が確率予報に変わったのである。気象庁が体よく予測不可能を認めたということである。ついでにいうと，確率予報ならば外れてもそれほど文句を言われることもないから比較的安心なのである──。

要素に還元して考えたことがそのまま全体では成り立たないということは経済学でも起こる。たとえば**「倹約のパラドックス」**というものがある。これは次のような論理である。個人レベルで経済的に豊かになるための一つの方法は何といっても「倹約」であるが，「倹約」が個人レベルでいかに有効な手段だとはいえ，それを全体に押し広めて皆が「倹約」に走るとどうなるだろう。いうまでもなく世の中全体が不況となり，倹約の効果よりも所得の低下が著しい影響を与えはじめ，結局は全員が貧しくなる。つまり倹約は有効でなくなるということである。この種のことは世の中にたくさんあるが，これが非線形的な現象である。よく小論文で出題される問題でもある。

結局，要素還元主義は根本的な問題を抱えていることが今はっきりしてきている。そしてそれを是正するために，いろいろな思考方法が用意されはじめている。だが，まだまだそれは緒についたばかりであり，確然たる方法が確立されているわけではない。だからこそ，それが小論文の問題となり，「君はどう考えるか」という設問として登場するのである。ここで重要なことは，ともかくも要素還元主義には限界があり，したがって部分部分で考えるよりも全体を全体として一挙に考える方途を模索するべきだということを念頭に置いて事柄を処理することである。たとえば個人レベルでものを考えるのではなく，社会全体として最も得な方法を考えるとか，部分部分で成り立つからといって全体として成り立つとは限らないという思考を忘れないことである。

コンセプト3　合理性

a. 自然は機械である

　最後のコンセプトは**「合理性」**である。合理性は**一意性**と近親関係にある。合理的なことはしばしば一意的に決定できることという思いなしが働くのである。また，合理性は一方では**理性主義**ともむすびつく。つまり，理性的に考えれば合理的なことが何かはわかるはずという考え方がなりたっている。

　近代は科学の時代であるが，それは物心二元論によって，一方に無機的自然，他方に精神存在としての人間という世界の分断図式をもたらした。そして，無機的自然はゼンマイ仕掛けの死んだ自然であって，たんなる機械にすぎないという世界観が生まれてくることになった。デカルトは動物も単なる機械にすぎないと言い切っているが，18世紀になると「人間機械論」まで登場し，人間も結局は機械にすぎないのではないかという考えまで出てくる始末であった。

　「人間が機械だなんて……」と嫌悪感をもつ人も，人間の身体についてはやはり機械のようなものだと思っているのではないだろうか。それが**機械論的自然観**の端的なあらわれである。そういう思考から身体のパーツを切り売りする**臓器移植**という発想も生まれてくるのである。物心二元論や機械論的自然観がいかに根強く現代にも残っているかは，この一事をもってもわかるだろう。

b. 人間だけが理性をもつ

　合理性を理解する場面では人間の理性というものに重きをおくことになる。人間には**理性**と**感性**があり，理性は合理性を理解する能力で感性は感覚の能力であるという人間理解が近代において強く打ち出されることになった。そして基本的には理性が感性や情念をコントロールすべきで人間は理性的にふるまうべきだという理解が一般的になる。

　宇宙の合理性を理解できる人間らしい人間が理想とされ，そのために教育が整備され**啓蒙**活動が盛んに行われるようになる。それが近代という時代である。国家が音頭をとって学校を量産し，みなに合理的で科学的な知見を植え付けて迷信からの解放を促したのである。現代の管理教育の源泉は，まさにこうした理性主義に根ざしている。

　だが，近代初期においてロマン主義が流行し，20世紀になってからも不条理文学が流行したように，人間が理性的であることがほんとうに人間らしいことなのかどうかという疑問は絶えない。とくに，現代では合理性自体が"迷信"にすぎないのではないかという見解によって，たいへんに怪しまれている。安直に理性や合理性を否定し去ることはできないが，極端にそれを信奉する近代的な姿勢も現代ではとりえなくなっているといっていい。

c. 自然も歴史も合理的に発展する

　合理性や理性を信じるところからは，容易に自然や歴史の合理的進歩という発想が生まれてくる。いわゆる**「進歩史観」**という概念である。それはまた**「発展」**という概念と同類であり，人類が理性的であれば，人類には明るい未来が約束されているという素朴な期待が働くことになった。**ユートピア思想**というものは，16世紀頃から登場するが，これは人間の理性の解放とそれにともなう社会の無限発展を夢見た思想である。

　だが，20世紀に起こった二度の大戦を見ればわかるように，人間の理性はちょっとしたきっかけで**野蛮**に変身する。いやそもそも野蛮だけが人間の特性なのかもしれない。安直な理性信仰がもはやできなくなっていることは間違いないし，安易に未来を期待することもできなくなっている。

　なお，自然の合理的発展という考え方も，いまでは怪しいものになっている。というのも，近代初期においては初期条件と運動方程式さえわかれば未来はすべて予見可能という思い込み（線形的思考）がもっぱらであったが，現在では「複雑系」や「カオス」という概念にあらわれているように，未来がそれほど簡単に予見できるものではない，自然は基本的に非線形でできあがっているという考え方が主流を占めはじめているからである。

(1) A-3　機械論

a. 機械論的自然観──魂なき自然──

　近代は合理的な方法や合理的な世界観が支配した時代であった。そしてそこでいう「合理性」とは特殊近代的な意味における「合理性」であり，古代中世の合理性や東洋の合理性とは少々違う色彩をもっている。

　近代西洋の「合理性」概念の特徴を述べると，それが機械的に割り出されるという点にある。たとえば，自然の合理性を考えてみよう。自然が合理的に動いていると理解する場合，そこでいう合理性とは**合法則性**の意味であり，合法則性とは機械仕掛けの自然のいわば運動方程式に合致していることを意味しているにすぎない。つまり，自然はメカニカル（機械的）に動いており，それを記述する人間理性が法則を樹立し，そしてその法則どおりに動いている自然をみて，「合理的」といっているのである。

　このように近代の「合理性」概念は，あくまでも機械論的な思考を前提にするものである。

　では，**機械論的思考**とは何であろうか。文字通りにいえば，ものごとをマシーン（機械）としてみるということである。たとえば自然を機械論的にみれば巨大な機械と映る。だが，もう少し突っ込んで考えてみれば，ものごとをマシーン（機械）としてみるということは，ものごとの精神性(魂)を想定しないということでもある。自然をメカニカルにみるときには自然に精神(魂)があるとは考えておらず，また社会をメカニカルに考える場合にも社会自体に──個人レベルではともかくとして──精神(魂)があるとは考えていない。このように機械論的思考とはものごとから精神(魂)を抜き

去って考える考え方のことである。われわれはよく，「社会のメカニズム」とか「車のメカニズム」ということばを使うが，こういう表現によって意味されているのも，機械論的な思考である。そこにたとえ人間精神が表面的にはあらわれていても，そこで想定されている人間精神はあくまで機械として（メカニカルに）動く――その意味ではあらかじめその動きがわかっているという――精神性にすぎない。たとえば，人は少額よりも大金を望む，とか，人は自分と他者との二者択一を迫られたら自分をとる，といったメカニズムが前提にされているのである。

しかし，考えてみれば，こうした思考には何の根拠もない。自然自体に精神（魂）が存在しないことはどのような科学をもってしても証明できないし，宇宙が"合理的"に運行しているとしても，それは単に人間の思考に合致していることを意味しているにすぎない。

いま，世の中全体として，こうした機械論的な自然観や人間観が問い直されようとしている。自然自体に精神を見出したり，あるいは人間精神と物体世界との境界を取り除く試みがなされはじめている。おそらくは21世紀は機械論的な思考がやっと終息し，もっと有機体的な思考がはじまるのだろうが，いまはその端緒をつくっている段階である。

b. 機械論は機能主義と効率主義を生む

なお，機械論的思考が登場するところでは，かならずといってよいほど**機能主義**や**効率主義**が登場する。つまり，自然や社会が機械的に動いていると想定する場合，自然や社会の運行は，目的を最短で獲得する方法や最も効率よく獲得する方法にしたがうべく，構造的・機能的に決定されるべきだという発想がともなう。たとえば，生物の進化は目的に合致するように機能的な淘汰が起こることによって可能になると考える。たとえば空を飛ぶ目的に合致する翼という機能が加わった種が生き残るという説明がそれである（念のために言い添えておくと，進化論は機械論的な説明しかしないので，目的という概念は直接には使わない）。あるいは，首都機能移転でいえば，首都の機能をあげつらって，その機能を最も効率よく満たす場所を選定しようという発想もそうである。機能を重視してそれを最も効率よく満たす方法を考えようというのが，この機能主義であり効率主義である。現代人はもはやこういう思考しかとれなくなっているので，そのほかに別の考え方があることさえわからなくなっているが，古代中世までの思考パターンというのは，こうした機能主義や効率主義はとらなかった。そうした思考がなかったわけではないが，主流ではなかったのである。どういう思考をとっていたかというと，意味を重視していたのである。ある現象と別の現象との間に**調和的**な**意味**が形成されるかどうか，それが古代中世人の思考の中心であった。首都としてふさわしいのは機能的に充実しているからではなく，あるいは効率がよいからではなく，首都にふさわしい"意味"を有しているかどうかが問題なのである。広々していること，平坦であること，豊かな水や豊かな気候をもっていること，人々が集う気をもつこと，等々。あるいは，たとえばリンゴが木から落ちるのは，地球がファ

ンクション(機能)として引力をもつからではなく，リンゴに「落ちる」という性質がはじめから内在しているからである。このように，近代以前においては機能や効率ということはどうでもいいわけではないが，中心的な問題ではなかったのである。

c. 老人は「役立たず」？

　機能主義や効率主義に馴染んだ思考からすると，たとえば**老人**は端的に役立たずでムダな人間に映る。だから老後の問題は，現代人の頭では，あくまで老「後」の問題でしかない。つまり機能的に役立たずになってしまった「あと」の問題なのである。これを保険制度として老後の生活を保障しようというあの「介護保険」なるものも，だから，基本的には機能主義的発想のなせるワザなのである。

　ちなみに，第二次世界大戦のときにナチスドイツがユダヤ人を大量に虐殺したことは「**ホロコースト**」ということばとともに有名であるが，ナチスはユダヤ人だけでなく身体障害者やロマニー(ジプシー)も大量に「処理」している。彼らの発想の基底には，役立たずは生きる資格がないという発想(**優生学**)があった。これは端的にいえば機能主義，効率主義である。近代的な世界観が極端な形で，しかもひずんだ形であらわれたのが，あのホロコーストにほかならない。

　しかし，そうした世界観自体は現在も猛威を振るっている以上——たとえば出生前診断による選択的人工妊娠中絶——，われわれとても安穏としていることはできないだろう。つねに怠りなく身辺の点検をしておく必要があるといえる。

d. 身体，所有物，自己責任

　機械論的発想が身体に及ぶとき，自分の**身体**は自分の**所有物**であり，したがって排他的使用権が存在し，それをどう使おうが自分の自由だという発想が生まれる。そして，そこから，自殺の可能性や近年はやりの援助交際の可能性も生まれてくる。

　自殺や援助交際の可能性は，単に機械論的思考だけではなく自我中心主義や個人主義の考えが合わさって生まれるものだが，身体の所有という点に関しては完璧に機械論的な発想に陥っているので，ここでは機械論的な観点からそうした社会現象を考えてみよう。

　自殺や援助交際を行う人の言い分は，平たくいえば**自己責任**を主張するものである。「自分の身体をどう扱おうが自分の自由ではないか」というのが彼ら(彼女ら)の言い分である。所有権が排他的使用権を意味することは，ロックから始まる近代思想のいわば暗黙の前提であるが，それを逆手にとって彼ら(彼女ら)は自己責任で開き直るのである。

　だが，ここには人間の生命なんて単なる物質的で機械的なものにすぎないという考え方や，精神と身体は別物で，身体を売ることは精神を売ることにはならないという二元論的な考え方が根底に横たわっている。

　ミシェル・フーコーという20世紀の哲学者は身体を機械的にみる見方が近代に登場したことを歴史的に検証しつつ，医者が近代以前においては患者に対して「どうしま

したか？」という問いかけを行っていたのに，近代以降は「どこが悪いのですか？」という風に臓器（＝部品）ごとの健康を尋ねる尋ね方に変化してきたと指摘している。近代人は気づかない間に人間というものを機械的なものと見なしはじめてしまったのである。

よく，大人の中に援助交際を行う少女を叱りつけ，「そんなことをして恥ずかしくないのか」という人がいるが，その人も臓器（＝部品）ごとの健康を気にして医者通いし，あげくにドナーカードを持って臓器移植（＝部品交換）を推進するような考えを持っている限り"同じ穴のムジナ"なのである。援助交際を行う少女はしたがって，そんな大人の見え透いたウソを敏感に見破り「大人だって同じじゃないか」と高をくくるということになる。

(2) B-3 啓蒙主義

a. 啓蒙主義は機械論の落とし子

機械論を信じる発想の根底には物心二元論がある。そして物心二元論を信じる背景には，物の世界は物質だけからできているという理解が働いている。啓蒙主義は，こうした世界観を前提としている。「啓蒙」とは文字通りには蒙昧の状態を打破し，それを啓くこと，つまり理性的な文明の智恵を授けることを意味するが，ここでいう理性的な文明の智恵とは，世界が物心二元論的に存在していることの智恵であり，自然は機械論的に動いているという智恵である。

近代の歩みを振り返ってみると，啓蒙主義は「迷信」や「偏見」との闘いであった。だが，その「迷信」や「偏見」とは何かというと，16世紀まで続いてきたひとつのコスモロジー（宇宙論）であり，端的には信仰と理性が一体化し，精神と物質が宥和状態にある世界観であった。信仰と理性，あるいは精神と物質を切り離してサバサバした目で自然や人間を見はじめることが，少なくとも近代における「啓蒙主義」の意味であった。

啓蒙主義はまた，合理性と，合理性にもとづく進歩を想定する考え方でもある。合理的に考えるとは先にも述べたように機械的に考えることであり，また，人々がそのように合理的にものごとを考えることができれば歴史は進歩すると信じるのである。近代科学はその証明であり，科学によってわれわれ人間ははっきりと啓蒙され，将来を明るいものとして獲得することができるようになった，と啓蒙主義は考える。

よく，「歴史は何のために勉強するの？」という質問に対して，「過去を知って，それを教訓にして将来にそなえるため」という答えをする人がいる。これが端的に啓蒙主義の考え方である。過去をしっかり知れば，そしてそれを生かすことができれば，かならず将来は良いものになると考えているのである。機能的にうまく処理できれば世界は機能的に向上（進歩）する，そしてそれが人間にできる，と安直に信じているのである。歴史的知見，すなわち歴史的事件の因果関係を教訓（手段）として，それを機能的に生かせば将来は同じ失敗をしなくてすむはずだし，かならず世の中は良くなるはずだという思い込みである。人間を信じすぎているともいえるし，機能主義にすぎるともいえる。19世紀の哲学者ヘーゲルは次のようにいう。

> それぞれの時代はそれぞれに固有の条件のもとに独自の状況を形成するのであって，是非善悪の決定も状況の中から行われなければならないし，また，それ以外に決定のしようがない。世界的事件の渦中にあっては，一般原則も，類似の出来事の記憶も，何の役にも立つはずがない。というのも，色褪せた記憶をもってしては，生気と自由にあふれた現在にとても太刀打ちできないからです。　　（ヘーゲル『歴史哲学講義』）

　未来を現在よりもよいものとして想定し，未来に期待をかける思考を**ユートピア思想**というが，ユートピア思想はつねに夢を追いかけつづけようという欲望の思考である。ユートピア思想は近代16世紀頃に出てくるものであるが，近代人がいかに未来に期待をかけすぎていたか，この一事をもってしてもわかるであろう。啓蒙主義とはこうしたユートピア的な夢の先取りの精神を意味するのである。

b. 啓蒙主義は理性主義でもある

　啓蒙という概念は，よく**「啓蒙理性」**という概念として現れる。啓蒙を獲得するための理性というほどの意味であるが，ことほどさように，啓蒙と理性とは近親関係にある。啓蒙的であることは，機械的であることを意味するとともに，理性的・合理的であることを意味する。もちろん，理性的とは何か，合理的とは何か，ということになると，結局は世界を機械的に見よう，機能的に考えよう，ということに行き着くのであるが，理性や合理という概念は，直接的には人間の精神の内部に存在する本質的な能力を表す概念である（と少なくとも近代人は考えていた）。つまり，人間の中に，理性という能力があり，それは事柄を合理的に考えることができる能力であるらしい，そしてそれはどうも人間であればだれにでもある能力であるらしい，という理解が近代では主流の考え方なのである。

　またまたデカルトに登場してもらうと，彼は『方法序説』のなかで，**「良識（ボン・サンス）は万人に平等に分かち与えられている」**という有名なことばを吐いた。ここにいう「良識」とは端的にいえば理性のことである。つまり人間には理性がある，ということを言っているのである。

　この種の考え方，すなわち理性主義は，その後すごい勢いでヨーロッパを席巻する。そしてフランス革命(18世紀後半)の頃をピークに**啓蒙思想**という形で人々の間に定着することになった。「人間が理性的だって？　ばかなことを言うんじゃない。人間はどこまでも間抜けで盲信的でふしだらな動物にすぎない。」といった思想が存在しなかったとはいわないが，全体としてはなんといっても啓蒙思想オンパレードであった。

　おそらく，諸君もほうっておくと，自然に人間は理性的な動物だという思い込みをしてしまうのではなかろうか。それは近代的な思考が現代においてもまだまだ強く息づいているからにほかならない。20世紀の初頭からこうした理性主義に対するアンチテーゼがいろいろと出されてきているが，まだまだ理性信仰は根強いものがある。

c. 理性をあやつる無意識と神話的思考の発見

　さて，啓蒙主義，理性主義，合理主義とみてきたが，これらが思想的にはほとんど双生児であることはわかってもらえたのではないか。では，それらの何が問題なのか，次にその問題に移っていこう。

　結論的にいえば，理性という人間能力を信じていた近代の思考が，二つの面から問題視されるようになったということである。

　ひとつは，理性主義的な人間理解が，20世紀の人類の蛮行(ばんこう)によって，明らかにそれに矛盾していることが判明したからである。どういうことかはおわかりであろう。二度の大戦，それにともなう各種の大量殺戮(さつりく)が繰り広げられたのが20世紀という世紀であったが，こうした惨状を目の当たりにした人間は，もはや自分自身に「理性」があるなどとは思えなくなったということである。——テオドール・アドルノという20世紀の哲学者は，「アウシュヴィッツのあとで詩を書くことは野蛮である」と言い切っている。それは，「啓蒙され尽くした大地は，勝ち誇った凶徴に輝いている」(『啓蒙の弁証法』)という認定に基づくアンチ理性主義のあらわれであった。

　そして，もうひとつは，理性に先立つ人間の思考として，無意識的な衝動や神話的世界が存在することがしだいにはっきりしてきたからである。これはすでに55頁で多少触れたことだが，フロイトやユングといった無意識の心理学者によって，それまで人間が素朴に信じていた理性や意識といった存在の独立性が怪しまれるようになったということである。

　たとえば，近代の代表として今一度デカルトを考えてみよう。彼は，人間が道徳的に行為するとは理性の命令(意志)が情念(感情)をコントロールすることだと考えていた——おそらく諸君も道徳的行為というものをそのように理解しているのではないだろうか，それはきわめて近代的な人間観であることをここではっきり認識しておいてほしい——。そしてこうした人間理解は，なにもデカルトに限った話ではなく，カントなどにも見られるいわば近代では一般的なものの見方である。

　ところが，20世紀に入って，フロイトやユングといった心理学者たちによって，人間は理性によって動いているのではなく，もっと根源的な無意識の構造に支配されて動いているということがわかってきた。理性や意識が人間の支配的位置に君臨しているわけではない！ということがわかったということは，きわめて重要な発見であったといえる。

　あるいは，20世紀のレヴィ＝ストロースという人類学者によって，神話的世界観が

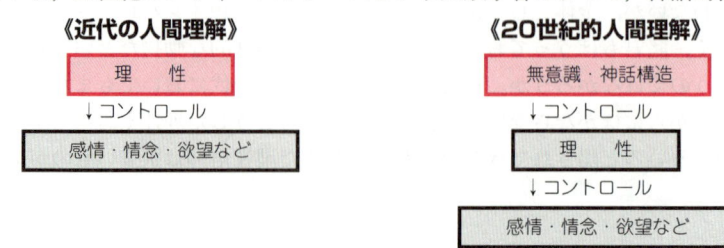

《近代の人間理解》

理　性
↓コントロール
感情・情念・欲望など

《20世紀的人間理解》

無意識・神話構造
↓コントロール
理　性
↓コントロール
感情・情念・欲望など

理性主義的世界観にけっして劣っているわけではない！ということがやはり明らかにされた。これまた理性万能主義に対するアンチテーゼとして非常に重要な意味をもっていた。

　ここで一つ注意を促しておきたい。人間は「理性」に先立つものによって支配されているというと，その意味を，すぐに感情的な反理性の立場で理解する人がいるが，「理性」の対立概念は「感情」ではないということに留意してほしい。そういう理解こそが近代的な発想であり，そのもとで理性主義を批判しても，結局"同じ穴のムジナ"にすぎないのである。

　理性主義に対するアンチテーゼは，現在では「構造主義」である。フロイトの場合もレヴィ＝ストロースの場合も，意識や理性といった概念が構造化されたものでしかないことを言ったまでのことである。話を「理性」から「感情」に振り向けようとしたわけではないということに注意してほしい。そうした表面的なことではなく，自我の構造や社会の構造が，人間が意識できる層とは別のところで，いわば無意識のうちにできあがっているということを述べているのである。この部分は非常に重要なことなので，くれぐれも意識化された次元で反理性主義を考えることだけは慎んでもらいたい。

(3) C-3　決定論

a. 決定論は「作用因」による説明である

　機械論的な世界観から帰結する方法論的な思考として**決定論**あるいは**因果決定論**がある。自然や社会が機械的（メカニカル）にできあがっているとの想定のもとでは，そのメカニズムは因果関係によって決定されると考えられる。ここでいう**因果関係**とはいうまでもなく原因と結果の関係のことであるが，「原因」とは厳密にいうと**作用因**のことである。つまり，機能としてなにがしかの作用（action）を与えるものだけが原因とみなされているのである。

　アリストテレスは紀元前４世紀に原因論について述べており，その中で彼は原因を４つの種類に分けている。質料因，形相因，作用因，目的因がそれである。

　第一の**質料因**はものの素材面の原因である。何からできているか，それを一つの原因と呼んでいる。第二の**形相因**はものの性質面の原因である。なぜある現象が起こるのかの説明として，性質面で答えるときの答え方がこの原因に当たる。たとえば，「なぜリンゴは落ちるのか」→「それはリンゴが落ちる性質をもっているから」，という具合に。三番目はとりあえずとばして四番目の**目的因**とは，端的に「目的」のことである。ただ，そういうと現代人は目的というのは主観的なものだから，ものごとの原因にはなりえないだろう，と思うものだが，それは近代以降の考え方である。古代においては目的はれっきとした「客観的」な原因だった。キリンの首が長いのは伸ばそうとしたからであり，カメの甲羅が硬いのは敵の攻撃から身を守るためである。それが原因なのである。

　近代人はこうしたアリストテレスの４つの原因のうち，三番目の作用因だけを原因とみなすようになった。一番目の質料因はともかく，二番目の形相因や四番目の目的

因を考えなくなったことが重要である。形相(性質)や目的は原因にならないと考えたのである。

さて、こうした原因観と、物心二元論をベースにした機械論的な自然観があわさったとき、いわゆる**力学的自然観**というものの見方、すなわち次のような世界観がつくりだされてくる。「ある時点で宇宙に働いているすべての作用がわかっていれば、その後の宇宙の運行について完全に予測できる」。これは単純な**決定論**である。実際問題としては、宇宙の現時点での初期条件をすべて知り尽くすことは不可能であるが、18世紀末の数学者ラプラスはそれができる悪魔を想定して、そうした悪魔にとっては宇宙は未来永劫まで知りえるはずだ、と言った。この悪魔のことを**「ラプラスの魔」**と呼ぶが、「ラプラスの魔」は決定論の体現者である。現在のことが細部までわかっていれば未来は完全に予測できるというのが、決定論の要諦である。

決定論は自然科学では一般的な思考法であるが、人間社会の考察にもこの思考法が使われている。マルクス主義がまさにそうだし、一般に経済学はこの決定論的思考にもとづく学問である——その割には経済学の予測はいつも外れるが……。

b. 決定論は疑われはじめている

このところ、この決定論がうまく機能しないことが自然科学の分野でも一般的にみとめられている。すでに紹介したカオスという現象は決定論が及ばない好例である。現在のことが明瞭にわかっていても、なお将来においてまったく予想に反する動きをすることがありうる、というのがカオスの考え方である。決定論の限界というべきだろうが、決定論の限界についてはすでに今世紀になってあらわれた**量子力学**が明確に打ち出している。

「シュレディンガーの猫」という話を知っているだろうか。量子力学の定式化に大きく貢献したシュレディンガーが考え出したパラドックスだが、次のようなものだ。金属箱の中に一匹の猫を入れる。その金属箱には放射性元素、放射線を感知する感知器、そして感知器に接続されて作動するハンマー、そしてガラス瓶に入った毒物が入れてある。放射性元素が原子崩壊を起こすとハンマーが作動して毒物のガラス瓶を割って箱内に毒ガスが充満し、あえなく猫は死ぬ。放射性元素は2時間に1個原子が崩壊する。さて、1時間後、この箱の中の猫は生きているだろうか、それとも死んでいるだろうか？

答えは「生きていながら同時に死んでいる」である。つまり、1時間後の原子の崩壊確率は50%であるから、その時点での猫の死亡確率も50%ということになる。しかし、これは降水確率のように、そうなるかどうか定かでないということではない。人間の認識(予測)の問題ではなく存在自体の不確かさ(存在確率)の問題である。つまり、猫は50%生きており、50%死んでいる。つまり、生死がまったく確定しないのである。「そんなばかな」と思うかもしれないが、これが量子力学の世界である。今世紀になって量子力学が成立することによって、決定論は、いわば根拠を失うことになったのである。

c. 決定論と進歩史観

さて，決定論が今ぐらつきはじめていることについてはわかってもらえたとして，決定論に関してもう一つ重要なことを述べておかねばならない。

それは，決定論が歴史記述に応用されると，啓蒙主義とともに進歩史観を生み出すということである。すでに多少述べたことだが，決定論は過去が現在を決定するという思考法である。この思考法を歴史に応用すると，現在よい条件を設定すれば未来はよいものになる。そしてそれを積み重ねてゆけば，未来は無限に"発展"する。大人の中にもこの種の無限の発展を前提として歴史を考える人がいるものだが，こういう人は，まさに決定論的な，したがって機械論的で啓蒙主義的な思考に毒されているといっていい。「進歩」といい「発展」といい，なにか将来がいいものであるに違いないという思考を**「ユートピア思想」**というが，「ユートピア思想」自体がそもそも近代が生み出したものにすぎず，いわば近代の遺物なのである。現在，ユートピア的思考をもって歴史を見ることは許されない。

かつて戦後の一時期，マルクス主義全盛期の時代があった。第二次大戦に日本が敗れてからだいたい30年間ぐらいの時期である。そのころの，歴史に対する支配的なものの見方は，奴隷制→農奴制→資本制→共産制という，いわゆる**「発展段階説」**であった。人類は長い時間をかけて歴史のなかで人類の解放に着実に向かいつつある。社会的矛盾は，いつの時代にもあるが，それは次のより善き時代の産みの苦しみであり，結果的にみればよき糧となるべきものにすぎない，といった安易な未来礼賛が唱えられていた。発展段階説はユートピア思想と表裏の関係を保っている。諸君のなかにも，こうした発展段階説的な歴史観をもっている人が多いはずだ。それは，端的に諸君が近代的世界観が成熟した段階で生まれた世代であることを物語っている。だが，いま学問の世界はそうした従来の考え方に対して，劇的な方向転換を果たそうとしているのであり，そのことを知らずしては，小論文もまともには対応できないということをはっきりと認識してもらいたい。

3. マトリックスを縦に読む

次に，マトリックスを縦に読む作業をおこなう。

「世界観・自然観」「人間観・社会観」「学問方法論」の三つがあるが，このうち前二者についてはそれなりに納得いくだろうが，三番目の「学問方法論」については，なぜそれが入っているのか疑問に思う人がいるかもしれない。そのことについてあらかじめ言っておこう。学問方法論とは，世界観や人間観を考えるに当たっての基本的な思考パターンというほどの意味である。つまり，世界観や人間観については，なにがしかの事物や人間像が前提になる——その意味では世界の事物に即した説明になっている——が，そうした事物的な概念を取り除いて純粋に論理的な性格だけをとりだしたのが学問方法論である。つまり，世界観や人間観のベースになる論理をエッセンスとして抽出したものだと理解してほしい。

ここで，縦方向でマトリックスを読む作業のメリットを述べておこう。
　小論文の問題は，第Ⅰ部でも述べたように，結局は世界観に関わる問題であるが，課題文が問題にしているテーマは自然についてであったり人間についてであったり社会のあり方についてであったりする。どんなテーマが問題となるかについて分類作業をおこなっていけば，それこそ気が遠くなるほど多岐にわたるが，大枠で分けてしまえば，自然と人間(社会)と思考法ぐらいに分けることができる。それがここでマトリックスを縦に三つに分けている理由である。この三つをしっかり押さえておけば，自然がテーマとして与えられたり，人間(社会)についての問題が出たりしても，それなりに現在何が問題とされているのかの原理的な部分については，解答に先立ってあらかじめ察することができる。そういう意味で，この三つを学習しておくことは意味が大きいのである。

(1) 近代の世界観・自然観——Ａの系列

　近代の世界観・自然観は，概念的にいえば，**物心二元論**と**原子論**と**機械論**からなっている。それぞれがどういう思想なのかということはすでに述べたので繰り返すことはしないが，この三者がいわば融合したところに近代の世界観・自然観が成立しているという総合的な視点について，若干ここで触れておこう。
　さて，とりあえず原子論あたりから話をはじめよう。
　原子論という発想は，前にも述べたようにギリシア時代にすでに存在した考え方であった。それが近代にいたって，意匠を新たに再登場したのであるが，それまで封印されていたのには，それなりの理由があった。というのも，原子論をとるかぎり，原子と原子の間，すなわち何もない空間というものを考えざるをえないからである。ギリシア時代から近代に至るまで，とにかく「真空」というものは存在しないと一般には考えられていた。近代に至っても，もっとも合理的な思考を好んだあのデカルトでさえ，真空は存在しないと考えていたほどである。西洋の長い伝統のなかで真空は端的に嫌われていたのである。それがために，ギリシアこの方原子論は日の目を見ることがなかったのである。
　それが，近代に至って，物心二元論が登場するにおよんで，物体世界のあり方が機械的なものでしかないということになった。物心二元論をとるかぎり，物体世界に精神性は認められない。つまり，物体世界は端的に**死んだ自然**，すなわち生命のない機械的な世界にすぎないということになった。17世紀にガリレオやケプラーやニュートンが相次いで自然の法則を打ち出したが，いずれも単なる運動法則というもので，そこには機械的な定式化はあっても自然の生命についての説明はなんら含まれていなかった。自然はもはや巨大な自動機械でしかなくなったということである——デカルトなどは動物というのは上等な機械だとはっきり断言している。
　そうした理解のもとでは，力学の世界を考えてみればわかるように，力を分解し，質点の運動を記述することが自然をあらわす方法となる。つまり，できるだけ小さな要素に分解し，要素間の関係を力学的に記述することが自然の理解だと考えられるよ

うになる。原子論が登場する契機になったのは、そうした力学的な自然観の台頭であった。かくして、二元論図式のうえで、機械論的な力関係の法則とその基体としての原子という発想がみごとに融和することになったのである。

われわれ20世紀末に生を受けた者は、むしろこうした世界観に親近感をもつが、こうした世界観は特殊近代的な世界観にすぎないということを自覚しておかなければならない。今さまざまな分野で問題になってきていることがらは、総じていえば、そして根本的なところで考えれば、こうした世界観が生み出していることがらにほかならないからだ。

振り返って考えてみると、近代以前において自然はまだ人間に近い存在として理解されていた。たとえば、宇宙をあらわすことばは、現在はspace(空間)であるが、近代以前においてはcosmosであった。そしてコスモスには「マクロ・コスモス」と「ミクロ・コスモス」があるとされ、前者が大宇宙を意味し、後者が小宇宙すなわち人間を意味していた。人間と自然とが、同じ一つの概念の二つの現われとみなされ、両者の調和関係がみとめられていたのである。

こうした調和を重んじる世界観が崩壊し、宇宙がコスモスから単なるスペースに変わったとき、近代の機械論的で唯物論的な世界像が跋扈しはじめる。そして、それとともに、世界や人間をもっとも効率的で機能的に操る方法はなにかという効率主義や機能主義が主流になった。無駄をはぶいて目的合理的な行動をとることが近代人の理想的精神となるのである。

すでにお話したように、老人を「役立たず」とみなし、身障者を生まれてこなければよかった者と考えるのが、効率主義や機能主義の端的な現れである。こうした考え方から、中絶や援助交際や自殺や臓器移植を肯定する考え方までは、わずかに一歩である。ナチスの蛮行を批判する一方で、われわれは確実にナチスと同じ機能主義の考えに陥っているということがなかなか気づかれない。物心二元論や原子論や機械論をとれば、必然的にそうした考え方に逢着せざるをえないのは目に見えているのに、それがなかなか気づかれないのである。

(2) 近代の人間観・社会観——Bの系列

近代の人間観・社会観は原子論的発想と自我原理によって織りなされている。社会の究極の単位は個人であり、個人には自由と個性が認められるという発想——それはまたわれわれの常識的理解でもある——が主流になった時代が近代であった。

中世までの社会観はもっと共同体的であった。個人という発想がなかったわけではないが、個人はあくまでも**共同体という集団**の一員として、その所属と身分がいつも問題とされていた。どこどこの誰それという、地域や集団への帰属が呼称にもついてまわる時代であった。

近代はそういう意味では身分からの解放、拘束からの解放といえるわけだが、逆にいえば**孤独化への道**の始まりでもあり、バラバラにされた個人は共同体のなかに自分を見出すことができなくなり、孤独な理想や信念に生きることを余儀なくされるよう

になった。

　現在，社会問題として問題となっていることは，おしなべて近代が生み出したそうした人間の細分化・孤独化にまつわる問題である。

　自由になったのはよいが**社会全体が無秩序になってきた**。さてどうしよう。
　自由になったのはよいが**個人が孤独に悩まされるようになった**。さてどうしよう。
　自由になったのはよいが**個人単位で競争が激化した**。こまったものだ。
　個人が平等になったのはよいが，**均一化・画一化が進み人間の深みがなくなった**。どうしたらいいのだろう。
　等々。

　こうした問題のうち，現在もっとも緊急・重大な問題と目されている問題は，自由と環境保護の間の摩擦の問題，すなわち環境問題である。

　環境問題というのは，単に環境が汚染された，破壊されたから，それを取り戻そうという対症療法的な対応策の問題ではない。往々にして，日ごろあまりものを考えない人は，環境問題とは単なる対応策の検討の問題だと勘違いしているようであるが，これは完璧な間違いである。環境問題というのは，大枠でいえば，なによりも近代以降われわれがなじんできた要素論的(原子論的)な発想を廃棄し，新たな共同体的な世界観を樹立する模索の営みに他ならない。つまり，近代的な発想のもとでは，生産から消費にいたる全過程において，個人や法人は経済的および法的に自己利益を求めて自由に活動してよいとされていたが，そうした原子論的な発想が地球規模の環境異変を契機にいま問い直されているのである。したがって，環境問題というのは，安直な対応策を考えて皆で協力しましょうといったその場かぎりの糊塗策の提示では済まないのである。それはすぐれて思想の問題であり，いかにして独立した自由な経済主体・法的主体が，それにもかかわらず全体論的な観点から行動できるかの原理を模索する試みなのである。

　まったく関係のないようなことをいうが，たとえば，諸君は自動車に乗るときの**「シートベルト着用義務」**についてどう考えるだろうか。環境問題から突然シートベルトの問題もないだろう，と訝しく思うかもしれないが，環境問題とシートベルト着用義務の問題は根っこのところでつながっている。というのも，シートベルトをしめるかどうかは，究極的には本人の自由意志の問題であり，それを他人がとやかく言うことは，原理的にいえば個人の自由を侵すことである。しかし，社会全体から見れば，シートベルトをしめてもらうことは，社会政策上必要なことともいえる(遺された家族の所得保障，保険コストの低減などの観点から)。つまり，個人の自由を尊重するか，それとも全体の秩序と繁栄を企図するかで，シートベルト着用義務の是非はちがった結論に達するのである。

　同じことが環境問題にもいえる。経済主体にしても法的主体にしても，原子的な主体としては自由な行動が許されている。自己利益を求めようとすれば，各自は自由意志に基づいて行為できる。だが，それでは全体の観点から大変に困ることになる。地球規模で見るとそうした自由な行為が全員の息の根を絶とうとしていることは明らか

だからだ。誰が誰の利益を侵害しているという特定はできないが，確実に全員で自殺行為をはかっているのは明らかである。かつて J. S. ミルは**「自由とは他人に迷惑をかけないかぎりで何でもできること」**といった定義を行った。これが近代の**自由原理**であるが，この原理は，特定の誰かに"迷惑"をかけるわけではないが自分を含めた全員にじわっと迷惑をかけるという現代のように複雑化した因果関係の状況は想定していなかった。現代は，皆で自由主義の旗を立てて全員で墓場に突き進んでいる状況に酷似している。

したがって，全体論的な観点から個人の自由を制限することも必要ではないかとの考えも出てくることになる。これは思考の大枠でいえば，原子論から全体論への転換であり，あるいはことばをかえていえば，人間中心主義の是正の動きである。けっして一時的な対応策でも対症療法的な便宜策でもないことに十分留意する必要がある。近代が生み出した自由原理，自我原理(自己決定権)を根本的に見直そうという思想的変革の壮大な試みなのである。

いま，こうした近代原理の見直しがいたるところで見られるようになってきた。これまでは個人の問題，自己決定の問題とみなされていたことが，個人の問題ではすまない，それはすぐれて全体の問題である，という風に根本的な考え方が変わってきている。シートベルト着用義務もそうであるし，喫煙の制限もそうである。近代的な自由原理や自我原理(自己決定権)にたてば，あくまで個人個人の問題とされていたことがらが，全体論的観点から規制され制限されてもよいと考えられ始めているのである。

人類は今，近代の思考を捨て去り，新たな思考を生み出しつつある。それは一種の革命的現象であり，確実に思考のパラダイム転換がおこっていることは間違いない。その向かいつつある方向は，表現の問題をとりあえず不問にすれば，一種の**共同体主義**である。地球規模での人類共同体が，知的にいま形成されつつあるとみなしてよいだろう。そしてその共同体の倫理が構築されつつあると考えるのが至当である。

(3) 近代の学問方法論——Cの系列

近代の学問方法論は，**普遍主義**と**還元主義**と**決定論**によって成り立っている。それぞれの方法については述べたので，ここではくり返さないが，これら三者が合わさったところに近代の思考の特質が顕著にあらわれている。すなわち，自然については客観的で普遍的な定式化ができるという信念(普遍主義)。その信念に支えられて，条件さえ整えば未来永劫まで見通すことができるという安易な予測可能性の信奉(決定論)。さらには部分部分で成り立つことは全体でも成り立つので，わからないことは部分にわけて考え，その上で全体にまで再構成すれば良いという発想(還元主義)。

以上のような思考パターンは，われわれの日常的な理解のしかたそのものである。われわれはその意味ではまさに近代人にほかならないということである。近代は超えられなければならないとはいうものの，われわれ自身が近代人であってみれば，それを超えることは端的に不可能なような気がする。われわれに求められていることは，したがっていわば自己変革のあくなき努力なのである。

だが，自己変革といっても，どこをどのように変革すればよいのかということになると，たいへんむずかしい話となる。一般的な定式化は，ありそうでないのである。強いていえば，普遍主義ではだめですよ，決定論ばかりではだめですよ，還元主義には限界がありますよ，ということをいくつかの事例に即して理解することぐらいしか方法はない。

　したがって，近代の思考パターンがひとまず理解されたことを前提にして，具体的な事例をいくつか見るなかで，逐次その問題性と超越のしかたを学んでゆくことにしよう。

　いつでもどこでも誰にでもなりたつというのが**普遍主義**の特徴である。自然は人間精神とは別物で，客観的に存在しており，そこでの法則は客観的であるとともに普遍的でもある，というのがごくありふれた普遍主義の例である。だが，こうした客観主義は**量子力学のコペンハーゲン解釈**によって，たいへんあやしい話であることがわかっている。物理現象を客観的に記述しようとすれば，それを観測しなければならないが，観測すること自体が，すでに主観が客観に影響を及ぼすことであり（光子を当てないと位置は見られない），その意味では純粋な客観の記述は不可能であるということが理論物理学の世界では常識となっている。

　そもそも客観そのものを普遍的に記述するなどということはできない，ということを哲学的に証明した学説として**「解釈学」**という学説がある。20世紀にもたらされた学説である。そこでいわれていることは，われわれがいかなる知を獲得しようとも，それは所詮われわれ人間共同体の理解がおよぶ範囲での知でしかなく，人間共同体を離れては端的に無意味であるということである。つまり，純粋に客観的な記述などは存在するはずもなく，それはすでにして主観的な色合いを帯びたものでしかないということである。より正確にいえば，そもそも「主観」だ「客観」だと世界を二分して考えること自体がナンセンスで，世界の本来のあり方は主観的でも客観的でもなく，現われるように現われるとしか言いようがない，ということである。したがって，解釈共同体が変われば当然にも解釈内容も変わるわけで，それをあらかじめ普遍的に記述することなどできるわけがない，と考えるのである。

　次に，**決定論**についてお話しよう。ラプラスの魔に端的にみられるように，決定論は未来永劫まで原理的には予見可能であると考える。だが，このことは，すでに物理学において否定されている。初期条件がわかっていても，未来に何が起こるかはわからない，というのである。いわゆる**「カオス」**理論が教えるところである。したがって，合理的で理性的に考えれば未来が分かるなどという考え方は，現在では，端的に馬鹿げた考えといわざるを得ない。

　人々は往々にして，歴史について決定論を振り回すものだ。あるいは，人生設計についてもおなじようなことをやってみる者もいるものだ。だが，こうした決定論的思考方法は，人間にも社会にも，そして自然にも当てはまらないことがわかっており，いまはそれが反省され新しい方法を樹立することが求められているのである。

　経済学にしても，従来は決定論的思考が主流であったが，このところ，まだ傍流の

地位に甘んじてはいるが，確実に非決定論的性格をもつ**動態論的経済学**が芽生えはじめている。歴史学にしても70年代頃から発展段階説はとらなくなっている。
　「こうすりゃ，こうなる」という一意的な解釈はもはやどんなジャンルでもとれないということである。

　最後に**還元主義**のお話をしよう。還元主義が原子論や機械論の落とし子であることはすでに述べたが，ことがらを基本単位までさかのぼって分解し，そこで言えることを再び全体にまで押し広めて言おうという姿勢は，もはやなりたたない。地球環境問題を考えてみればわかるように，部分部分の発展が全体の発展には必ずしもつながらないことは明らかとなっている。

　還元主義は**線形思考**をベースにしているが，線形思考は，因果関係がまさかループを描いて**自己言及的**に舞い戻ってくるなどということを想定していなかった。部分を足し合わせたら，足し合わせることによって「合成の誤謬」が働いて結果的に全体に災厄がふりかかってくるなどということは，線形思考の予期せざるところであった。だが，いまはそうしたことが日常茶飯事に起こっていることがわかっており，旧来の線形思考にもとづく還元主義がまったく不備な思考であることがはっきりしている。

　もちろん，だからといって，ではそれに代わる画期的な思考方法があるのか，と問われれば，あまりはっきりとした答えができないというのが現状である。この点は素直に認めなければならないだろう。いまはまだ新しい方法は確立されておらず，だからこそ問題含みで議論百出なのである。それがためにまた，小論文でも問題として課されるのである。

　ただ，旧来の思考法は間違っていた，というところまでははっきりと分かっているわけだから，そこに舞い戻るような愚だけは犯してはならないということははっきりとしている。

第3章　近代的〈知〉を超えて

はじめに　20世紀的〈知〉の展望

　近代に生み出された思考は，いろいろの面でマズイものであった。そのマズサについては前章で述べたが，ここでは，そうした近代的知を超えて，新しい20世紀的知がどのように生み出されたかを明らかにしておきたい。

　ここでいう「20世紀的知」とは，すでに過ぎ去った古い知のことを言っているわけではない。21世紀に突入した現在，20世紀的という形容がつくと，すでに古びてしまったものというイメージが伴うかもしれないが，われわれはまだ20世紀的な知ですら十分に咀嚼(そしゃく)しておらず，その意味では20世紀的な知は，まだまだ新鮮な輝きを保っているといっていい。これからお話する内容は，したがって，きわめて現代的で斬新なアイデアなのである。

　ただ，一つお断りしておかねばならないのは，20世紀的知は現在はまだ着想段階であり，その体系化はいまだなされていないということである。早くその体系化を実現する人物が現れることが期待されるが，まだそうした人物は現れてはいない。

　これまで何度も登場したデカルトは，随分悪くいったが，歴史を溯って近代初頭に舞い戻れば，彼こそが古いアリストテレス哲学からの解放を実現した人物で，いわゆる体系的に近代を産み落とした生みの親である。いま求められているのはそういうデカルトのような人物が再び現れることなのである。だが，残念ながらそういう人物は未だ現れていない。現在のところ，20世紀的知は各方面において部分部分で単発的に主張されてはいるものの，体系的には誰も近代の超克のしかたを語り得ていない。

　それゆえ，ここでお話する内容も，そうした部分的な知のパッチ・ワークにすぎないことをあらかじめお断りしておかねばならない。できるだけまとめる方向でお話しようとは思うが，元来が体系性のない話なので，なかなかむずかしい。その点，読者諸君のご寛恕(かんじょ)を願いたい。なお，近代から現代にかけてどのように知が変遷してきたのか，そして20世紀的知とは一体何なのかという詳細な説明については思想史関連の参考書を準備中である。

　なお，現在の思想状況がどういう地点にあるかについて表したものが下の図である。16・17世紀頃に始まった新しい思想(近代思想)は20世紀まで来て，新しい意匠(いしょう)を必要としだした。いまはいわば思想の動揺期である。新しい思想の着想の段階である。ここをうまくブレイク・スルーした者が次の世紀の覇者になることになる。

```
動揺期……… 新しい世界観の時代……………… 動揺期……… 新しい世界観の時代
 16c      17c    18c    19c    20c
```

　まずは次のマトリックスをご覧いただきたい。これはいわば私が実験的につくって

20世紀的〈知〉のマトリックス

コンセプト	A. 世界観	B. 人間観・社会観	C. 学問方法論
1 相対性	**A-1 デジタル化** 世界は情報によって一元化される。デジタル情報はオリジナルとコピーの落差を解消し、世界を脱中心化する。	**B-1 脱中心化（共生社会）** 世界の中心は自我でも自国でも自民族でもない。中心は端的に存在しない。すべては関係により規定される。	**C-1 多元主義** 中心なき世界の論理は普遍主義ではありえず相対主義となる。真の相対主義は平等な多元を容認することである。

【特徴】 中心なきポスト・モダンは、普遍的な権力・権威を排し、相対的な連帯・協調を重視する。

2 統合性	**A-2 エコロジー** 一つの閉じたシステムの原理であるエコロジーは、物心二元論を解消するとともに、自我中心主義を無効化する。	**B-2 ネットワーク** 中心のない社会はフラットな地平にコミュニケーションの網目をつくり、各種コミュニティーを自生させる。	**C-2 システム思考** 閉じたシステムの論理は線形的な思考ではありえない。システムの安定をはかる思考は新たな思考を要求する。

【特徴】 閉じたシステムを一つの全体としてとらえ、その全体の安定をはかることを考える。

3 動態性	**A-3 コミュニケーション** 世界は物の総体ではなく関係の総体である。また、関係は普遍的に決定されずその都度の相互規定による。	**B-3 自己組織性** 関係の変化に応じて組織は転変する。その都度の組織化は外部規定によらず自己組織化によって可能となる。	**C-3 複雑系（プロセス思考）** 現実は単純な知の重ね合わせでは対処できない。現実の記述は総合化され臨床化された知によって可能となる。

【特徴】 静態的な客観性や普遍性を排し、その都度の状況に適合的な定式化だけを追求する。

　上に3×3のマトリックスを示した。それぞれの項目について説明したいところだが、それではあまりにも冗長になるし、それぞれの概念が相互に結びついているため、結局は独立した説明にはなりにくい。したがって、3×3のマトリックスで示された概念が実際問題として現れている現代的な諸問題、すなわち、「環境問題」「情報化の問題」「異文化理解の問題」「個と公共の問題」「科学文明の問題」「教育問題」に即して、マトリックスで示された概念がどのように使われるかということを示そうと思う。

　なお、ここで示される「環境」「情報化」「異文化理解」「個と公共」「科学文明」「教育」こそが現代の係争的な問題のエッセンスであり、すべての社会的な問題は、結局はこの6つの問題に収斂していくと思ってまちがいない。この6つの問題を考察することによってあらゆる係争問題の本質理解が可能になるはずである。

みたものである。こういうまとめ方もできるかもしれない，ぐらいの意味で見てもらいたい。先に紹介した近代性のマトリックスと比較して，どこがどのように変わっているかを確認してほしい。概括的にいえば，**20世紀的知**は，**近代的知を全面的に廃棄する方向**に流れている。もちろん，まだまだ残滓はたくさんあるし，それにひきずられざるをえない面もあるにはあるのだが，それでも大きな潮流自体は，近代の否定の方向へ着実に向かいつつある。まずはそのことを明確に意識してもらいたい。

1. 環境問題──システム思考の要請

問題の所在

　環境問題を考えるときにつかう思考法は，現代の諸問題を考える際の試金石となる思考法である。

　環境問題を，単なる公害問題や自然破壊の対策問題と勘違いしている人がいるが，これはとんでもない勘違いである。環境問題に対して，「汚染をなくそう」「自然破壊を止めよう」と声高に叫ぶだけでは，なんらの対策にもならない。事はそうした古い発想では埒があかないところまで来ているのである。

　環境問題は，加害者と被害者が同一の者であること，また，加害者と被害者の特定がむずかしいこと，さらには，すべての者に当事者意識が求められていること，などで，従来の**公害問題**や**不法行為の問題**とはまったく異質である。

　環境問題はすぐれて**システム(体系)の問題**であり，システム思考が求められる問題である。われわれは被害者であると同時に加害者であり，また，われわれの行為が問題とされていると同時に，全体の構造(システム)が問題となっているのである。環境問題を考えるということは，自我原理や人間中心主義を廃棄して，物質循環の原理やシステム安定の原理を考えることであり，そしてまた，そうした原理を個々の人間の生活の中に具体的にどう埋め込むかを考えることである。

　その意味で，環境問題を考えることは，近代のフレームワークを根本的に見直す作業である。近代が生み出した自我原理や人間中心主義や分析的方法や線形思考や決定論を疑い，それに対するアンチテーゼを打ち立てることである。近代の原理をそのままにして，環境に関わる個々の問題に対策を打つなどという姿勢は，およそ環境問題を考える姿勢ではない。求められていることは，発想の抜本的変革であり，人間と自然の関係の基本的なとらえ直しなのである。

★従来のキーコンセプト

　人間中心主義，中心化，分析的思考，物心二元論，機械論，要素還元主義，決定論，線形思考

★新しいキーコンセプト

　システム，生態系，エコロジー，脱中心化，閉鎖系，複雑系，物質循環，総合的思考，非決定論，持続可能な開発

(1) ベーコン主義による自然破壊——ちょっと硬い話から

　近代は物心二元論の時代であった。それは人間と自然を分断し，世界を二つに引き裂いた。そして人間が支配者となって自然を管理するという支配―被支配の関係をも樹立した。

　以上のことは前章でお話ししたとおりであるが，とりあえずそのことを復習的に見渡しながら，新しい考え方がどのようなものであるかについて見てみることにしよう。

　物心二元論を樹立したのがデカルトであることはすでに述べたとおりだが，**自然の管理，自然の支配**という発想をいち早く強力に打ち出したのは，デカルトと同時代のイギリスの哲学者フランシス・ベーコンであった。「知は力なり」という彼のことばは有名であるので知っている人も多いのではなかろうか。「知は力なり」というと，なにやら人間には知力がある，ということをいっているように聞こえるかもしれないが，そういう意味ではない。彼はここで，「自然から得られる経験的な知識は自然を支配する力につながる」ということをいっているのである。これが俗にいう**「ベーコン主義」**（ベーコン流の考え方）である。自然はわれわれによって支配され利用されるべき存在だという，人間の傲慢な権力意識がその正体である。

　デカルト，ベーコンによる自然支配の考え方がその後の産業革命によって現実のものとなったことは多言を要しまい。機械化された産業が大地と海洋とを席巻し，大規模な開発を繰り広げたことはご承知のとおりである。特に20世紀になってからの技術の進歩によってもたらされた開発は特筆すべきものがあった。いま，われわれの身の周りをみわたしてみればわかるように，自然はほぼ完全に人間によって掌握され，まったく沈黙しきって人間にひれ伏している。ときに台風や大雨などで自然は自らの威力を発揮する場面もあるにはあるが，それは例外的な場合であり日常においてはわれわれ人間の思いのままに操られているといっていい。

　われわれ人間はいまやほぼ完全に自然をみずからのコントロール下におさめてしまった。だが，一方ではわれわれは自分たちが良からぬことをしでかしていることにも気づいている。かつては自然景観が破壊されることに漠たる不安を覚える程度の自戒であったが，1970年ごろからは自然自身の反撃（仕返し）に近い印象をもって「環境問題」を意識しはじめている。「環境問題」に突き当たって，人類はいま，近代以降の二元論図式がいかに身勝手な発想であったかを深刻に反省しつつあるといえる。

(2) 環境問題をロマン主義で語るな

　二元論的世界観にしたがって，人間が自然を一方的に加工しそれを利用しつくすという姿勢が現実のものとなったとき，天然資源は掘りまくられ使い放題に使われ，使い終われば無制限に廃棄されるという結末となったが，その結果，いつしか自然全体の生態系は破壊され，地球史的な異変が起こってしまった。いま「環境問題」の深刻さに気づきはじめた人類は，自らの思想と自らが進んできた道を反省しはじめ，まずその反省の発端をデカルト，ベーコン流の二元論的図式の誤りに見出しているといって

いい。

　ところで，かつて19世紀においても，二元論的で機械論的な啓蒙思想に対して反旗を翻(ひるがえ)した思想があった。自然と人間，物体と精神を分断的にわけて自然を機械仕掛けで考える姿勢に対して，「それは違うだろう」と異議を申し立てて自然との一体感を情熱的に強調した思想である。**「ロマン主義」**と名づけられたその思想は，ドイツにはじまりヨーロッパ中で一定の浸透をみたのだが，結局は二元論的な啓蒙思想に組み敷かれ敗北してしまった。

　そうなったのは，ロマン主義が単なる感情的な叫びにすぎなかったからだ。気分的によろしくない，という程度の反撥では，大きな歴史の流れを押しとどめることは所詮(しょせん)できない。あるいはまた，こう言ってもいいだろう。ロマン主義は所詮は主観主義であり，主観と客観をわけて考える近代的二元論の"内部"での意義申し立てにすぎなかった，と。啓蒙主義が唱えるところの，自然を客観的な機械とみる見方が気にいらないといって主観主義を振り回しただけで，結局は二元論という同じ穴に巣くうムジナであったということだ。

　現在，われわれは，もはやロマン主義的な「自然と一体になろう」式の感情的な昂揚(こうよう)感では埒(らち)があかない状況に直面している。単なる感情ではなく，厳密な学理として現状を打破する道を考えなければならない。二元論の何がどのように問題なのか，そしてそれを越えるためには現状のどこをどのように改善すればよいのか，それを厳密に考えることが要求されている。

　現在，小論文などでも環境問題は頻出テーマとなっているが，それは大学という学問の府にとって，環境問題が喫緊(きっきん)の学問的課題(プロブレマティーク)であるからにほかならない。小論文が解答として求めていることも，単なる感情論ではなく冷静な学理なのである。

(3) リサイクル運動はただの倹約思想とはわけがちがう

　現在，人類は今までの社会システム全体がおかしかったことに気づきはじめている。いままでは開発のし放題，使い放題，捨て放題だったが，それではダメだと思われるようになった。いま世界共通の理解となりつつあるのは，資源は無限ではない，生産は生産性(コスト)だけを考えればよいというものではない，利用は経済主体の恣意(しい)に任されるだけではいけない，廃棄は自由にできるわけではない，といった理解である。すべては地球というシステム全体で考えなければならず，個人や企業や国家など個別の経済主体の恣意的な発想は許されない——そんな考え方が急浮上してきている。

　ときに**「循環型(リサイクル)社会」**という概念が使われることがあるが，それは従来の**人間中心主義に対するアンチテーゼ**とみなす必要がある。地球資源は人間のために用意されているわけではないという，ごく常識的な発想に戻ろうということである。

　だが，ここで注意しておかなければならないのは，「循環型(リサイクル)社会」の本質的な意味は，**省資源，省エネルギー**，あるいは**省廃棄物**というところにはない(！)ということである。往々にして「循環型社会をつくろう」という掛け声のもとでは，

「無駄をはぶこう」「資源を大切にしよう」「ありがたさを感じよう」「もったいないという気持ちを持とう」といった"倹約思想"が喧伝される。だが，事はそんな情緒的・気分的な発想では解決しないことをここではっきりと認識しておく必要がある。倹約によって仮に経済成長が落ち込んでわれわれの生活が困窮してしまったら，まっ先に不満を言い出すのはそうした言葉を口先で唱える気分屋さんたちである。「無駄」にせよ「大切さ」にせよ「ありがたさ」にせよ「もったいなさ」にせよ，いずれも気分的な尺度でしかない。いま問題になっていることは，そんな気分的尺度では測れない純粋に論理的な問題なのである。

倹約思想はあくまで人間中心の思想である。それをはっきりと認識しておく必要がある。いままで人間がやりたい放題にやってきたので地球がおかしくなった，だから，これからはやりたい放題を見直そう，というのは，あくまで人間の自慰的な"反省(reflection)"にすぎない。そんな反省ならば，「のど元過ぎれば熱さ忘れる」で，事が収まればまたぞろ元の気分が顔を出す虞が大である。

いま求められているのは，**無駄づかいに対する反省**などではない。そうではなく，そもそもの事のはじまりであるところの**人間中心主義という思想に対する反省**である。人間こそが自然の支配者で，人間の思い通りに自然を使っていい，という発想そのものが問い直されているのである。「循環型社会の実現」というのは，そういう意味で理解する必要がある。単なる「無駄づかい禁止」とはわけがちがうのである。

エコロジー(環境学) という学問が70年ごろから急浮上してきたのも，こうした事情が働いてのことである。いままでは人間と自然をわけて二元論的に考えてきたが，エコロジー的発想が考え出したことは，そうした二元論の廃棄であり，人間を自然の一部にすぎないとみなす考え方である。

地球規模で一つのシステムを考え，その中に人間を組み込むことができないか，それがエコロジーの発想である。そもそも，エコロジー(ecology)とは，古代ギリシア語のoikos(家)のlogos(道理)の意味である。つまり，地球全体を一つの「家」とみなし，家内の秩序と安定を考える学問という意味である。視野が地球規模に広がっていることもさることながら，地球全体を一つの閉じたシステム(体系)として見て，その中で人間と自然が共存共栄できる道を模索しはじめたという点で，発想の劇的変化といえる。先の「循環型社会」という意味は，こうした一つのシステム内部での物質循環の意味なのである。

(4) 閉じたシステム＝地球，という発想を持て

とかく近代においては，原子論的世界観が根底にあったために，個別の主体に独立的な運動が認められていた。あたかも分子(原子)が独立して他からの干渉を受けることなく自由に運動できるかのように，社会的な原子(個人)も自分自身の自由意志によって自由に行為できるものとみなされてきた。しかし，いまそうした考え方が根本的に疑問視されはじめている。人間の自由は，地球規模でのシステム(体系)の観点から，システム的な制約を受けざるを得ないということがしだいに明瞭になってきている。

これは一種の**閉鎖系**の発想である。従来は環境は**開放系**であると考えられていたために，資源の無制限の採取や無制限の廃棄が可能とされてきた。つまり，人間の行為が因果関係的に自分自身に影響を及ぼすことはありえないと考えられていた。しかし実際はそうではなく，人間は地球規模でのシステム障害を引き起こすことができるとともに，そのシステム障害によって自ら被害をこうむるということがはっきりしてきたのである。そのため，システム全体の安定的な状態を維持すべく，地球規模の**閉じた体系**を考えはじめたのである。いま求められている思考は，地球が閉鎖系であり，しかもそこには物質循環のシステムが内在しており，しかもそのシステムにわれわれ人間が確実に組み込まれているという認識を明確に持つことなのである。

　ただ，ここでも重大な注意を喚起しておかなければならないことがある。それは，この発想は決して，「現状のままでは人類は生存しつづけることができないのではないか」，「結局は人間自身が困ることになるのではないか」といった人間サイドの自己利益にもとづく発想ではない！少なくともそうあってはならない！ということである。

　何度も同じことをいって恐縮だが，いま人類が気づきはじめたことは，そうした自己利益の発想それ自体が問題だったということである。思考の主軸を自己（＝人間）に設定するのではなく，天地自然の全体に設定すべきだったということである。したがって，環境問題がシステム論的に発想されはじめたということは，人間と自然の二元論から地球一元論へと世界観が大転換しはじめていることを意味する。

(5) 公害問題はまだ環境問題ではない

　環境問題は公害問題と同じではない，ということをここではっきりとさせておこう。

　戦後の高度経済成長によって世界的規模で公害が問題となったことは周知の通りだが，環境問題の本質がまだ見えていない頃（60年代から70年代にかけて）は，公害問題は存在していても，まだ環境問題は存在していなかった。

　公害というのは，特定の産業（会社）が人々に特定の被害をもたらすことを意味する。その意味では，加害―被害の因果関係がほぼ明確に特定できるので，法的にいえば**不法行為**の問題である（「不法行為」とは，故意または過失によって他人に与えた損害を賠償する債務が生ずるような行為のこと）。だが，環境問題というのは，誰が誰に対してという因果関係の特定が非常にむずかしい問題である。逆にいえば，環境問題とは，人類全体でやっている人類全体に対する不法行為なのである――この場合，将来の人類にまで思考が及んでいることが重要である。

　おもしろいことに，現在環境省が毎年出している『環境白書』なるものは，かつては『公害白書』といっていた。『公害白書』が『環境白書』と名称を改めたのは昭和47年（1972年）のことである。ときあたかもストックホルムにおいて国連が主催する「第一回環境会議」が開かれた年である。70年代ごろから，ようやく人類は自分たちがやってきた事の本質をつかみはじめ，これからやらなければならない対応がぼんやりとわかってきたということである。因果関係の特定されない問題――したがって，誰が誰に対して責任を負うかがわからない問題――を，それにもかかわらず不法行為として

罪悪視するというのは近代の司法原理では考えられないことである。それが70年代から変化しはじめるのである。

72年のストックホルム会議で採択された「人間環境宣言」は，次のようにいっている。

> ① 人は尊厳と福祉を保つに足る環境で自由，平等および十分な生活水準を享有する基本的権利を有するとともに，現在および将来の世代のため，環境を保護し改善する厳粛な責任を負うこと。
> ② 地球上の天然資源は現在および将来の世代のために注意深い計画と管理により適切に保護されなければならないこと。
> ③ 生態系に重大または回復できない損害を与えないため，有害物質その他の物質の排出および熱の放出を，それらを無害にする環境の能力を超えるような量や濃度で行なうことは停止されなければならないこと。
> ④ 人とその環境は，核兵器その他のすべての大量破壊の手段の影響から免れなければならないこと。

「生態系」「地球」「将来の世代」等，環境問題を見る際に避けて通れないきわめてシステム論的な発想がここに見てとれるだろう。この時期から人間は，いままではまったく考えられてこなかったシステム思考を始めたのである。

環境問題を公害問題から分かつもの，それは地球全体の**生態系という発想**と**世代間の公平意識**である。因果関係が複雑すぎて加害―被害関係が特定できない生態系破壊や世代間のアンフェアな生活格差を，環境問題は視野に入れているということである。したがって環境問題とは，地球の生態系が全体として危機にさらされているという，誰の責任ともわからず，今誰が損害をこうむっているのか，これから誰が被害者になるのかも定かでないような漠然模糊とした現状認識に立って，それにもかかわらず，生態系の維持と世代間の公平化に向けて環境の保全をしてゆこうという，非常に抽象的で理念的な問題(課題)なのである。その辺が環境問題の肝心要のところである。

(6) 持続可能な開発は経済成長と両立するか

さて，72年の第一回環境会議の後20年を経過した92年に，リオデジャネイロで第三回環境会議が開催された。そこでは，72年の宣言よりもさらに一段深まった議論がなされ，「**持続可能な開発**」(sustainable development)という概念が使われるようになったので，そのことも少し触れておこう。

「持続可能な開発」という概念は，**経済的な成長**と**地球環境の保全**との折り合いをうまくつけることを意味する概念である。80年代後半から使われはじめていたのだが，リオ会議でそれが大きくクローズアップされることになった。

持続可能性は，**将来の世代への責務**という発想を背景にもった概念である。しかし，将来の世代とは，いったいいつごろまでの将来のことを指しているのかについては若干疑問に思うところがあるだろう。この点に関して答えておくと，環境倫理学者の加藤尚武氏は「五万年先」と答えている。早い話，「永遠に」ということである。というこ

とは，地球環境をシステム的に——ここが重要——安定状態に保つ必要があり，そのためにはどうしても現在のわれわれの産業構造や意識構造を見直さざるをえないということになるわけである。

ちなみに，「**環境倫理学**」という学問があるが，そこでの主張は次のとおりである。
① 生物の種を保存せよ。(環境倫理学の第一の主張)
② 未来世代の生存可能性に責任を持て。(環境倫理学の第二の主張)
③ 個人，家族，国家の決定でさえも，地球全体の利益に譲歩しなくてはならない。(環境倫理学の第三の主張)

第一原理は**自然保護**，第二原理は**世代間公平原理**，第三原理は**社会的アトミズムの廃棄**ということにでもなろうか。いずれにしても従来の近代的な図式であるところの自然と人間の分断的で非システム的な思考が成り立たないことが主張の要点である。

しかし，環境倫理学のそうした主張を文字通りにおこなっていたら，経済発展も生活の向上も見込めないということになりはしないか。問題の焦点はそこにある。その焦点を表す概念が，先の「持続可能な開発」という概念である。開発しなければ経済成長は見込めない，がしかし，開発をすれば地球規模での破壊が起こり人類は早晩破滅する。このジレンマを内包している概念が「持続可能な開発」である。「持続可能な開発」はそういう意味で**ダブル・バインド**である。開発してもしなくても，いずれにしても由々しい事態が待ち受けており，ニッチモサッチモゆかないという状況にあるのである。

ただ，これは見かけ上の問題である。実際には具体的な経済の成長要因を考えれば，エコロジー型社会でも十分に経済成長は可能である。エコロジー関連企業が増えて，そうした企業が利益を出せるようになればその部分で成長が見込まれ何の問題もない。問題はむしろ，果たしてここまでエコロジーが重要な意味をもちはじめた段階で，われわれはその都度の糊塗策を続けるだけで，これからもずっと今までのような資本主義経済体制を続けていっていいのか，ということである。資本主義の経済社会は，いずれにしても私的利益を追求することを第一に考える。だが，エコロジー的発想は，私的利益よりも公共的繁栄を企図する面がつよい。私と公のいずれを重視するか，それによってとるべき経済システムもおのずから変わってこざるを得ない。

もちろん，だから即，共産主義(コミュニズム)や社会主義(ソーシャリズム)がいい，というものではない。共産主義にせよ社会主義にせよ，少なくとも今までのものは19世紀型のものでしかなかった。つまり一つのユートピア思想でしかなかった。決定論の項目で述べたように，これは単なる啓蒙思想の延長線上の思想にすぎない。人間を信じすぎている発想である。理性や合理やその他もろもろの人間の良い面だけを理想化しているにすぎない思想である。人間はそれほど理想的な行動をいつもとれるものではない。やはりプライベートな部分においては堕落や惰性というものが存在する。したがって，人間を啓蒙主義的にみるユートピア思想としての共産主義や社会主義は，これからの社会理論としてはどうも魅力に欠けるといわざるを得ないのである。

(7) 私的利益と公共の利益の相克

　近代の経済原理は「私的自治原則」と「所有権絶対原則」によってなりたっている。ともかくも個人単位で経済を考えようということである。だが、こうした原理でこれからの社会が果たしてうまく機能してゆくのかどうか、たいへんにあやしいといわざるをえない。もちろん、何度もいうが、だからといって即共産主義や社会主義でうまく行くというものでもない。問題は**私的利益**と**公共の利益**をどう調和させるかである。

　いま現代社会が抱えている最大の問題は、これだと言っていい。**私**と**公**の間でどう折り合いをつけるか──「環境問題」も「民族問題」も「南北問題」も「食糧問題」も「人口問題」も、結局はその問題にゆきつくのである。

　たとえば、環境倫理学と生命倫理学という現代を象徴する二つの倫理学を考えてみよう。

　環境倫理学では、一般に、個人の意思よりも全体の利益──すなわち「環境保護」──を優先して考えようとする。一方、**生命倫理学**の分野では、ふつうは全体の意思よりも個々人の意思──すなわち「自己決定権」──を尊重して、自己責任原則を貫こうとする。具体的にいえば、環境倫理学では、個人の所有権や行為の自由権を飛び越えて、地球全体の生態系(エコ・システム)の保全を第一に考えようとするのに対して、生命倫理の分野では、「インフォームド・コンセント」(十分な説明のもとでの同意)に象徴されるように、医師の医療行為はあくまでも患者一人ひとりの意思と合致した形でしか進めてはならないと考える。ものごとを考えるに当たって、個人単位で考えるべきか、それとも全体(公共)の次元で考えるべきかというベクトルの違いが、この二つの倫理学に端的にあらわれている。

　個人を優先的に考えれば全体系の破壊につながるし、全体を優先的に考えれば個人が置いてきぼりになる。これまた、ニッチモサッチモゆかないジレンマである。

　この問題──つまり個人の自由を保障しながら、それにもかかわらず全体を秩序と安定に導く方法はあるか──をどうやって解くかが「環境問題」の核心である。だが、まだ誰もそれに対して明確なことは言っていない(と思う)。だからこそ、この問題が小論文で問われるのである。時代の最先端のプロブレムを見せて、それに対して「君はどう考えるか」と、困難な問題を突きつける、それが小論文なのである。

　ここからは付け足し的な余談だが、この本の読者は、ここで一つの解答の方向性を例示的に──あくまで例示的にだが──みることになるだろう。それは、**システム思考**や**自己組織性**という概念に関わる思考法だが、それでもまだそれが決定的方法というわけではない。一つのヒントぐらいにはなりえるだろうということである。そのヒントをここで詳述することはしない。本書を読み進めてゆけば、しだいに判然としてくるだろう。

2. 情報化の問題──シミュラークルの世界

問題の所在

　高度情報社会の到来にともなって、「情報」の意味が変質しつつある。
　「情報」は、いまや非常に広い意味をもちはじめている。従来、情報とは、単なる知識の意味で理解されていたが、もはやそうした理解は通用しない。人間も社会も自然も宇宙も、すべてが情報化されようとしている。宇宙は究極的に何からできているかを問うとき、従来はそれを「物質＝エネルギー」と言ってきたが、今後は「情報」がそれに代わる一元的な基体となるのかもしれない。
　今日の情報技術をもってすれば、事物の情報が完全に把握されるとき、事物はきわめてリアルに再現される。そこには、単なる知識ではないホンモノが出現するといっていい。**クローン**も**シミュレーション**も**ヴァーチャル・リアリティー**も**サイバー・オーガニズム**も、理念的にいえばホンモノと何らの差異もないものとなる。現代の情報を考える際には、モノとコトバ、ホンモノとそのコピーという二元論的分立図式は、もはやことがらの説明としては通用しなくなりつつある。
　従来、物がホンモノで、記号はそのコピーだとみなされてきた。記号はあくまで記号にすぎず、それが指し示すホンモノの事物が存在すると考えられてきた。だが、現代のIT（情報技術）は、こうした常識（common sense）をつくりかえようとしている。コピーが単なるコピーと呼べそうもない感覚、むしろコピーをもホンモノと呼ばざるを得ない感覚、それが新しい時代の共通感覚（common sense）となりつつある。オリジナルとコピーの中間領域、どちらの性質をも併せ持つ両義体として**シミュラークル**が出現しつつあるといっていい。
　IT革命の本質は何かと問われれば、おそらくそれはデジタル革命や産業構造変革にもとめるよりも、サイバースペース（電脳空間）の自由自在な表現性にもとめるほかないだろう。あらゆるものが自由に表現され、あらゆる人間が自由に思考をはじめる時代──それはおそろしく多義的で収拾のつかない社会の出現でもある。
　ひとは、こうした社会のなかにあって、自らが何者であるかの同定（アイデンティファイ）にも躊躇をおぼえることになる。多義的なサイバースペースに慣れた感覚は、一人の人間に多義的なアイデンティティを身につけさせることさえ容易に可能にしてしまうからである。「この人は誰？」「どんなひと？」という問いの答えが見えにくい時代が訪れようとしている。
　そんな時代が来たとき、人はどのような社会的仕組みをもてばよいのだろうか。それがいま問われていることである。「私的所有権」はどうなるのか、「表現の自由」はどうなるのか、「労働」や「価値」の意味はどう変わるのか、人と人との「コミュニケーション」のあり方はどうなるのか、……さまざまなことが問題として浮上してくる。そして、それが小論文の問題にもなって現われるのである。

★従来のキーコンセプト
　知識，物心二元論，中心化思考，オリジナルとコピー，実体論，線形思考，セルフアイデンティティ
★新しいキーコンセプト
　システム，ネットワーク，脱中心化，理解の共同体，シミュラークル，関係論，構造論，情報一元論，マルチアイデンティティ

(1) 情報はデータ(与えられたもの)の意味ではない

　情報とはどういう意味だろうか。唐突ながら，まずはその意味を考えてみたい。
　一般に「情報」というと，「知識」(knowledge)あるいは「データ」(data)という意味で理解されがちだが，こうした理解では，いま起こっている高度情報社会の本質を見ることはできない。
　もともと「情報」というのは information の訳語であることは知っていよう。カタカナで「インフォメーション」と表すと，ふつうには「案内」とか「お知らせ」といった受動的なニュアンスで受け取られる。したがって，「情報」を「インフォメーション」という意味で理解するかぎりにおいては，データ(data)という概念とほぼ同意義だといっていい。データというのはラテン語の datum(与えられたもの)に由来する言葉であり，受動的な意味の濃い言葉なのである。
　しかし，「情報」を表す英語は information 以外にも intelligence というものもある。アメリカの情報機関である CIA(Central Intelligence Agency，中央情報局と訳す)はまさにこの intelligence という概念を使っている。
　intelligence という意味で「情報」を語るとき，そこでは単なるインフォメーションという受動的な意味ではなく，それらをどう使うかという観点，すなわち情報をその使い道との関係で考えることを含意している。その意味では情報の量でも内容でもなく関係を問題にしているといえる。どの情報とどの情報がどんな関係にあるか，あるいはある情報が自分とどのような関係にあるか，等々，関係的に情報を入手し利用することを前提としているのが intelligence ということばである。
　「情報技術革命(IT革命)」という場合の IT とは，一般には Information Technology の略だとされている——そしてそれはウソではない——が，その本質は単なる量と内容の問題ではなく，情報をどう生かすかという関係性の面を重視する intelligence の意味が強くこもっている。情報はただ持っているだけではまったく意味がない。いや，使い方を誤れば危険ですらある。情報が力を発揮するのは，あくまで正しい情報を正しく使うときだけである。そのためには，正しさの認識力や正しい目的意識や目的と手段との関連の正しい認識など，総じて情報に関わる総合的な智恵が必要となる。そうした智恵の部分をも含めてトータルに「情報」という場合が intelligence であり，その意味を強くもっているのが昨今の「IT革命」という概念である。
　そして，現在，「情報化社会」あるいは「高度情報社会」といわれるとき，そこで問題になっているのは，こうした意味での intelligence 的意味での「情報」である。したが

って，受動的な情報受容ではなく能動的な情報入手が，あるいは単なる情報収集ではなく積極的な情報整理が，あるいは無目的な情報の説明ではなく目的性をもった情報の解釈が，なにより求められているのである。

(2) ポスト・モダンは情報化社会である

　近代(モダン)がいま終わろうとしている。現在，ポスト・モダン(モダンの後の時代)がいかなる社会になるかが喫緊の問題として取り沙汰されているが，ひとつだけはっきりしていることは，ポスト・モダンは情報化社会になるだろうということである。この場合の情報化社会とは，通常そう理解されているように，たんなる情報機器が発達した社会とか，大量の情報が飛び交う時代といった意味ではない。近代の世界観自体が根本的に変革される時代のことを意味しているのである。

　近代の世界観は物心二元論であった。そして自然の側面に着目すれば，それは唯物論的自然観であり機械論的自然観であった。そのことは前章までに見たとおりである。ところで，物の世界の基幹(実体)部分にあるのは，科学的説明によれば，**物質**と**エネルギー**だという。いや，正確にいうと「物質＝エネルギー」ということである。アインシュタインの相対性理論によれば，物質とエネルギーの間には $E=mc^2$ という等式がなりたち，物質の質量はエネルギーに翻訳できるということになっている。

　こうして見出された物質＝エネルギーを基幹とする世界観がいま情報化社会の到来によって微妙にぐらつきはじめている。すなわち，物質はすべて情報という言語で翻訳できるのではないか，少なくともわれわれ人間の認知対象としては，物質のありさまは情報化できるのではないか，あるいは人間社会や文明全体でさえ情報といえるのではないか，等々，情報を世界の究極のありかたとみなす考え方が急浮上してきている。

　ある人は情報についてこんなことを言っている(AERA　MOOK『情報学』より)。

> 「情報」とは何だろうか？　あらゆる事物は，それ自体，「意識」をもつという。その「意識」をもたらすものが情報。だからすべての生命は情報の固まりだ。それならば個人という生命主体が集まってつくる社会や文明は情報の集大成である。小は原子から大は文明まで，この世のすべての事物をつなぎ合わせる「情報」。そのことを突きつめること——それが情報学なのかも知れない。　　　　(公文俊平「情報学への誘い」冒頭文)

(3) 情報本位制がはじまった

　少々大胆すぎることをはじめに言い過ぎたかもしれない。もう少しトーン・ダウンしてお話しよう。

　たとえば経済的な側面から情報化社会の問題をとらえてみると，1971年に**ニクソン・ショック**が起こって**金ドル本位制**が崩壊したことは政治経済の知識として知っていよう。これは一般には，戦後の**ブレトンウッズ体制**(アメリカ中心の国際通貨体制)の崩壊であるとの意味づけで語られるが，もっともっと深い意味が隠されている。

つまり，ニクソン・ショックで起こったことは，単なる国際通貨体制の変化ではなく，金(ゴールド)という"物質"に今後通貨的な価値を見出すことはない，という宣言をしたということである。つまり長い人類の歴史をながめてみたとき，経済的価値が物質からはじめて解放された瞬間がニクソン・ショックだったということである。ニクソン・ショック以後は金や銀や銅などの貴金属には通貨としての意味はなくなり，それらは単なる商品となった。そして，通貨というもの——つまり経済的交換の手段——は，紙切れにすぎないペーパーマネー(管理通貨)にかわった。

これは，思想としては劇的変化である。経済的価値をあらわすには，ただの紙切れ(紙幣)だけで十分だと人間が本気で考えるようになったのは，このときが最初である。それまでも紙切れ(紙幣)に価値を見出したときはあったが，まだ人間はそうした紙切れだけでは不安で，どうしても価値をあらわす現物(本位貨幣)がほしいと思っていたのである。

ペーパーマネーに価値交換の主体となることを容認した時代意識は，つぎには**電子マネー**にそうした価値交換の主体を委ねることを容認するようになる。電子マネーのほうがペーパーマネーよりも便利であることはまちがいないからである。現在，為替市場や金融市場で当たり前になっている電子マネーは，貨幣の本質を物質とは別次元のところで考えるようになった人類の知見の必然的な到達点である。

電子マネーの世界では，**情報を交換する**ことが即**価値を交換する**ことを意味する。入金と出金は電子情報として決済される。富の増殖も収縮も情報の交換の場(市場)によってのみ決定するのである。これが現代の市場経済の一つの大きな特徴である。

かつて80年代後半から90年代初頭にかけて「バブル経済」なる時代があった。一般に「バブル経済」は泡沫経済とよばれ狂乱経済と見下されるのが常であるが，あれは単なる泡沫に酔った"狂った"時代などではなく，資本主義が物質原理から情報原理へと，そして商品経済が本格的な市場経済へと原理転換を果たす際の産みの苦しみのようなものであったとみていい。もともと資本主義が実体のない「バブル(泡)」を追いかけるものでしかないことは経済学者の佐伯啓思氏も指摘しているが(『欲望と資本主義』)，経済的交換の財が物質ではなく情報にとって代わったとき，本格的なバブル期に入ったとみることもでき，その意味では現在もまたバブル経済の延長線上にいるのである。アメリカの90年代後半の繁栄は多分にそうした色彩が濃い。

ところで，経済学では**「基軸通貨」**(キー・カレンシー)という概念がある。かつては金(ゴールド)が基軸通貨であったが，いまでは電子情報が基軸通貨となっている。これをして「金本位制」になぞらえて「情報本位制」という人もいるが，情報が基軸通貨となったという点はきわめて重要な観点である。このことは情報がつねにフィクショナル(虚構的)な性格をもつものだけに，現在の経済システムが危ういヴァーチャル経済として機能していることを物語っているのである。現在デジタル・キャッシュが登場しようとしているが，これが登場して世の中がICカードの情報にすぎないデジタル・キャッシュだけで用が足せるようになったら，それこそヴァーチャル経済の危機が露呈されることになるかもしれない。バブル崩壊よりももっとスゴイことが起こら

ないとはかぎらない。

(4) 理解共同体があっての情報

ところで，情報はそれを担う情報主体がなければならない。情報は交換されてはじめて価値をもつからである。また，交換を実現する情報主体は，量的にも情報の一定の価値を形成できるだけの量でなければならない。情報を担うそうした情報主体はひとつの社会(あるいは市場)を形成していなければならない。それは言語という情報がいかなる場合においても社会的にしか成立しないのと同様である(私的言語は存在しないということ)。

だが，情報を担う社会は，情報の意味づけや価値づけについて一定の合意(コンセンサス)をもっていなければならない。情報の意味づけや価値づけについての合意がない社会は，たんなる混乱した情報や記号の海にすぎないからである。一定の価値観や世界観をもった安定した社会は，一定の情報の意味づけ，すなわち交換のルールをもった社会である。こうした社会は，その意味で理解の共同性を備えている。もちろん，なにも同じ情報をみなが共有している必要はない。しかし，何が価値ある情報か，何が意味ある交換かという，情報社会に関する前提的なルールは共有されていなければならない。それがここでいう**理解の共同性**である。それはあたかも一つの言語を有する言語共同体においては，みなが同じ話をしている必要はないが，同一の言語ルールを備えている必要はあるというのと同じことである。

かくして，情報というものが存在し，それが有意味なものとして社会的に機能するかぎりにおいて，そこには情報を支える理解共同体が存在しなければならないということはおわかりだろう。こうした理解共同体の特性を確認することは非常に重要なことである。というのも，どんな情報にせよ，それが意味あるものであるかぎり，そこにはすでに共同性が存在していなければならないという考え方は，言語の意味がどのように成立するかや，ブーム(流行)なるものがどのように起こるかや，人間の価値観というものがどのように形成されるかや，あるいは科学的真理がどのように人々に信じられるか，等々，広く人間社会のできごと一般を深く理解するために必要不可欠だからである。

人間はおよそ自分たちに理解できるかぎりのことしか理解しない。そのことを別の表現で表現すると，人間は理解共同体の内部でしか情報を理解しない，ということである。このことを人間が強く意識しだしたのは20世紀になってからなのだが——逆にいえば19世紀までは，まだ理解共同体を超越した"普遍的真理"なるものが存在すると考えていたわけである——，次にその20世紀的な革新的な知見について，言語を中心に若干解説を加えておこう。

(5) 言語は意識に先立つ——20世紀の「言語論的転回」

情報が伝達されるためにあらかじめ存在していなければならない情報の共同体(理解の共同体)とはいかなるものであろうか。このことを考える場合，言語学の成果が

一つのヒントになる。

　20世紀になって言語学は一つの明確な変革を遂げた。20世紀の**「言語論的転回」**という言葉があるが，言語をめぐる考え方は，19世紀と20世紀とでは，いわゆる「コペルニクス的転回」（天動説が地動説にひっくり返ったこと）に匹敵するような決定的な変革があった。

　19世紀までは，言語というものは，話し手と聞き手の間で，話し手の意思（意識）を聞き手に伝えるための手段だと考えられていた。その意味では，次の図に示すように，三項間の図式で考えられていた。

　　　　　話し手　………　言語　………　聞き手
　　　　　の意思　　　　　（道具）　　　　の意思

　こうした図式のもとでは，いわば言語は意思を運搬するための"道具"と見なされていたのである。これをいま仮に――あくまで仮に――「言語道具説」と言っておこう。19世紀までの言語観というものは――少なくとも近代以降においては――，この「言語道具説」であったといっていい。

　この点については，単に言語だけでなく，**意識**や**欲求**までも同じ構造である。すなわち，私が何かを意識するとき，私と対象の間に意識なるものが介在している。私という**主観**が，ある**客観**を，あるしかたで**意識**する。そんな**三項間構造**による理解がそこにある。また，欲求についても同じことで，私という**主観**が，ある**客観**を，あるしかたで**欲求**する。これまた三項間構造である。近代という時代はこのように，主観と客観の二元論を考えた上で，その間に介在する第三項を発明してきた。

　だが，意識されるものや欲求されるものは，果たして意識や欲求から独立して存在しているのであろうか。あるいは，こういってもいい。意識や欲求は客観の後（あと）で生じるものなのだろうか。ひょっとするとそれは意識や欲求によってつくられる幻想のようなものではないのか，と。われわれは通常，モノを買うとき，「欲しかったから」というが，「欲しさ」はモノの存在の後（あと）に生じたのだろうか。**現代消費社会論**は，先の三項間構造を根本的に疑っているということだけをつけ加えて，とりあえずここではこのぐらいで終わっておこう。

　ところが，20世紀になって，こうした言語観は滅んでしまう。主にはソシュールやウィトゲンシュタインといった人たちによって，こうした図式に代わって，次のような図式が原理的に考えられるようになったのである。

　　　　　――――言　語　世　界――――
　　　　　話し手　………　言　語　………　聞き手
　　　　　の意思　　　　　（記号）　　　　の意思

　ここで重要なことは，話し手の意思（意識）も聞き手の意思（意識）も，言語世界（言語共同体）の内部に存在しているということである。すなわち，言語を離れては人間の意思（意識）は存在しないということである。つまり，人間の意識なるものは言語と無関係に独立して存在しているのではなく，つねにすでに言語的なものとして，言語に規定されて存在しているにすぎないということである。

意識が言語に規定されているというと、人によっては、「そんなことはないだろう、だって言語化できない意識だってあるじゃないか」と思う人がいるだろう。それはまあその通りである。だが、そういう人のために言っておくと、たとえば日本人は日本人的にしかものごとを考えられずアメリカ人的にもパプアニューギニア人的にも考えられない。あるいは現代人は古代人のようにはものごとを考えることはできない。これはどういうことだろうか。
　簡単にいってしまえば、人間の意識は、ある時代やある地域によって構造化されてしまっているということである。その時代やその地域の、構造としての文化に完全に支配されてしまっているのである。だが、そこにいう構造とは何だろうか。これがここでいう「言語」である。言語というのは、意識を規定する大きな構造としてあらかじめ存在しているのである。もちろん、言語自体を意識するときには、言語は意識によって意識の後に気づかれる。だからこそ意識が原初的で言語が後発的に見えるのである。"発見"のメカニズムからいえばたしかにそのとおりである。だが、事柄自体の先後関係はそれとはまったく逆で、言語という構造があらかじめ存在しているからこそ、それに気づきもし、また「意識」という概念が先だと主張できもするのである。おわかりだろうか。人間はどこまでいってもその構造から抜け出すことはできないのである。
　人間がオギャーと生まれて、ある言語共同体に生存を始めると、その言語共同体の住人として、意識はその共同体に規定されてしまう。意識だけは個人の内部に閉ざされており各人各様の意識が存在する、などというアトミスティック（原子論的）な意識観は成立し得ないのである。そのことが20世紀的な「言語論的転回」という意味である。
——付け足し。20世紀の偉大な言語学者フェルデナン・ド・ソシュールは、「言語を最初に考えた人は誰だろう」という質問に対して、大略次のように答えている。「バカなこというんじゃない。言語は最初から社会的なんだ」——。
　ということはどういうことだろうか。人間は言語に規定されて生存している。だとすれば言語共同体のルールに従ってのみあらゆることを意識できているにすぎない。ある事実の認定にしても、あるいはある価値づけにしても、すべて言語共同体のルール通りに行っているにすぎない。もちろん、原則破りというか、新しいルールを創り出す作業ということも人間は行うわけで、そうであるからこそ時代ごとに言語の意味は変わるのであるが……。しかしまあ、その点についてはここでは省略しておく。ここでは、とりあえず、意識が言語によって規定されるものである、その意味では個人の意識なるものは個人を取りまく共同体に依存するものである、というところまで理解してもらえればそれで十分である。

(6) ヴァーチャル・リアリティーの時代

　さて、以上、情報がきわめて始原的で、なおかつきわめて共同性のあるものであることを示したが、ここまで説明しても、おそらくは頭がまだ近代から離れられない人は、相当に抵抗感を感じているはずである。そこで、ここから、すこしSFチックな話をしよう。

第3章　近代的〈知〉を超えて　**109**

　だれしも「ヴァーチャル・リアリティー」なる概念は知っていよう。「仮想現実」とか「疑似現実」と訳される，現実っぽくはあるが偽物の世界という意味をもつ言葉である。だが，もともと**「ヴァーチャル」(virtual)** という概念は，「偽物」とか「仮想」とか「疑似」といった意味ではなく，**「実質的な」**というほどの意味である。つまり，それで十分現実っぽいと思われるようなものを「ヴァーチャル・リアリティー」というのである。たとえば，水槽の中を泳ぐ魚が本物と見間違えるようにリアルに映し出されていれば，それは本物と言ってもいいわけで，その意味で「ヴァーチャル・リアリティー」なのである。そこに映し出される魚がまだどこかニセ物臭いということであれば，それはまだヴァーチャル度(？)が足りないだけであり，真正のヴァーチャル・リアリティーではないというだけの話である。
　いま，ヴァーチャル・リアリティーの技術は日進月歩で進みつつある。ゲーム・ソフトなどを見れば分かるように，CG(コンピュータ・グラフィックス)を使った三次元のきわめてリアルな映像が可能になりつつある。そのうち，視覚や聴覚だけではなく嗅覚や触覚などもヴァーチャルになると言われている。そうなれば，いつでもスイッチ・オンすれば，きわめて現実的な——いや現実そのものといっていいような——世界に入り込むことができるようになる。われわれはいま，そういう時代の入り口まで来ているのである。
　さて，そうすると，現実と非現実の境目はどこにあることになるだろうか。容易に分かるように，現実は諸々の関係の総体であるのに対して，非現実にはそうした関係の総体が見当たらない。たとえば，いかにヴァーチャル度が高いものであっても——その意味ではその世界に入ればきわめて現実的に思えても——，その世界に入る前にVR(ヴァーチャル・リアリティー)ウェアを着込んでヘッドマウントディスプレイ(眼鏡型標示装置)をかぶるといった動作をおこなっているかぎり，ヴァーチャルな世界は所詮は疑似的に"作られた"世界でしかない，という思いがはたらく。どんなにリアルなヴァーチャル世界へトランスポート(遠隔移動)しても，それ以前の世界との関連が希薄であれば，「これは疑似現実だ」との思いは断ち切れないということである。
　だが，考えてもみよう。もし，そうしたトランスポートが日常的なことになれば，われわれの意識はどう変わるだろうか。たとえば一日の大半をそうしたトランスポートした世界で戯れることに費やすとしたら……。あるいは，寝る前にそうした世界へ入って，起きてからもそうした世界をさまようとすれば……。どちらが現実でどちらが非現実に映るだろうか。
　長い時間映画館で映画を見た後でそこを出たときの，あの得体のしれない非現実感を思い出してみよう。あれはまだ二次元スクリーンであるが，それがもし三次元で嗅覚も触覚もそろっている世界だったとしたらどうだろう。ちょっと恐ろしいような気もするが，おそらくはこのリアル・スペースを逆に「非現実的」とみなしはじめるのではなかろうか。
　現在のIT(情報技術)革命とは，そういうことを含意している。使い方次第によっては，犯罪にすら使われるおそれすらあるような，きわめて危険性の高い技術がすぐ

そこまで来ているのである。

　20世紀になって，複写機(コピー機)なるものが出現した。オリジナルな原紙の情報を寸分違わずコピーすることができる機械である。今では当たり前に使われているので，それが意味することなど誰も気にしないが，このコピー機なるものこそヴァーチャル・リアリティーの先駆である。いま起ころうとしていることは，一枚の紙などではなく現実全体のコピーであり，あるいはオリジナルとコピーの境界の無効化の動きである。どちらがオリジナルでどちらがコピーか分からないような世界が出現しようとしているのである。

　「オリジナル」と「コピー」が融解して何がホンモノで何がニセモノであるかわからないような世界のありかたを，フランスの社会学者のボードリヤールというひとは，「シミュラークル」という概念で言い表そうとしているが，現代はハイパー・リアルな「シミュラークル」化した世界になろうとしているといっていいだろう。

　結論的にいえばこういうことである。ヴァーチャル・リアリティーの世界は現実と非現実，あるいはオリジナルとコピーの境界を消滅させ，シミュラークルの世界に一元的に収斂(しゅうれん)しようとしている。そして，デジタル化されたさまざまな情報が情報共同体の閉じたシミュラークル世界のなかで新たな意味連関を形成しようとしている。そこでどんな意味連関が形成されるのか，それはいま現在言えることではない。デジタルの世界ではどんな情報も生成可能であるから，今後どういう意味連関が情報共同体のなかで形成されてゆくかは，現在のところ予測できない。ただ，一つだけ言えることは，おそらくは，そうした時代になれば，今までの人間の価値観がおそろしく変化せざるをえないだろうということである。どんな変化か？　それはまださっぱりわからないが。

(7) 権威はもはや存在しない──脱中心化の時代

　オリジナルとコピーの境界がなくなるとき，それはオリジナルの権威も失墜することを意味する。日銀券はホンモノの紙幣だが，日銀券によらずともサイバーマネー(ネットワーク上のマネー)はいくらでも造れる。あるコミュニティーをネット上に形成し，そのコミュニティ内部で流通する電子マネー(デジタル・キャッシュ)を造ることは簡単なことである(すでにそうした試みはいくつか実行されている)。したがって，日銀券だけが貨幣の権威を独り占めした時代は過ぎ去ろうとしている。これからは，貨幣も電子マネーとして，それぞれのコミュニティー単位で，原理的には好き勝手に創造できるのである。

　あるいは，大学の話をしよう。明治以降，権威ある大学であると見なされてきた東京大学には，もはや中心化の力は存在しない。従来，東大がすべての大学の手本となってきたが，学問もサイバー化されつつある現在，所属やハードウェアはどうでもよくなっている。いまや大学に行かずともサイバースペース上でそれなりに学問は可能である。必要とあればネット上で本も入手できる。リアルスペースの東京の本郷に通う必要はさらさらない。八丈島でも学問は可能である(八丈島の人，誤解しないでよ)。

「東京一極集中の是正」や「地方分権の時代」といったキャッチフレーズを聞いたことがある人もいるだろう。これはこうした時代の特徴を端的に言い表す言葉である。何も政治や経済のジャンルに限られた言葉ではないのである。政治も経済も文化も，すべてセンターとローカルの差異が崩壊しようとしているのである。サイバースペースではどこがセンターでどこがローカルかはまったくわからないのである。

インターネット関連の言葉で「ウェブ」という言葉は知っているだろう。ウェブ(web)というのは「クモの巣」という意味であるが，コンピュータ・ネットワーク上に張りめぐらされたサーバーの全体構造のことである。これが世界規模でできているためにWorld Wide Web(WWW)と呼ばれるが，世界中にクモの巣状に張りめぐらされたウェブサイトは，次から次へとどこへでもつなぐことができる。これがインターネットの特徴である。インターネットは，その意味では，どこがセンターでどこがローカルか分からない情報の網目を形成している。かつて情報は東京などの大都会に集中していたが，インターネットができたおかげで今ではどこにいても都会とまったく同様に情報の入手や発信ができるのである。都会とか田舎といった概念自体が，もはや時代遅れのものとなりつつあるといっていい。いま都会という意味は，人間がたくさんいるところ，ぐらいになりつつあるのである。

さて，すでにお話したように，かつて近代においては**自国中心主義**や**男性中心主義**や**健常者中心主義**など，中心と周辺との区別が顕著であった。しかしいまデジタル革命を経て，人類は新たなステージに立とうとしている。国境も性別も年齢も障害の有無も越えて，皆が一様平等にコミュニケートすることができる時代が到来しつつある——1998年に『五体不満足』という本が爆発的に売れたが，あれは時代が新しいステージに入ったことの現れだった——。これは非常に結構なことである。結構なことではあるが，そうした脱中心化された世界は，いままでの世界とはまったく様子が異なり，近代の原理とは異なる新しい価値観や世界観が求められる世界であるということだけは忘れてはならない。情報化社会の到来にあたって無邪気に「便利になったね」などといっているようでは，これから先きわめて困難な事態に遭遇する可能性がある。そして，それは単に困難な事態というだけではなく危険な事態でさえありうる。次にそのことについても触れておこう。

(8) 欲望と妄想のネットワーク

権力や権威がなくなり，どこが中心か分からない時代が訪れると，たとえば教育においても文部科学省検定済みの教科書の権威や効力は非常に薄められることになる。さまざまな教科書もどきの読み物がサイバースペース上で覇を競い合い，市場原理で生き残ったものだけが結果的に優勢を誇るような時代が来る。これがネットワーク社会の弱肉強食の掟であり，文部科学省といえどもその掟を離れて孤高を保つことはできない。

だが，考えてみると，そうした時代にはどのような情報が衆目を集めるであろうか。容易に予想されるように，人々の目をくぎ付けにするような強烈な情報や奇をてらっ

た情報がもてはやされることになる。大衆はいつの時代でも目先のことしか考えず，目先のおもしろさにひかれて風見鶏のようにその時どきの風の方向に頭を向けるからである。とするならば，サイバースペース上で大衆受けのする"おもしろい"情報が覇権を獲得することになる。そして――ここが重要な点だが――，大衆が「おもしろい」と思う情報は，得てして欲望と妄想の発現であるということである。たとえば，金儲け情報とかセックス情報とか単なるデマ情報などなど。あるいはまた，普通の価値観をひっくり返すような特殊な情報――たとえば「ナチスによるユダヤ人虐殺はなかった」とか「テロリズムのすすめ」といった情報――なども，それなりに人々の注意を引くことになろう。

こうした，大衆に欲望と妄想を刷り込み，大衆の妄動を喚起させるような情報が，ネットワーク社会ではふせぎようもなく多数出現することになる。脱中心化された社会というのは，いままでの中心化された権威がもはや存在していないために，どんな危険性のある情報でも確固たる市民権をもって存在しうるのである。ここで，「危険な情報に気をつけろ」などというのは，少なくとも意識レベルの話としてはただの空文句にすぎないといっていい。大衆の意識は確実にそういう情報に吸い寄せられていくからである。

インターネット時代とは，こうした危険性に満ちた時代である。そのことを非常に強く意識しておく必要がある。どんなにつまらない思想や危険な思想の持ち主でも公共空間に情報を発信することができ，またそれを受け手は価値ある情報と同列に受け取るのである。インターネット時代になって，国籍や性別や年齢や障害の有無などが無意味化して一方では非常に好ましい環境が整いつつあるが，裏を返せば欲望と妄想の危険性が急速に増大しているのである。後に述べるが，これが現代の「教育問題」の重要性と緊急性の在処である。いまほど一人ひとりの良識や倫理観が問われる時代はないといっていいのである。

(9) アイデンティティの喪失

高度情報社会の今までにない特質を，もう一つ述べておこう。身体についてである。
身体は従来，**場所**という空間内部での具体的な事物との関係において，その現実性が確認されてきた。部屋や家具との関係，あるいは通りや家々との関係，等々によって，手を延ばして触ることのできる事物の現実性や足を運んで到達できる事物の連続性などを基にして，自己とは異なる他者や物，部屋や建築物，都市空間や環境空間との関係において，そこにつながっているかぎりにおいて確認されていた。いいかえれば，身体は単なる皮膚の内部の世界ではなく，皮膚の外側の世界との連続的な領域浸透によってはじめて存在できた。つまり，身体はまわりのコンテクスト(文脈)にとけこむことによって存在するものであった。

いままではそうした身体と連続的に浸透していた事物世界は，リアルなものとして一定の構造を持続的に保つことができるものであった。都市は動かないし，部屋も家具も動かさないかぎりは自分で動くものではない，という了解があった。それゆえ，

われわれは自分がどこに身体を置いているのかも、非常にわかりやすくアイデンティファイ(同定)できた。

ところが、現在、ヴァーチャル・リアリティーの出現によって、この特定の身体性がゆらぎはじめている。CGを使った３Ｄ映像やシミュレーション技術の発達によって、身体は瞬時に特殊な空間に侵入できるようになってきた。「わたし」は望むならばCGをつかって16世紀のフィレンツェに行くことも可能になってきている。

ここでは、「わたし」という特定の身体性と人格性が急速に明瞭さを失いはじめるということに注意しよう。つねにコンテクストが移り変わるような環境のもとでは、身体や人格は一意的に支えられるものではない。確固不動の「わたし」が消えてゆく――そんな現象がいま身近にせまっているのである。

いや、ヴァーチャル・リアリティーを持ち出すまでもないかもしれない。

インターネット上では下は小学生から上は80歳のご老人まで、年齢や性別や職業を越えて情報のコミュニケーションがなされている。インターネットの世界は、匿名であるだけでなく匿属性が一つの特徴になっている。発信者や受信者がどのような属性の個人であるかは問われないのである。

従来、個人は身体にレッテルを貼られるように、年齢や性別や職業がはっきりと認知されるようになっていた。女の小学生は赤いランドセルを背負っており、男の会社員は背広を着ている、という風に。そして、そうであるがゆえに、個人は自分が何者であるかを身体を通じて安定的に自己認識できたし、相手が何者であるかも身体を通じてほぼ確定できた。ところが、インターネット上ではそうした個人の属性は不問であるから、老人も若者に混じって会話したり、女性のサークルに男性がまぎれ込むことが可能である。ここでどういうことが起こるかお分かりだろう。小学生がやけにマセたり、老人が妙に若返ったり、男性が女性化したり、日本人が無国籍化したり、ともかくも自分が何者であるかがしだいに不明瞭になっていく。ある時は小学生、ある時は老人、ある時は男性、ある時はアメリカ人という具合に属性を使い分けることも可能である。身体性がない分、アイデンティティ(個性)の設定は自在となる。

犯罪の低年齢化、凶悪化についてもこれと関連している。近年、少年犯罪が凶悪化し低年齢化していることは周知の通りであるが、これは時代的趨勢である。それはたんなる学校が荒れていることの現われではなく、個人の**属性の無意味化**の現われである。インターネット時代とは、こうした個人の属性が無意味になる時代である。いまや、犯罪者とは、なにもコワモテのオニイサンとは限らない。ごく普通のまじめでかわいい少年が凶悪事件を起こす時代に入ったということである。「この種の人はこういう人」といった安直なアイデンティティ設定はもはや通用しない。これからはマルチ・アイデンティティの時代なのである。

近代の発想では、「わたし」は世界の中心であった。それは**自我中心主義**という概念によってわかりやすく表現される。だが、その中心が脱色化される可能性が現実におこりつつある。**アイデンティティの喪失**といえばわかりやすいだろうか。だが、それは単なるアイデンティティの喪失ではなく、**アイデンティティの拡散・多元化**でもあ

る。一種の「多重人格」が日常のものになる可能性があるということだ。このことが将来どういう社会を生み出すのか，それはわからない。だが，非常に危機的な状況が出現していることだけは確かである。──そもそも，個人のアイデンティティの形成とはどういう風に起こるものかについてはまた別のところでお話することにしたい。だがとりあえず言っておくならば，個人のアイデンティティとは，なにもその個人が自律的に獲得するものではなく，他者を介して，他者の中で形成されるものである。したがってまた，属性が定まらないような生活をしていると，個人のアイデンティティは確実に拡散・多元化してゆくのである。

(10) 双方向コミュニケーションの時代──デジタル革命の革命性

　サイバーとリアルの境界が定かでなくなり，オリジナルとコピーの意味も融解しはじめるような世界をもたらしたのは，いうまでもなく**デジタル革命**である。
　デジタル革命というのは，一般によくいわれるように，人間のアナログ情報をデジタル化したというだけの話ではない。可変的な量の変動すなわち波動を0と1のデジタル情報に変換したというだけの話ではない。
　一般には，デジタル革命の革命性は，情報が情報媒体の質料性を離脱した点に求められる。すなわち，かつての情報は文字情報とか映像情報とか音声情報とか，ともかくも各種の情報は，石や紙や磁気テープや印画紙といった質料に依存して存在していたが，デジタル情報は，そうした質料とは無縁のところで0と1の組み合わせの数列におきかわったということである。したがって，その組み合わせ数列自体は，情報媒体(容れ物)の劣化から解放されて，純粋に「ソフト」化したといえるというわけだ。
　だが，そうしたご託はこの際どうでもよい。デジタル情報革命がもたらす"結果"だけがここでの問題である。
　デジタル革命の本質は，脱中心化というところにある。そして，それがもたらす結果というのは双方向コミュニケーション社会の実現である。
　コミュニケーション(communication)というのはそもそも相互交通を意味しており，その意味では語の最初の意味からして「双方向」であることは当然のことだが，いままでのコミュニケーションは一方の極から他方の極へと情報が流れるだけで，逆方向の流通が阻害される場合が多かった。たとえば，教育の現場では先生から生徒へという流れはほとんど一方的であり，またテレビ局から視聴者へも一方通行であった。このことは，医者と患者，男と女，大人と子供，健常者と障害者，先進国と後進国，等々にも当てはまる。
　ところが，デジタル革命は，そうした社会全体の特徴を一挙に覆してしまう。教育がデジタル化されれば，誰が先生で誰が生徒であるかはさしたる問題ではなくなる。学習する者が求めるのは，生身の「先生」ではなく，有用な「ソフト」となるから，価値ある情報こそが一元的に教育世界の支配者になり，その前では「先生」はときにはお払い箱となることだってありうる。ある先生からその生徒へ，という従来の一意的な情報の流れは完全に終わり，情報を求める者が情報が得られる所へ，という流れが形成

される。

　テレビ局の情報にしても，それをただ受け身で鵜呑みにする時代ではなくなる。いままではテレビ局の情報にクレームをつける者はいたが，そのクレームの内容についてはテレビ局を介さなければ知ることはできなかった。しかし，デジタル革命はテレビ局の情報と対等にクレーム情報を入手することができるようになる。ひとは望みさえすれば，テレビ局の情報とともに，それを否定する情報をも入手できるようになるのである。

　あるいはまた，医者と患者の関係にしても，いままでは医者は患者にとってはあくまで「先生」であり，先生のいうことは何であれ絶対の権威をもつものであった。しかし，デジタル情報化が進めば，個人の医療情報は，本人の意思があれば，瞬間的に他の医療機関に送ることも可能であり，特定の医師や医療だけに頼る必要はなくなる。「先生」の信用がデジタル情報を介して問われはじめるということである。

　その他，話し出せばいろいろとあるが，ともかくも，デジタル情報革命というのは，単なる送信方法の物理的変化ではなく，社会全体の基盤的なところの発想(中心化思考)を劇的に変化させてしまうものである。いま情報技術の変化は，確実に社会のあり方と人間の意識を変えようとしている。それはおそらくは数百年単位の非常に大きなできごとなのである。

(11) ハイパー・リアルの情報空間におけるフェティシズム

　すでにお話したように，いまや情報は単なる記号や信号ではない。それはすでにして一つの現実や実在を形成しつつある。オリジナル(本物)とコピー(写し)の区別があいまいになり，そのどちらともいえない**シミュラークル**が一般的になれば，それはそれで一つの新しい文化を形成することになる。

　では，そもそも文化とは何であろうか。そのことについて若干触れておきたい。

　文化とは，cultura(耕す)という意味のラテン語の翻訳語として使われはじめたということはご承知のとおりだが，そもそも文化というのは，人間集団が歴史的に形成してきた思考や感情や行動などの経験を言語を通して模倣することによって，世代を超えて伝達してきたものの総体をさす。したがって，思考や感情や行動が変われば，文化も変容せざるを得ず，それが時代の様式や時代精神を新しく形成しなおすのである。さて，そうだとすると，現在進行形の情報化によって，いったいどのように文化を変容させるであろうか。

　少々唐突だが，ここで，すでに紹介したフェルデナン・ド・ソシュールという20世紀の言語学者が言ったことを再びとりあげてみよう。

　ソシュールは，モノとコトバの二元論を廃棄して，コトバが第一義的に人間の世界認識を可能にしていると指摘した。つまり，世界はまず実在的にある仕方で存在していて，然るのちにそれを意識がコトバとして表す，といった反映論的ものの見方を廃棄したのである。

　たとえば，アフリカには色名辞が二つしかない民族がいて，彼らは世界を二色で見

ている。われわれは色というのはモノの側に客観的に無数に存在しているかのように思いなしているが、彼らにとってはモノの世界は二色でしかない。「虹の色は何色？」との質問に対して、それを七色と答えるのは日本人だが、七色は普遍的になりたつ虹の性質ではなく、それが二色でしかない言語が存在するのである（もちろん六色にも十三色にも見える言語も存在する）。

　ソシュールに言わせれば、われわれが世界を眼差すとき、それは世界自体を見ているのではなく、コトバによって世界が**分節化＝差異化**されたかぎりでの世界を見ているのである。したがって、コトバが変われば当然分節化＝差異化も異なり、モノの現われ方も異なるのである。

　ソシュールはそのことを、**シニフィアン**（意味するもの）と**シニフィエ**（意味されるもの）という対概念で説明している。たとえば、われわれは「アオ(ao)」というコトバによって、blue(青色)を意味しているが、その場合、「アオ」という音が、あるいは「青」という文字がシニフィアンであり、「青色」という意味がシニフィエである。「アオ」は「アカ(aka)」や「アイ(ai)」とは"異なる"色として分節化＝差異化され、色名辞全体のなかで特定の部分だけを占める名辞として存立することになる。つまり、言い方を換えれば、シニフィアンの数だけ差異化が可能であり、それにしたがって、その数だけシニフィエとして世界が立ち現れるということである。シニフィアンとシニフィエはコインの裏表の関係にあるので、シニフィアンが差異化されるかぎりはシニフィエも差異化がおこり、そのシニフィエにしたがってわれわれは世界を見るのである。

　したがって、極端にいってしまえば、言語の数だけ世界（のあり方）が存在することになり、それぞれの言語は一つひとつが小宇宙（分節化＝差異化の体系）をなしていることになる。われわれは常識的には、モノの世界が言語とは無関係に一つだけまず存在し、しかるのちに、それを話し手が意識してコトバとして伝達しているように思っているが、ソシュール言語学では事実はそうではなく、コトバの差異化によってのみわれわれは世界を認識しているにすぎないのである。少々わかりにくいかもしれないが、一つの比喩を使えば、世界はわれわれにとっては単なる暗号だと思えばよい。何が書いてあるかわからない混沌（カオス）だと思うのである。言語というものは、それを読解するコードである。したがって、言語＝コードにしたがってしか世界は立ち現われない（意識できない）のである。

　われわれはモノを見るとき、それがどういうモノであるかをモノ自体のあり方から見てとっていると思いなしている。だが、事実は逆で、われわれがあるコードにしたがってそのモノを見るから、そのモノがそのように見えるのである。われわれは、極

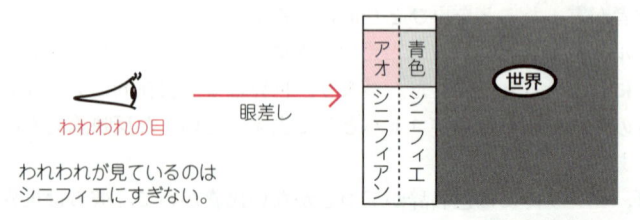

端に言ってしまえば，一種の倒錯した共同幻想のなかを生きているのである。

フェティシズム(fetishism)という概念があるが，これは，モノを見るときにモノそのものの性質ではなく，われわれの側の強い思い込みにしたがってしか見ていないという事態をあらわす概念である。「物神崇拝」とか「呪物崇拝」とか「拝物愛」などと訳すが，モノになにやら独特の精神性が宿っている"かのように"思いなす精神傾向を意味する概念である。福沢諭吉が印刷されている一枚の和紙に拝跪（はいき）する精神や，女性の下着に一瞬"ドキッ"とする心や「新製品」と書いてあると何やら"良いもの"と思いなす感覚など，どれもこれもフェティシズムのあらわれである。

われわれがすでにして言語の**共同幻想**の中を生きているということは，とりもなおさずわれわれはフェティシズムの森のなかをさまよっているに等しく，その都度社会的に認知された**フェティッシュ**なモノを追いかけて生存していると言えるのである。

そうだとすると，言語的に伝達される文化は，単なる人間の観念的な営みではなく，すでにして世界そのものの立ち現れ方そのものの様式だということになる。われわれは，言語にしたがって世界を認識しているのとまったく同様に，文化に応じて世界を理解しているのである。そして，いま一種の**情報文化**が立ち現れようとしている時代状況のもとでは，われわれの世界理解の様相も大きく変化しようとしているといわざるを得ないのである。

次代はシミュラークルの世界，ヴァーチャルの世界になるだろうということはすでに述べた。だが，それはいわばシンボリックな記号が跋扈（ばっこ）し，シニフィアンとシニフィエが無数に跳梁（ちょうりょう）する世界でもある。あらゆることが仮想的に可能になり，いながらにして空間移動を行うことも時間移動を行うことも可能な世界である。そこでは無限のシニフィエが立ち現われるといっていいだろう。だが，それはまた，見方を変えれば，情報文化が一つの巨大な共同幻想を生み，そこにまた巨大なフェティシズムの森が現われることでもある。あらゆることがヴァーチャルに可能になる世界では，世界の意味はきわめてフェティッシュにならざるをえないからである。ハイパー・リアルな世界とは，リアルさが増すという意味で受けとめるよりも，世界自体がきわめてフェティシュに映り出すという意味で受けとめる方がより正確である。このことをわれわれはしっかりと理解していなければ，これから先フェティシズムの森のなかで迷子になる可能性も否定できないのである。――すでに情報文化に相当程度規定されるかたちで，人々の消費行動はかたらづくられている。「カルチェ」や「ルイ・ヴィトン」といったロゴ（＝記号）の入った商品が売れ，「売れ筋」の商品に皆が飛びつく。こうした傾向を社会学者リースマンは，20世紀後半の消費社会の特徴として「他人指向型」と呼んだが，これからもこうした「他人指向型」行動を続けてゆけば，人々は情報過多の中でまったく迷子になってしまうだろう。

(12) 情報の希少性と所有者の権利

高度情報社会の進展にともなって，情報の所有者の権利の問題がしばしば問題になることがある。最後にその問題について若干触れておこう。

知的所有権とか**無体財産権**ということばは聞いたことがあるだろう。いわゆる有体物にたいする当たり前の所有権ではなく，文章や図や絵や音楽ソフトといった**無体財産**に認められる所有の権利のことである。具体的にいえば，**著作権**（コピー・ライト）や**特許権**や**実用新案権**や**意匠権**などである。

　経済学の観点からいうと，こうした情報に対して権利が認められる理由は，それが希少であるからである。「政治経済」の時間に習ったと思うが，市場経済システムとは，この**希少性**をめぐる需要と供給のぶつかり合いである。希少性が高ければ高いほど市場価値は高まり，需要も増えるとともに価格も上昇する。逆に希少性が低ければ市場価値はどんどん下がる。たとえばキャビアやトリュフは希少性が高いので価格も高く，空気は希少性ゼロと見なされているので，価格もゼロというわけである。

　ところで，市場経済システムを前提にするかぎり，このように，希少性を基準にして財やサービスの価格が決定されることは理解できようが，情報の希少性について考えてみると，少々奇妙なことに気づく。

　というのも，情報には，すでにお話したように，オリジナルとコピーの差を薄めてゆく性格があり，したがって無限の複写可能性があるが，そうだとすると，情報自体には本来，希少性はほとんどないといっていいことになる。あるいはこういってもいい。情報はいくら使っても，消費されて"なくなる"ということがないので，希少性は無限に薄められる，と。いずれにしても，いかにも奇妙なことだが，純粋に希少性の観点からだけで判断すれば，そう言わざるをえないことになる。

　現実の市場においては，知的所有権が守られることによって情報の使用が制限されているから，かろうじて希少性も守られて，市場価値が維持されているのだろうが，原理的にはそれがないに等しいというのは，考えてみると実に不思議な話である。

　さらに，よくよく考えてみると，**知的所有権を守る**ということ自体が不思議に思えてくる。

　というのも，知的所有権を守るとは，**情報の価値を認める**ことであるが，情報の価値というものは，その他の消費財とは異なり，広く他者に使われてはじめて確認できるものだからである。すなわち，所有者が独占していては何の価値もないものが情報であり，それを守っていてもはじまらないのである。

　情報を所有するということの奇妙な性格がおわかりになったであろうか。情報は，その存在性格からして，他者を前提としている。所有者とその他の者との関係性の上に成り立つものである。ところが，所有権という概念は，この関係性を度外視して，所有者にはじめから排他的に存在しているものと見なしている。そこに論理の矛盾があらわれるのである。

　近年，**フリーソフトウェア**という概念が登場し，だれもが自由に使えるソフトウェアなるものが流通しているが，これなどは，情報のもつ**公共性**に着眼したものである。情報が，本来他者との関係性によって成り立つものであるとすれば，それはきわめて公共性の高いものであり，したがってその私的財産権は強く主張されるべきではない，という発想がそこにはある。ひとつの考え方として傾聴に値するものであろう。

ただ，現状は世界的にいって，情報の私的所有を守る方向に動いている。アメリカなどは国家戦略として知的所有権を必死に守ろうとしている。したがって，現状では，論理的な矛盾はさておいて，ともかくも現実的には情報は私的所有の対象であり，独占すればするほどよいものと見なされていると言わなければならない。——ただ，実際には，世間でしょっちゅう見られるように，違法コピーが後を絶たない。そもそも，情報には希少性はなく，また他者に使われなければ価値をもたないという特殊な存在性格がある以上，それは宿命なのである。
　したがって，情報の所有権という概念は，原理的には自己矛盾を内包する概念であることを認識しつつ，そうであるがゆえに，現在人類は必死になって，矛盾がないかのごとくに，それを守ろうとしているということをここで確認しておこう。
　情報の価値の問題は，結局のところ**差異**の問題である。いや，正確にいえば**差異の価値**の問題である。現在のところ人類はまだその点について明確な指針をもっていない。ただ早急にそうした点について見解をもつことを要求されており，それがまたいやらしいことに小論文でも出題されるのである。
　情報化と差異の問題を簡単にまとめてみよう。
　差異の交響曲ともいうべき現代の記号化された資本主義は，あらたに記号性のある商品を次々と生み出しつつある。「トレンド」や「モード」や「ブランド」といったことばが横溢し，時代は**差異の体系**と化している。人々は人の後追いをしながらも自分独自の「個性」を強く主張する。差異が彼らの最重要事なのである。こうした商品経済のありかたを**情報資本主義**というが，時代がそうした情報資本主義の時代に入っているのであれば，差異ある情報をもっている者にはそれなりの富と名声が与えられてしかるべきであろう，という思考に傾くのもやむを得ないことである。
　だが，すでにお話したとおり，差異は社会的なコンテクスト（文脈）によってしか決定されず，その意味では人々にそれが知られてしまってからしか意味をもたないものであること，あるいはまた，差異が差異として生み出されるためには，それ以前の社会関係が前提にならなければならないこと，などなどをあれこれ考えると，差異を生み出す特定の者へ安直にアイデア賞を与えることには，若干の躊躇を覚えざるを得ない。彼らは最初から最後まで社会に依存するかたちで差異を生み出したにすぎないからである。ニュートンもガリレイもコペルニクスも，あるいはまたデカルトもライプニッツも，特許権ももたなければ特許料も支払われていない。その事実をわれわれは，単なる時代的制約という消極的な意味づけで終わらせてはならないのでないか。差異を生み出したことは歴然としていても，だからといってそれに莫大な報奨を与えることが果たして正しいことなのかどうか，差異の社会的意味という観点からもう一度考え直してみる必要があるのかもしれない。

3. 異文化理解の問題——共生社会の構築

問題の所在

　現代社会がはらむ問題の中心地点に，異質性への理解の問題がある。異質なもの，差異あるもの，違和感あるもの，を排除することなくそれと共存してゆくためにはどうしたらいいかという問題である。それはときに，異民族問題となって現れたり，異文化の問題となって現れたり，世代間の意識のズレの問題となって現れたり，時代を越えた歴史理解の問題となって現れたり，男女の性差の問題となって現れたり……，ともかくもさまざまなバリエーションをもって現れる。総じていうならば，近代の中心化思考——画一的な基準にしたがった多数派の思考——を脱却し，あらたに多元的な基準にしたがった世界観を求める問題諸群である。

　容易に予想されるように，この種の問題の解決の方向は**文化多元主義**であり**文化相対主義**である。だが，気をつけなければならないことは，文化の相違とそれぞれの文化の独自性を強調する相対主義が「あんたはあんた，私は私」と，自/他の立場の違いをことさら強調することによって，自文化に閉じこもって独立王国をつくろうとする危険性があることである。こうなると，自己の王国内部で自文化の優越性を普遍的に語ろうとしはじめ，相対主義は悪しき普遍主義と同一となる。相対主義にはこの種の危険性が内在しているが，それをどのように防ぎつつ多元主義的な社会を構築してゆくかが問われている。

　いま求められているのは，どこかで普遍主義へまぎれ込む論理を批判しつつ，最初から最後まで一貫して"差異"を認めあい"差異"を受け入れる寛容で柔らかな相対主義を樹立することである。どこまでも"差異"を容認しようとする感覚は**共生**感覚と呼ばれ得ようが，それは，内部と外部を峻別(しゅんべつ)することなく，差異に満ちた世界のなかで文化の交響曲を楽しむ感覚とでも言える。問題は，そうした政治原理をどうしたら構築できるかである。そしてそれが小論文でも問われている。差異ある者どうしの間でいかにして共生を果たすことができるか，それを単に，「まあ，まあ，互いに仲良くしようじゃないか」式の漠然たる心情主義で済ますのではなく，原理原則としてどのような原理を樹立すべきかが問われている。

　安直に結論を唱えることは危険である。だが，一つのヒントは環境問題の解決策に見出されるだろう。すなわち，社会全体を一つの**システム**として考え，そのシステムの**自己組織化**の方法を考える作業である。個人といい集団といい，所詮は全体の一部に過ぎない。全体のシステム安定がなによりも図られなければならないことである。システムあっての個人であり集団であるからだ。システム論的に全体の立場から自己を再定義し自己組織化してゆく道を決定してゆくという共生の原理が求められているといっていい。

　だが，異文化を多元主義的な共生感覚から許容するとはいっても，どんな文化をも許容するというわけにはゆかないことはいうまでもない。犯罪や退廃文化や全体

主義などを許容することは，端的に不可能である。問題はその線引きが難しいということである。誰の感覚をもって，誰の権限で，「これはダメ，これはヨシ」と判断するのか。その明確な基準がないからといって，すべてをなし崩し的に「何でもヨシ」としてしまうことは，悪しき相対主義への道である。

逆に，普遍的な**人権**概念や**道徳**律を振り回すことは，これまた単純な普遍主義である。近代を超えて，中心化思考を廃棄しなければならない境位に入ったわれわれは，何としても普遍主義的なもの言いだけは避けなければならない。だが，そうした，悪しき相対主義にも普遍主義にも偏しない第三の道がなかなか見当たらないのも，また事実なのである。

★従来のキーコンセプト
自我中心主義，中心化，二元論，権力，国民，機械論，決定論，線形思考，機能主義，啓蒙主義，理性，進歩史観，発展段階説，個人主義，利己主義，社会契約説，思いやり

★新しいキーコンセプト
共生，脱中心化，市民，他者理解，共同体，フェティシズム，公共圏，対話，コミュニケーション，文化多元主義，マルチカルチュラリズム（多文化主義），文化相対主義，システム，解釈学的循環，パートナーシップ，グローバリゼーション，ノーマライゼーション

(1) 異なる者とは何か

異文化理解の問題は，異なる者の存在が前提となる。この場合，**異なる者**とは，さまざまなバリエーションがありうる。

たとえば，異文化は当然のこととして，異なる言語，異なる性，異なる民族，異なる時代，異なる世代，異なる身体，等々，さまざまな差異が含まれている。異文化理解の問題はよく小論文の問題として出題されるので，それが異質性の理解の問題であることは分かりやすいだろうが，高齢者の問題や身体障害者の問題や男女の性役割分担などの問題となると，異質性の問題としてではなく「高齢者問題」「障害者問題」「男女平等の問題」といった特殊な対象に固有の問題として別枠の扱いをしはじめるのが通例である。だが，これらの問題も，異なる者同士の理解の問題なのである。

さて，異文化理解の問題は，おしなべて近代批判の地平で展開されることになることをまずは押さえておこう。

近代は，総じていうならば中心化思考の時代であった。このことは繰り返し述べてきたので，理解していただいているものと思うが，何か中心になるべき価値観や基準を設定し，それに基づくものを正常とみなし，それから逸脱するものを異常とか劣ったものとみなして，中心となっている正常なものに同化させるような政策をとってきた。たとえば，身体障害者は身体的に異常であり，女性は男性に比べて劣ったものとみなして，健常者や男性という中心の文化や思考に同化させようとしてきた。

この最たるものは，いわゆるヨーロッパ中心主義という発想である。ヨーロッパが

世界の中心で標準であり,その他は劣ったものという見方が近代の頑迷な思想である。あの,人類の解放を謳(うた)ったマルクスにしても,アジアはヨーロッパに比べて劣ったものでしかなかった。**ヨーロッパ──近代──人間──主観(意識)──理性(精神)──男性──健常者**,こうした系列が中心であり,その他のものはその周辺にすぎないという理解こそが,ヨーロッパ中心主義の隠れた意図であり,また近代の主要な考え方でもあった。

だが,こうした考え方は20世紀になって,とくにその後半に至って,根本的な修正を余儀なくされてきた。その動きが顕著になってきたのは,やはり80年代になってからである。80年代は**脱中心化,脱近代**の合言葉がブレイクし,さまざまなジャンルでそれまで均一に保持されてきた価値観が根本的に問い直されるようになった時代である。進歩史観が問い直され,ヨーロッパ中心主義が問い直され,科学一辺倒が問い直され,決定論が問い直され,理性的啓蒙が問い直されてきた。そして,その一環として現われるのが,異文化理解の必要性であり,文化多元主義の樹立の要請であった。

(2) 異質性認識と差別意識の近親関係

現在,しばしば論壇やジャーナリズムで話題になる「グローバリズム」や「共生社会の実現」等々の言辞は,異質なものを含みこんで,全体として多元的な世界を樹立しようという発想を根底的にもっている。だが,言葉の上では簡単ではあっても,その実現過程においては,非常に難しい選択が数多く存在し,そうやすやすと実現されるような問題ではない。

たとえばの話,身体障害者への**差別意識**の問題がある。われわれは通常,身体障害者への差別を問題としてとりあげると,すぐさま「それはよくない」と答えたがるものだが,第三者的な観点でそう言う人も,自分なり自分の配偶者なりが妊娠し,出産前診断の結果障害児が生まれる可能性が現実化すると,「産まない」選択をする人がいる。これはどう考えたらよいのだろうか。「産まない」選択が即差別意識であるとは言わないまでも,「生まれてくる子がかわいそう」「私も苦労しそう」という判断は,どのあたりから生じてくるのだろうか。少なくとも**正常─異常**という判断基準がそこに見え隠れしていることだけは事実であろう。そこが問題の核心なのである。多数派に属しているか,機能的に十全か,労働効率(生産性)はよいか,等々が正常の判断基準として採用されてはいまいか。こうした観点を**優生学**的観点という。**すぐれた種は残してもよいが,劣った種は絶滅させよ**,という論理である。あのナチスが行ったホロコーストとは,この優生学を大規模に実施したものであった。

いま問われていることは,少数であること,機能的に劣っていること,効率がよくないこと,等を理由に差別してはならないということである。なぜなら,そうした差別意識は,単に現在までの社会が機能や効率を重視する立場にたって世界を解釈してきたということを物語っているにすぎないからである。世界の解釈の仕方は,無限に存在する。いま求められているのは,少数であることに価値を認めるような世界解釈を樹立することなのである。──だから,「多数決で決めよう」などという解決策はこ

こでは禁じられることを肝に銘じておくべきである。多数決原理は政治の原理ではない，といったのはアリストテレスだが，多数であることが"良い"ことであるとの理由はまったくないことをあらためて確認しておくべきだろう。

　しばしば，「ノーマライゼーション」という言葉が使われることがある。障害者が健常者とともに，"普通"の生活ができるようにしようという考え方である。もちろん，健常者とまったく同等の生活ができるはずもないが，仕事をしたり，遊んだり，勉強したり，人とお話したり，買い物に行ったりすることが，ごく自然にできるようにしようという発想である。

　当然ながら，そのためには社会全体でのインフラストラクチャが整備されていなければならない。目や耳や足がなくとも街なかへ出かけられる安全なまちづくり，段差のない通路や入り口，適度な高さのテーブルや物の配置など，モノの配慮はもちろん必要である。だが，それにもまして，われわれ人間の側の精神スタンスというものが強く問われている。障害者を"普通"とは"違う"人と見るのではなく，ごく自然に，そういうこともありうるという意識をもつことがなにより大切なことである。乙武洋匡氏が『五体不満足』という本の中で書いているように，目の悪い人がコンタクトレンズをするのが当たり前であるように，手や足が悪い人が車椅子を使ったり口を使ったりすることは「当たり前」だという意識をもつことである。意識のノーマライゼーションがなによりも重要だということである。――なお，社会的弱者を，あくまで強者に対する弱者として規定し，それに保護や救済を与えるという発想は従来の**福祉政策**によく見られた。いま福祉政策が見直しを迫られているのは，そうした発想のいびつさが援助に依存する自立心のない弱者を発生させているという反省に基づいている。このことについては，また後に触れる。

　だが，こういうことは近代が完全に"排除"してきたことである以上，なかなか簡単にできることではない。身体障害者に対する偏見は乙武氏の功績によってだいぶ改善されてきたが，いわゆる精神障害者に対する"異常"感覚や体の自由のきかなくなった高齢者に対する"老いぼれ"意識などはまだまだ根強い。社会からそうした人々に対する**管理**や**保護**の意識を取り除き，**排除の論理**を駆逐することは並大抵のことではないのである。

(3)「思いやり」社会の危険

　社会的な差別を受ける立場にある人々をたすけることを，あえて否定しようという人はいないだろう。だが，人をたすけるという美名のもとで，たすける側の論理がやすやすとたすけられる側の心を蝕（むしば）むことがある。

　かつての福祉政策がそうであったように，社会的に「気の毒」な人を**救済**しよう，**保護**しよう，という発想は，往々にして**温情主義（パターナリズム）**に傾きやすい。いかに「思いやり」の精神を強調しようとも，そうした弱き者を見くだした精神は，単なる**同情**，**憐憫（れんびん）**でしかない。だが，いま問われているのはそうした精神からの離脱である。たすける側とたすけられる側との間に精神的な落差があってはならないのである。

――こうした「思いやり」精神が，近代においては身体障害者や精神障害者の**管理**と**隔離**をもたらしたことはいうまでもないだろう。

　すでに述べたように，18世紀に個人主義が啓蒙思想というかたちで強く押し出されるのと，ほぼ軌を一にして，上記の同情（sympathy）や憐憫（pity）なる概念が盛んに唱えられるようになる。特徴的な例を挙げれば，経済学の父といわれるアダム・スミスは，個人が合理的に私益を追求しても社会全体で「みえざる手」が働いて社会はうまい具合に落ち着くから，個人はみな私利私欲に走ってかまわないと言う一方で，個人には他者に対する**共感（シンパシー）**がちゃんと存在している，という一見矛盾に思えるようなことを言っている。これが有名な「アダム・スミス問題」というものであるが，この一見矛盾にみえることこそ，近代が生み出した個人主義の帰結である。近代の個人主義は，一方では端的な利己主義であるとともに，他方では他者への思いやり（道徳感情，同情，共感，寛容の精神，憐憫，……その類い）をも内包するものである。だが，他者への思いやりというと，なにやら他者に主眼があるように一見思えるが，実は，自己の感情的満足がその尺度になっているのである。つまり，他者への思いやりをもつことが自己の満足となる限りにおいて，その限りにおいて思いやりを重視しようという，自我中心主義のバリエーションにすぎないのである。

　現在，しばしば口にされる「思いやり」という言葉も，ひょっとするとそうした意味ニュアンスで語られている場合もあるかもしれない。ボランティアをめぐる議論においても，「誰のためのボランティア？」が語られることがあるが，ボランティア活動を行う理由が，結局は自分の生きがいであったり満足であったりすれば，それは真正のボランティアとは言えないだろう。いま求められているのは，そうした近代主義（モダニズム）の**自我中心主義**の発想からの脱皮なのである。

　「気の毒」「かわいそう」……という発想は，得てしてたすけられるべき者を固定的に見てしまう。このことは，よくよく注意してかかる必要がある。いじめられている者をみて，「かわいそうじゃないか」というのはたやすいが，そう規定されたいじめられている者からすれば，「ばかにするんじゃない」「べつにオレは（アタシは）かわいそうな存在じゃあない」ということになる。いじめの本質は中心化の論理であり，誰かを中心とみなして，いじめられる者をその周辺＝排除される者とする差別の発想である。だいたいは多数を占める者が中心（権力）で，少数である者が，ただ少数であるというだけの理由で，排除の対象として差別されることになる。――だから，いじめに対して，「思いやり」や「人権」を持ち出して対抗しようというのは，中心化論理に対して同じ中心化論理を振り回すことになり，いよいよ差別を深く刻み込むことになる。しばしば見受けられるいじめ対策がまったく効果をもたないのはこうした理由による。早くこうした間抜けた対策から足を洗う必要があるのだが，なかなか気づかれないのである。

　いま問われていることは，そうした近代的論理ではなく，ポスト・モダンの倫理であり，それが先のノーマライゼーションという発想になってあらわれているのである。ノーマライゼーションの思想には，「気の毒」や「かわいそう」といった憐憫（れんびん）の意識はは

たらいていない。共に生きる仲間として援助を必要とする場面で援助するだけのこと、という意識に徹している。そこには中心が存在しない。多数であることと少数であることの間に落差も存在しない。要するに差別意識がないのである。

(4) 自己と他者との関係──アイデンティティ成立の要件

　ここで、自己と他者の関係について、少々原理的なことを述べておこう。これもまた、しばしば小論文の問題として登場することなので、多少堅苦しくはあるが、がまんしておつきあいしてもらいたい。

　さて、**アイデンティティ**なる概念はおそらく聞いたことがあるだろう。「自己同一性」、「自分らしさ」などと訳されるが、どうもピッタリの訳がないので、ふつうは「アイデンティティ」とそのままに書かれることが多いようだ。よく、青年期は**アイデンティティの確立**が求められており、自分らしさを見出して自分だけの個性的な人生を自立的に歩みはじめなければならない、などと言われる。「私はこういう人間です」、「私はこういう考え方(趣味)の持ち主です」といった独自性・個性が求められているというわけである。

　だれしも、自分らしさや自分の個性を意識しようとする。自分だけの世界や自分だけの趣味を大切にしようとする。そういう意味ではアイデンティティとは、自分の独自の属性のように思えるのだが、20世紀の心理学や社会学が教えるところによれば、こうした個人の属性としてのアイデンティティというのは、端的に虚構であるといわれている。

　というのも、私がどういう属性をもっているにせよ、あるいは、どういう属性をもとうとしているにせよ、その属性自体は私が独自に規定できるものではなく、つねにすでに、社会的に規定されたものでしかないからである。私が、A～Zまでの個性のうち、Mという個性をもつことを願望するとしよう。だが、それは私が独自に規定することではなく、すでに社会的に**分節化**された個性の集合の中から選ばされた個性でしかない。言語学の用語でいえば、**シニフィアン/シニフィエ**の対概念による恣意的分節化を受け入れた限りでの選択でしかないということである。早いはなし、アイデンティティという意識面の出来事も、所詮は記号化された文化構造に規定されているということである。

　さらに、たちの悪いことに(？)、私が自分のアイデンティティを自分自身で決めているかというと、どうやらそうでもない、ということが分かっている。私は自分が何者であるかをどうやって規定するかというと、自分自身で決めているのではなく、他者からの規定の集積として社会的に規定しているのである。銀行員の男性で年齢は30歳/独身/ハンサム/ネアカで話し上手──等々のアイデンティティは、自分の周辺とのコミュニケーションの集積によってはじめて明かされる内容である。

　したがって、多少抽象的にいえば、**自**が**自**であるのは、**他**があるからであり、**他**によって規定される限りで**自**であるにすぎない、といえる。もっと抽象的にいえば、自とは**対他存在**といえる。アイデンティティ(identity)という概念は、本来は「それが

それであること」という意味だが、実は「それがそれであること」は「それ」自体では認識できず、「それ」以外の存在をまたねばならないのである。

　近代人は、デカルトがそうであったように、「我思う」という自我の意識が世界の根源であると考えてきたが、それは端的に間違っていたということである。我は我ならざるものによって規定されてはじめて我でありうる。我は汝や彼(彼女)と同列に存在する**共同主観**の一成員にすぎないのである。当たり前といえば当たり前のはなしだが、やっと20世紀も後半になって、こんな当たり前のはなしが認められるようになってきたのである。——と同時に、自分とは異なる他者の存在を最大限尊重しようという気運も生まれ、それが文化相対主義や多文化主義になってあらわれているのだが、それについては、後ほど触れる。

　もう一言つけ加えておこう。自のアイデンティティが他から規定されることによってはじめて可能になるということは理解してもらったとして、次には、それが社会的に決定されるということも、念のためここで確認しておいていただきたい。つまり、**自**は当然にも私個人の話であるのだが、**自**にあてはめられるアイデンティティにしても、あるいはそれを規定する**他**＝他者にしても、つねにすでに社会的な**共同体（コミュニティー）**に属するものであるということである。言語論のところでも言ったように、シニフィアン／シニフィエの対概念は、言語共同体において成立する。したがって、他者もそうした分節化にしたがった限りで私のアイデンティティを規定することになる。「銀行員」にしても「独身」にしても、現在の日本社会での、ある一定の社会構造が前提になってはじめて意味を有する。逆にいえば、社会を離れても独自な意味をもつといったものではないということである。

　したがって、私がどういうアイデンティティを有するかという問題は、すでにして社会的な問題なのである。どういう組織に属するか、どういう仲間をもっているか、どういう趣味をもっているか、等々の問題でもある。いわば、アイデンティティというのは、社会的にさまざまに分節化されたシニフィエを多層的に重ね合わせたところで、合成的に現われてくるものである。それが個人に現われてくるために、最初から個人に属しているもののように思いなされているが、発生論的にはそれはすべて社会的な営みなのである。

(5) 自尊心と他者の承認——マルチカルチュラリズムと共同体間の摩擦

　だれしも自分らしさを尊重するとともに、自分自身の利益を大切にする。そして、他者と妥協ができないような競合状態や衝突状態に入ったときには、相手を押し倒してでも自分の立場を押し通そうとするものである。それは端的に**自尊心**と呼びうる精神であるが、いままで見たように、近代の自我中心主義が否定され、他者との間に優劣や高低の落差が認められない歴史的段階に入っている以上、自尊心だけを単純に振り回すことは厳に慎まなければならない。自分に自尊心があるように、他者にも自尊心があり、それはお互い様であることを認めあう必要がある。

　そうした寛容な精神を**共生**の思想ということがある。耳に心地よい言葉であり、誰

しもそれを否定することはできないような言葉である。だが，果たして人は文字通りに共生感覚を持ちうるかというと，現実にはそれは非常に難しいことでもまた事実である。先にも述べたように，身体障害者に対する差別はよくない，という人が，自分の子どもが障害者である可能性が判明すると，手のひらを返したように中絶を考えはじめる。あるいは文化相対主義を唱える人が，他国の政治や文化の理不尽に見えるしきたりに憤慨し，ファナティックに普遍的な人権を叫ぶ。そうした事例は枚挙にいとまがない。

人はほんとうに他者と共生できるのだろうか。

文化や考え方の自他の相違を認めようという立場を**相対主義**という。それぞれに真理があり，どちらが絶対に正しいということはないという考え方である。文化にそれを適用すると**文化多元主義**となる。文化多元主義は，さまざまな文化を同時に認めようという立場である。その意味では，つねに視点は多元を見渡す高所に据えられている。だが，実際には人はそのような高所に自らのアイデンティティを形成することはできず，低地に存在する一つの文化共同体の内部にしか視点を据えられない。そこのところが，摩擦の原因となるのである。口では"きれいごと"として多元主義を語れるものの，実際に摩擦や衝突が起こると，とたんに相手を口汚く罵り，けっして相手を理解しようとしない態度に出る。この矛盾が相対主義の根本的な問題である。ときに相対主義が，かたちを変えた普遍主義であると語られることがあるが，それはこうした経緯による。

ところで，一国の中に複数の民族や言語が存在するとき，その民族や言語間の調整をどのようにはかるかということは現実的な問題となる。カナダやアメリカなどでは日常的な問題であるが，そうした地域においてしばしば**「マルチカルチュラリズム」（多文化主義）**という概念が語られることがある。これは先の文化多元主義とほぼ同じ意味であるが，マルチカルチュラリズムという場合には，マイノリティの権利を保護しようという実践的・政治的ニュアンスがこもってくる。

マルチカルチュラリズムの論者で有名なチャールズ・テイラーは，次のようにいう。

> 自由主義は，すべての文化にとっての出会いの場となりうるものではない。それは，一群の文化の政治的表現であり，他の諸群の文化とは，およそ相いれないのである。さらに，多くのイスラム教徒がはっきり意識しているように，西洋型の自由主義は，自由主義的知識人の間で偶然評判のよい世俗的，脱宗教的なものの見方の表現というよりは，むしろキリスト教からのより有機的な産物なのである。教会と国家の分離は，キリスト教文化の初期にさかのぼる。……世俗的という用語自体，もともとキリスト教の語彙の一部であったのである。
>
> これらすべてが意味するのは，自由主義は完全な文化的中立を主張し得ないし，また主張すべきではないということである。自由主義もまた，戦う一宗派であるのだ。
>
> （チャールズ・テイラー「承認をめぐる政治」）

この文章を読んでおわかりのように，「自由主義」といえども一つの考え方にすぎず，

それを普遍主義的にあらゆる人々に強制してはならないということである。自由主義を必要とする民族もいれば必要としない民族もいる。「自由」は普遍的に人類に必要だ，などと考えるのは，悪しき普遍主義にほかならないというわけだ。そう思わないマイノリティを救うこと——それが必要だし，またそう考えることがマルチカルチュラリズムという思想なのである。

したがって，多文化主義の考え方は，テイラーもいうとおり，最初から最後まで，一種の政治的闘争の様相を帯びてくる。マイノリティを救うための戦い——それは単に多元主義を認めようといういう穏やかな一般論ではなく，弱い立場の者が強い者に呑み込まれることを避け，あくまで相対主義的な世界を樹立しようという権利の闘争なのである。

したがって，文化相対主義を唱えることは，共同体どうしの争いをある意味で受けとめることである。「けんかするなよ」「仲良くしろよ」と仲裁役よろしく叫んでいるだけでは事柄の解決にはつながらない。差別される者を救うかどうか，それが問われている。

しかし，もしわれわれが少数者＝弱者に敵対する多数派に属しているとしたらどうなるのだろう。そこが一番問われる部分である。相対主義を標榜（ひょうぼう）し，共生社会を理想社会として語ることはたやすいが，それを実現するためには，多数であることを頼みにして少数者を圧殺しないという覚悟が必要となる。つねに少数者の言に耳を傾け，彼らの言い分を聞き分ける覚悟が必要となるのである。

そして，それを同情や憐憫ではなく，権利として認めることができるかどうか，それが問われている。そしてまた，そのことは，われわれが真に近代的な中心化を反省しているかどうかという問題でもあるのである。

(6) 歴史を理解するとはどういうことか——解釈学的循環のはなし

多数者と少数者の間の軋轢（あつれき）の問題は，一方では歴史理解の問題や，さらに広くテキスト解釈の問題にもつながる。しばしば小論文の問題でも歴史解釈の問題は出題されるし，またテキスト解釈の問題も頻出である。これも広い意味では異なる者の理解の問題である。

歴史解釈の方法として，概略次の二つがよく見受けられる。

一つは，歴史とは**過去の事実をその通りに語らしめる作業**である，というもの。もう一つは，歴史とは，結局のところ，歴史家の物語にすぎず，あくまでも**現代的な解釈**にすぎない，とみなすもの。

前者の立場をとりあえず**客観主義**とよび，後者の立場を**主観主義**とよんでおこう（これは一般性のないことなので，ほかのところでは使わないようにしていただきたいが）。

たとえば，よく論争になる問題として日本の第二次大戦中の「戦争責任」の問題がある。この問題を前にして，一方の極の人は「事実を直視せよ」といい，他方の人は「それは現在からの言い分にすぎない」と語る。たがいにすれ違ったままで一向にことが

らの解決にはつながっていない。諸君も，こうした問題をつきつけられたときには，どちらかの立場で終始するのが関の山なのではなかろうか。

だが，歴史を解釈するというのは，どちらかの立場からものをいうことなのだろうか。

歴史解釈の問題を考える場合，**解釈学**という学問が一つの導きの糸になる。これは主にドイツで発達した20世紀初頭の学問だが，そこでいわれていることを少し紹介しておこう。

たとえば，われわれが小説を読む場面を考えてみよう。小説を読むとは，小説に何が書いてあるか解釈することにちがいないが，それはどういう風に進められるか。いうまでもなく，第1頁目から順次読んでいって，最後の頁まで読み終わったときに，全編を通じて何が語られていたのかを解釈することになる。その意味では，多少抽象的な言い方をすれば，部分の積み上げによって全体を解釈しているということになる。

だが，全体をしっかりと理解し納得ゆく解釈をしようとすれば，逆に全体の趣旨から下ろして部分を解釈しなければならないことに気づく。よくあることだが，読み進めているうちに，前の部分の解釈がどうやら違っていたようだということに気づいて，また戻ってその部分を読み返すということがよくある。そういう風にして，全体がわかればわかるほど，部分の解釈にも影響が及び，全体が部分を規定するということが起こる。

このように，小説の理解というものは，部分の集積として全体の理解ができるとともに，全体の理解が部分の理解を促すという循環的な構造になっている。こうした循環構造のことを**解釈学的循環**という。

この解釈学的循環は，なにも小説の解釈に限られた話ではない。あらゆるテキストに及ぶことである。たとえば，歴史を対象にして解釈するときにも同じような循環がおこる。

われわれは現在に生きているが，過去を知ろうとすれば，過去のなにがしかのテキストに戻らなければならない。それは歴史的文献であったり，証言であったり，映像であったりするが，ともかくもなにがしかの過去のデータに基づいて歴史を解釈しようとする。その意味においては，過去自体を直視しているように思えるが(客観主義)，どのような史料を使い，その史料をどのように読み込むかということについては，われわれの胸先三寸のはなしであり，その意味ではすべてはわれわれの取捨選択にかかっている(主観主義)。

だが，よく考えてみると，過去自体に戻ることは端的に不可能だし，また現在からわれわれ流の解釈をするといっても，所詮われわれ自体が過去からの歴史的産物でしかないわけだから，歴史的に自然な解釈しかできない相談である。つまり，過去自体を知ろうとしても現在のわれわれの息がかかってしまうし，現在のわれわれの解釈を絶対視しようとしても過去の息吹が吹きつけられるし，どちらにしても循環的にことがらはグルグル回ってしまうのである。これが歴史解釈における解釈学的循環である。

この循環にはっきりと気づいたのは，20世紀のハイデガーという哲学者である。彼

は人間存在自体がそもそもこの循環から抜けられないようになっており，あらゆる物事の理解が**つねに・すでに**という構造のもとでしか可能でないことを明らかにしたのである。あるモノが，「〇〇」であると理解するときには，つねに・すでにそういうモノとして社会的な**先理解**が働いているかぎりにおいてそう理解しているにすぎないということである。われわれが何かを解釈するというのは，いわばそう解釈されるように解釈しているにすぎない。よく，「人は自分が理解できることだけを理解する」といわれるが，ハイデガーはそれを哲学的に明らかにしたのである。

ところで，勘のよい人はここですぐに気づいただろうが，言語学でいう**シニフィアン/シニフィエ**によってしか世界は理解できないということを，彼は循環論として語りはじめたのである。そして，それを彼は解釈学的循環と呼んだのである。

ハイデガーの弟子のガダマーという人は，こうした循環を**地平融合**という表現で語り，部分と全体，現在と過去の各地平が循環的に一体化するところに**真理**があると語っている。先の「戦争責任」の文脈でいえば，なぜわれわれは責任を感じるのか，またなぜわれわれは責任を疑問視するのか，それを，歴史をひもとくなかで，過去からのわれわれへの語りかけ（「おまえはこういう歴史状況の中に生きている」）とでもいった声に聞き耳を立てることによって，歴史的真理として割り出すということである。これはいわば，**解釈学的循環の中にみずから積極的に入ること**であり，その**循環を肯定的に引き受けること**である。過去の声に耳を傾けるというのは，単純に過去の史料を「事実」として鵜呑みにすることではなく，私がかくかくしかじかに解釈しようとしているという私の属性がなぜそのような属性として歴史的に形成されてきたのかという自分の歴史的出自・来歴を確認する作業と同時平行的に進められることなのである。自分だけ歴史の流れから離れた安全地帯にいて，そこから傍観者的に歴史を見下ろすということはできないことを明瞭に認識することなのである。

この循環の中に身を置くことの意味がわかってもらえたとすると，それが，すなわち自と他の相互理解の方法論にもつながることは容易に想像できるだろう。先に述べたように自のアイデンティティは他の認定によってはじめて可能になる。だが，そういう他の認定にしても，他が勝手にでっちあげているわけではなく，社会的に形成される共同体的なものの見方に支配されたかたちでおこなっているにすぎない。いわば，みんなで**共同幻想**をみながら，自と他のコミュニケーションを果たしているのである。それは，歴史の場合でいえば，歴史という大きな共同幻想のなかで，過去の事実も存在するし，われわれという生身の**歴史─内─存在**も存在するということと同様である。**歴史を解釈する**とは，そうした**共同幻想を自覚する**ことでもある。往々にしてわれわれは，自分が歴史的形成物でしかないことを忘れて，過去自体を知ることができると思ったり現在におけるもっとも妥当な解釈を自分がつくることができると思ったりする。だが，それもこれも，すべては過去から現在まで貫く大きな共同幻想のなかで行われていることを自覚しておく必要がある。また，そのことが，最初に述べたような，多数者と少数者の認識の差にもとづく軋轢（あつれき）の問題を解消することにもつながる。

(7) 男女共同参画社会の実現

　高みに立つこと，中心(権力)から語り出すこと，等が禁じられるポスト・モダンの倫理では，循環的な構造の内部で"平地"からものをいわなければならないということは，以上からだいたいわかってもらえたのではないかと思う。
　この視点を端的に物語る現代の一つの問題として**ジェンダー**の問題をとりあげておこう。
　ひらたくいえば「男女差別」の問題である。
　周知のように，現在，「男女共同参画社会基本法」が制定され，男女の基本的な平等意識は急速に社会的になりつつある。だが，まだまだ社会のいたるところで男女のジェンダー間の"落差"は存在しており，それがひとつの社会問題ともなっている。
　ここで，ジェンダーという概念について簡単に確認しておこう。
　ジェンダー(gender)はセックスという概念と対概念をなしている。セックス(sex)とは，基本的には，男女の肉体的な性別のことである。男性にペニスと精巣が存在し，女性に乳房やヴァギナや子宮が存在すること，等のあくまで肉体的な性差にもとづく性別概念である。
　一方，ジェンダーというのは，そうした肉体的な性差とは直接関係することなく，男女の社会的・文化的な差異にもとづく「男」「女」という性別のことである。「男らしさ」「女らしさ」という場合，それは直接肉体を意味することなく，「強さ」や「弱さ」や「能動性」や「控えめさ」などを文化的に——ソシュール流にいえば**シニフィエ**として——意味するように，ジェンダーとしての「男」や「女」は，歴史的・社会的に形成されたものである。
　さて，男女のジェンダーが問題として映る場合，何が問題とされているのかというと，ジェンダーにともなう「男」「女」というシニフィエのなかに，たとえば，「男」＝「外で働く」，「女」＝「内で家事」といった，女性の社会的自由を拘束するようなものが含まれていることである。しばしば男女差別の問題を取りあげる際に，○○からの「解放」とか○○の「束縛」といった概念が使われるのは，そういう理由による。要するに，現在までの社会(＝シニフィエの共同体)では，端的に男性が**中心**であり，女性はその**周辺**に押しやられて「自由」が奪われていたという認識が根底に存在するのである。そこで，新たに，「男女共同参画社会」という概念にもとづいて，女性に自由を与えて，男中心の社会から**脱中心化**したポスト・モダンの倫理を確立しようというのである。
　ここにも，近代主義(モダニズム)の批判が見え隠れしていることはお気づきだろう。近代は男を社会の中心に据え置くことで権力の集中をはかってきた。それは健常者を中心に障害者を周辺に押しやってきたことと同根のことである。——そういう認識が根底にある。
　したがって，今後の社会のありようを考える場合には，中心化，権力化を脱色して，ことがらをフラットな地平で考えなければならない。男が"上"で女が"下"，とか，あるいはその逆を考えるような視点は端的に禁じられている。

もちろん，そうだからといって，ジェンダー批判が即，性差を認めないとか，異性という意識を抹消するということを意味するわけではない。セックスとしての性別が存在する以上，ジェンダーとしての性別は端的に存在するし，またそれが異性の魅力ともなっている。男がズボンをはき女がスカートをはくことを禁じて，男女一律「ズボンをはけ」ということにはならないし，女は「化粧してはダメ」ということにもならない。ただ，ときとしてジェンダーを強く読み込むことが差別の温床となることがあるので，その点については，解消しようというまでである。

　さて，**どこからが差別でどこからが差別でないか**，それが明確にならない限りジェンダーをめぐる議論は終結点を迎えないだろう，という予想がありうる。いたずらにジェンダーの認識が"差別"的であることを強調することは，男女のあいだに垣根をつくることになり，互いに疑心暗鬼になるだけだ，という批判もありうる。現在，しばしば問題になる**セクシャル・ハラスメント**（性的いやがらせ）がどこまでを指す概念なのか不明であり，それが人心をむやみに不安に陥れていることと同根の問題である。女性に向かって「君，まだ結婚していないの？」ということはセクハラになるのか，男性に向かって「あなた，男でしょう，しっかりしなさいよ」というのはどうなのか。一般的な判断基準があるとはいえない現在，何をどう言ったらよいものか，不安になるのも致し方ないことではある。

　ただ，非常に重要なことをいっておくと，ある行為が男女差別やセクハラに当たるかどうかは，普遍的基準に基づいて判断することかどうかという問題である。たしかに普遍的な基準があれば，困難は解消され，気楽といえば気楽である。だが，根本的に考えれば，そうした普遍的基準云々という議論のしかたそのものがそもそも**近代主義（モダニズム）**そのものであり，それがいま疑われている以上，普遍的基準を志向する姿勢も問題にならざるをえないのである。先に，「ことがらをフラットな地平で考えなければならない」と述べたが，セクハラかどうかという判断こそ，まさにフラットに考えなければならない問題である。つまり，具体的な男女が，男であり女であるという性別だけを理由に，どちらかが中心になったり権力を誇示したりすることなくフラットな意識をもって相手を尊重しあうことが求められている。だから，相手に対して多少ムカッとしたとしても，だから即「人権侵害だ」「裁判だ」，とすぐに権威や権力に頼るような姿勢を放棄することが大切なことである。ムカッとしたならば，相手をその場でたしなめればそれで済む（場合が多い）。また，そういう姿勢こそが真の平等意識を実現する最短の方法であることを認識することが大切である。人権だ，普遍的権利だ，と普遍化を求める志向は，この問題にはまったくふさわしくない。この点に関して，フェミニズムの旗手上野千鶴子氏は，概略次のように語る。──もともと女性というマイノリティの特殊性（それゆえその要求の状況的な被規定性）から出発するフェミニズムは，特殊なものがその特殊性を維持したまま相互に承認し交渉しあう境位をめざす思想であって，これを「人権」や「自己決定権」などの「普遍的な概念に依存させ」ようとするフェミニズムには非常に大きな欺瞞(ぎまん)があり，「危険性と抑圧性」がともなう。（上野千鶴子「マイノリティとしてのフェミニズム」）

(8) 相対主義化する人権

　さて，人権を持ち出す議論の仕方が悪しき**普遍主義**にすぎないということを言ったついでに，ここで，人権概念についてもう少し突っ込んでお話しておこう。

　現在，人権概念がいろいろな場面でしょっちゅう持ち出されているが，現在求められるべき人権概念は，18世紀的な意味での普遍的なニュアンスとはおおいに異なることに注意しておいてもらいたい。国民国家が対抗軸として存在しない現代における人権論は，もはや旧来の普遍主義的な——つまり普遍的な人間一般に固有という意味での——人権論ではない。現在の人権論はむしろ**市民権（シティズンシップ）論**という傾きをもっていることに注意しなければならない。学校などではいまだに，いじめの対策として人権思想が称揚され，**「人の命は地球より重い」**だの**「人は生まれながらにして自由かつ平等であり……」**だのという普遍的な響きのする文言がもてはやされるが，現在では，そうした文句は単なるお題目にしか響かないことを知るべきである。——その点は子どもたちが一番よく理解している。彼らはそうしたお題目にはアクビで返答するか胡散臭そうな目で返すかである。子どもたちは環境論において**ディープ・エコロジー**論者が「人の命は地球より軽い」と断じていることは知らなくとも，「地球より重い」という人権概念がもつ**人間中心主義**をたやすく見破ると同時に，環境論との決定的な矛盾についても直観的に気づいている。いつまでも子どもたちを騙すようなことはやめたほうがいい。

　現在，人権論を考える場合には，かつての普遍的な色彩を完全に脱色しなければならない。人権はもはや普遍的に存在するのではなく，相対化した社会の規範として，異なる者同士の相互理解の可能性として，水平的に存在しているにすぎない。人権が語られるとき，しばしば用いられる「思いやり」や「迷惑がかからないように」ということばは，そうした現代の人権概念がもつところの水平性を物語っている。普遍的に天上に燦然と輝く金文字の人権概念——18世紀型人権——なるものは，もはや時代遅れといわざるをえないのである。

　このことは，社会の存在性格の変化をも意味している。環境問題がまだ存在せず，人間が世界の中心で，したがって人権がまだ普遍的な色合いをもっていたころ，世界の構成要素はアトム的存在としての個人であり，それが集まって社会が構成される，と考えられていた。しかし現在，そうしたアトミスティックな世界理解は通用しない。それは環境問題がシステム論的に思考せざるをえないということによっても，あるいは人間の意識が言語という共同体的でフェティッシュな営みによって規定されるものにすぎないということによっても，容易にわかることであろう。現代はたしかに個人個人の個性を重視する時代ではあるが，それは原子論的な意味合いにおいてそうなのではなく，コミュニティー（あるいはアソシエーション）単位においてそうなのである。個人がどういうコミュニティーに属しておのれのアイデンティティを形成するか，すなわち，どういう共同主観性を身につけるか，それが現代の個人化の意味である。すでにお話したとおり，個人のアイデンティティとは，個人が属する（属した）複数のコ

18世紀的人権概念

普遍的人権R

人権は個人に内在する。

現代の人権概念

● 矢印は相互承認を表す
● 相互承認のベクトルは成員がn個あるとき，n(n-1)個存在する。

マイノリティ

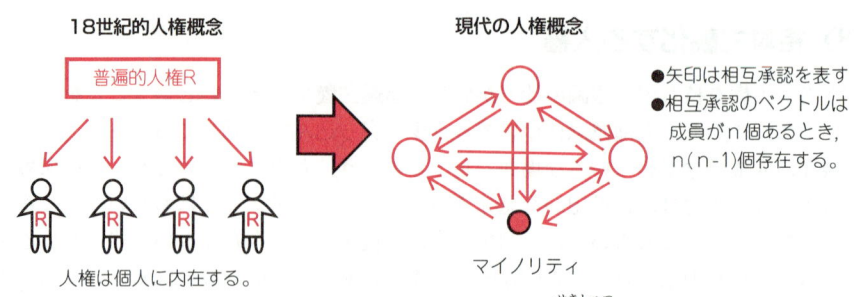

ミュニティー・アイデンティティの重層的な交差点に析出(せきしゅつ)してくるものである。したがって，人権問題も，旧来のように，社会のなかで原子的に存在する"個人"に本源的な論理的問題というよりも，コミュニティー間での相対的なアイデンティティ承認の実際的問題であるといえる。互いに異なる複数のコミュニティーが具体的に互いをどうやって認めあうか，それが現代の人権問題である——したがって，極論をいえば，自由を認めない人権があってもいいし，平等を認めない人権があってもいい。定住外国人の人権，他民族の人権，異性の人権，身体障害者の人権，高齢者の人権，子供の人権，そして動物の生存権，などなど，現代の人権概念が問題になる場面がつねに差別の対象としての**マイノリティ承認**の場面であることを想起するならば，こうした事情は理解してもらえるだろう。何度もいうが，現代の人権概念は，あくまで水平的な原理として個別調整的に問題にされていることにすぎない。その意味で，現代の人権は相対主義の原理といえるのである。

(9) 高みの見物は許されない——普遍主義と相対主義のはざま

さまざまな差異ある者どうしがどうやって理解しあうか，どうやって共存共栄をはかるかという問題においては，普遍主義的な"高み"をもってきてこたえることはできない，というところまでは分かってもらえたのではないかと思う。「互いに理解しあおう」「お互い仲良くしよう」という言葉に接ぎ木するように「そもそも人間は普遍的に……」と，講壇からお説教を垂れるように普遍主義を唱えることは現代では通用しないということである。そうしたお説教は，アナクロな印象を与えるだけでなく，そもそも摩擦や紛争の解決の効力をもたないからである。差異にもとづく対立や紛争が傷口を広げているときに普遍主義を高唱することは，いわば傷口を前に薬効を説明しているに等しく，端的に無意味なのである。——したがって，少年による凶悪殺人事件などに対してしばしば見られるように「いのちの大切さを伝えたい」という教育関係者の言説は無意味である。そうした凶悪犯罪を犯した，あるいは犯すおそれのある少年たちは，「なぜ人を殺してはならないのか」を知りたがっているのである。「いのちの大切さ」とは別次元に住まう少年に対して普遍的価値をもって答えることは，何も答えていないことに等しい。

ときに，リベラルと称する人々が，相対主義や多元主義を標榜し，「一人ひとりを大切にしよう」「それぞれの民族を大切にしよう」と声高に叫ぶが，自らの立場は**高み**

の見物よろしく**価値中立**を決め込んでいる場合が見受けられる。どの立場にも属さない立場ほど無責任な立場はない。公正や正義という概念がときにどちらの立場にも属さない抽象的な論理語として響くならば，それにはさしたる意味はないと言わざるを得ないのである。

外の方(上の方)からものを言うのはたやすいが人間はつねにすでにどこかの内にしか存在していない。だから，内からものをいうしか方法はない。このことをまずははっきりと認識しておくべきである。

したがって問題は，内から，外の者とのあいだに存在する対立を調停する原理をどうやって語るか，ということである。調停原理をもつ者はどこかの内部にいなければならないが，調停原理自体はあくまで両者をにらむ**外**で語らなければならない。つまり，内にいながらにしていかにして外に立つか，それが問われているのである。

しばしば，この問題に対して，結局世の中多様になっているのだから，それぞれの価値観を認めあおうじゃないか，といった論理がみられる。そして，そこに持ち出されるときの概念はおしなべて**自己決定権**という概念である。つまり，だれしも自分の行動は自分で決める権利がある，という論理である。女性の自己決定権，患者の自己決定権，民族の自己決定権，子どもの自己決定権，等々。

たしかに，いままで差別されてきた者に自己決定権を与えることは，差別の解消を促すことであり，調停原理としてそれなりの効果も期待できることではある。だが，よく考えてみると，これは他者の"承認"の論理ではなく，他者との"無縁"を決め込む論理である。「私は私，あんたはあんた」と双方の立場を切り離して自他の"無縁"を宣言している。つまり，内から一歩も外に出ないままに問題を「解決済み」とするのである。普遍の"高み"に立って無色透明な抽象語を語ること——つまりどこの内にも属すことなく外だけから語ること——も無意味だが，このように**内**に閉じこもったまま「みんな勝手にしろ」と開き直るのも，また無意味であるといわざるを得ない。

外だけからのモノ言いも，内だけからのモノ言いも，ともに意味がない。何度もい

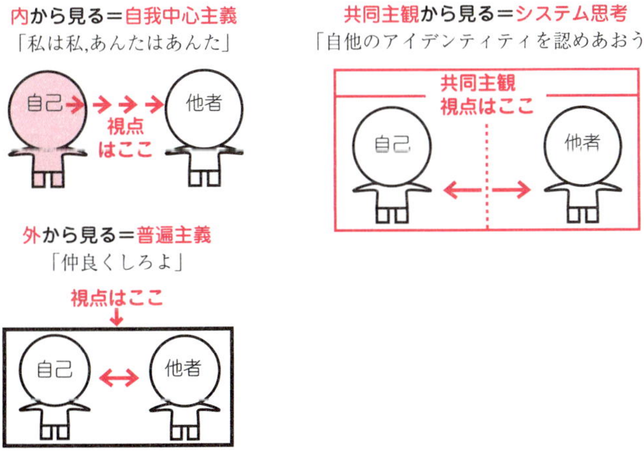

うようであるが，内と外をつなぐための，いわば第三の道を模索しなければならないのである。——もちろん，その道は，弱者に対して「思いやりを持とう」だの「少数者の言い分にも耳を貸そう」といった，強き者の立場に立ったままの**寛容論**でないことはすでに述べたとおりである。これは端的に**近代の中心化思考**であり，内の論理であり，それが弱者を生み出した元凶であることをいま一度確認しておく必要がある。

(10) 自己の布置化

　一つのヒントは，**解釈学的循環**のところでお示しした循環の論理である。解釈する者とされる者の存在論的なグルグル回りの論理である。

　自己は他者の理解によってはじめて意味(アイデンティティ)をもつ。逆に，他者もそれ以外の他者との関係によって意味(アイデンティティ)をもつ。自/他の差異は，あくまでシニフィアン/シニフィエ体系の分節化によって成り立つものである。だとすれば，自/他は，相互依存的に存在していることになり，相互依存的であることを認めあうことが，じつは自己のアイデンティティを確証することにもつながる。歴史の話に引きつけていえば，歴史的事実は歴史解釈に依存しているが，逆に歴史解釈は歴史的文脈に依存している。そして，その循環構造をまともに認識することが，結局は自分自身の歴史観の生成につながるということである。

　これは単なる自己観察の論理とはわけが違う。自分がどういう意識をもっているか，自分がどういう立場にあるか，自分がどういう行動をとっているか，等々を自分自身で観察することを自己観察という。往々にして，自己観察は自分の目で自分を見ることだから，自分に見えるとおりにしか自分を見ない以上，結局他者との宥和は生まれない，と思われている。だが，一万円札を見て，一枚の紙切れに価値を認めている自分がいかに経済社会のフェティシズムに毒された存在であるかを認識することは，単なる自己の閉ざされた視点からものを見ていることとは少なからず異なることである。そこには一種の閉じた自己から社会の倫理へ向かう萌芽がある。

　もう少しくわしく説明しよう。自己観察というのは所詮は自分が自分を眺めることでしかないが，自己がどのようなフェティッシュなコンテクスト(文脈)上に存在しているか，つまりどんな社会的な分節化に基づいているかを認識することは，原子論的な主観が行うことではなく，すでに共同主観がはたらいている。そういうことである。

　先に示した例にもどれば，日本に「戦争責任」があるかどうかという問題。ある者は「ある」といい，「アジアの人々の痛みを知れ」という。また，一方の人々は「ない」といい，「当時の世界常識に合致したことをしたまでだ」と言い切る。前者はアジアの人々への"共感"を振りかざすことによって，強者のアイデンティティを裏側から(弱者のふりをして)補強しているだけであり，後者は強者のアイデンティティを表から都合のよい材料で守ろうとしているだけである。どちらも自己と他者を原子論的に閉じたものとして想定しておいて，どちらかの内部からしか語っていない。だからこそこうした議論は平行線に終わらざるを得ないのである。差異ある者に対して「君の気持ちはわかる」と言ったところで，相手からすれば「わかるわけないだろう」ということに

なるし，「どうせ立場が違うんだ」と開き直ればますます相手を逆上させるだけである。だが，なぜ日本は当時強者を振る舞ってしまったのか，なぜアジアとの間に強弱の溝が生まれてしまったのか，そしてそもそも日本人やアジアの人々は伝統的に強弱の関係をどう受けとめてきたか，等々を，**解釈者自身の歴史的存在性**という観点から見直すならば，そこには原子論的な主観ではない**共同主観**の地平が開けてくるはずであり，そこから自/他の関係における自己の現在的振る舞い方も，おのずから歴史的コンテクスト(文脈)として見えてくるはずである。それは単に，"悪いこと"をしたから，謝って相手に"赦し"の心を「持って」もらう，といった自/他ともに内に閉じこもる構造を前提にした"反省"とは決定的に次元が異なっている。

　少々わかりにくい話になってきた。わかりやすくいうとこういうことである。たとえば，日本人は日本にいるときは自分がいかに「日本人的」であるかは認識できない。だが，一度外国へ飛び，外国で生活をはじめると途端に自分が日本人であることが痛いほどよくわかる。だが，そのとき日本人は外国人になったのであろうか？　そんなことはできるはずもない。だから，外国人が日本人のことを「日本人はオカシイ」「日本はヘンだ」と言っているときに，「そうだ，そうだ」と同調することは形式的(表面的)にはできても真にそれに納得することはできない。われわれはあくまで日本人でありながら，なおかつ日本人を対他的に(＝他人からみるように)眼差しているだけである。どこまでいっても日本人のものの見方から離脱することは不可能なのである。

　ただ，そうはいっても，それは単に日本人であることに"居直って"いるわけではない。やはり他者からの目を内部に持ちはじめている。もちろんここにいう「他者」とは，端的な他者ではなく，つねにすでに**自己の解釈フィルターを通じた他者**でしかないことはいうまでもない。だが——ここが重要な点だが——，自己の解釈フィルターを通じた他者は，単なる自己の勝手な捏造物でもない。自己が内に閉じたまま，勝手に他者をでっちあげているわけではない。外国に行かなければ日本が見えない，という事態は，他者がいかに第一義的な存在であるかの証明であると同時に，自/他の**共同主観**に立ったうえでしか自己は見えないことの証しでもある。私が私のアイデンティティをもつというのは，自己を共同主観から**布置化**(configuration, constellation)できたときにはじめて可能になることなのである。

　どのような異質な者同士のあいだでも，そこに差異があるかぎり，一定の社会的な分節化があらかじめ働いている。すでにして一種のフェティッシュなコンテクスト(文脈)の中でしか自/他の構造は生まれない。だとすれば，男と女の関係にせよ，健常者と障害者の関係にせよ，この民族とあの民族の関係にせよ，その関係を**差異の体系としてシステム論的に思考すること**が，結局は自/他のアイデンティティを深層において認めることにつながる。というよりも，それしかそれぞれのアイデンティティを承認する原理的方法はない。いま求められているのは，旧来の自己だけ他者だけに閉じこもる思考ではなく，システム論的に全体構造を一挙に見渡す共同主観の地平に自/他を構造的に布置させて，そのうえでアイデンティティを確立する手法なのである。

(11) コンスタティブな論理ではなくパフォーマティブな論理を

　自己を布置化するという表現が少々分かりにくかったかもしれない。**布置**とは，configuration や constellation の訳で，figure（姿）や stella（星座）を con—（一緒に）まとめて理解することを意味する。つまり，上の方から全体的なゲシュタルト（形姿）を見届けて現在の自分の位置を確認することを意味する。ただ，このことを単純に普遍的な地平からものを言うことだと理解しないようにしていただきたい。

　たとえば，「**男**といい**女**といい，それはジェンダー（文化的性差）が決めた人為的な差異にすぎない」，「だから，ジェンダーなんて信じるのは愚かだ」，と言う人がいる。だが，こういうもの言いを**コンスタティブ**（事実確認的）な論理というのである。そういう人も女性の下着に一瞬ドキッとする感覚を否定することはできないだろう。われわれは上の方からものを言うことはたやすいが，現場の感覚では，やはり相対化された現実感覚——こうした次元が**パフォーマティブ**（行為遂行的）な論理を形成する——から抜け出ることはできない。一万円札を前にして，「こんなものは原価数十円の紙切れさ」と言うのはたやすいが，ならばそれを破り捨てることができるかというと，「ばか言うな」となる。通常，差異を素朴に信じることと，差異を観念的に無視しようとすることとは，ほとんど同義なのである。

　人は，原理を知ると，原理から現実を描写しようとしだす。「なんだ，すべてはジェンダーか」「なんだ，すべてはフェティシズムか」ということになると，途端にすべてがそうした概念によって解決されるように思う。だが，民族紛争などを見ればわかるように，そんなコンスタティブな論理ではことがらは解決しない。人間はどこまでいってもフェティッシュで現場的な感覚を無化することはできないからだ。——ワールドカップのチケットの文字が「日韓」か「韓日」かで互いに罵倒しあうのが民族対立というものである。

　フェティッシュな感覚をそのまま認めたうえで，そういう「現状はわれわれが変えればいいことだ」と言う人もいる。だが，これまた**コンスタティブな論理**である。そんなことははじめから分かっているといっていい。男と女の悪しき慣習はなくせばいい，障害者をめぐる悪しき差別感はなくせばいい，民族同士のいがみ合いはなくせばいい……，そんなことは分かりきっている。それは人権概念を振り回して，「人は生まれながらにして平等であり……」とのたまうことに等しい。

　もう一つつけ加えておこう。コンスタティブな論理が普遍性の論理だとすれば，それに対抗するパフォーマティブな論理は特殊性の論理である。人は，「どうやら特殊性の論理に徹するほかないな」と思えたとき，往々にして「対策」を口にしだす。「法律を制定すればいい」「教育を充実すればいい」……，と次々と具体的な対策が繰り出される。だが，そうした対策は現状での差異の"後追い"でしかないことは言うまでもなかろう。新たに登場する差異に対しては，いわば「いたちごっこ」を繰り返さなければならない。文化というものは次々と差異を生み出し，思いもよらぬ差別をも生み出すものだが，それに対して次々に対策を打つことは事実上不可能である。——もちろん

第3章　近代的〈知〉を超えて　　**139**

　そうはいっても，そうした対策がまったく無意味であるとはことにはならないが……。
　以上，非常にはなしが込み入ってきたのでそろそろギブ・アップしている人もいるかもしれないが，ここは一番歯を食いしばってついてきてもらいたい。
　コンスタティブ(事実確認的)な知は，そのままでは解決にはならない。パフォーマティブ(行為遂行的)にどう解決するか，それが問われていることである。いいかえれば，自/他がどうして成立するのか，差異とは何か，それを原理的に知っても，即実効性のある解決にはつながらないということである。では，どうすべきか。
　結論的にいえば，システムをどこで切り結ぶかの問題である。
　つまり，自といい他といい，それは差異の体系が一定のシステムとして映り，そのシステム内部で切り結ばれた差異でしかない。たとえば，「私」というものを考えてみよう。「私」というのは，いったい身体のどの部分までを指す概念なのか——爪の先はどうなのか？　髪の毛はどうなのか？　「どうやら爪はついているときは私の一部だが，切りおとしてしまえばそれは私の一部ではないようだ」と思えるのは，生命システムの範囲に入っているかどうかが判断材料になっているからである。これは，その他の**自/他，同一/差異**といった概念一般に当てはまることである。ある区別(差別)が成立できるかどうかは，区別(差別)するためのシステムが成立しうる(と見なす)かどうかにかかっている。
　だが，そうだとすると，一方で，自/他や同一/差異の区別というものが歴史的に形成された言語共同体(文化共同体)によって解釈されたものでしかないということを**知**っているわれわれは，新たなシステムの可能性をもちはじめていることになりはしないか。具体的にいえば，男と女が権力的な上下関係で理解される社会システムではなく，両者がジェンダーによって恣意的に分けられたものであることを知って無意味なジェンダー差別を意識してしまうような**新たな社会システム＝新たな解釈共同体**を形成しつつあると言えるのではないか。それはあたかも人体において，胃や心臓は別々の臓器であると見なされながらも有機的な一つの生命システムの部分と見なされているように，男/女の差異は認めながらも全体システムの安定を目的として両者が**共生**する社会システムを構想し，そのなかに男/女を位置づけることをパフォーマティブに意識しはじめたことを意味するのではないか。
　生命システムにおいては無意味な相互作用は起こらない(と考えられている)が，それと同様に，新しいシステムを構築する際には，無意味と考えられる相互作用は無化されてゆくことになる。「女はだまっていろ」→「あんた，ばかじゃない」→「やっぱり？　どうもすいません」……。そして，こうした解釈のズレを一つひとつ確認してゆく作業が，システム論的でありながら普遍化志向に走らずあくまでパフォーマティブな次元でことがらを解決する方法を具体的に保障してゆくことになる。
　さて，そうした新たなシステムは，非常に認識レベルの高い次元で社会を見渡す作業でもあり，自分がどういう布置構造のなかに据え置かれているかをつねに観察することを必要とする。システム全体の安定を推しはかりつつ，自/他の位置づけをもっとも望ましいところで共生させようという意識は，別の見方をすれば，新たな**共同体**

の形成といってもいいかもしれない。ときに，**「グローバル社会」**ということばに遭遇することがあるが，これは自/他を包み込むシステムのうちで最も大きな安定システムのことを意味する概念とも受けとめることができる。最終的には，このグローバル社会(=グローバル・システム)の中で自/他を布置化することが求められているといっていいだろう。——だから，環境問題の解決の方法も，結局はこうしたシステム思考しかないわけである。北の先進国と南の途上国が互いを無視して言いたいことを言い合っているうちは環境問題はけっして解決しない。互いに自/他の差異を前提にしながら，それにもかかわらず共生するための全体システムを構築しようとするところに解決の道が開かれてくる。

　最近しばしば，**対話**と**協調**がこれからの大切な社会動因になる，ということが言われる。これは間違いないことである。だが，その意味するところは，単に「相手と仲良くしましょう」ということではなく——そんなことならば太古の昔から通用する原理である——，安定的に維持できる全体システムを構築するために互いに手を組んで事に当たろう，という趣旨だと理解しなければならない。互いに自己論理だけをすり合わせようとしても，所詮は**譲歩**(concession，歩み寄り)にしかならず，矛盾は解消しない。差異ある者同士が真に和解するためには，差異ある者同士が安定システム内部の器官として機能することを確認しあい，納得しあうことが必要である。そのためには，対話を通じて共同のシステムを構築し，協調して相互作用の原理を組み上げてゆかなければならない。それが対話と協調の重要性の意味なのである。

4．個と公共の問題——自己統治の可能性

問題の所在

　人間社会のあり方がぎくしゃくしはじめている。
　社会主義の崩壊によって，冷戦構造が終焉をむかえ，自由主義，資本主義が勝利をおさめて，時代は地球的規模での相互理解の時代に入ったかのように見える。だが，現実には，民族紛争や地域紛争はむしろ増えつつある。加えて，NGO(非政府組織)やNPO(非営利民間組織)にみられるように，民間ボランティアによる国家の枠組みを超えた各種の取り組みがさかんになっており，世界は国家という枠組みをも問い直すような新しいステージに入っている。時代は，むしろ冷戦時代以上に混乱ぎみになりつつあるといっていい。
　国連の存在意義も90年代に入って大きく失墜した。アメリカの覇権もいつまでつづくかわからない。一方ではEU(欧州連合)やNAFTA(北米自由貿易協定)などの地域ブロックの台頭もめだつが，それとても今後どうなるかわからない。世界はいま，確実に中心軸を失って，さまよいはじめている。
　国内に目をやっても，中央政府の権威や官僚の権限はおおはばに縮小しはじめている。明治以降この国の政治をあり方を規定してきた集権的管理体制が，しだいに姿を消そうとしているといっていいだろう。代わって「規制緩和」「小さな政府」「行

財政改革」「地方分権」などが唱えられ，政府よりも地方自治体がやたらと元気になりつつある。

　行政が，国から地方へ，そして地方から地域へと，しだいに身近になってきた実感がある一方で，**民主主義の不満**が噴き出していることも見逃せない。政治への不信感，政治的・経済的な統制力の喪失，地域コミュニティーの衰退，公共心の低下，自己中心主義の蔓延，等々，おしなべて市民の徳(civic virtue)が失われつつあることが実感される。一方では，ボランティア活動を積極的にすすめる良心的な市民が着実に増えている現実を考え合わせると，今の社会の実像を正確にイメージすることは非常にむずかしい状況になっているといっていいだろう。

　いったい，この先，どのように世界や日本の政治システムは変化し，個人を取りまく政治状況はどのように変わるのだろうか。あるいは，どのようにそれを変えることが望ましいのであろうか。

　IT社会の到来によって，企業のあり方や教育のあり方や人と人とのコミュニケーションのあり方は急速にネットワーク化しつつある。したがって，いままでのように，リアルスペースをベースとして，一意的な個人と一意的な集団(国家，地方，企業，家族，等)との固定的な関係を前提にして政治を語る時代は，すでに終わろうとしていることだけははっきりしている。従来，絶対的な信頼を獲得していた近代リベラリズムや近代民主主義にしても，これからは，ときには批判的な検討にさらされることになるかもしれない。なにしろ，近代の政治原理は，どう解釈しても，無力な個人＝抑圧された個人と，それを支配し管理し統制する国家や全体社会(ゲゼルシャフト)という，固定的で対立的な二元論を前提にしていたと言わざるをえないが，現在出現しつつある無限の自在性を有する新しい個人には，そうした前提的理解は通用しないと言わざるをえないからである。

　近代にあっては，個人は国家や政府によって管理され指導されるべき存在であった。しかし，これからはそうした受動的な個人イメージは現実性をもたなくなる。個人といってもばかにならない影響力をもちはじめているからである。個人は**管理の時代**からいやおうなく追い出され，代わって**自己統治の時代**に無理やり追い込まれようとしている。

　したがって，問題となることは，これからの社会での個人とはいかなるものかを正確に定義づけ，社会全体がどのように秩序と公共性を実現するか，その具体的なヴィジョンをつくることである。おそらくそこでは，いままでのありふれた人権論やワンパターンの公共の福祉論は通用しない。**人権**といい，**公共の福祉**といい，それは近代的な固定的イメージをベースにした考えにすぎないからである。どうやって能動的で多義的な個人の集合としての市民社会に，調和と秩序のある公共性を見出すか，それが問われていることの核心である。

★**従来のキーコンセプト**

　リベラリズム，民主主義，自由主義，自我中心主義，支配，権力，管理，訓練，啓蒙理性，福祉政策，積極国家，大きな政府，方法論的個人主義，パターナリズ

ム，全体主義
★新しいキーコンセプト
自己責任，自己決定権，ボランティア，分権化，共生社会，脱中心化，ネット市民，システム，ネットワーク，非政府組織，コミュニティー，アソシエーション，小さな政府，規制緩和，対話，協調，連帯，自律，相互依存，相互作用，パートナーシップ

(1)「自己責任」の時代——急激にパーソナル（個人）化する社会

　いま世界は国境なき情報化の時代に入っている。至る所でオンラインで情報が結びつき，日々世界規模で情報がやりとりされている。そして，「グローバリゼーション」や「ボーダーレス社会」という言葉とともに，国籍や民族や性別や年齢や職業や障害の有無などにこだわらない開放的な社会が到来しつつある。すでに述べたように，かつて身体障害者は健常者から隔離されて生活していたが，いまでは『五体不満足』という本が証明したように，障害の有無にこだわらない社会になりつつある。

　情報化時代がもたらす**中心なき社会，権威なき社会**，それはまた寄る辺なき社会でもある。何を信じたらいいのか，その頼るべき中核点（ホンモノ）が見当たらない社会である。そして，こうした社会であればこそ，「**自己責任**」という言葉が声高に叫ばれることになる。

　かつて近代初期において，自由意志にもとづく行為選択の自由が認められるようになったとき，人々はそれを権利として誇らしく謳いあげ，人間には自由がある，個人は自由に選択できる，と誇った。だが，いま近代を超えて新たなステージに入ろうとしている歴史的段階において，人間は自由のもつ危険性を意識しはじめ，どんな危険な目にあってもそれは自分が選択したことだから自分で処理せよ，といわんばかりに，みずからを突き放すかのように「自己責任」という概念を振り回しはじめている。

　中心がなく多元的になってしまった社会では，それも致し方ないのかもしれない。人々は，社会が今後どういう方向に向かって進んでゆくのか，その方向性が見えなくなり，とりあえず自分の殻のなかに閉じこもろうとしているかのように見える。学校では「学級崩壊」や「不登校」や「いじめ」が増え続け，家庭においてもいままでは秘匿されてきた「ドメスティック・バイオレンス」（家庭内暴力）が白日のもとにさらけ出されはじめている。社会的にも「自己中」人間が増えていると言われ，「引きこもり」という現象も報告されている。「晩婚化」や「離婚率の上昇」や「幼児（児童）虐待」なども，自分の殻に閉じこもるという**個人化**の動きと無縁ではないだろう。

　そういう時代だからこそ，「自己責任」が強調されるのはわかる。時代は確実に個人化に向かっているのだから，個人個人の自律を促す方向で社会システムをつくらねばならないことは理解できる。だが，「自己責任」といわれても，何をどのように責任をとればよいのか，そもそも社会全体に規範意識がなくなりつつあり，個人にも確固としたセルフ・アイデンティティが失われようとしているときに，「責任」なる概念をどう捉えたらいいのか，ほとんどさっぱりわからない状態である。が，ともかくも個人

で生きるしか方法はなさそうだ，というところまでは少なくともこの概念によって伝わってくるところである。

人間が個人単位で生きるようになることは，いままでの日本型システムとは大きく異なることである。特に戦後社会においては，たとえば企業においては終身雇用と年功序列が日本型経営の基本ラインとして設定されていたため，人々は企業に雇われて家族的に護られて，そこそこの生活水準を保つことができた。結婚や出産や就学や就職といった人生の節目に当たっては，世間並みを標準としていれば，それで事は穏やかに済んでいた。いわゆる**集団主義**というイメージで社会全体が動いていた。

だが，90年代頃からこうしたシステムに亀裂が走りはじめ，終身雇用も年功序列も崩壊し，実力主義による年俸制や成績評価制度が一般化しはじめた。いわゆる個人単位の**能力主義**の台頭である。組織はもはや個人を護ってはくれない。頼るべきものは自分だけだ，という観念が強く意識されるようになった。リストラや就職難といった社会現象も，それと軌を一にして現われはじめた。いまや公務員の世界にも成績評価制度が導入されようとしている。——こんなところから，労働組合の組織率の低下や春闘(賃上げ闘争)での「平均賃金」の無意味化などが生じていることは周知のとおりである。

また，組織が個人を護らなくなったことと表裏の関係にあることとして，個人が組織を護らなくなったということも特筆すべきである。**内部告発**ということが90年代になって頻繁に起こるようになった。組織の汚点を知る内部の人間が外部に(特に司法当局やマスコミに)告発するのである。いわゆる「チクる」「タレ込む」というやつである。組織も個人を護らなければ，個人も組織を護らない。もはや旧来の日本社会に特有の組織と個人との安定した蜜月時代は終わり，両者はきれいに離縁したといっていいだろう。

そういう時代に入ったことを「自己責任」という概念は表している。だが，そうだとすると，今後この社会はどのような統制原理をもってまとめてゆけばよいのであろうか。単なる個人個人がばらばらに勝手に動く社会になるのだろうか。それこそ17世紀にホッブズがいった「万人の万人に対する闘争」という原子論的社会が到来するのだろうか。

(2) **行政国家の終焉**——国家も個人を護らない時代

企業も個人を護らなくなったが，国家もまた個人を護らなくなりつつある。

というと，ちょっと語弊があるかもしれない。国家というのはあくまで個人を護るためにこそ存在していなければならないのだから。だが，たとえば，70年代までは至極当たり前と思われていた福祉政策が80年代以降，全世界的に見直しを余儀なくされていることをみればわかるように，そもそも国家が個人を護るという発想自体が急速に後退しつつある。しばしば福祉政策を見直さざるをえないのは国家財政の逼迫による，などと説明する政治家がいるが，これは時代認識がまったくできていないバカ政治家である。そんなことが原因なのではなく，時代状況に合致した政治理念から考え

たときに福祉政策は見直さざるをえないという認識が働いているのである。というのは，従来，**行政国家，福祉国家，積極国家**が国家の理想とみなされて，「福祉政策」の名のもとに各種の援助プログラムが実施されてきたわけだが，結果的にそれが福祉受給者に依存心を植え付けるだけで，自立心や自尊心を育てることなく，不道徳で無責任な行動へと駆り立てただけだったという反省が生まれたからである。それが福祉政策の見直しの真の理由である。国家があまりにも国民生活に介入し過ぎるのはよくない，という発想が次第に力を増してきたのである。近年，「行財政改革」という言葉とセットで「小さな政府」論が唱えられているが，それは，福祉や教育といったところから国家ができるだけ撤退し，国家の役割を国防と警察と若干の産業育成ぐらいに限定してしまおうという発想のあらわれなのである。

だからといって，福祉政策など不要と考えられているわけでもないし，社会的弱者をまったく見捨てようとしているわけでもない。ただ，それを国家が財政を背景に，大規模かつモラル・ハザードの危険をおかしてまでおこなうべきかどうかということが問題になっているのである。のちにみるように，現在，社会は**ボランティア型社会**に変わりつつある。福祉の多くはこうしたボランティア型社会に移行可能であり，なにも国家ががむしゃらに予算をつけて上の方から恩情的におこなう必要はなくなりつつある。コミュニティー単位でボランティア型で福祉をおこなってゆくことが，これからは十分に考えられるのである。

それはともかくとして，福祉国家，行政国家，積極国家という従来型の国家ビジョンが後退したとき，その後にどのような国家像が浮かび上がってくるのであろうか。いろいろなところでいわれていることを総合して考えれば，どうやら新しい社会は，司法国家，消極国家となるようだということである。従来の国家はどちらかというと，行政の力で紛争や混乱を未然に防止するほうに力を注いでいたが，これからの国家は，紛争や混乱が起こることを未然に防止するのではなく，それが起こってからそれを解決する法システムだけは整備しておこうという国家になりそうだということである。すなわち，いままでの**管理社会**では，官僚なるものが国家の中心的存在であったが，これからの**訴訟社会**では司法に関わる者——具体的に言えば弁護士と裁判官，特に弁護士——が社会の中心になるということである。いま日本でさかんに進められている「規制緩和（デレギュレーション）」＝「自由化」や，「司法制度改革」という政策は，いずれもこうした国家像の将来的変化を予感させる。

さて，**行政国家から司法国家へ**という流れは，一方では国家権力の弱体化を意味するから，いままでのような霞が関による国家の一元管理という図式はなりたたなくなる。いわゆる**中央集権**がきかなくなり，代わって**地方分権**の時代がやってくるということである。これはまた地方の時代とか多極分散型国土とかという概念とも重なる部分が大きい。ただ，注意しなければならないのは，国家から地方へという流れは，単に行政単位が小さくなるということを意味するわけではないということである。行政単位の大小が問題なのではない。あるいは行政がわれわれの身近になるという感覚の問題でもない。そうではなく，政治のあり方がそもそも**市民社会**に合致したものにな

(3) 国民国家の次にくるものは……

　現在，**国民国家**(nation state)という，近代が生み出した国家体制が崩壊しようとしているといわれる。民族や人種といった区分ではなく，いわば恣(しい)意的に行政的側面からつくられた国民国家という近代の産物がここにきて揺らぎはじめているというのである。

　おそらく，これは間違いのないことで，90年代に頻繁におきた民族紛争や地域紛争はそうした国民国家の崩壊過程の現象にすぎないとみなすのが妥当だろう。いま世界は，国民国家以前の社会，すなわち宗教や言語や風俗といった民族的特徴にアイデンティティを見出すような社会を求めて国のイメージを作り替えているといっていい。

　ただ，国民国家が崩壊し，これからはもとの民族単位の社会に編成し直されるだろう，などと聞くと，なにやら国家が近代以前の姿に単純に戻るかのように思われるかもしれないが，もちろんそんなことになるはずはない。時代が一度近代を通過した以上，その遺産はしっかりと持っているわけで，それを無視して単純な先祖帰りなどできるわけがない。

　近代国家は，一方では国民国家概念が物語るように，国家行政によって恣意的に国境の線引きがなされてきた。その意味では民族がもつ言語や宗教などがないがしろにされてきたかもしれない。だが，一方では近代国家は確実に個人に「自由」を与えたわけで，その恩恵はどれほど強く強調しても強調しすぎることはないだろう。近代において人は自由になった。この点だけははっきりとさせておかなければならない。もちろん，その「自由」がときに我がまま勝手を意味することがないわけではないが，封建制度のもとで望まない運命を強要されたことを考えれば，やはり個人にとっては何よりの恵みであったと言わざるをえない。

　さて，そうした「自由」を獲得した近代国家であるがゆえに，今後の社会も，そうした自由を基盤にして展開することになる。ただ，時代はすでにお話したように**ネット社会**になりつつある。そしてネット社会においては，すべての権力や権威は無力化する運命にある。ネット社会特有の**脱中心化**によって，そうしたことが起こるのである。そうであれば，これまた指摘したように，社会の至る所に欲望と妄想の危機が待ち受けることになり，個人の自覚と責任が問われるような社会となることはいわば事柄の必然である。

　近代が生み出した「自由」はどちらかというと**国家からの自由，束縛からの自由**という色合いが濃いものであったが，いよいよこれからはじまるネット社会での自由とは，そういう意味での国家はもはや存在しないわけであるから，その分受け身的ではない，個人の主体的な自覚と参加が深く問われる形の自由とならざるをえない。

　極端にいってしまえば，犯罪に加担するのも自由であるし，どんなに偏った物の見方をするのも自由，猛烈に勉強して才能と能力を最大限に発揮するのも自由ならば怠

惰と惰性で人格を引き下げるのも自由，と，いわばあらゆる人生の可能性が試されるような社会になるといっていい。もちろん，自由の後にやってくる行為責任について各自が引き受けざるをえない状況とともに，ということもつけ加えておかなければならないが。

これからの情報化社会では，年齢や性別や職業や障害の有無などが無意味化するために，個人のそうした属性を超えて，純粋に人格と人格が，あるいは思想と思想が，趣味と趣味が，サイバースペース上で縦横に交錯することになる。そうした中で各個人がおのれをどのような個性として自己同定(アイデンティファイ)し，どのように振る舞うかは，まったく個人の自由にまかされることになる。それゆえ，その自由によってもたらされる行為責任が問われることにもなる。どういう人生を送るかは，どういう家庭に育つかとかどういう学校に通うかとかどういう企業に就職するかとかいう受動的環境によって規定されるのではなく，どういうコミュニティーやアソシエーションにみずから属そうとするか，どういう活動をみずから能動的におこなおうとするかという個人の自由に委ねられることになるということである。

さて，先にみたように，これからは中央集権の時代がおわって地方の時代がやってくる。ただ，これは単に行政単位が小さくなるということを意味するのではなく，情報化社会と行政が融合した社会が訪れるということを意味する。従来，国の政治にしても地方の政治にしても，いわゆる「お上」のイメージで考えられることが多かった。国が何かをして"くれる"，県や市や町や村に何かをして"もらう"という意識が強く，何かを"させる"という感覚で捉えられることは少なかったといわざるをえない。だが，これからはデジタル情報がネット上で飛び交う以上，行政が発する情報も個人が発するオピニオンも，すべてネット上に公開され，そのぶん市民が直接政治に参加する機会は大幅に増えることになる——「情報公開法」はそうした時代の要請を端的にあらわす現象である——。ネット会議を開いて行政がどうあるべきかの理念を市民が議論することも可能だし，ネット上の行政情報をもとに具体的な行政プロセスを市民がチェックすることも可能になる——市民オンブズマンがやっているのがそれ——。いずれにしても，地方の時代というのは，単なる行政単位の縮小を意味するのではなく，ネット上で自由になった個人が，みずからが所属するコミュニティーの行政に対して積極的にかかわりをもとうとする時代を意味するのであり，住民の，政治への直接参画を意味しているのである。

かねてから，地方自治は**住民自治**が基本であり**民主主義の学校**であるといわれつづけてきたにもかかわらず，どこかその言葉には空々しさがつきまとっていた。しかし，今後政治のあり方は，地方自治がまさに住民自治であることを証明する段階に入ってゆくだろう。そして，そのことはまた，国民国家が崩壊し，新しい**参加市民社会**が現われることでもある。

(4) パターナリズムから自己決定権へ

情報化社会のもとでは，個人は自由になるとともにさまざまな場面で今までとは比

較にならないぐらい活動的になる。その一つのあらわれが、いまお話した政治への関与であるが、そのほかにも学習活動やレジャーなどでも、今と比較するとウソのように自由度が高まることが予想される。これからの社会においては、中心や権威がなくなる分、フラットな地平上でコミュニケーションを軸に個人と個人、集団と集団が自主的に交流するほかないのである。受け身で何かを待っていても何も得られない時代になると思って間違いない。

　そういう社会の変化を人間関係から規定する言葉として、ここでパターナリズムと自己決定権の問題を取りあげておこう。すでに何度かこの言葉は使ってきたが、改めてその社会的意味づけについて考えておきたい。

　パターナリズム(paternalism)とは、父親(pater)のごとく、強権をもって子供(のような人々)を指導することを是認する考え方のことである。「父親的温情主義」「後見主義」「温情的干渉主義」等々と訳されるが、定まった訳がないのでここでも単にパターナリズムといっておく。この考え方を理解するためには、今までの日本の政治のやり方すなわち行政国家(官僚国家)の仕組みを考えてみればわかりやすい。国民は子ども同然で何もわからないから行政(官庁)が各種の規制を施して、未然に国民生活の危険を回避してあげよう、という発想がそれである。

　こうしたパターナリズムの発想はいままで国政レベルではしょっちゅう見られたものだったが、国政レベルだけでなく具体的な国民生活レベルでも始終見かけるものでもあった。ここでは教育と医療について述べておこう。——これまたしばしば小論文の問題に登場する分野であるので。

　まず、かつて学校には**特別権力関係**がはたらくと考えられていたということから話をはじめよう。特別権力関係という概念をご存知だろうか。学校——正確には公立学校——においては、教師と生徒という人間関係が存在するが、これは権力関係として特別であり、教師の行為は一見不法行為に見えても普通一般の不法行為は成立しないという論理のことである。平たくいえば、ある程度体罰を加えようが理不尽な生徒指導をおこなおうが先生は簡単には罰せられない、という論理である。先生は生徒のことを思って指導しているのだから、生徒は多少いやな思いをしても黙って先生についてゆくべし、という典型的な**パターナリズム**の論理である。

　こうした考え方は、現在はほぼ通用しなくなっている。学校の内部では教師には特別の権力が存在するという、いわゆる**特別権力関係論**は80年頃には破綻し(判例法上)、民法上の権利しか認められないという風に変わってきたのである。そして、それにともなって学校事故が頻繁に報告され学校側の責任が追及されるようになったり、学校の生徒指導のあり方が問われたりするようになった——文部省も90年代になって校則の見直しを指示した。いわば学校をパターナリズム一色で見る見方が疑問視されるようになったのである。このことは、言い換えるならば、教える側と教わる側が対等化してきたことの現われともいえなくもない。

　こうした傾向は、なにも学校に限られるわけではなく、90年代に顕著なように、医療機関と患者の関係にも現れている。かつて医者と患者はまったくの非対称的な関係

におかれていた。医者は神様であり患者はモルモットといってよかった。ところが，近年にわかにこうした関係は修正され，医者は患者から**インフォームド・コンセント**（十分な説明にもとづく同意）を得る必要があると考えられるようになり，学校と同様に**医者のパターナリズム**が否定されるようになった。その一方で，医療ミスが頻繁に報告されるようになり，医者はいつも医療ミスの告発に怯えることになったのである。

　すでにお話したことだが，おそらくデジタル革命が本格的に進んで，さまざまな教育情報や医療情報が氾濫し，なおかつ情報が自由に転送できるようになれば，教師と生徒，医師と患者の関係は急速に対等化され，指導者や管理者の特権がかぎりなく無効化されることになるはずである。

　こうしたパターナリズムの対極に位置する概念として存在するのが**自己決定権**である。これは文字通り，自分のことは自分で決めることができるという考え方である。先のインフォームド・コンセントなる概念は**患者の自己決定権**にかかわるものであるが，そのほかにも**女性の自己決定権**などがよく問題にされる。

　ここ20年ぐらいのタイムスパンでみれば，教育や医療だけでなく，世の中すべての分野において**パターナリズムが重視される時代から自己決定権が重視される時代へ**と進んでいることは一目瞭然である。これは何を意味するかといえば，支配と権力を前提とする近代主義（モダニズム）が崩壊し，かわって対話と協調を軸とするポスト・モダニズムの時代がはじまっていることの証しである。国家が国民を支配し管理し統制する，あるいは男性が女性を，教師が生徒を，医者が患者を支配し管理するという時代が終わろうとしている。人権の説明のところでも言ったように，現在人権概念自体が相対主義化されており，人間関係はフラットな地平で考えられるようになってきている。したがって人間同士の権力関係においても，こうした関係のフラット化はますます進むいっぽうで，これから本格的なデジタル情報時代を迎えれば，はっきりと自己決定権が主流の時代に入ることは明らかである——そのことが，最初にお話した「自己責任」という概念にも現れている。

　もちろんそうはいうものの，教育や医療の実際を考えれば容易に分かるように，パターナリズムがまったく不要になることはありえない。やはり父権のような強力な指導力というものが必要になる場面は否定できないし，生徒や患者の意思がどうであっても，それを指導する側の強権発動が必要になる場面はある。経験や知識に乏しい生徒や患者を教師や医者と同等に扱おうというのは，やはり社会的にみれば単なる無責任といわざるを得ない。したがって，問題は，**どうしたら自己決定権を主軸とする社会のもとで，それにもかかわらずパターナリズムをときには使用できるような社会を構築してゆくかという問題**になる。——このことについて，ちょっと注意を促しておく。少女売春（援助交際）は「性の自己決定権」の行使であり何ら非難に値しない，と主張している学者として有名な宮台真司氏は，自己決定権という概念をJ.S.ミルの「人に迷惑をかけなければ何をしてもよい」という危害原則として語る。だが，自己決定権がパターナリズムの対立語であることの意味を考えればわかるように，それは，行為する者の意識の問題ではなく，社会的な正当性の問題である。……ちょっとわか

りにくいかな。要するに、自己決定権という概念は本人が勝手に使っていいような概念ではなく、社会を望ましい方向へ構築するために使う概念である。その点を宮台氏はわかっていない――。

さて、ポスト・モダンの時代においては、自己決定権が主流になることは間違いないが、一方でそれにもかかわらず必要となるパターナリズムの考え方とどのように折衷（せっちゅう）させるか問題となる。この問題を考えるにあたっては、当事者（教師と生徒、医者と患者、等）の純粋に"力"関係だけで考えてはならない。ことがらをそのように**力関係**や**支配/被支配の関係**だけで考えることは、単なる**モダニズム**にほかならない。どちらがヘゲモニー（覇権）をとるかという問題の立て方は、すでにして原子論的な社会観を前提にするものであり、モダニズムから一歩も出るものではない。

いま求められているのはポスト・モダンの論理であり、それはそれぞれの当事者をアトム的に独立させたところで構築する論理ではなく、共同主観的に当事者に"善い"結果をもたらすための方法の論理である。どちらが主導権を握るかなどはどうでもいい話である。結論的にいってしまえば、いかなるときにどちらが主導権を握ったほうが"善い"と両者が考えるかという対話と協調の方法が求められている。ときには指導者に絶対的なパターナリズムを許すことがあってもいい。ただその場合でも、指導される側（生徒や患者）があらかじめその旨を納得して合意しておく必要がある。教育や治療の実施にあたっては、まずプログラムに対する合意を取り結ぶことが必要なのである。

そうした意味からすると、これからの教師と生徒、医者と患者の関係（あるいはその他の権力関係）は、それぞれに閉ざされた世界の住人ではなく、互いに領域侵犯しあう二人三脚的な関係に変わらざるを得ない。教師と生徒、医者と患者は、ともに成長や回復を企図して一致してことがらに当たる共闘者とならざるを得ないのである。――もちろん、裏返していえば、両者が一致できないときには闘争状態になることも覚悟しなければならないが。

(5) 国民国家から市民社会へ

さて、**国民国家**（nation state）の意味が希薄になり、国家対個人の関係が従来ほど大きな意味をもたなくなりつつある現在、社会全体を見る見方も大きく変化しつつある。このところ、**市民社会**（civil society）とか**市民権**（citizenship）といった概念がしばしば使われるようになってきているが、これは、国家が国民に対してあれやこれやで規制を働かせて一定の方向へ国民生活を促す時代が終わり、市民がみずから自主的に自分の生活と自分の人生を構築してゆかねばならなくなる時代が訪れようとしていることの証しとみるべきである。

かつて90年代の中ほどで、「市民とは誰か？」という言葉が一種の揶揄（やゆ）的表現としてよく使われた。いままで国民とか住民という概念は使われてきたが、市民という概念は〇〇市の住民という意味以外ではそれほど使われてこなかったため、その言葉にともなう一種の"いかがわしさ"を感じ取って論者が揶揄的に使っていた。だが、どうや

ら時代状況は国民という概念の衰退とともに市民という概念の台頭を余儀なくしているようである。

というのも，時代状況全体として，地域社会や民族単位の独自の文化が再発見されるとともに，一方では，国を超えて地域統合を果たしてEU(欧州連合)とかNAFTA(北米自由貿易協定)といったブロック化も進んでおり，その間にあって**国民国家**が急速に意味を失いはじめているからである。かつて国際関係を論じるときには**インターナショナル**(国家と国家の間で)という概念が使われたものだが，この頃はNGO(非政府組織)やNPO(非営利組織)の活動が国家の枠組をまったく超えていることなどにかんがみて**トランスナショナル**(国家を超えて)という概念がしばしば用いられるようになってきた。国家という概念をバイパスしはじめたといってもいい。

先に特別権力関係論が現在では使われなくなってきたということを述べたが，これも国家の衰退を物語るもの——逆にいえば市民の台頭を物語るもの——である。いま社会は確実に国家をバイパスしようとしている。それがときに地方行政の独走となって現れたり，住民投票という"奥の手"に頼る姿勢になって現れたり，国立大学や国立病院のリストラ・独立行政法人化となって現れている。

もちろん，国家や国民という概念がバイパスされはじめたからといって，それが不要になったというわけでない。いまでも行政や司法の基本は国家や国民を単位としていることは言うまでもない。ただ，かつてほどの強い意味がなくなりつつあるということである。

さらに，単に国家という大きな枠組みがグラつきはじめただけでなく，いままで比較的堅固なものと見なされていた家族や地域社会や職場や学校という社会集団全般にもグラつきが始まっている。地域社会の崩壊はすでに戦後の比較的早い時期から問題視されていたことだが，このごろは家族や職場や学校の崩壊現象が問題となっていることは周知のとおりである。晩婚化や独身化や離婚の増加や少子化に伴う家族の問題，職場旅行の衰退や労働組合運動の低迷などの職場の安定的な人間関係の崩壊，そしていわゆる「学級崩壊」にみられる学校の無秩序化など，社会全体として安定的で普遍的な人間関係が見られなくなりつつあり，動揺期に入っていると言っていい。

19世紀の哲学者ヘーゲルは，**家族**と**国家**の間に存在する人間関係(人倫)として**市民社会**というものを挙げ，それはバラバラの個人が利害得失だけでうごく**欲望の体系**であると言った。いわゆる**原子論的社会観**からみたときの最悪の社会の姿である。いまの日本の状況は，このヘーゲルのいう欲望の体系に酷似しているのかもしれない。皆がそれぞれ勝手に動き回り，社会的規範が緩みきり，ナンデモアリの社会となりつつあるという印象は，おそらく日本人ならば誰もが持っているのではなかろうか。政治家や官僚といった国家中枢の汚職，マスコミによる政治不信の扇動や退廃文化の垂れ流し，警察官や学校教師といった社会の指導部門の信用失墜行為，高校生の売春行為，グルメと旅行ばかりに目を向ける大衆文化……等々，およそ価値や秩序というものをうしなったかにみえる社会状況にあっては**自己中心的**であることが最も自然な生き方であるかのように思えてくる。

たしかに**市民社会**という言葉の響きには，そうした原子論的な人間の集まりというニュアンスがこもっており，結局はバラバラの個人が好きなように動くだけという含みが感じられなくもない。だが，その反面，各種ボランティアの活動——それはNGOであったりNPOであったりするが——の隆盛や，地域での健全なコミュニティの結成の動きや，サイバースペース上での意欲的な各種アソシエーションの結成の増加などを見ていると，単にバラバラの個人が好き勝手に動き回る社会が到来するとばかりは即断できないことにも気づく。

おそらくは，これから訪れる市民社会の実像というものは，単なるバラバラの個人の恣意的な動きといったものではなく，バラバラで孤人化する者も一つの類型に属する者（「孤人系」「孤人型」等）と見なされるような，**いろいろなコミュニティが林立する社会**になってゆくと考えた方が無難である。もちろん，そこにいうコミュニティとは，かつての地縁や血縁といった固定的なものに基づくものではなく，趣味や思想に基づくソフト化されたコミュニティであり，その意味では流動的であらざるを得ないのではあるが……。

人権のところでもお話したとおり，現在人権という概念自体が相対主義化しつつある。人間に内在した固有の権利という理解で人権概念を云々していた時代は，国民国家が一方で顕在化していた時代であった。人権はあくまでも国家に対抗する論理として使用されてきたからである。だが，人権がそういうアプリオリな（経験に先立つ）ものとして考えられていた時代は終わりつつある。これからの人権は人と人との健全なパートナーシップを阻害する要因を取り除くための実践的でアド・ホック（その場限り）な概念にすぎなくなるといっていいだろう。何が人権侵害かはいわばケース・バイ・ケースで流動的に変化しうるということである。国民全体に普遍的な価値観がうしなわれていることが，こうしたアド・ホックな人権観を余儀なくするのである。

ということは，逆にいえば，これからは市民の一人ひとりがコミュニティを単位として価値観を積極的に打ち立てなければならないことを意味する。何が人権侵害かを規定することはもちろん，人権侵害とみなされた行為について異議申し立ての行動を起こすことが必要であり，いわば**闘う市民**であることが求められる。従来のように，行政や政治家に"お任せ"で平穏な国民生活を送れる時代は終わろうとしている。これからは自らの身は自ら守り，社会的な悪については権威や権力を頼みにせず自前で告訴・告発・異議申し立てをする姿勢が求められている。それがこれからの**参加市民社会**の意味であり，ヘーゲル流にいい方をもじれば，それは**連帯と闘争の体系**といえるであろう。——たとえば，インターネットを覗いたことのある人ならば皆知っていることだが，そこはアダルト情報の洪水である。しかも単なるアダルト情報ではなく，違法行為（犯罪）であることが明白な情報のるつぼとなっている。それが刑法違反である場合にはその被害者がいるわけで，その被害者を護るかどうかがこれからの市民社会には求められている。人権を護るとはそういうことである。これは国家権力の問題である前にネット市民（ネティズン）の自浄能力の問題である。

(6) 市場主義という妖怪

　時代全体がフラットな人間関係と個人(パーソナル)化に動きはじめているということはここまでの話で理解してもらったことと思う。現在，時代全体として，人間社会はいままで存在していた**中心的なもの**をうしないはじめ——つまり，権威や権力から解放されて脱中心化している——，拡散・無秩序化の方向へ向かいはじめている。それは単純な人間の孤人化ではないにしても，かつて近代が生み出した家族や地域社会や職場や学校という堅固な社会集団の固定的な人間関係からの逃走という側面をもっている。

　さて，そうした個人のあり方の変化と関連して，社会全体のあり方の変化を捉える視点から，しばしば**市場主義**ということばが使われる。**市場経済**や**市場メカニズム**という概念とセットで扱われ，**規制緩和**や**自由経済**や**小さな政府**という概念と相性のいいことばとして登場する。

　ところで，こうした市場主義という概念は，個人や企業が私利私欲でバラバラに動くことが社会全体からみると**最も合理的な資源配分**になるという発想をもっている。経済社会ではいろいろなところに**マーケット(市場)**というものがあるが，そこで需要と供給がぶつかりあって自由に価格が形成されることが最も合理的な資源配分につながるという発想である。近代の経済学は基本的にはこうした**自由競争**の考え方を採用している。もともとは18世紀のアダム・スミスが，例の「見えざる手」という概念とともに打ち出した考え方だが，この市場主義の考え方が近未来の理想的な理念として一部でもてはやされている。「教育に市場原理を」とか「世界はいまや市場経済となった」などという文言などには，市場主義の考え方が強く込められている。

　一方，そんな自由な個人を野放しにするよう発想では，社会的弱者が多数出現し，社会全体として連帯感と秩序が失われると危惧する考え方がある。もし市場主義がそのまま純粋なかたちで実現されれば，当然のことながら能力と才能のある者にあり余る財が与えられることになるという危惧がそこにある。たとえば，アメリカでは，80年代になって市場主義が経済政策として採用されたため，1992年時点ですでに全人口の１％の富裕層がアメリカの全私有財産の42％を占めるほどになっている。おそらくこの傾向は現在ではもっと進んでいることだろう。ちなみに，逆に中・下流の家計所得はこの間低下の一途をたどっている。つまり貧富の格差がおそろしくつきはじめるとともに，貧者は徹底的に貧しい存在となっている。論者がおそれるのはそこである。——ちなみに，あまり知られていないが，日本でも貧富の格差は90年代になっておそろしく開いており，1300兆円といわれる日本人の個人資産のほとんどは一部の人々のものでしかない。今後もその傾向は拡大すると言われている。

　アリストテレスは，適度な財産をもつ人々だけが最良の市民になると考えていた。過度な富者は享楽に惑わされ野望に傾きやすく，逆に貧者は窮乏に苦しめられねたみ根性ばかりが強く，ともに市民政治には不向きだと考えたのである。現在，しばしば市場主義が賛美され自由競争が奨励されているが，市場主義がつねに過度の富と過度

の貧困をもたらす可能性のあるものであることは注意しておかなければならない。時間の経過とともに均衡点に近づくとされる需要と供給の自由競争メカニズムは、全体の安定化作用をもメカニズムとしてもっているかのように思われがちだが、現実には過度の供給過剰や過度の需要過剰は始終起こるし、それに耐えうる者はごく少数だということを忘れてはならない。

　アメリカの投機家で、一人で兆単位のお金を動かす人物として有名なジョージ・ソロスという人をご存知だろうか。彼こそまさに市場主義と自由競争原理によって巨万の富を作り出した人物なのだが、その彼が1998年に『グローバル資本主義の危機』という本を出版して、その中で、今の自由競争による資本主義は**市場原理主義**(market fundamentalism)であると批判している。このまま市場主義を貫き通せば、かならずや経済社会は破綻すると警告しているのである。儲けるだけ儲けておいて、今ごろそんなことを言うのも何だと思うが、市場経済のことを最も熟知している人物の発言だけに傾聴に値するものがある。

　もともと、市場主義の考え方は**自由放任主義(レッセ・フェール)**とリンクして語られはじめたものであり、政府は市場に極力介入してはならないという考え方である。19世紀の**夜警国家**という国家観のもとでそれは語られる場合が多かった。だが、20世紀になってからは、大恐慌を契機にしてこうした考え方が基本的に問題であることが認識されるようになり、戦後は一貫して**行政国家、積極国家**という政府の介入を肯定する考え方に傾いていったことは周知の通りである。ただ、そうした動きも1980年代から再度変化しはじめ、振り出しに戻るかたちで自由放任主義が叫ばれるようになってきたのである。アメリカのロナルド・レーガン大統領やイギリスのマーガレット・サッチャー首相や日本の中曽根康弘首相などがこうしたレッセ・フェールの旗ふり役を務めて、急速にその動きが加速された。現在はそうした80年代からの流れの上にあるわけだが、そのあらわれが**規制緩和**や**自由経済**といったことばとなっている。

　ただ、そうした流れは97年の**アジア通貨危機**を契機にして若干の滞り(とどこお)りをきたしている。というのも、97年に起こったアジアを震源地とする世界規模での通貨不安、金融不安を目の当たりにした自由経済体制の国々は、やはり資本移動を自由にさせるだけでは事はスムーズに行かない、市場原理だけでは真のマーケットの安定ははかれないということに気づいたからだ。現在はそういう意味では若干微妙な位置にいることになる。基本は市場主義でゆくが、市場の安定化のためには若干の規制はやむを得ない──そんなところが、現在の世界的な了解点である。

　さて、なにやら教科書的なことを書きすぎた。大事なことを言おう。市場主義に限界があるということは言うまでもないことである。それはジョージ・ソロスの言をまつまでもなく歴然としている。弱肉強食の自由経済をそのまま容認することがどんな社会を生み出すかは火を見るより明らかである。第一、環境問題や食糧問題や人口問題など世界的規模での難問を抱え込んだ現在の人類に、そんな自由奔放な政策がとれるような余裕はない。地球規模でのシステム論的思考が求められているときに、個々の経済単位が勝手きままに動いてよいという論理はまったくナンセンスと言わざるを

得ない。
　しかし，一方では，市場主義にともなう自由主義的な発想自体はこれからますます必要とされるべきだし，自由を押し殺しても平等を実現しようという道はこれからの多元社会にあっては主義主張として首尾一貫しないことも事実である。社会が全体として多様で複雑になることが予想されている現時点では，すくなくともそうした多様性へ向かう自由を社会構成メンバーに与えておくことは必要不可欠であるように思える。ならば，やはり市場主義か，ということになるが，それまた問題をはらむ考え方であることは間違いない。個の自由を重視するか，さもなくば全体(公)の安定を重視するか，これが現代の最も切迫した重要な問題なのである。
　いよいよ，このセクションの最も重要な個所にさしかかってきた。以下，個と公をめぐる問題点を洗い出すなかで，今後の社会のあり方を展望してみよう。

(7) 個人主義の二つの形態——量的個人主義と質的個人主義

　近代が生み出した，個人単位でものを考えようという**個人主義**(individualism)という概念には，二つの意味的側面がある。まずはその点から入ってゆこう。
　これはゲオルク・ジンメルという20世紀初頭の社会学者が言っていることなのだが，**量的個人主義**と**質的個人主義**というのがそれである。前者は，個人間での質的差異を無視した個人主義であり，単なる単一性に着眼したときの個人主義の謂いであり——ジンメルはこれを「単一性の個人主義」という——，後者は，個人個人の個性(独自性)に着眼したときの個人主義である——ジンメルはこれを「唯一性の個人主義」という——。したがって，わかりやすくいえば，前者は"原子主義"ぐらいの意味で，後者は"個性主義"ぐらいの意味である(もちろんそんなことばはないが)。——ここで前者を原子主義と呼んだ理由はお分かりだろう。すでにお話したように，近代の個人主義の発想は原子論的社会観に基づいている。つまり均質で究極の社会的単位を個人と呼び，それが集まって社会ができるという発想である。
　このうち量的個人主義からは**平等**という観念が生み出されてくる。一方，質的個人主義のほうからは**自由**という観念が生み出されてくる。そして，前者の平等観念から**民主主義**という概念が帰結し，後者の自由という観念から文字通り**自由主義**という概念が帰結する。もともと民主主義(デモクラシー)という概念は，支配者と被支配者が一致している政治形態を意味するが——デモス(民衆)のクラチア(支配)——，そうであるがゆえに民主主義には民衆の意思の一致(満場一致)が原理的に前提されるのである。つまり，個人個人に意思の独自性があってはならず，質的に均一な集団という観念が最初に求められている。有名なルソーなどがこの考え方の典型である。彼はいう。

> われわれの各々は，身体とすべての力を共同のものとして一般意志の最高の指導の下におく。そしてわれわれは各構成員を，全体の不可分の一部として，ひとまとめとして受けとるのだ。　　　　　　　　　　　　　　　　　　　　　　　　　(『社会契約論』)

　民主主義の手続きとして多数決原理が支持されることや，あるいはまた少数意見の

尊重が云々されるのは，原則として民主主義が個人間の均質性を前提とし，全員一致を理想としているからである。つまり，見方を変えれば，個人個人のあいだに質的差異を前提にしていないのである。

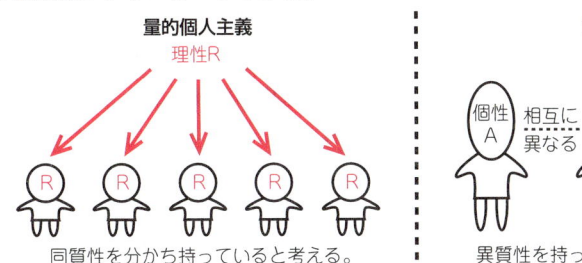

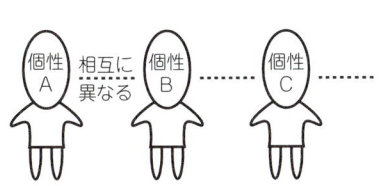

量的個人主義
理性R
同質性を分かち持っていると考える。
平等性重視＝民主主義を形成する

質的個人主義
個性A 相互に異なる 個性B ……… 個性C ………
異質性を持っていると考える。
自由性重視＝自由主義を形成する

さて，民主主義と自由主義は近代の黎明期においては封建的権力（絶対君主）を打ち倒し，そこから解放されるために協働的に作用したものであるが，現実に平等と自由が手に入ってからは，むしろその齟齬が目立つようになった。民主主義は基本的に皆の意見が一致していることを前提にするが，自由主義は皆がそれぞれ独自の意見をもつことをむしろ望ましいと考えるからである。19世紀フランスのトクヴィルという政治社会学者は，その著書『アメリカのデモクラシー』の中で，**「多数者の専制」**ということばを使って同質化した大衆の独裁の危険性を指摘しているが，こうした危険性についてはトクヴィルだけでなくJ.S.ミルなども気がついていた。民主主義というものには最初からどうも均質化の臭いと均質化された大衆の横暴という臭いが濃厚なのである。近年，戦後民主主義の画一性重視の姿勢がしばしば批判の対象となっているが，民主主義の画一性傾向は，なにも戦後にはじまった話ではないということである。

先にもお話したように，現在は多元主義の時代であり相対主義的理解が求められている時代である。とするならば，上の二つの主義，すなわち民主主義と自由主義のうち，後者の自由主義が時代精神に合致した思想となると考えるのが自然な論理というものである。実際，これまたすでにお話したように，現在はいろいろな文脈上，自由主義が語られることが多く，その意味ではまったく時代精神そのものを主義主張でも裏付けていることになる。

ただ，そうはいうものの，一方では民主主義は絶対である，といった議論もよくみかける。例えば，東西冷戦が終結したのは民主主義が勝利したからだ，北朝鮮が経済的にダメな理由は民主化が"遅れて"いるからだ……，等々。あたかも民主的であることが文明的であること，あるいは人間的であることの証しであるかのように絶対視されている。

多元主義が求められている時代に民主主義が同時に称揚されるのは，原理的に考えるとなんとも奇妙な話に聞こえる。だが，よくよく考えてみると，それもまた理のない話ではないのである。次にその点について考えてみよう。

(8) リベラル・デモクラシーというレトリック

　民主主義が本来平等な原子的個人という発想から生じた原子(個人)間の**差異を否定する概念**であるのに対して，**自由主義**が個人の本源的な**差異を肯定する概念**であるという矛盾については，今みたとおりである。この矛盾は，歴史を通じて一貫して存在しつづけるといっていいのだが，おもしろいことに，歴史の表側においては，この矛盾を解消するような動きにもなってくるのである。

　というのも，民主主義が標榜する平等というのは，基本的にはデモス(民衆)のクラチア(支配)を実現するための平等であり，それは言い換えれば個々の成員の**主権**を平等に保障しようというものである(国民主権)。すなわち，社会を統治するに当たって，そのメンバー全員に同じ量の主権を与えようというものである。だが，考えてみると，主権を与えるとは，主権の行使を認めることであり，それは必然的に主権の行使が阻害される障害を取り除くことを要求する。つまり，個人の**自由権**が最大限認められる社会システムであることが前提になるわけである。よく民主化が"遅れた"国(たとえば中国や北朝鮮など)を批判するときに，「言論の自由」が認められていないといわれる。これなどがここでの良い例となるだろう。つまり，個々のデモス(民衆)の自由な行為(＝主権の行使)が認められていることがデモクラシーの試金石であるという認識がそこにはたらいているのである。

　一方，自由主義についても，民主主義(平等主義)との奇妙な宥和(ゆうわ)が生まれることを指摘しておこう。

　個人間での差異を肯定しようという自由主義は，一見すると民主主義の平等観と離背しているようにみえる。だが，個人個人に自由を認めるとは，個人間で同じように自由を認めることであり，その意味では個人の自由を**平等に保障**することである。つまり，個人の自由の実現を妨げる社会的障害を取り除くことを意味し，その限りでは個人間に平等原則を推し進めることにつながるのである。

　民主主義にしても自由主義にしても行き着く先は同じようなところになるということがお分かりになったであろうか。

　もともと自由主義(リベラリズム)というのは国王や封建領主の権力からの解放(リベレーション)を企図して考案された考え方である。その意味では，機械的に**干渉の不在**を求めるものであったのだが，それを実質的に保障するとなるとどうしても万人の内生的な**自己決定権の承認**ということにならざるを得ず，ここに自由主義が平等主義――万人に同じように自由を認めようという発想――へと通ずる道が開かれてくるのである。前者の，権力の干渉を排除しようという自由主義のネガティブな側面を**消極的自由**といい，後者の，個人の自律性を社会が積極的に認めようという自由主義のポジティブな側面を**積極的自由**という場合があるが，近代初期のリベラリズムは消極的自由に力点があり，18・19世紀のリベラリズムはどちらかというと積極的自由に力点があった。そうした力点の移動によって，20世紀(特に戦後)になって，いわゆるリベラル・デモクラシーが可能になったのである。リベラル・デモクラシーは文字通り

自由と平等を同時に希求する考え方であるが、それは本来別々の原理が奇妙に融解したアマルガム(合金)として成立する。

さて、20世紀になって**大衆社会**が本格的に出現するのは周知のとおりである。これにともなって、上の積極的自由を際限なくもとめるものとして**20世紀的リベラリズム**なるものが誕生する。20世紀的リベラリズムとは、大衆社会におけるデモクラシーすなわち**マス・デモクラシー**(大衆民主主義)が掲げる徹底した平等性を保障しようとするリベラリズムのことである。リベラル・デモクラシーを可能にしたリベラリズムといっていい。いま、**リベラル**という言葉が社会的弱者に寛容であることや人の痛みに敏感であることなどを指す言葉であるかのように思われているのは、こうしたいきさつから生じることである。アメリカの二大政党すなわち共和党(Republican Party)と民主党(Democratic Party)のうち民主党のモットーは**リベラリズム**であるが、ここにいうリベラルの意味はすぐれて20世紀的な意味であり、平等を限りなく保障しようという思想なのである。民主党の主張は歴史的にいってつねに弱者救済であり社会的平等の実現であった(近年はちょっと共和党よりの政策も打ち出してはいる)が、本来個人間での差異を容認するはずのリベラリズムがそうした平等主義に近づいていったことは、ひるがえって考えてみれば滑稽といえば滑稽な話である。しかし、これが歴史の真実なのである。20世紀のリベラリズムは自由という名とは裏腹に平等を徹底して希求しているのである。なお、日本にもそういえば「民主党」という政党があったやに思うが、あそこがどんな主義主張を持っているかは、まったくはっきりしないということは、つけ加えておくべきだろうか。

| リベラリズム(自由主義) | ⟩ ⟶ | リベラル・デモクラシー | 自由と平等の融合 |
| デモクラシー(民主主義) | | | |

ところで、原初的なリベラリズムつまり権力の干渉を徹底して排除しようとするリベラリズムのことを、現在では**リバータリアニズム**(Libertarianism)と呼ぶ。**「完全自由主義」**とか**「自由至上主義」**と訳すが、先にお話した市場主義経済を金科玉条のように信奉する者はだいたいにおいてこのリバータリアニズムの思想の持ち主であり、そういう人のことをリバータリアンと呼ぶ。たとえば福祉政策などについてリバータリアンは「無用論」を展開する。なぜなら、彼らは、福祉を受ける者の生活に介入しないこと、福祉財源を提供する豊かな者の所得にも介入しないことが、もっとも良い社会の条件だと思っているからである。

リバータリアニズムが古風なリベラリズムだとすれば、現代のリベラリズムは新しい姿のリベラリズムである。それは自由主義という名称とはかけ離れた"平等"を積極的に推し進めようとする。20世紀のマス・デモクラシー(大衆民主主義)を通過することによって生じた奇妙な現象である。リベラル・デモクラシーという概念は、そうした大衆化時代の歴史的文脈を通じてあらわれたリベラリズムのもとで可能になった概念なのである。本来融合するはずのないリベラリズムとデモクラシーが奇妙にも融和してしまったのは、普通の人々が社会の主役になった20世紀のマス・デモクラシーが

大きく作用してのことである。20世紀という時代はそういう意味で、大衆が歴史の主人公になった、大衆の世紀なのである。

(9) 民主主義の不満──マス・デモクラシーの腐敗構造

さて、現在日本の政治状況を概観すると、こうした意味での大衆が支配するマス・デモクラシーの社会であることがわかる。それはまさにリベラル・デモクラシーが実現し、個人の自由が最大限認められていると同時に、平等意識もすこぶる高い社会である。まだまだ自由がない、平等意識に欠ける、……といった批判もあることは事実だが、諸外国と比較した場合、きわめて高い次元でそれが実現されていることは間違いない。

ただ、その一方で、マス・デモクラシーそのものに対する不満も確実に存在している。国民全体に広がった、とにかく何でもかんでも「自由」と「平等」を求めたがる姿勢──学校における徹底した平等教育をはじめとして、社会一般にみられる過度の自由尊重の姿勢──は、いまや極限状態にあるといっていい。少々抽象的な言い方をすれば、社会全体から倫理観が欠如し、社会の**アノミー**化つまり無規範化が進み、個人の精神からもモラルが喪失しつつある。いわゆる**ジコチュー(自己中)**人間が量産され、自分が自己中であることすら認識できない社会体制になっている。学校でも「**自分を大切に**」などと訴え、あたかも自分が世界歴史の主人公であるかのごとき観念を刷り込み、社会的規範よりも主観的承認を重視するようになっている。上は政治家から下は小学生までひとしくジコチュー(自己中)人間ばかりとなり、人々は政治に対する不信感ばかりでなく社会全体に対する不信感まで募らせている。

こうした現代の民主主義がもつ病的特徴について、古代ギリシアの哲学者プラトンは二千年以上の時間を超えてそれを見越したように言う(アンダーラインは筆者)。

　この民主制国家のあり方とは、いかなるものであろうか？
　……まず第一に、この人々は自由であり、またこの国家には自由が支配していて、何でも話せる言論の自由が行きわたっているとともに、そこでは何でも思い通りのことを行うことが放任されている……。しかるに、そのような放任のある所では、人それぞれがそれぞれの気に入るような、自分なりの生活の仕方を設計することになるのは明らかだ。したがって、思うにこの国制のもとでは、他のどの国よりも最も多種多様な人間たちが生まれてくることだろう。おそらくは、これはさまざまの国制の中でも、一番美しい国制かもしれないね。ちょうど、あらゆる華やかな色彩をほどこされた色とりどりの着物のように、この国制も、あらゆる習俗によって多彩に彩られているので、このうえなく美しく見えるだろう。そして多分、ちょうど多彩の模様をみて感心する子どもや女たちと同じように、この国制を最も美しい国制であると判定する人々も、さぞ多いことだろう。[……]
　この国制がもっている寛大さと、決して些細なことにこだわらぬ精神、われわれが国家を建設していたときに厳粛に語った事柄に対する軽べつぶりはどうだろう！　す

なわち，われわれはこう言った——とくにずば抜けた素質をもつ者でもない限り，早く子どものときから立派で美しいことのなかで遊び，すべて立派で美しい仕事に励むのでなければ，決して優れた人物とはなれないだろう，と。すべてこうした配慮を，この国制は何とまあ高邁なおおらかさで，足元に踏みにじってくれることか。ここでは，国事に乗り出して政治活動をする者が，どのような仕事と生き方をしていた人であろうと，そんなことは一向に気にも留められず，ただ大衆に好意を持っていると言いさえすれば，それだけで尊敬されるお国柄なのだ。

　では，以上のような点や，またその他これに類するいろいろの性格をもっているのが，民主制というものだ。それはどうやら，快く，無政府的で，多彩な国制であり，等しいものにも等しくないものにも同じように一種の平等を与える国制だ，ということになるようだね。〔……〕

　……若者は，必要な快楽に劣らず不必要な快楽のために，金と労力と時間を費やしながら生きてゆくことになるだろう。〔……〕すなわち，あたかもくじを引き当てるようにしてその都度やってくる快楽に対して，自分が満たされるまでのあいだ，自分自身の支配権を委ね，次にはまた別の快楽に対してそうするというように，どのような快楽をもないがしろにすることなく，すべてを平等に養い育てながら生活するのだ。ただし真実の言論(理)だけは，決して受け入れず，城の見張り所へ通すこともしない——かりに誰かが彼に向かって，ある快楽は立派で良い欲望からもたらされるものであるが，ある快楽は悪い欲望からもたらされるものであって，前者のような快楽は積極的にこれを求め尊重しなければならないが，後者のような快楽はこれを懲らしめて屈服させなければならない，と説き聞かせることがあってもね。そういうすべての場合に彼は，首を横に振って，あらゆる快楽は同じような資格のものであり，どれもみな平等に尊重しなければならないと，こう主張するのだ。こうして彼は，そのときどきに訪れる欲望にふけってこれを満足させながら，その日その日を送ってゆくことだろう。ある時は酒に酔いしれて笛の音に聞きほれるかと思えば，次には水しか飲まずに身体を痩せさせ，ある時はまた体育にいそしみ，ある時はすべてを抛擲しひたすら怠け，あるときはまた哲学に没頭して時を忘れるような様子を見せる，という風に。しばしばまた彼は国の政治に参加し，壇に駆け上がって，たまたま思いついたことを言ったり行ったりする。時によって軍人たちをうらやましく思うと，そちらの方へ動かされるし，商人たちがうらやましくなれば，今度はそのほうへ向かってゆく。こうして彼の生活には，秩序もなければ必然性もない。しかし彼はこのような生活を，快く，自由で，幸福な生活と呼んで，一生涯この生き方を守り続けるのだ。思うにこれはまた，あらゆる変容に富んだ，そして最も多様な習性に満たされた生活であり，またこのような人間こそは，ちょうど先の民主的な国家〔体制〕がそうであったように，美しくもまた多彩な人間にほかならないのだ。男も女も，多くの人々がこのような人間の生き方をうらやむことだろう。〔……〕

　たとえば，父親は子どもに似た人間となるように，また息子たちを恐れるように習慣づけられ，他方，息子は父親に似た人間となり，両親の前に恥じる気持ちも恐れる

気持ちも持たなくなる。自由であるためにね。そして居留民は市民と、市民は居留民と、平等化されて同じような人間となり、外人もまた同様だということになる。そういうことのほか、次のようなちょっとした状況も見られるようになる。すなわち、このような状態のなかでは、先生は生徒を恐れてご機嫌をとり、生徒は先生を軽蔑し、個人的な養育係の者に対しても同様の態度をとる。一般に、若者たちは年長者と対等にふるまって、言葉においても行為においても年長者と張り合い、他方、年長者たちは若者たちに自分をあわせて、面白くない人間だとか権威主義者だとか思われないために、若者たちを真似て機知や冗談でいっぱいの人間となる。[……]

すべてこうしたことが集積された結果として、どのような効果がもたらされるか分かるかね――つまり、国民の魂はすっかり柔らかく敏感になって、ほんのちょっとでも抑圧が課せられると、もう腹を立てて我慢が出来ないようになるのだ。というのは、彼らは君も知るとおり、最後には法律をさえも、書かれた法であれ書かれざる法であれ、かえりみないようになるからだ。絶対にどのような主人をも、自分の上にいただくまいとしてね。

（プラトン『国家』第8巻、藤沢令夫訳）

これが紀元前に書かれた文章であると誰が思うだろうか。まさに現在の日本の姿そのものといっていい。大衆民主制が自由と平等を同時に追い求めることや、そこから派生する少年がすぐに「キレる」ことまでも、プラトンは先刻お見通しである。こうしたプラトンの民主制批判に一種のシンパシー（共感）を感じてしまうわれわれは、すでに相当に民主制（デモクラシー）の病的性格に気づいているとともに民主制（デモクラシー）という政治体制に対する不満を託（かこ）っていると言っていいだろう。結局のところマス・デモクラシーは、個人の自由と平等を過度に尊重したことによって恣意（しい）や放縦や怠惰や忍耐の欠如といった望ましくない効果をも生み出してしまったと認定せざるを得ないだろう。一人ひとりを大切にすることは善いことだとしても、一人ひとりの人間がそれぞれ独立に世界の主人公であるかのような錯覚が蔓延（まんえん）することによって、社会全体としてみると、きわめていびつな社会が形成されてしまったと言わざるを得ない。

したがって、ここからわかるのは、どうやら民主制国家にとっての致命的な欠陥は一人ひとりの**独立性**という点にあるということである。あたかもパーティション（間仕切り）で仕切られたかのようにそれぞれの個人がバラバラに（原子的に）勝手なことを考え出すと、社会全体としてはとてつもなくグロテスクな社会が形成されるということである。

（10）囚人のジレンマ——原子論的社会観の帰結

民主主義のもとでは個人の原子的な独立性は一般に自己決定権という概念によって保障されるが、自己決定権とはそれぞれの個人が内心の自由に基づいておのれの行動をみずから決定できるという考え方である。そこには個人の独立性の概念が内包されている。だが、この独立性という概念がもたらす望ましくない結果について、すでに

見たプラトンの言説とともに，次のような理論がしばしば取りざたされる。
　それは「**ゲームの理論**」と呼ばれるものである。それは，自己の利益の最大化をめざす複数のプレイヤーが互いに駆け引きしながら最も合理的な行為を選択しようとするゲームに関する理論のことであるが，最も有名な例題として「囚人のジレンマ」という問題があるので，それを簡単に紹介しておこう。

―― 囚人のジレンマ ――

　いま，別々に独房に入っている二人の囚人（共犯容疑者）がいるとする。二人は別々に取り調べられ，自白を強要される。二人とも黙秘すれば5年の刑期だとする。

　その際，尋問官は自白に対するご褒美を与えることを約束したとしよう。「もし君が自白すれば，君は無罪放免だ」，と。そして，自白しなかったもう一人の囚人は重い20年の刑にしよう，と。ただし，「もし君が自白せず，君の相棒が自白すれば今度は君の刑期が20年になってしまうがね」と言うことも忘れずに。

　囚人は尋問官にこう聞くだろう，「では，もし二人とも自白したらどうなるのか」。それに対して尋問官がこう答えたとしよう，「その場合には，二人とも10年の刑になるだろう」，と。

　さて，そのとき，囚人はどうするだろう。当然頭がはたらく囚人であれば，考えられる場合が4通りしかないことにすぐさま気づくだろう。

場合1）自分が自白して，相棒も自白する　　　　　自分10年，相棒10年
場合2）自分が自白して，相棒は自白しない　　　　自分0年，相棒20年
場合3）自分は自白せず，相棒が自白する　　　　　自分20年，相棒0年
場合4）自分は自白せず，相棒も自白しない　　　　自分5年，相棒5年

　次に囚人は何を考えるだろうか。自白するか，自白しないか，二つに一つの選択しかない。だとすれば，相棒が自白すると仮定すると，自分が自白すれば10年，自白しなければ20年となり，自白したほうが得だ。また，もし相棒が自白しないと仮定すれば，自分が自白すれば0年，自白しなければ5年となり，これまた自白するほうが得だ。結局，いずれにしても自白するほうが得だ。

相棒→自白する　　→自分は自白する（10年，10年）○
　　　　　　　　　→自分は自白しない（20年，0年）×
　　→自白しない　→自分は自白する（0年，20年）○
　　　　　　　　　→自分は自白しない（5年，5年）×

　こんな判断になるのではなかろうか。合理的に判断すればそうなるだろう。
　だが，ここにパラドックスが潜んでいる。というのも，もし，二人が同じ思考過程をふめば（同様に合理的であれば），両者とも10年の刑で確定するが，何も考えずひたすら黙秘をつづければ二人とも5年の刑期ですむのである。つまり，合理的に行為を選択すれば結果的に不合理な（目的に合致しないという意味で）結果になるということである。これが**囚人のジレンマ**という問題である。

なぜ，囚人は目的合理的に行為したはずなのに，結果的には不合理なことをしでかしてしまうのか。答えは容易に分かると思うが，結局双方ともに相手の出方が分からないからである。もし相手との協力関係が成立していれば，当然のことながら，双方ともに「黙秘」をつづけて5年の刑期で済むはずのところなのに，そうした協力関係が結ばれないために不合理な結果に甘んじなければならないのである。

社会的に各メンバーが独立した意思を持って，それを合理的に実現しようとすれば，多かれ少なかれこうした不合理な結果が帰結する。ノーベル経済学賞(1998年)に輝くアマルティア・センは，こうした合理的に振る舞う人間のことを「合理的な愚か者」(rational fools)と呼んでいるが，こうした「愚か者」は単なる理論上の話ではなく実際の世の中でもしばしば生まれる可能性がある。たとえば，ごみ処分場建設の問題を考えてみよう。ごみ処分場をどこかに作らなければその地方のごみが過飽和となることが分かっていても，処分場の候補地とされた地区の住民はおしなべて，独立した判断によって，自分の地区への建設に反対する。これはきわめて**目的合理**的な判断である――安全で快適な生活を送るためには，他の地区がどうであろうと，自分たちの地区にそれを乱すものができることは不合理であるから――。だが，その結果，どこにも建設できないことになり，結果的には全員がごみを抱え込んで不快で危険な(非衛生的な)生活を余儀なくされる。理論上は「合理的な愚か者」を笑うことはできても，実際には笑うに笑えない状況が身近にあるのである。

現代社会は，独立主体としての個人や集団が，他との関係が切れたところで閉鎖的に判断していることが多い。そしてまた，そうした判断が自由と平等の権利として保障されているがゆえに，全体としてみれば愚かな結果になってしまい，それが民主主義の不満となって現れている。ここを突破しないかぎり，真の民主主義のウマミも味わえないことは分かってはいるのだが，その突破方法が分からないことが多いのである。まさか民主主義を根本的に否定することもできないし(勢い余ってやってしまう人もいるが)，といって，きれいごとを並べ立てて戒めの言葉遊びで終わっていては何の解決にもつながらない。

ここをどうするか，つまり厳密に言えば，自己決定権を維持しながらも，利己的にならず全体システムの安定と秩序を実現するためにはどうすればよいか，それが問題なのである。対話や協調が求められるということは，はじめから分かっていることである。だが，それが得られない状況においてどうすればよいかが問題なのである。各メンバーが独立してバラバラに判断するにもかかわらず，結果的に調和ある結論に達するためにはどうすればよいかが問題である。プラトンは「そりゃ，無理です」といわんばかりの諦めを呈しているが，果たしてほんとうにそれは不可能なのだろうか。

(11) リベラリズムかコミュニタリアニズムか

個人が他者との関係を取り結べず，閉じた自己内部で判断するとき，社会がどんなにいびつな社会になるか，それが囚人のジレンマによって明らかになったと思う。全体がどうなるのかが分からない限り，自分だけウマイことをやろうとしても，そうは

問屋が卸さないということである。すでにお話したように，たとえば**援助交際**の論理にしても，そこに見られたのはまさにこの**自己決定権**の論理であった。「私が何をしようと私の勝手」という論理である。**他者に迷惑がかからないと自分が"思う"範囲内で，自分にとって最も目的合理的と"思う"行為を選択すること**は，なるほど合理的判断に違いないからである。

だが，そうした"合理的"な判断が累積された結果，政治家は自己の保身と利権だけに走り，マスコミも大衆迎合路線で購読者数と視聴率だけに気を配り，教師も生徒に気に入ってもらえるように媚を売りはじめることになる。そして，社会全体として見れば，今の日本の状況に現れているように，ガタガタの姿になってしまうのである。プラトンが惧れたことは，まさにそういう姿だった。民主制は結局自由と平等を過度に尊重するがゆえに，結果的に皆が自分勝手に振る舞いはじめ，収拾のつかない状況に陥るというのがプラトンの危惧であった。

よく政治家や評論家や教育熱心な人々のなかに，「今こそ父性の復権を」，「毅然とした態度で子供に接しよう」，「善悪の区別をつけさせよう」，「社会規範を取り戻そう」といったようなことを真顔でのたまう人たちがいるが，こうした**パターナリズム**的文言しか振り回すことのできない彼らは，よほど時代感覚に鈍感な人たちである。規範が失われたから規範を取り戻そうというぐらいのことならば，小学生でも言えることである。だが，社会全体が脱中心化して，構成メンバーの自己決定権が尊重されるポスト・モダンの時代にあっては，権威や権力を拠り所にしたモダニズムの手法は使えない。われわれはその手法が使えないからこそ悩んでいるのである。歴史的経緯を無視して，コンスタティブな言葉遊びで終わらせることだけはしてはならない。——そもそも社会に規範力がなくなってきたから，それを取り戻すべく「規範力を再び」と唱える発想は，現代の**多元主義**社会にそぐわないことは明らかである。学校でもしばしば「個性を大切に」と言いつつ一方で画一的な校則を普遍的規範に仕立てる発想が強く存在するが，これが端的に矛盾する指導であることはいうまでもない。画一的で普遍的な規範を振り回すのは，いまとなっては時代錯誤的としか言いようがない。

さて，結局いまここで問題になっていることは，**個人**と**公共性**をどう調和させるかという問題であるが，この問題の解決にあたって，70年代から政治学の分野で繰り広げられてきた論争を簡単に紹介しておこう。それは，**リベラリズム**（自由主義）と**コミュニタリアニズム**（共同体論）の論争である。

両者の特徴を比較してみると，リベラリズムは個人を公共性よりも重視しようという立場であるのに対して，コミュニタリアニズムは公共性——というより**共同体**といったほうがいいが——を個人よりも重視しようという立場である。

リベラリズムの最も有名な人はジョン・ロールズという人である。詳しいことはここでは省くが，この人は17世紀のホッブズやロックに見られる契約思想の20世紀バージョンを唱えた人で，一人ひとりの人間を社会を考える場合の基本に据える**方法論的個人主義**にあくまで立脚しようとしている人である。

リベラリズムの考え方に対して，コミュニタリアニズムを唱える人たちは，人間は

すべて共同体の伝統の中に生存しているのであり、共同体に先立つ「個人」なるものはそもそも存在しない、と反論する。すなわちリベラリズムの理論的前提である個人なるものは「負荷なき自己」であり、そんな文化的に無色透明な「個人」など存在するはずがないだろう、というのである。人間はオギャーと生まれてこのかた、何らかの文化の中でその文化の息吹を吸いながら生存しているのであって、そうした共同体への依存性を無視して個人を社会よりも先立つものと考えるのは端的に間違っている、と考えるのである。

これだけ聞くとコミュニタリアニズムのほうが正しい主張のように聞こえるかもしれないが、逆にリベラリズム側からのコミュニタリアニズムへの反論は、共同体を個人に先行するものと考えることによって個人の自由を抑圧し、結局は全体主義的な傾向に走ることになるというものであり、これまたある意味では正当性のある主張である。

いま政治学の世界では、このリベラリズムとコミュニタリアニズムの間で論争が繰り広げられているのだが、この論争が持っている現代的意義については、すでにここまで読んできた読者は察しがついていることだろう。すなわち、すでにお話した通り、現代は自己責任が問われる個人化の時代であり、自己決定権が尊重される時代であるが、一方では、ゆきすぎた自由と平等を是正すべく規範が求められる公共性の復権の時代でもある。その意味では、私と公、あるいは個人と公共性の間の綱引きが続いている時代だといっていい。

われわれはこの綱引きをどう捉えるべきであろうか。多元主義や相対主義や個人化の時代ということからすればリベラリズムの側の個人主義に立脚すべきであることは明らかであるが、一方ではシステムや解釈共同体の存在論的な第一義性からすればコミュニタリアニズムの側の公共性重視の考えにすり寄りたくなる。

すでに異文化理解のところでも述べたように、現代は差異ある者同士の理解が求められている時代であり、それがまた「承認の政治」という形で人権概念の基本にもなっているが、何らかの具体的な共同体に属している者にとっては自分が属している共同体以外の文化は容易には認めがたいのも事実である。つまり、人は、いくら口先で「多元主義」を唱えてはいても、実際に自分が差異ある現場に遭遇すると、途端に相手の違和感だけを感じ取り自分の城に逃げ込んでしまうものである。

いまわれわれに求められているのは、そうした自分の城に閉じこもって「みんな好きにしろよ」と開き直ることではなく、あるいはまた、そうした悪しき相対主義の愚を"反省"して「みんな仲良くしようよ」と"高み"から普遍的にものを言うことでもないことはすでに述べた。結局、われわれ差異ある者どうしが、差異を生み出す地平を共有することによって、一つのシステムの住人として自/他の区別を認めあうことが必要であることもすでに述べた。

そうだとすると、ここでも同じようなことが言える。個人が自己決定権を盾に個人単位で原子的に行動する限り、全体への配慮は希薄となる。「それでいいじゃないか」と考えて「みんな好きにしろよ」と開き直ることもできるが、それでは結局のところ全

員で貧乏くじを引くことになり，全員が不幸になることが分かっている（ゲームの理論）。だからといって，公共性を声高に叫んで権威や権力の復活を期待しても，所詮は"高み"から普遍的にものを言うという古い近代主義的なやり方にすぎない。どちらにしても閉塞的状況にはかわりない。いま求められているのは第三の道である。個に近寄りすぎるのでもなく，公共に期待しすぎるのでもない，第三の道である。

(12) アトミズム型民主主義からモナドロジー型民主主義へ

　リベラリズムとは本来自由を尊重する思想であるがゆえに，個人の自己決定権をなによりも重視する。だが，一方でそうであるがゆえに，個人と個人のあいだの関係においては互いにその権利が平等であることを前提とする。リベラリズムは一見「私は私，あんたはあんた」と，互いの自由を素朴に表明しているだけのように見えるが，根底のところではそれぞれの自由が平等に保障されることを確認しようとする。

　一般的にいって，その保障は**「正義」**（justice）や**「公正」**（fairness）という観念によって確認される。平たくいえば，「私が好きにしたいように，あんたも好きにしたいよね。これお互いさまだよね」という合意のことである。リベラリズムの考え方によれば，こうした合意自体は**価値中立的**である。どんな共同体に属してどんな思想をもっていても，その合意自体は無色透明に機能する（べきだ）というわけである。

　こうした合意だけで社会がうまく機能すると考えるのが**リベラルズ**（自由主義者）であるが，それに対して，価値中立的な正義などという発想は一種の普遍主義にほかならず，高みから"きれいごと"を言っているにすぎないと考えるのが**コミュニタリアン**（共同体論者）である。具体的な場面では何が正義かが争われるのであり，正義といえども共同体に内属する一つの信念にすぎない，と彼らは考える。先に紹介したチャールズ・テイラーもこうしたコミュニタリアンであるが，「自由主義もまた，戦う一宗派である」という彼のことばは，リベラル（自由）の主張だけがその他の社会的発言とは異なる特権性や普遍性をあてがわれるわけではないということを意味している。コミュニタリアンはまた，共同体に属する個人が従わなければならない公共性の核のようなものを想定し，それを**共通善**（common good）と呼ぶ。それは歴史と伝統によって培われた共同体の徳（virtue）——社会の道徳的規範——であるが，個人の自由よりもそうした共通善を優先的に考えようとするところがリベラルズと決定的に異なるところである。

　さて，いままでの話をまとめる形で，ここから結論めいたことをお話しよう。

　当面する問題は，**個人を重視すべきか公共性を重視すべきかという問題**であるが，その奥には**自己決定権かパターナリズムかという問題**や，**正義か共通善かという問題**が伏在している。そして，さらにその奥には，**個人の意識が先か個人を規定する構造が先かという問題**や，**アイデンティティの確認が先かそれを生み出すシステムが先かという問題**まで待ち受けている。

　現代は個人主義を基調とする時代であり，自己決定権を基本とするべき時代である。この点はまず間違いないことである。したがって，その点からすれば明らかにリベラ

リズム的な発想が選択されるべきであるが，過度の個人主義が民主主義の退廃をもたらすことも知っているわれわれは，失われた公共性を取り戻す必要も感じている。安直に個人に自由を保障するだけでは理想社会は実現しないことは火を見るよりも明らかである。だが，そうだからといって，ひたすら個人主義を否定し去り，全体の統制と秩序を第一に掲げて全体主義的な発想に走ることをよしとするわけにもゆかない。いま求められているのは，個と全体，あるいは私と公のどちらかを優先することではなく，両者の対立を超えたところで個（私）のなかに全体（公共性）を内属させたような社会システムを構築することなのである。

ただ，ここで注意しなければならないのは，個のなかに全体を内属させるというのは，単に「もっとみんなのことを考えるようにしよう」といった小学校の道徳訓話のような意味ではないということである。「〜しよう」とか「〜するべき」といった発想は，所詮個人主義的な自我中心主義に基づいた発想である。ここではそのような個別主体にお任せするような手法はとり得ない。今われわれに求められているのは，個の内部で全体システムの成り行きをモニター（観察）する目と，そうした目によって獲得された全体システムの成り行きに自己をどう関わらせたらよいかを考える視点なのである。

たとえばの話，盆や正月の帰省ラッシュのことを考えてみよう。皆，自己の最大利益（短時間で目的地へ到達する）を求めて行動しようとするが，皆が同じことを考えると途端に交通機関は過飽和（渋滞，すし詰め，行列）となる。だが，仮に全員が全員の行動をモニターすることが随時可能だとすれば，こうした不都合は起こらない。つまり自己の利益を皆が達成することができる。このことは言い換えれば，個別主体が自己決定権を行使しながらも，全体システムの安定的推移をみずからの行為選択の主要な要素に加えていることを意味する。つまり自己が単なる自己に閉じておらず，公共の秩序という方向に開かれていることを意味している。いま求められている発想とは，こうした図式に従うものなのである——そのほか，ごみ処分場や原発の建設地決定の問題について各自で考えてみるといい。

全体システムを自己組織化してゆくこうした個体を表現するのに，もっとも適当な概念は**モナド**であろう。個が個に閉じたままであることを意味する概念が**アトム**であるとすれば，個が全体に開かれている様をあらわすのはモナドである。これは18世紀の哲学者ライプニッツが作った概念であるが，「宇宙の生ける鏡」として，多（＝世界全体）をおのれの内に含むような個体を意味している。わかりにくいかもしれないが，現代流の言い方をすれば，モナドとは**全体システムを自己の内に認識しつつそれと関わってゆく個体**のことである。たとえば，民主制国家というシステムがあるとすれば，民主制システムを自己の内に認識しつつ民主制国家に主体的に関わろうとする個体のことである。それは単に民主制を享受する受動体ではなく，民主制をみずから自己組織化してゆく能動体である。

かつて近代が生み出した発想は，個々バラバラの個体がアトム的に存在するといった**アトミズム**であったが，いま新しい歴史ステージで求められているのは，つねに全体システムのことをおもんぱかって，自己を組織の一部として認識しながら行為する

主体(モナド)の論理，すなわち**モナドロジー**なのである。したがって，今日の歴史的状況を端的に表現するならば，**アトミズム型民主主義**から**モナドロジー型民主主義**への転換ということになるだろう(ただしこれは私の勝手な造語なのでほかのところでは使用しないほうがいいが)。そして，そのことはまた**参加市民社会**の意味理解にも通じることである。これからの時代は，あらかじめデンと存在しているような国家という枠組みを想定して，それに対抗する個人というものを考えるのではなく，全体システムの推移を自己内にモニターしながら積極的にシステムに関わってゆくようなモナド的な主体を考えなければならない。つまり社会を率先して組織化してゆくシティズン(市民)が，互いに連帯しながら一つの理想市民社会を構築してゆくという道筋を考えなければならない。

　ただ，ここで誤解なきようにしていただきたいのは，このことはなにも「いい子」ぶった人間を期待しているということではないということだ。全体(公共)のことをおもんぱかるというと，何やら中学校の道徳の時間に出てくるような極端に理想化された人間像を想像してしまうが，ここではそうした人間像を想定しているわけではない。かつてルソーは，ディドロ(18世紀の思想家)が公共の規則に従うことが正義だと言ったことに対して，**公共の規則に従うことが正義だというのはわかったが，「なぜこの規則に従わなければならないのか，その理由が私にはまだわからない。何が正義かを，私に教えてくれることが問題なのではない。正しく振舞うことで私にどんな利益があるのかを，私に示してくれることが問題なのだ**」と語っている(『社会契約論』ジュネーブ草稿)。問題は個人が自己利益の観点から納得しながら公共のことを自主的に考えはじめる方法論なのである。それは単に「みんなのことを考えよう」と訴える「いい子」を振る舞うこととは次元が異なることである。

(13) ボランティア型社会の到来——自己回復する共同体

　社会を率先して組織化してゆくモナド的な主体＝市民は，いったいいかなる目的を持っているのであろうか。つまり，何をめざして社会を組織化しようとするのか。最後にその点に関して若干述べておこう。

　先の例でいえば，自分が交通渋滞に巻き込まれずスムーズに帰着点までたどりつくことが当面の目的となっている。だが，それが目的ならば，真に社会を組織化してゆくつもりがあるのであれば，そもそも渋滞が起きないシステムを構築することをめざしはじめるといった方がいいだろう。したがって，真の目的は，漠然とした言い方ながら，「善き社会」というのが最も適切な表現となろう。市民は皆「善き社会」をめざして自らの利益を求め自らの行動をその都度決定してゆく——そうした言い方ができるのではなかろうか。

　だが，「善き社会」とはいっても，その「善さ」そのものが人によって内容的に異なることも事実である。十人十色という言葉もあるように，人それぞれに好みも考え方も違う以上，善き社会の具体的な内容はまったく定まらないといっていいだろう。リベラリズムという考え方が主に注意を払うのはその点についてである。リベラリストは，

多元社会のルールとして《それぞれの人にそれぞれの自由を》と主張する。ある人の行為を周りの者が指図することは許されない，というのがリベラリストの根本的な信条である。それがまた，すでにお話したように，彼らが支持する**価値中立性**の意味でもある。「他者を害さないかぎり個人の自由は尊重されなければならない」というJ. S. ミルの**「危害原則」**こそが彼らの思想基盤を形成しているといっていい。

だが，ここで一つの極端な例を考えてみよう。たとえば**自傷行為**の自由についてである。

自殺でもいい，自分で自分の身体を傷つけることでもいい，とにかく自分で自分を破壊するような行為をする者がいるとしよう。その場合，われわれはその人の行為をやめさせることはできないのだろうか。価値中立を第一に考えて個人の自由を最大限尊重すれば，いうまでもなくそれをやめさせるわけにはゆかない。たとえどんなに強くわれわれが「やめさせたい」と思ったとしても，それはわれわれの自由な"思い"にすぎず，それと同等にその人にも自由な"思い"(自分を傷つけたい)が存在しているからである。「善さ」が人によって異なることを前提にするかぎり，両者の"思い"を埋め合わせる手段は存在しないといっていい。

これは極端な例ではあるが，すでにお話したように，現在の日本の全般的な混乱状況を考えると，あながち極端とばかりは言っていられないこともお分かりだろう。パーソナル化した個人がみな勝手きままに動きはじめているにもかかわらず，それに注意を与えることは自由の侵害と見なされるために誰も何も言えない。第一，たとえ勇気をもって言ったとしても相手にされない。「オレ(アタシ)の勝手だろう」と言われるのが関の山である。**価値中立性**がある意味で恐ろしい原理であるのはその点である。いわばそれは社会原理としては徹底して"傍観者的"なのである。価値中立を決め込めば，たとえ社会がどうなろうと，「ああ，そうなったんですね」と評論家的＝学者的に高みの見物よろしく結果を報告することぐらいしかなす術はないことになる。

であるからこそ，リベラルに対抗して，一方でコミュニタリアンが社会に**共通善**を呼び覚まそうとするのである。人が自分を傷つけることは共通善に反することであるから，それをわれわれは共同してやめさせることができる，とコミュニタリアンは考える。社会というものを，単なるバラバラの主観の寄せ集めと見るのではなく，一つの目的に向かって進む**共同主観**と考えようとする考え方が，彼らの胸裏に横たわっているといっていいだろう。

われわれは今，リベラルの姿勢(個人主義)を押し通すのか，それともコミュニタリアンの主張(共同体論)を聞き入れるのかの選択を迫られている。どちらかを完全に捨て去るというわけにはゆかないことは明らかであるが，ウェイトの掛け方が問われているのである。個人の自由をとにかく守ろうとすればリベラルに傾かざるを得ないし，社会全体のプライドやアイデンティティを確立しようとすればコミュニタリアンの方に軍配を上げざるを得なくなる。その辺が問われているのである。

話をまとめてみよう。全体システムを自己の内に認識しながら率先して全体システムに関わってゆこうとするモナド的存在としての市民はいかなる目的をもって行動す

第3章　近代的〈知〉を超えて　**169**

るのか，ということがここでの問題であった。そしてその当座の答えは，「善き社会」を目指して，ということであった。だが，いうところの「善き社会」とは，自由を第一に考える社会であるのか，それとも自由をある程度制限してでも社会全体に統一的なアイデンティティを見出そうとする社会であるのか，その選択が問われていた。

その問題にたいする答え方の一つとして，いま**「ボランティア型社会」**という概念を用意することができる。

ボランティアとはいうまでもなく自発的な行為をする人という意味である。文部科学省が唱えるような「奉仕活動」とは意味が違う。ごみ拾いや老人介護や被災者援助だけがボランティアではない。野鳥が好きでそれを繁殖させて森に帰すこともれっきとしたボランティアであるし，過ごしやすく学習しやすい学校環境を率先して考えて生徒会を動かして実現させてゆくのもれっきとしたボランティアである。そこにはいかなる意味でも束縛や義務という観念は働いてはならない。その意味で完全に「自由」な行為なのである。

だが，意識の面においては「自由」ではあっても，行為の社会的な意味を考えれば，それは「善き社会」を構築することでなければならない。人々が共同主観的に「悪」と見なす行為を「自由」にやったからといって，それをボランティアと呼ぶわけにはゆかないことは明らかである。ボランティアに定型はないが，方向において「善き社会」の実現であると皆が認めるような共通善に向かっていなければならないという制約は確実に働いている。

だとすれば，ボランティアとは，一方でリベラリズムの精神(自由主義)を意識しながら，他方でコミュニタリアニズムの目的(共通善)を目指す，いわば一挙両得の行為であるということになろう。多少むずかしい表現で言い直せば，ボランティアとは，**認識論的にはリベラリズムを尊重し，存在論的にはコミュニタリアニズムの思想を実現しようとする活動**，ということになる。リベラリズムか，さもなくばコミュニタリアニズムか，といった二者択一をバイパスしつつ，両者を統合的に実現する画期的な方法ということもできるだろう。

いま，社会は明らかにボランティア型社会に向かって突き進んでいる。それは大きな時代潮流からいうと，リベラリズムだけでは飽き足らなくなった社会が，コミュニタリアンの思想をも貪欲に摂取しはじめていることの現われとみなすことができる。傍観者的な"高み"から「個人の自由を尊重しよう」と叫ぶだけの価値中立路線を卒業し，平地に戻って人々の連帯や協調を信じて共通善を共に実現してゆこうとしはじめているといっていいだろう。したがってそれは，大きな社会の動きとして見れば，**国民**段階を卒業した自立的な**市民**が，一つの共同体を構築すべく社会システムを**自己組織化**しはじめている状況ということができるだろう。

かつての近代原理(モダニズム)では，自己が自己を統治すること(自己統治)をもって「道徳」と称した。それは，自己の内面的規律性の意味であり，すぐれて意志による感情や行動の統御の謂いであった。だが今，ポスト・モダンの時代に際して自己統治の可能性は，単なる自己に閉ざされたものではなく，**われわれ**という共同主観の地平

にまで押し広げられ，システム論的な次元で人々のあいだで協働的に模索されるものとなっている。人と人が**相互作用**(贈与の交換)を繰り返しながら，次第に全員で共通善を構築してゆく可能性，それが現在の自己統治の可能性である。

ボランティアという言葉に接すると，往々にして近代に毒された発想がすぐさま「思いやり」社会の実現といった言辞をもてあそぼうとしだす。だが，ボランティアという概念は，**システムの自己組織化**のあり方であり，「思いやり」などといった耳に心地よい感情論ではおさまり切れないような，明確な目的(善き社会)を志向する共同体の論理なのである。バラバラの個人がそれぞれに「思いやり」を宿して集まるといった原子論的な発想とは無縁であり，生命体が生命を目的とするように"われわれ"の社会全体が目的を見出して個人を動員しはじめているといっていいだろう。それは，いわば社会的な"生命体"の誕生でもあるのかも知れない。

したがって，自由なる個人は，今後どのような動きをするべきかという最も重要な問題に戻って語り直すならば，おおざっぱな言い方ながら，**われわれ**がめざす理想社会を自己組織化する一環として，共同体の一員としてそれぞれの成員が自己統治をし続けてゆかねばならない，ということになろう。それがこれからの個人の**自己責任**の意味でもある。

5．科学文明の問題——事実と価値の架橋

問題の所在

17世紀以来の科学文明が，いまその頂点にあることは間違いないことである。日々の生活の至る所に科学文明からの恩恵が溢れており，科学なしに人類が生存することなど，もはや考えれないといっていい。

だが，絶頂期にある科学文明が，今ある種の不安の念をもって人類から眼差されはじめていることは否定できない。環境問題や生命倫理の問題にそれは端的に現れているが，地球環境を根底的に破壊するパワーや人工的に生物を作り出すテクノロジーを身につけるまでに発達した現在の科学に対して，その強大さを警戒する心が人々の間に，そして当の科学者自身にも，芽生えはじめている。いま科学は，従来の猪突猛進的態度から自己反省的で自己言及的なスタイルに，わずかずつではあるが確実に変化しようとしているのである。

このことは，科学が倫理の領域に足を踏み入れはじめたことを意味する。科学は事実(客観)だけに関わり価値(主観)には関わらないと言えた時代は過ぎ去ろうとしている。そして，従来の科学を根底で支える世界観，すなわち**二元論**や**機械論**や**決定論**や**唯物論**や**要素還元主義**なども，いま問い直しの対象になりつつある。20世紀の量子力学や相対性理論，あるいは複雑系科学や情報理論の発達によって，科学の世界観はわずかずつではあるが根本的に修正されつつある。いままでのように自然を物体(機械)としてのみ見る見方やすべてを要素に還元しようとする視点が，しだいに時代遅れと見なされはじめている。

いま地球上で起こっているさまざまな社会的問題は，突き詰めてゆけば科学文明と多かれ少なかれつながっている問題であることは言を俟たない。科学がこの世に誕生しなかったならば，われわれがいま抱えている困難な問題のほとんどは，そもそも生じなかったはずである。だが，歴史的にみて人類は科学文明とともに生きることを選択した以上，そうした問題の原因を科学になすりつけることはできない。科学文明のどこが問題で，どこを改変してゆけばよいのかを真剣に考え直してみる必要がある。

　近年，科学文明の問題が小論文の問題としてしばしば登場する理由も，そこにある。いったい，われわれ人類は近代以降何をしてきたのか，そしてこれからどのような時代を創ろうとしているのか，それをもっとも先鋭な形で問い直す作業が，科学を考える作業にほかならないからだ。

　環境問題や情報化の問題や医療の問題や教育問題など，科学文明に関わる問題領域は果てしなく広い。それぞれの問題について個別的に検討することも必要だが，トータルに考えていったいわれわれはどのような文明を構築してゆこうとしているのか，その文明全体の"質"が問われていると考えるべきだろう。人と自然がどういう関係を取り結ぶべきなのか，すなわち**コスモロジー**を構築する作業，それがいまわれわれに突きつけられている課題だと言える。

★従来のキーコンセプト
　物心二元論，機械論，決定論，線形思考，分析的方法，要素還元主義，構成説，人間中心主義，客観主義，普遍主義，機能主義，価値中立性，説明体系

★新しいキーコンセプト
　システム思考，複雑系，カオス，総合的方法，自己組織性，内部観測，パラダイム，科学者共同体，解釈学的循環，クオリティ・オブ・ライフ，メタ科学

(1) 高度化し総合化する科学

　現在，科学の営みはきわめて多岐にわたり，なおかつ高度な研究がなされるようになっている。

　従来は科学といえば，少なくとも基礎的自然科学に限っていうかぎり，数学，物理学，化学，生物学で基本的に構成され，それぞれの領域は比較的固定的なものと見なされていたが，近ごろではそんな単純な科学の色分けは不可能になっている。

　たとえばの話，ある大学の大学院の入学段階における専攻名には次のような名称がつく。「○○大学大学院新領域創成科学研究科基盤科学研究系複雑理工学専攻複雑システム大講座修士課程」。やたらと長い名前がつくということにまず驚かされるが，それが専門性の高さを物語っている。また，従来の「物理」や「化学」といった既成の学問名称が付いていないことにも気づくだろうが，かつての「物性物理学」とか「高分子化学」といった分かりやすい名称は，いまではずいぶん影の薄いものになっている。現在の科学の専門分化はきわめて複雑化しており，ごくごく狭い領域に限定された専門が次々に生み出されると同時に，従来の学問領域を横断するような総合的な科学も

登場しているのである。

　かつては「専門」という概念はもっぱら研究対象（自然）の種類に応じた区分けであったが，現在使われている「専門」という概念は，単なる研究対象の相違にもとづくものではなく，アプローチの違いや対象の組み合わせの違いなどによってきめ細かく分化されている。一方で進む総合化の動きとにらみ合わせると，そこにいう「専門」の意味がかつてのものとは相当ニュアンスが異なっていることがお分かりになるだろうか。社会全体が複雑化しており，人間の生き方が多様になっているので，それに合わせるかのように科学自体も高度に専門分化しているのである。

　だが，果てしない専門分化の結果，次に何が待ち受けているかは容易に予想されるところである。専門化の行き着く先に思わぬ落とし穴が待ち受けている危険性は否定できない。すでに科学自身も，一方で極端な専門化を進行させながら，他方でそうした危険性についてみずから感知し始めている。生物遺伝子を扱う分野の研究に「倫理条項」を設け，みずからの研究をセーブするという手法を編み出したのも，その危険性の自覚の現れである。専門分化が必ずや「専門バカ」を生み出し，結果的に思わぬ災禍を人類にもたらしかねないという危惧がそこに働いているといっていいだろう。ある種の綱渡りが行われようとしているのである。事態はそこまで深刻になっているということでもある。科学に縁遠い人間は呑気に科学の恩恵だけを享受して「便利な時代だね」と言っているだけだが，その裏側では高度な専門的研究とそれにまつわる危険性が潜んでいるといっていい。いついかなるときに暴発する危険性があるかもしれないのだが，その可能性を寸前のところで押しとどめているのが現状だと言えるだろう。

　ところで，こうした科学の専門化が進んできたのは，19世紀以来の伝統である。17世紀に科学的世界観がニュートンやデカルトらによって提唱されてから，約二百年をかけて醸成されてきた科学的研究スタイルが19世紀になって大学の内部で開花する。それは個別性を重視する研究スタイルである。日本語で「科学」というのは"分科の学"という意味だが，それがサイエンスのもつ本質的な特徴となったのである。

　その後の科学の進展については，長々とした説明は不要であろう。それが技術と結びつき資本と結託することで**産業資本主義**として巨大な文明を形成してきたことは周知のとおりである。ただ，ここで一つだけはっきりと確認しておいてもらいたいことは，こうした産業資本主義がいつしか帝国主義となって世界戦争への道をひらいていく中で，科学が果たした役割についてである。第一次世界大戦から第二次世界大戦までをひとわたり見渡せば分かるように，そこでは単なる戦争という域を越えて，人類の知が**野蛮**と結びついた形跡がはっきりと見てとれる。科学が悪魔の手先として暗躍した事件，それが20世紀に起こった二つの大戦であった。だが，当の悪魔自体がわれわれ人類であったことを想起すると，科学という営みがもつ本質的な問題性がそこに見えてくる。専門的であるがゆえにいかようにでも利用可能なものとして。

　大戦争の後，ドイツの哲学者アドルノとホルクハイマーは，共著『啓蒙の弁証法』（1947年）のなかで，人類のそうした野蛮性は**理性主義**の帰結であると述べた。理性を

安直に信じて科学を熱心に専門化させてきた人類が行き着く先は必然的に**野蛮**であるというのである。たいへんにショッキングな論理だが、この論理は一過性のものではなく、現在でも十分に通用する論理である。いや、むしろその価値は現代において増大していると言っていいだろう。現代のように科学技術が日常の些事にまで浸透すると同時に、生命や情報を自在に操ることができるようになった時代にあっては、安易な科学信仰は取り返しのつかない結果をもたらす可能性がある。われわれはその危険性を十分に認識しながら、科学と文明について考えなければならないのである。

(2) 科学の「客観性」とは何か

近代科学が専門領域へ特化する傾向をもっているのは、すでにお話したように(53頁)、科学のもつ**分析**的性格による。あるいはそれは、**要素還元主義**の特徴といってもいい。分かりにくいものはとりあえず細かくスライスして考えてみようという発想である。

そもそも近代科学がこうした分析/総合の手法や要素還元主義の発想をもつに至った背景には、これまたすでにお話したとおり(62頁)、**物心二元論**という世界観が近代において採用されたといういきさつがある。**主観/客観**という概念図式でいえば、客観の側に立つ自然が、主観(精神)とは無縁に独立して実在している、という発想のことである。こうした発想があったがゆえに、対象(客観)の"分解"と"組み立て"という機械論的な手法が可能になったのである。

近代科学はあくまでも客観(自然)についての知を追求しようとする。主観(意識)を対象にするのではなく、あくまでも自然の中に実在し、経験の対象になる自然物を考察の対象にしようとする。ここに科学の知の**客観性**(objectivity)という概念が浮上してくる。

一般に**客観性**という概念は、概略次のような信念に支えられたものとして理解される。

1) 主観/客観の二元論にいうところの客観、すなわち人間/自然という場合の自然を独立して記述することができるという信念。(**知の実在性**)
2) 曖昧さや多様性や偶然性から解放されて、説明は一意的、確定的になされるという信念。(**知の決定性**)
3) 個人的な目的や私的な関心から無縁な価値中立的な判断が可能であるという信念。(**知の中立性**)

第一の信念が科学の**実証性**を支え、第二、第三の信念が科学の**普遍性**を支えていることは容易に見てとれるだろう。科学が19世紀に特権的な地位を占めてから、その後、見事に文明の中心的な存在にまで成長した大きな理由は、こうした客観性を強く主張したからであった。他の人文学ではそうした特徴はそれほど顕著には認められなかったからだ。

ところで、20世紀に科学哲学(科学とは何かを考える哲学)なる学問ができあがるが、そこで活躍したカール・ポパーという哲学者は、科学と非科学とを峻別する最終的

なメルクマール(徴表)は**反証可能性**(falsification)であるといった。つまり理論の正しさを実験や観察によって検証するときに，事実(＝客観)が理論(＝主観)の誤りを指摘できるかどうか，それが科学か非科学かの境界を決定するというのだ。たとえばの話，それまでの理論では説明しにくい事実が登場してきたときに，それでも強引に事実を理論で言いくるめてしまおうとするのが非科学で——ポパーはその典型的な例としてマルクス主義やフロイト理論を挙げているが——，事実に素直にしたがって理論を一度とりこわしてでも事実に合致するものを作り直そうとするのが科学であるというのである。言い換えればカール・ポパーは，知の**客観性**を尊重する姿勢こそが科学の特徴である，と言っているのである。

おそらく読者諸氏も，科学について考える場合，こうした科学の客観性は当然のこととして受けとめるのではないだろうか。科学が科学であるのはその知が客観的であるからだ，と。たしかに常識的にはそのように考えがちなのだが，果たしてほんとうに科学の知は客観的であると言っていいのだろうか。あるいはそもそも主観から離れた客観(object)なるものを主観(subject)が記述すること自体，可能なのだろうか。次にその辺のことについて考えてみよう。

(3) **パラダイム論**——20世紀の科学論

20世紀になって登場した学問ジャンルに**科学論**というものがある。科学とは何かを多角的に考察する学問ジャンルである。一方で成立してきた**科学史**という歴史の一分野とタイアップして科学の営みを哲学的・社会学的に掘り下げてゆく学問である。上に紹介したカール・ポパーは有名な科学論者であるが，そのほかにも有名な人としてトマス・クーンという人もいる。すでに知っている人も多いであろうが，**「パラダイム」**という言葉をはじめて使った人である。パラダイム(paradigm)とは，**知の枠組み**のことで，いままでお話してきた文脈に即していえば**理解共同体の先理解の地平**といった意味である(106, 129頁参照)。つまり，人間がなにがしかのことを理解するときには一定の**先理解**が働くが，その先理解をもたらしている共同体の知の全体構造を漠然と示す概念である。

たとえば，アリストテレスの運動論では地上の世界と天上(宇宙)の世界では物理法則も異なると考えられ，地上——正確にいえば月よりも下の世界——の運動においては直線運動が，そして天上——月よりも上の世界——の運動においては円運動が支配していると考えられていた(そしてそれが古代中世の一般的な世界理解でもあった)が，ニュートン力学では時間と空間は唯一の均質で無限なものとして理解されたので，物理法則はどこでも成り立つ普遍的な法則とみなされるようになった。つまりアリストテレスとニュートンでは，物理法則が成り立つ前提としての世界観自体が異なっているのである。こうした世界観がパラダイムだと思ってもらえばよい。

さて，パラダイムが異なると世界の解釈の仕方も根本的に異なる。たとえばニュートン力学はアリストテレス運動論とは根本的に異なるし，またアインシュタインの相対性理論とも相いれない。ニュートン力学では作用因による説明(機械論)が説明原理

となっているがアリストテレス運動論では目的因や形相因による説明(目的論)が主流である(83頁参照)。またアインシュタインはニュートンとは異なり、空間が唯一で均質的なものとは考えておらず、空間の異質性(空間の曲率の違い)を前提にしている。こうしたパラダイム間の異質性のことを**共約不可能性**と呼ぶ。互いのパラダイムが相互に翻訳不可能であることを意味する概念である。

パラダイムが変化することを**科学革命**というが、これは言い換えれば科学者集団という理解共同体の解釈体系が根本的に変化することを意味する。アリストテレス的パラダイム(目的論的世界観)が17世紀にニュートン的パラダイム(機械論的世界観)に変化したことは、まぎれもない科学革命であり、そこで起こったことは科学者集団の解釈体系が根本的に変化したことである。

トマス・クーンは『科学革命の構造』(1962年)という本の中で、科学者集団というのは一定のパラダイムのもとで事実を説明することを仕事としており、そのパラダイムに基づいて説明できないような事実はそもそも「事実」として受け入れようとしないと言っている。科学者はつけ足し的(アド・ホック)な理屈を持ち込んででも、説明しにくい事実を何とか旧理論の内部で説明しようとするというのである。科学者はいつも中立的な視点から「事実」を観察しているのではなく、つねにすでに一定のパラダイムから事実を説明しようと待ち構えているということである。クーンはこれを「パズル解き」と呼んで、最初に一定のルールが設定された上でのゲームのごときものになぞらえる。もちろん、理論に合致しにくい「事実」がたくさん集積されれば、ルールは持ちこたえられなくなり、必然的に科学革命が生じてパラダイム自体が変化してしまうわけだが、パラダイム・チェンジが起こる直前までは科学者はみずからが習得しているルール(パラダイム)のもとで何とか悪あがきをしようとするというのである。──この点はよくよく注意しておく必要がある。すでに述べたように(49頁)、学校で習う発明・発見史観では、新しい発明や発見が現われるたびに科学は累積的に進歩するかのように語られるが、実際はそのような累積的な進歩はむしろまれで、一般的にはパラダイム・チェンジという不連続の世界観交代によって理論が劇的に塗り替えられながら発展するのである。

したがって、クーンによれば、先に示したポパーのいう「反証可能性」などは、いわば"絵に描いたモチ"同然の無邪気な理想論であることになる。現実的には科学者はそれほど素直ではなく、パラダイムに合致しない反証はあくまで押もうとするということである。科学の客観性などというものは、まったく根拠がないとはいわないまでも、たいへんに怪しげなものだというのがクーンの言い分なのである。

異文化理解のところでも述べたように(126頁)、人は差異ある世界観には馴染もうとしないものである。自分たちの今までの常識(パラダイム)を捨ててまで事柄を整合的に説明しよういう動機はなかなか働かない。「事実」というものが「客観的」であるということは、常識的な範囲では誰も否定しないが、自分たちが信じる理論にそぐわない事実や、自分たちが当然と思っている文化に敵対的な現象が現われると、手のひらを返したようにその「客観性」を否定しようとするのが、どうやら通常の人間のあり方

であるということだ。よく科学者の中に，超常現象など存在しないとファナティックに力説する人がいるが，こういう人は，見方をかえれば新しい科学革命に際しては，素直に革命を認めるのではなくあくまで旧勢力を保守しようとする人だと思って間違いない。なぜなら，そういう人が超常現象が存在しないと言っている理由は，それが超常現象(すなわち**通常**の物理法則を**超えた現象**)であるからにすぎないからである。つまり自分たちのルール(パラダイム)に合致しないという理由だけをもって非存在性を断定しているのである(そもそも非存在を証明することはどんな理論をもっても不可能であるにもかかわらず)。——もちろん，そういう人は，パラダイムに忠実だという意味においては"素直"な科学者とも見なせるわけだが……。

　ひるがえって考えてみれば，主観/客観という図式にもとづいて客観だけを純粋に記述するというのは，解釈学的循環の論理(128頁参照)からして奇妙なことではある。いくら「これが事実だ」「これが客観自体だ」といっても，所詮は主観の手垢(てあか)がついていることは間違いないからである。もちろん，だからといって，すべての理論は主観が勝手にでっち上げたものだ，ということにならないことはいうまでもない。主観がどのような理論を作るかは，やはり客観(事実)から教えられなければならない。ただ，ここで重要なことは，その教えられる当のものが主観とは無関係に存在していると考えることはできないということである。そこには主観がもっている**共同幻想**のごときパラダイムが働いている。いわばグルグル回りの循環図式がそこにはある。客観(事実)によって主観(理論)は規定されるが，しかし一方で，客観(事実)は主観(パラダイム)によって規定されるという図式である。科学の営みも大きな目でみれば解釈学的循環構造の中にあるということである。

(4) 複雑系科学の台頭——近代科学の仕切り直し

　そもそも客観を客観自体として記述しようという発想は，人間のある種の思い上がりであるともいえる。自分たちだけは特権的な理性を持っており，それは神の目のごとき普遍的な視座であるという考え方がどこかに潜んでいる。人間も所詮は自然の一部にすぎず，その意味では観察している当の自然の延長上に存在しているにすぎないものであるという，自らを突き放したものの見方が，従来の科学にはなかなかできなかったのである(相対性理論はその点ではある程度自分を突き放してものを見ようとしているといっていいだろう)。

　ただ，そうした科学も，このところ多少変化してきていることは事実である。というのも，科学は客観主義に基づくかぎりにおいて**因果決定論**を基本的に志向するが(83頁参照)，その決定論的な世界観がこのところ**複雑系科学**という科学内部の新しい動向によって打ち壊されようとしているからである。すでに述べたように(84頁)，量子力学や現代のカオス理論などによって，決定論的世界観は相当程度根本的に修正が加えられているのである。

　現在，科学は因果決定論の一意的な世界像から解放されて，もっと複雑で多様な可能性を自然の中に見出している。それは複雑系科学とよばれる新しい科学である。

複雑系とは何かということになると，非常にやっかいな話になるが，ここで先に紹介した大学がネット上で公開している大学院の案内文を紹介することで理解していただこう（下線部が重要部分）。

　複雑理工学専攻(Department of Complexity Science and Engineering)は，複雑性(Complexity)をめぐる様々な問題を，理学と工学の両面からのアプローチを総合することによって解明し，複雑性研究の新しいパラダイムを創成する研究者，技術者を養成することを目的としている。
　近代科学は，「複雑なシステムを構成要素に分解してその性質を解明し，要素の特性や機能を重ね合わせて全体を再構築することによって対象を理解する」といういわゆる要素還元論に基づいて多くの成功を収めてきた。その背景には，自然や社会は究極的には単純な法則に支配されておりその法則の解明が科学の目的であるとする近代科学の強い信念がある。そして要素還元論的アプローチは，今日の科学・技術を支えるもう一つの柱である線形理論の美しい体系とも強く結びついてきた。なぜなら，線形システムにおいては，各解の重ね合わせも解であるという「重ね合わせの原理」が成り立つからである。
　しかし現在我々は，単純な法則に還元出来ない複雑な非線形現象が，自然物，人工物を問わず世界の実像であるという事実に否応なしに直面している。そしてカオスやフラクタルといった新たな非線形概念の形成を契機として，非線形性が本質的で線形近似がもはや近似でありえないような，そして多種，多様，多数の要素が強相互作用するような力学的にも計算論的にも複雑なシステムが，科学や技術においてむしろ本質的な意義をもちうることが次第に明らかにされつつある。
　このような実世界の複雑系の理解は，これまでの科学における単純な二項対立，たとえば，決定論と確率論，必然と偶然，秩序と混沌，全体と部分，普遍性・統一性と個別性・多様性，主観と客観，機械論と目的論などを止揚した，21世紀の新しい科学と技術を創成するものとして大きな期待をかけられている。

　多少言葉がむずかしいし，論点もごちゃごちゃしてわかりにくい文章だが，それでもここに言われていることの概略は，ここまで読み進めてきた人ならばわかるはずである。要するに**還元主義**や**線形思考**にはなじまない現象がこの世の一般的な現象であり，そうした現象に合致した新しい理論の構築が，従来の近代科学の世界観に代わる新しい世界観として期待されている，というようなことが書いてある。
　従来の科学は，**客観性**や**普遍性**や**必然性**や**線形性**を重視するものであったが，複雑系の科学ではそうした一面的な性質を追究することはない。現代の科学は，実験室の中で理想的に想定された状態が現実の自然界でも同様に普遍的に成り立つとは考えていない。自然の複雑な散逸構造をありのままに記述する可能性が追究されているのである。
　このことは，科学が**臨床化**している傾向と見なすこともできよう。いくつかの理想的な状態に関する理論を組み合わせることで現実を**構成的に説明する**のではなく，複

雑な現実の有り様をまずはストレートに認めて，そこから現実を描写する理論をシステム的に構築してゆこうとするやり方である。すでにお話したように(50頁参照)，このやり方は自然科学ばかりではなく社会科学や人文学(人文科学ではない)にも適用され始めている。いま学問全体は，従来の方法論からの大幅な軌道修正を経験しはじめているのである。そして，その現われの一つが複雑系科学の台頭なのである。

(5) 科学のメタ科学化

　現代の科学は，従来の科学(近代科学)に比して，現実の自然現象に対してずいぶん開かれた態度をとるようになってきた。自然が非線形的であり，要素還元主義的手法——逆に言えば構成主義的手法——では到底考察できないものであることを素直に認めはじめている。

　誰しも経験があることだろうが，実験室の中においてさえ，実験をしてみると理論どおりにはならないことがままある。こうしたときに，従来サイエンスを教えるセンセイは，押し並べて「それは○○が××したからだ。△△すれば□□なのだ」と，何やらむずかしい科学用語を羅列して理論どおりにならない理由(原因)を述べ立てたものだ(現実を信じるのか理論を信じるのかの選択権については一言も触れないままに)。だが，現実というものは複雑で，理論どおりにはならないのが通常である。自然科学はいま，そこに開かれた目をもちはじめたのである。

　ただ，ここで注意を喚起しておかなければならないことは，このことはなにも科学者たちが理論を放棄しようとしているということと同意味ではないということである。そうではなく，理論からの逸脱の可能性をまったく考えない理想状態に固執する考え方はとりあえず脇に置いて，混とんとした現実の現象を説明するための理論を構築しようとしているのである。科学という営みはどこまでいっても説明体系の中に閉じようとする。その点はいくぶんも変わらない。問題は，その説明体系が扱う対象が理想的な対象かそれとも現実の対象かという違いが生じているということである。

　こうした科学自体の現実化志向(臨床化)は，単に要素還元主義や理論の線形性や決定論的自然観等の修正ということにとどまらず，科学自体が科学の営みを**自己観察**しはじめていることをも意味する。いわば，科学はいま**メタ科学**として機能しはじめたということである。すでにお話した科学論を思い返してもらえばお分かりになるかもしれないが，科学とは何か，あるいは科学的説明とは何か，ということを考える作業は純然たる科学ではなく，科学を外から(上方から)眼差す知的営みである。こうした知的営みのことをメタ科学と呼ぶことができるが——**メタ**というのは「超えている」という意味を表すギリシア語——，この用語を使っていえば，現代の科学はみずからの行為を自己意識しはじめており，その意味でメタ科学化しているということである。現代の科学は，従来の近代科学が盲目的であったのと比較すると，明らかに自己観察的になっている。そしてそのことのあらわれが，すでにお話した科学の自主規制の動きにもつながっているのである。

　ある科学哲学者によれば，科学がこうした自己観察と自主規制の動きをしはじめた

のは1970年代になってからのことだという。1975年にカリフォルニアのアシロマで開かれた生物学者，生命科学者の会議（アシロマ会議）において遺伝子操作の技術に対する研究のガイドラインを科学者自身が設定したのが最初だという（野家啓一「思想としての科学」）。70年代といえば，ちょうど環境問題が公害問題とは異なるシステム論的問題として理解されはじめた時代である。特定の加害者と特定の被害者との関係を問題にする思考から地球の全体システムを一挙に見渡す思考へと変化しはじめた頃である。どうやら人類の知的営みは，この70年代を境に大きく変化しはじめたといっていいだろう。その一つの現われが，ほかならぬ**科学のメタ科学化**でもあったのである。

ただ，ここで非常に重大なことを言っておくと，こうした科学のメタ科学化は，表面的に見ればきわめて喜ばしいことに見えるのだが，よくよく考えてみると，実に恐ろしい事態であることも意味している。というのも，従来は科学の営みを行う者とそれを観察する者が分離して，観察はつねに外部から行われていたのだが，科学自身が自己観察の能力を身につけはじめることによって外部からの観察ではなく内部観察が主流になる可能性が出てきたからである。これは**自主規制**という概念によって実現することになるが，自主規制という作業が往々にしてタテマエとホンネの分離，すなわち口先では規制を唱えながら実際には規制を無効化するような動きをする可能性がある以上，よくよく注意しておく必要があるということである。

これは現在ではまだ一つの危惧(きぐ)にすぎないことではある。だが，科学が経済的利害と結びついて**市場原理**で動きはじめる可能性などを考えると，十分な警戒心をもっていなければならないことであることは確かである。まったく異なる文脈で譬(たと)えれば，政府の各種「審議会」と名のつくものが各方面から識者と呼ばれる人々を集めて，いかにも開かれた検討を加えているように印象づけながら，結果的には往々にして政府の意向を体現するだけの「答申」（報告書）を出させることと相通じるものがある。

かつての近代科学はとにかく盲目的に対象を記述することだけに専念してきたが，このところの科学は，いわばもっと"したたか"に，自らの知的営為を自己観察しながら全体構造の中でのおのれの位置づけを記述できるまでになっている。そのため，"外野"から科学についてとやかく言う「科学論」も時代遅れの無用の長物になりつつある。知のオールマイティ化とでもいうべきか，他からの批判を無力化させる強力な知の体系となりつつある。と同時に，一方では果てしない専門化を続けており素人が容易に口をはさめない状況になりつつあり，この二つの独立したベクトルが合体するところで次にどのようなことが起こるのか，予断を許さない状況になりつつあるということだけは確かなことである。

(6) 科学は価値中立的？

話を少し戻して，科学の「客観性」の問題をもう一度扱っておこう。客観性という概念を支える三つの信念，すなわち**知の実在性，知の決定性，知の中立性**のうち，第一と第二の信念については，パラダイム論（科学の解釈学）と複雑系科学（非決定論的科学）の説明で，それらの信念がある種の条件付きでしか語れないことが分かってもら

えたと思うが，第三の知の中立性についても，やはりそれが条件付きでしか言えないことを，ここで少し触れておこう。

一般的にいう限り，科学の営みは，科学以外の政治的思惑やイデオロギーや宗教的信念などには左右されず**価値中立的**であると見なされている。**事実**と**価値**，あるいは**存在**（ある）と**当為**（べし）という対概念でいえば，科学が関わるのはあくまで前者の事実や存在であるという了解がわれわれの常識となっている。しばしば「科学は how を問い，why を問わない」と言われるが，こうした言い方も科学の価値中立性を物語るものである。たとえば有名な話として，アインシュタインがローズヴェルト大統領から原子爆弾の製造の可能性を打診されたとき「Yes」と答えたという話は，そのことを端的に物語るものである。科学者は通常，自分が行っている研究の社会的意味や目的などについてはほとんど考えないものである。

もちろん，そうはいうものの，すでに見たように科学の営みはパラダイムに基づいて行われており，その限りではつねに解釈共同体の共有世界観──一種の偏見──に基づいているわけで，そこですでに中立性が破られていると考えることもできる。厳密に言えば，科学の中立性とは，あくまでもある種のパラダイムを前提とする限りでの中立性でしかなく，パラダイムを超えての中立性は存在しないと言わざるを得ない。

あるいは，パラダイム論を持ち出すまでもなく，科学が「価値中立」を標榜しているという当の事実そのものが，すでに価値中立を自己否定していると見なすこともできる。なぜなら，もともと価値中立という考え方は心身二元論にもとづく客観主義を源泉とするものだが，**「心身二元論」**という世界観がすでに一つの強力な価値観でもあるからだ。つまり，皮肉な話だが，「価値中立」という思想の源泉自体がそもそもまったく価値中立的ではないのである。世界を二元論的にとらえて自然を機械論的に説明しようという思考法は，われわれにある種の偏ったものの見方を強引に押しつけてくる。われわれはそこに科学がもつ価値中立的とはとても言えない性格を認めざるを得ない。たとえば，最先端の生命科学の分野でどのように科学がふるまっているかを考えれば，そのことは一目瞭然であろう。植物状態に陥った患者に生命維持装置をつけて生かし続けようとする科学は，患者自身が生きたいのか死にたいのかという患者の意思を不問にしたまま，"価値中立的"に延命だけを図る。あるいは，臓器に欠陥がある人が健全な臓器への交換を希望したとき，やはり"価値中立的"にその技術的可能性だけを追求しようとする。**生命維持装置**も**臓器移植**も，人体や人のいのちの"機能"的な解釈にもとづくものである。人間の生死に関わることを"機能"という側面のみから見ており，その意味ではまったく「価値中立的」ではなく，すでにして一つの堅固な価値観を表明していることになっている。

この価値観を言い表そうとすれば，おそらくは**機能主義**という概念になるだろう。科学は，表面的には「価値中立」を標榜しながらも，実際のところは「機能主義」を明確に表明しているのである。「生命の誕生」を精子と卵子の結合（受精）とみなし，「老化」を細胞と組織と器官の機能不全の長期的過程とみなし，「病気」を特定の臓器（パーツ）の機能不全とみなす考え方である。こうした考え方によって，科学はわれわれに，人

間の成長とは何か，男と女とは何か，幸せな生き方とは何かといった人生の大問題を機能主義的で非常に偏った見方で見ることを強要しているといっていい。科学は人間の主観的な価値観から解放されて，中立的な冷めた目でことがらを見ていると思われがちだが，そうした中立的であろうとする目自体が，すでにして一つの価値観の強力な現れなのである。

(7) いのちの問題──ターミナル・ケアとクオリティ・オブ・ライフ

　そうした科学の「機能主義」的価値観は非常に強いものだし，われわれも知らず知らずのうちにそうした価値観を自然に受け入れているのが実情だが，一方で，機能主義だけでは人間のいのちの問題を考えるには不十分ではないかとの疑問も提示されるようになってきている。

　従来，医療分野では**キュア**(cure，治療)の方法ばかりが探究されてきたが，その機能主義的発想がいま問い直されつつある。人々はキュアだけでは結局は人間は救われないこと，すなわち一方で**ケア**(care，看護)の観点が必要であることに気づきはじめている。生体の機能を十全に保つことだけが医療ではなく，患者のその時どきの心や患者の人生の意味を大切にすることが最終的に求められることであることを人々は認識しはじめているのである。**ターミナル・ケア**(末期医療)ということばがあるが，これは単なる機能主義的な医療技術の問題ではなく，人間の生きる意味を積極的に見出す精神面の救済を意味している。人として生き，人として死んでゆくということはどういうことなのか，それを単なる生命の長短の問題ではなく，人生論・人間論として考えはじめていると言っていいだろう。

　かつてギリシア時代には，人間の命というものを表すための概念が二つあった。一つは**ビオス**──英語のバイオという言葉はここから出てくる──であり，これは身体的で物質的な生命を表した。もう一つは**ゾーエー**であり，これは霊魂の生きざまを表すための命──日本語の「○○にいのちを賭ける」という場合のいのち──を表している。人間は単なる物質的な命を生きているわけではなく，精神的あるいは霊魂的な「生きがい」の主体としての"いのち"を生きているという発想がギリシア時代の人々の人生論の原点にあった。イエス＝キリストのことばに**「私は復活であり，いのちである。わたしを信じる者は，死んでも生きる」**(ヨハネ福音書11．25)というものがあるが，ここにいう「いのち」こそゾーエーの意味である。キリストの復活やそれを信仰する者の永遠性の問題は，単なる身体の存在・非存在の問題ではなく，あくまで魂の生きざまの問題なのである。

　人間にとって望ましい生き方とは「善く生きること」であると説いたソクラテスを引き合いに出すまでもなく，人間の人生は単なる身体的な苦しみや痛みを避けて快や楽だけを追求するためにあるのではないという考え方は，ギリシア時代ばかりではなく，少なくとも近代以前までの人々のあいだでは一般的なものであった。身体的な快楽(＝苦痛の除去)は，魂の充実という，人生の最終的な目的のための手段にすぎないということは，分別のある人間ならば誰でも分かっていたことである。しかし，近代医

学の発達とともに，人々の意識も，いつしか生命（いのち）の問題を人生論の問題としてではなく，臓器や生体の物質的機能の問題として受けとめる考え方を受け入れてしまったのである。いまやわれわれは医者にかかるとき，「どこが悪いか」を機能的に説明し，機能的な治療を期待している。あるいは人のために役立つことの一つとして，脳死段階における「臓器の提供」を申し出る始末である。果たして臓器を提供された人の身体が機能的に回復したときに，その人がほんとうに幸せになるのかどうかという根本的な問題に対しては不問に付したままに。——また，このことに関して，少年による殺人事件が起こるたびに学校現場で称えられる「いのちの大切さを教えたい」というコトバについても触れておかなければならない。「いのちの大切さ」を教えると言って実際に教えている内容は，単なる生物のメカニズム（機能）であったり原子論的世界観を前提にした普遍的人権論であったりする。いのちの問題を物質論に矮小化したり権利論に抽象化することは，無益なだけでなく大変に危険なことでもある。いま教育者はそうした殺人少年と共犯関係にあるといっていい——。

　だが，こうした機能主義的な発想も，現在，末期医療の問題を中心に，生命の意味の問題として問題視されはじめている。**クオリティ・オブ・ライフ**(quality of life)という概念がそのことを端的に示している。「生命の質」と訳されるクオリティ・オブ・ライフ（**QOL**）は，「生命の尊厳」(sanctity of life，**SOL**)と対比されるかたちで使われる概念である。すなわち，末期医療において，生命の存続をあくまで追求しようとするのがSOL（生命の尊厳）の考え方であるのに対して，生命の存続よりも人格の尊重を優先し，多少死の時期が早まっても死にゆく本人の人生を納得ゆく姿に整えてあげようとするのがQOL（生命の質）の考え方である。SOL（生命の尊厳）説があくまでキュア（治療）の観点から人間の生命を見ているとすれば，QOL（生命の質）説はキュア（治療）よりもケア（看護）の観点に比重をかけて生命を見ようとしているといえる。QOLの考え方は，死にゆく人におのれの人生を全うしたという実感を持ってもらうことを第一に考え，本人が「思い残し」をもたないように周りの人たちが暖かい人間愛を注いで，その人の死（人生の完了）を支援しようとする。そこには，単なる機能主義的な人間観や物質的な生命観は見られないといっていい。あくまで一つの人格が独自の生を歩んだ末に死を迎えるにあたって，その人生全体を納得ゆくかたちで意味づけることが企図されている。**安楽死**——苦痛を避けるために死を早めること——や**尊厳死**（消極的安楽死）——本人の意思を尊重して延命治療をやめること——などの問題にそうしたQOLの姿勢は端的に現われるが，こうした問題を考えるに当たって重要な要素は，**身体的な死**と区別される**精神面での死の意味づけ**である。単に身体が死滅することに関心を寄せるのではなく，死というものがその個人にとってどういう意味をもつものであるかを考え直すことである。

　現在，そうした死の意味を中心に扱う学問として**死生学**(thanatology，タナトロジー)というものがある。これはまさに死を生物学的にではなく人間学的に問題にする学問であり，人生の最期の瞬間を考えることを通じて人間が生きること（いのち）の意味を問い直す学問である。近代以降，人々はひたすら機能的な身体的延命ばかりを

考えて死を遠ざけてきたが，結局は自分の「死の意味」すら意味づけることができずに「いのち」の問題を素通りしてきた。いや，むしろ近代以降どんどん人間は死の意味が分からなくなってきたといったほうがいいかもしれない。いまでは死は病院の中に秘匿され葬儀業者によって手際よく片づけられるものとなって，ほとんど死はわれわれの実存とは無縁のものとなってしまっている。人々は，死が直前に迫ってから，その重大な意味にハッとして，ドウシテイイノカ分からなくなってしまう。死も，いのちも，人生も，人間も，世界も，結局はなにも分かっていなかったことがその瞬間に暴露されて，根本的な不安と混乱に陥るのである。そうした事態をもう一度振り出しに戻って考え直してみようというのが死生学である。科学が行き着いた先が，結局は人間学であったというのは一つのアイロニー（皮肉）だが，植物人間を生き長らえさせることができる現在の医療技術の進歩は，人間に真剣な死への眼差しを改めて要求しはじめているのである。

(8) 自殺ほう助と自己決定権——人間の共同体に求められるもの

　安楽死や尊厳死の問題は，倫理的に考え直すと，死に関して**自己決定権**がどこまで認めれるべきかという問題と，**自殺ほう助**が許されるかどうかという問題に帰着する。しばしば現代社会で問題になるこの問題をここで取りあげておこう。

　安楽死というのは，耐え難い苦痛に苦しめられている患者の死を積極的に早める治療のことを意味するが，現在は医療技術の進歩によってそうした耐え難い苦痛がほとんどなくなっているので，ここでは尊厳死の問題だけに限定して考えてみよう。尊厳死とは，正確に言えば，意識の回復の見込みのない植物状態で生命維持装置につながれたまま限りなく生存を続けることに対して，**リヴィング・ウィル**（延命治療を拒否する生前有効遺書）に基づいてそれを拒否して死を迎えることである。もちろん，医者が生命維持装置をはずすほかなく，その限りで医者は緩やかな殺人行為をおこなうことになり，ここに**自殺ほう助**の可能性が出てくる。つまり，本人が「死にたい」という希望を持っているときに，他者はそれを援助することができるか，というのがここでの問題である。

　ここで最も中心的に考えなければならないことは，自己決定権をどこまで認めるかである。容易に分かるように，自己決定権を最大限尊重すれば，あらゆる自傷行為の容認と同様，尊厳死をも認めざるを得なくなる。だが，一般に自殺をほう助する行為は「嘱託殺人罪」（刑法§202）という刑法上の罪であり，倫理的にも容認できるものではない。「殺してくれ」という依頼があったときに「はいわかりました」とその人を殺すことはどう考えても倫理的に許されることではない。したがって，もし尊厳死の場合だけ自殺ほう助が阻却されるとすれば，それはいかなる理由によるか，という点に問題は収斂する。

　常識的な理解からいえば，確実に死期が迫っており，QOL（生命の質）が本人にとって許容できないところに達しており，家族もそれを認めるのであれば，尊厳死は認められるべきとの思考がはたらく。だが，実際に生命維持装置をはずすのは家族では

なく医者であり，QOL(生命の質)を問題にしはじめると「生きるに値しない生命」という社会的基準を誘発し，いろいろなかたちで人間淘汰の道が開かれてしまう危険性がつきまとうのではないかとの危惧も生まれる。優生学的な視点から人間に優劣をつける発想にもつながりかねないという危惧である。こうしたところから尊厳死を容認することに二の足を踏むことになるのである。

　原理的に言おう。**価値中立性**を堅持しようとする医者であればあるほど，生命の維持がまだ可能な段階での尊厳死を"自殺ほう助でない"と見なすことはない(つまり生命維持装置をはずすことはない)。また，一般的にいって，QOL(生命の質)が「生きるに値しない生命」の社会的な価値づけを誘発することを危惧する**リベラルな精神**も，尊厳死を容認することはない。「この死」を援助することを認めてしまうと「あの死」を援助することも認めることになり，途端に自殺一般への道が開かれてしまう危険性をリベラルな精神は感じ取るからである。

　患者本人の意思(死への権利)を尊重して，いわば感情移入的に「自分の問題」としてことがらを考えれば尊厳死は認められるべきであるのに，ことがらを社会的なところから見下ろして「この死」や「あの死」を同列に考え出すと，途端に二の足を踏むことになる。ここで何が起こっているのだろうか。ここでも，**内側**に立ってものを言う立場と，**外側**から"高みの見物"よろしくものを言う立場の違い(134頁参照)が鮮明になっていることに気づくだろうか。問題は**内**でも**外**でもない"第三の道"を探すことなのである。かりに，人間はどのように生きどのように死んでゆくべきなのか，その意味づけをわれわれがしっかりと合意できていれば，第三の道を探すことはわけなくできる。患者と家族がそれぞれの人生を共に分かち合う**共同体**として死を皆で受けとめることができるならば，そして医者も患者の死の意味を，患者個人の問題としてではなく，人間一般に本質的な生きる意味(いのち)の問題として捉えることができるならば，そこではリベラルな一般論(社会論)は影をひそめてゆくはずである。

　問題は，したがって，そうした合意**(共通善)**がこの社会の中で可能かどうかという点に移ってゆく。バラバラな個人がバラバラに動くことを前提とする**欲望の体系**としての社会(150頁参照)であってみれば，こうした合意は不可能というほかない。原子論的社会で公共性をもとめようとすれば，四角四面で杓子定規の「規則」が社会規範として重視されざるを得ず，そこではリベラリズムがことがらを決する最後の判定基準とならざるを得ないからである。

　「いのちの問題」を考えるにあたっては，そうした人間の**共同体**としてのあり方をも視野に入れていなければならないのである。

　——なお，このことは，自殺一般に及ぶ問題であるとともに，**死刑存廃の問題**にも関わることである。若干そのことについて触れておこう。**死刑廃止論**の最も単純な論理は，死刑が合法的な殺人である事実を前提にして，殺人が罪ならば死刑も罪であるという形式論理を振り回す論理である。これは厳密にいえば，「殺人は罪である」→「死刑は殺人である」→「ゆえに死刑は罪である」という三段論法(合理的推論)を言っているにすぎない。だが，人間の生死に関わることをこうした形式論理に矮小化しては

ならないことはいうまでもない。次に、「死刑は取り返しがつかない」という論理（死刑廃止論の中心的な論拠）について。取り返しがつかないことは死刑だけでなく懲役刑にせよ禁固刑にせよ、人の自由を奪う行為に伴うことである。違いがあるとすれば身体的な生命（ビオス）が残っているかどうかだけである。だが、すでに述べたように人のいのちは生物学的生命に限られるものではない。むしろ人間的な意味での「いのち」の重要性を再認識すべきである。人は心臓停止や脳死によって死を迎えるのではなく、「死亡宣告」や「葬儀」といった人間関係の中で"最期"を迎えるのである。死者に「墓」をつくりそれを弔うのは人間だけという事実を軽んじて、ビオスの終焉ばかりを強調する論理は間抜けた論理であると言わざるを得ない。「西洋では死刑が廃止される傾向にある」というのも、近代がどのような時代であったのかを再確認すればどういうことかわかってくるはずである。人のフンドシで相撲を取りつづけてきた日本人も、そろそろ自前のフンドシにはき替えた方がよいということである。死刑の問題は究極的にはQOL（生命の質）に関わる問題である。殺した者と殺された者のライフを具体的にはっきりとらえ直す**共同主観的な営み**である。「生きるに値しない生」の安易な一般化を危惧してリベラルな廃止論を唱えるのはよいが、だとすれば尊厳死も許されなくなることを明確に認識しておく必要があるということである。

(9) 豊かさと幸せ

　非常に重い問題を扱ったが、次に少々軽めの問題を一つ述べておこう。しばしば問題にされることのある「豊かさ」についてである。

　90年代に一つの話題となったのが、この「豊かさとは何か」という問題である。この問題は、すでに問いの中に解答が含まれているような問題である。すなわち、「物質的豊かさ」と「精神的豊かさ」を区別して、前者の豊かさはホンモノではなく、後者の豊かさがホンモノである、という論理が最初から見え隠れしている。

　ここまで読み進めてきた人は、この論理が一種の"ねじれ"をもっていることに気づくだろう。つまり最初から「物」と「心」を分離した上で、「物」を追求してきた今までの姿を反省して「心」を重視する姿勢へ転換しようというのは、一枚のコイン（物心二元論）の表裏を議論するようなものであり、議論の設定のしかた自体が最初からねじれていることに気づくだろう。こうした議論のしかたは、近代的な世界観に毒された発想でしかない。古代や中世においては物の豊かさが何より重要であったし、心の豊かさもそれとまったく同様に重要であった。どちらか一つを選ぶなどというのは、およそ考えられないことである（そもそも物と心を分けていないので）。現代人は、身の周りの生活物資が豊かになってきたために、こうした**言葉遊び**をはじめるのである。勝手に物と心を分けておいて、「さあ、物が豊かになったいま、大事なのは何かな？」とくだらない質問をする。馬鹿げているにもほどがあるというものである。こうした論理にはお付き合いしないのが一番だが、仮にお付き合いするとすれば、逆にこんな質問をしてみてはどうだろうか。「豊かさと幸せはどこが違うのですか？」、と。**豊かさ論**は答が見え透いているが、**幸福論**はそうは問屋が卸さない。幸せ＝豊かさ、とはな

らないことは分かりきっているが、では「幸せ」とは一体何なのか、ということになると少々困惑せざるを得ない。

　幸福論を考えはじめると、どうしても人生論や人間論にまでおよんでしまう。あるいは世界観や宇宙論(コスモロジー)といってもいいかもしれない。宇宙における人間の位置づけや社会における自分の意味づけなどがトータルに見えてこないうちは、真の幸福論は語れないといっていい。単に、「豊かであること」や「満足していること」といった指標は、幸せの指標としてはあまりにも貧相だからである。幸福とは、自分のあり方が自己意識にどう映るかという内省の問題ではなく、自分の人生を人類の歴史や宇宙の営みの中に積極的に位置づけることができるかどうかという事実の問題である。それは、単なる幸福感といった感情や感覚の問題ではなく、すでにして一つの出来事であるといっていいだろう。そして、それを理解することができるときに、おそらくは"豊かな"人生が、結果的に"満足"できるかたちで営まれるのである。

　したがって、幸福論を語る場合には、どうしても**生の問題**とともに**死の問題**をも視野に入れておく必要がある。自分の最期(おわり)を見届ける先駆的な覚悟がなければ、人生全体の意味や価値などはとても語れるものではないからである。そして、ほんとうは、豊かさ論についても、それに真剣に答えようとすれば、そうした生と死への眼差(まなざ)し、すなわち「いのち」への問題意識を避けては通れないのである。

(10) 文明に問われるもの——事実と価値の架橋

　近代以降、人類は、事の是非は別にしてともかくも科学文明とともに歩んできた。そして、科学文明が極限まで発達した現在、それを否定することはもはや絶望的といっていいほどにまでなっている。さまざまな災厄(さいやく)の原因が科学にあることは間違いないが、だからといって科学を捨て去りもう一度科学時代以前に戻ろうなどというのは、およそできることではない。環境問題一つ取りあげても、文明の行き過ぎを非難し、「もっと質素な生活をしよう」とか「自然を取り戻そう」などと分かったようなことを言う者がいるが、そのような言葉は単なる欺瞞(ぎまん)にすぎない。できるはずもないし、やる意思もないのに、口先だけで"きれいごと"をいうのはやめなければならない。文明を語るというのは他人事ではなく、自分自身の問題だからである。

　今後、科学文明をどのような方向に向けてゆくかという問題は、単に技術をどう開発するかとか、それをわれわれがどのように使うかといった問題にとどまらず、科学技術と密接不可分の関係にある**資本主義社会**をどのように運営してゆくかという問題にも及んでいる。資本主義は近代以降、科学技術とともにあったし、またこれからもそうありつづけることは明白である。したがって、科学技術の問題は単なる科学技術の問題では済まず、経済関係や法律関係の問題としても重大な意味をもっている。どのように働き、どのように学び、どのように遊ぶか、日常の生活のあり方のすべてにわたって考え直す作業が、科学の問題を考えるということとイコールなのである。

　あるいは、生きるとはどういう意味なのか、生の意味や死の意味を問い返すことも、現在では科学文明の枠内でしか考えられないことである。衣食住はすべて科学の力に

支配されており，臨終の床まで科学機器に取り囲まれているのが現実である。そうした中で人間として生きることの意味を改めて問題にしたとしても，それは純然たる人間学というよりも，**科学論とセットになった上での人間学**でしかない。現代における人間学は，科学の知識は必要とはしなくとも**メタ科学**を捉える視点だけは確実に必要になっているといっていい。

　ところで，われわれが究極的に求めているのは，科学でもなければ技術でもなく，あるいは資本（おカネ）でもなければ長寿でもない。ほんとうに求めているのは**幸せな人生**である。もし，われわれだけではなくわれわれの子孫も含めてすべての人間が幸せになることができる社会が実現すれば，その他のことがどうあろうと，われわれは何の痛痒も感じることはないはずである。われわれは豊かさを求めているのでも，その時々の満足を求めているのでもない。端的に幸福であること，その一点を求めているといっていい。そして，そうだとすれば，それはある種の生活を享受した結果受動的に与えられるものではなく，われわれ自身が一定の世界観やコスモロジー（宇宙論）をベースにして自らのあり方を問い直す中で，「これでよい」との最終的な価値づけを下す瞬間に，歴史的な出来事として生成してくるものであろう。

　そうした幸福な生活を実現するためには，科学の成果を事実的に享受するだけでは足りず，科学と人間がどのような関係に立っているのかを考え，それを望ましい方向へ導いてゆこうとする**メタ科学の視点と態度**が要求される。それが，科学文明の中で迷子になることなく，文化のフェティシズムを共同主観的に形成してゆく方法でもある。高度情報社会においては，欲望と妄想が文化の表面を覆いつくす。そのフェティッシュな「事実」に翻弄され，それを「客観」だと思い込むとき，人間はもっとも愚かな世界へと堕落する。高度情報社会の中で，「どの情報がホントの"事実"か」を探すことは砂浜で砂金を見つけることに匹敵しているのではなく，砂浜に映る自分の影を掘り出そうとすることに匹敵している。今ほどそうしたことを理解できるインテリジェンス（知性）が求められる時代はほかにはないのである。

　幸いなことに，科学はいま自律運動として二元論的世界観を脱却しようとしており，いままで自分が信じてきた要素還元主義や決定論的世界観の限界に気づきはじめている。自己観察を行い，自分がパラダイムの奴隷であったことを自己認識しはじめている。科学というインテリジェンスが新たな自己組織化をはじめていると言ってもいいだろう。であればこそ，われわれはいま，科学とともにインテリジェンスの力で時代を望ましい方向へ振り向けてゆく必要がある。今後も科学とともに歴史を刻んでゆく覚悟があるのならば，そして科学が今やおそるべき力を持ちはじめていることをリアルに認識しているのならば，それは不可避の選択であると言える。

6．教育問題——自己組織化の可能性

問題の所在

　教育問題は小論文では頻出の問題である。教育学部だけでなく，その他の学部においてもしばしば出題される。だが，いまなぜ教育問題なのか。教育の問題は太古の昔から存在したはずだし，いつの時代にも問題とされてきたはずである。それにもかかわらずいまなぜ教育問題なのか。ここには，現代社会が必要とする新しい世界観からの要請が働いている。その要請のベクトルを感じ取らないかぎり，今問題となっている教育問題の本質は見えてこない。

　現代社会の問題領域は，環境や情報や文化摩擦や公共性の問題など，多方面に散らばっている。だが，さまざまな領域に拡大している現代の問題も，せんじ詰めれば**新しい社会システム構築の問題**であり，さらにいえばそれは**社会システムの自己組織化の問題**である。教育がいま問題となっているのは，こうした社会システムの自己組織化を実現するための方法が，究極的にいえば教育しかないということが次第にはっきりしてきているからにほかならない。環境問題にせよ，情報問題にせよ，異文化理解の問題にせよ，公共性の問題にせよ，結局は一人ひとりの倫理にねだねられている部分が大きい。倫理的な主体を作らないかぎり，今後の知識社会は存立不可能であるといっていい。そうであればこそ，教育の意義がすこぶる大きなものとならざるを得ないのである。

　教育がなくとも人間は生存はできる。あるいは事実の認知活動をすることはできる。しかし，いかに事実の認知活動があっても，活動の自己認識がなければ自分がシステム上でどのように振る舞うべきかは永遠にわからない。したがって，自己認識に盲目的な個人は，複雑な現実の中で迷子になってしまうし，ときにはシステムの攪乱要因にもなりうる。いま求められているのは，**システムの安定化プログラム**である。それは個人意識のレベルに話をおろしていえば，自分が環境システムや情報システムと仲良く付き合っているという処世の感覚とともに，環境との適合プログラムや情報社会との適合プログラムをみずから形成して，そうした適合的な生き方を倫理的に肯定していることをも意味している。だからこそ，いま教育がこれだけ世間で問題とされると同時に，小論文でもしばしば出題され受験生にその倫理を問いかけているのである。

　従来のように，安直な「良い子を育てましょう」式の教育論では通用しない複雑な現実が，いまわれわれに教育問題を緊急で重要な問題として登場させている。伝統的な道徳を身につけた品行方正な「望ましい人間像」を理想として掲げるだけでは，いまは十分でないどころかむしろマイナス効果が大きい。理想的な人間像を受け入れられるほど，いま社会は均質ではないからである。求められているのは，個と全体とがどういう関係になっているのか，そのシステム論的理解をとりあえずすべての人に確実に把握させることである。これからの教育に求められているのは，個々

人の力の大きさを実感させながら，多様な選択の中で一人ひとりが積極的に公共性を構築してゆく**自己統治能力**を養うことである。それは決まりきった知識を教えることではなく，つねにシステムの中での自己のあり方を模索する能力を身につけさせることなのである。

★従来のキーコンセプト
　個人主義，集団主義，権力，権威，スキル，知識，道徳，分析的方法
★新しいキーコンセプト
　自己認識力，教養，布置化，世界観，システム思考，総合化，臨床化，倫理，問題解決学習，個性化，コミュニティー，相互作用，共同主観

(1) 教育の失敗と国家の衰亡——学力低下は国家全体の問題

　教育の問題はいつの時代にも国家の重要な関心事であった。プラトンも紀元前4世紀のポリス社会の中で，「たった一つの大きなこと」として教育の重要性を強調しており，教育がよければ国家は好循環に入って繁栄するが，それが堕落すると国家は悪循環におちいり滅亡すると言っている。プラトンの『国家論』が，単なる権力論ではなく一種の教育論——魂の理想論——にもなっているのは，そういう点からである。いかにして良い人間をつくるか，それがプラトンの最大の関心事であったといっていいが，それはプラトンの時代だけでなく，あらゆる時代に通用する「国家百年の計」でもある。

　現在の日本においても教育の重要性はいくぶんも変わらない。いやむしろ少年の凶悪犯罪が頻発し少女売春まで行われている現在の世情を考えると，教育の重要性がいまほど強調されてよい時代はほかにないといっていいだろう。時代の大きな変わり目には社会的な混乱がつきまとうものだが，現在の状況は，単なる変革期の混乱の域をこえて，決定的な崩壊への序曲のようにも感じられる。世界的にみても，先進国はどこもそれなりの教育の困難を抱えているが，その中でもとくに教育的に混乱しているのは日本であり，日本だけが突出した"異様さ"を呈しているといっていい。少年が人を殺したあとでその動機を尋ねられたとき，「人を殺す経験をしてみたかった」と平然と答える現状は，すでに病状が相当に進行していることを物語っている。

　教育に関する世間的な意識について考えても，人々が現在の教育について根本的な不満や危惧を抱いていることは一目瞭然である。世の中の人に現在の学校のイメージを尋ねてみると，良い印象が返ってくることはまずない。自分の学校時代の記憶をたどりながら，友情や規律の大切さを学んだ点においては学校の意義を積極的に評価するが，こと教育内容に関するかぎりは鬱積した不満を隠そうとしない。友情や規律を教える場は学校以外にも十分可能であることを考えると，戦後の半世紀以上にわたる学校教育は，少なくとも教育内容という面に限定するかぎりは，ほとんど失敗したと言っていいだろう。

　少年や少女の非行ばかりでなく，大人の非行(?)も蔓延している現在の世情を見渡して感じられることは，人々のアイデンティティがいわば拡散状態に陥っていることであり，自分が何者か，自分たちがどういう歴史を歩んできてこれからどういう歴史

を刻むべきかといった人格形成にとって最も中核的な部分が、何ら教えられることなくすっぽりと抜け落ちているという印象である。京大の中西輝政氏(国際政治学)は、日本の現状をローマ帝国や大英帝国の過去の歴史と照らし合わせながら国家衰亡の徴候を読み取っているが、国が滅びるときはじわじわと精神が蝕まれるように病状が悪化してゆくとの言説は、日本の現状と重ね合わせるとき、にわかに現実味を帯びてくる。

　近年、**大学生の学力低下**が話題となっているが、ここに戦後の**教育の失敗**が集約されていると言っていいだろう。「分数ができない大学生」ばかりでなく、三島由紀夫や川端康成の名前すら知らない大学生や、英語の一人称の意味も分からず「学生」が一人称(＝自分のこと)であると思っている大学生なども出現しているという話に出会うと(中島義道『対話のない社会』)、学力低下もさることながら、教育全体が危機的状況にあることがが分かる。そもそも、大学生の学力低下という現象は、小学校から高等学校にかけての学校教育全体の成果(？)にすぎず、その責任はいうまでもなく学校教育全般にある。また、それは現在だけの問題ではなく、過去半世紀にわたる教育制度の歴史的帰結でもある。したがって、いま大学生の間に現われているさまざまな現象は、現象自体としては些細なことにすぎないが、その背後には巨大な歴史的意味がひそんでいるといっていい。われわれは往々にして、「え、大学生が分数もできないの？」と、ゴシップ的興味だけでこの問題を片づけてしまおうとするが、問題とすべきは、戦後50年の教育行政全体であり、あるいはもっと大きく網を広げれば明治以来の日本の近代化教育全体なのである。

　国民全体から**基礎教養**が欠落しつつあり、社会から**公共心**が失われつつあることは明らかである。これは端的に教育の失敗を物語る。多少大げさにいえば現在の日本は国家存亡の危機であり、単なる付け焼き刃的な対処策を弄するだけでは埒があかない状況にある。**教育を間違えると国家は滅びる**とはプラトン以来の普遍的な法則であるが、そうだとすれば、現在の日本の教育を考えるに当たっても、それを単なる子育て論として論じるのではなく気宇壮大な**国家論**として捉え直さなければならない。そうした観点を欠いてきたのがこの半世紀であり、その結果が現状の目を覆わんばかりの状況であるからだ。さまざまな問題が噴出してきている現状は、まさにわれわれに今こそ国家のあり方や人間のあり方を根本的に問い返すことを要求しはじめていると言っていいだろう。

(2)「教養」は「知識」とは違う

　大学生に基礎教養が欠落しているということは世間の耳目を集めるところだが、そもそも「教養とは何か」ということになると、一般的にはあまり理解されているようには思えない。ここで教養の意味について簡単に触れておこう。

　しばしば「基礎教養が足りない」などという表現とともに、「教養」をたんなる「知識」の意味と勘違いしている人がいるが、教養は知識と同じ意味ではない。教養とは「心の耕作」(cultura animi)——キケロのことば——のことであり、ドイツ語ではBildung(人格形成)という。知識(knowledge, 独 Kenntnis)は単に「知っていること」を表す概念だが、教養はそうした断片的な知識ではなく、intelligence の意味に近い**総合化された知**を意味している。したがって、分野ごとの専門知や無色透明の情報(information)ではなく、人格の陶冶(とうや)を含意(がんい)する全人格的な概念なのである。

　西洋では伝統的に、こうした教養が何よりも重要なものとみなされており、教養の有無が人品を決するものと思われているが、日本では武士の世はともかく、少なくとも近代化路線を走りはじめてからはこうした教養の意義は地に落ちて、幅広い知識が「教養」だと勘違いされるようになってしまった。現代の教養人の一人である山内昌之氏(東大、イスラム史)は、教養について次のように言う。「**当人の血となり肉とならず身につかない知識は教養ではない。個別の知識の集積や記憶をどれほど重ねても、教養と呼ぶことはできないのだ**」(山内昌之「リベラル・アーツとしての教養教育」)。かつて西洋では、教養は**リベラル・アーツ**(自由七科)と呼ばれ、大学での必修科目であった。現在でもアメリカではこれが大学での主要なカリキュラムを構成しており、教養を積むことが大学人であるための必要条件であると考えられている。リベラル・アーツとは、日本の伝統でいえば四書五経(ししょごきょう)にあたるようなものだが、それを細かく説明するとなるとなかなかやっかいなので、とりあえず次の説明によっておおかたの理解を促しておこう。

> リベラル・アーツの伝統とは、文法・修辞法・論理学を中心にしながら、幾何・算術・音楽・天文の諸学を加えたものであった。しかし、これはリベラル・アーツを狭く厳密に解釈した場合である。実際には、古典語、哲学、歴史を重視し、書き方や話し方、立ち振る舞いといった日常作法、ノブレス・オブリージュ(地位の高さに伴う義務感)の躾(しつけ)などを含めて、広く弾力的にリベラル・アーツをとらえていたというべきであり、それがほぼ「人文学」と呼ばれる教養の範囲と重なっていたのである。
> (山内昌之「リベラル・アーツとしての教養教育」)

　現在の日本の教育を見渡してみれば一目瞭然であるが、こうした意味での教養を授ける場はほぼ絶無である。日本では、「教養」という名のもとに、単なる「あれもこれも」式の雑学を授けている。「憲法第13条には何と書いてあるか」、「二次方程式の解の公式とは何か」、「フレミングの左手の法則の人差し指は何を意味するか」……等々。中学や高校はもとより大学においても一般教養と称して行われていることは、こうした単なる雑学講座である。教養と雑学の違いは、その**体系性**にある。教養にはいつも全体から見直したときの知識の位置づけが同時に理解されていることが求められるが、雑学にはそうした全体的な視座が必要とされない。戦後の日本の大学が「教養部」というものをつくっていながら結局はそれが機能しなかったのは、教養を雑学と勘違いしたからである――というよりも、そもそも大学の教師自体がまともな教養を持ち合わせていなかったからだろうが。

　教養とは、山内氏もいうように本人の「血となり肉となる」ものであるがゆえに何年たっても忘れることはないが、単なる雑学はほんの数カ月で忘却の彼方(かなた)に去ってゆく。

高校を出ていても，大学を出ていても，何もご存知ない御仁が世に溢れかえっている現実はここに原因がある。そして，そうした人間が教師となり再び生徒を教えるものだから，矛盾の拡大再生産がおこるのである。

　数学者の遠山啓氏は，教育が授けるべきものには「術」と「学」と「観」の3つがあるという。**術**とは，スキル（技術）であり，計算や書き方や作業方法などを意味する。**学**とは，個別の学問の知識のことである。そして**観**とは，バラバラの内容の学を総合し統一するようなもので，「世界観」や「人生観」や「社会観」や「労働観」や「職業観」などとなってあらわれる。氏によれば，戦後の学校教育で「もっとも不足しているもの」はこの「観の教育」である。戦前の**修身教育**が注入教育であったとして戦後批判された経緯から，戦後は「観の教育」に対してきわめて慎重になってしまった。それがために，教育内容が個々バラバラの無定見なものになってしまったというのである（遠山啓「競争原理を超えて」）。

　遠山氏のいう「観」の教育こそが，教養の枠組みである。教養とは，こうした「観」をともなった「学」や「術」の総体を指す言葉である。現在，「観」なき教育を無節操に展開していることが，日本の社会を根本から腐らせている原因であるとみて間違いない。分数ができないことは単なる「術」がないだけの話で，「秋」という文字が書けないことと同様にそれ自体はくだらない知識でしかない。だが，世界を量の世界としてだけでなく比の世界としても見ることができるということはきわめて重要なことであり，その限りで「分数ができない」ということは世界を比として見ることができないことを意味し，これは重大な欠陥である。もちろん，それが「重大な欠陥」と見えるためには，比の世界と量の世界がどのように違うのかをはっきりと認識しておかねばならない。世間では「分数ができない大学生」が存在することだけで騒ぎ回るが，それは単なる「術」を知らないことを咎めているにすぎない。問題にすべきは，現在の教育がそうした比の世界が量の世界と違うという肝心要のことを教えずに，すべて数で表されるものは量の世界と教えていることである。そこを批判しないかぎり「分数ができない大学生」が消えることはありえないのである。

　世界観も人生観も持ち合わせておらず，単なる専門知とありあわせの雑学しか持っていない者が教師になったり官僚になったりマスコミに従事したりすることがそもそもの間違いである。アメリカに見習う必要はないが，そろそろ日本もそうした根本的な問題性を認識して，本来の教養教育を教育全体のなかで構築してゆく努力をしなければならないのである。

(3) 近代化の限界——教科主義という現実

　そもそも現在のように教養軽視の状況が生まれたのは，さかのぼって考えてみれば，明治期の政治が**富国強兵**と**殖産興業**をモットーにして，教育をそのための手段にしようとしたためである。福沢諭吉の思想などに端的に現われているが，「人間普通日用に近き実学」すなわち個別科学を重んじて，模範とすべき近代西洋文明を我が国にも実現しようとしたためである。知っている人も多いだろうが，世界でもっとも早く

「工学部」という学部ができたのは日本の東京大学においてである。日本は**西洋に追いつき追い越せ**を国是として，科学技術立国を目指してがむしゃらに物質的な**文明開化**を進めようとしてきたため個別科学が最も重要視されたのである。

　西洋人は17世紀以降，一つの世界観として**二元論的世界観**や**原子論的世界観**を自覚的に採用して，その上で物質文明を主導する科学技術を重視してきたが，日本人はそうした世界観の選択については不問に付したまま，ひたすら表面的な理論や技能ばかりを猿真似(さるまね)的に模倣し，とにかく西洋に表向き対抗できるだけの力を得ようとした。夏目漱石など，明治期の教養ある人々がそうした日本の進み方について懐疑と不安の念をもっていたことは周知のとおりである。近代化を進めるにあたって，世界観をどのように設定するかという大事な点を日本人はあまりにも無頓着(むとんちゃく)に考えすぎていたといっていいだろう。「和魂洋才」などという表現がそのことを端的にあらわしているが，日本的世界観(自然一元論や和の精神など)の上に，木に竹を接(つ)ぐように物質文明を上乗せしようとしたことがそもそもの間違いの始まりである。勢いでそれをやってしまったがゆえに，逆に世界観やそれを必要とする「教養」を軽視せざるを得ない状況を自ら招いてしまったというのが真相というべきだろう。

　現在，「リベラル・アーツ」ということばを聞いても，日本人のほとんどが何のことかピンとこないのは，こうした**教養軽視の文明開化路線**が日本の近代化政策の基本ラインとして現在まで堅持されてきたからである。そして，そのことはまた，学校で習うものが単なる教科や科目ごとの分断された知識でしかなく，**スペシャリティ**(専門性)を重視するものばかりであることと軌を一にしている。

　現在の日本の学校で何が教えられているかを考え直してみればわかるが，国語や数学や英語や社会や理科といった個別教科は存在するが，世界観の時間や宗教の時間というものは存在しない。道徳やホームルームの時間といったものもあるが，そこで教えられていることは，教科とは無縁の"心の教育"であったり単なる連絡事項であったりする。だが──ここが重要な点だが──本来，道徳(モラル)というものは，少なくとも相応の学歴をもつ者にとっては，学問内容をどのように世に還元するかという**学問的モラル**が第一に考えられなければならないことである。ところが実際には，学問内容を"心の問題"と分断したうえで，学問をスペシャル(特殊)な知に矮小化(わいしょうか)してしまっている。知に価値観が伴うことは，すでに述べた**パラダイム論**や**解釈学**を持ち出すまでもなく，当然のことである。だが，日本の今までの教育は，そうした基本的なところを看過(かんか)して，知を個別科学の枠内に閉じ込めてきたのである。

　たとえば，こんなことを考えてみよう。「生物」の学習において「老化」が生体の機能不全の長期的過程だと学べば，「老化＝役立たずになること」との等式が自然に出来上がる。その直後に「道徳」の時間と称して「お年寄りを大切にしましょう」と習ったとして，果たして道徳(モラル)は身につくものかどうか。そこには単なる"胡散臭(うさんくさ)さ"が漂うことになる。「ウソ言うな」というのが正直な感受性だろうが，それを言うとセンセイに睨(にら)まれるので，学習者は適当な模範解答を用意して表面ヅラだけ整えようとする。これは端的にインモラル(不道徳)の学習である。道徳を個別科学の問題と切り分けて

しまうと，このようなことが起こるのである。

　専門バカが専門知だけを振り回して学習者にそれを刷り込み，心の問題は特殊「心の問題」として取って付けたような人間論を別枠の時間に展開する——これが現状の**教科主義**であるが，これではまともな人間が育つわけがない。しかし，それを堂々とやってきたのがこの50年であり，その成果(？)が現状の日本の社会状況である。いよいよその矛盾が無視できないほどになってきたために，文部科学省も**心の教育**と称して対策を考えはじめたが，いかんせん，それが戦後50年の反省の上に立たない糊塗策であってみれば，それは単なる矛盾の拡大を帰結するだけの話である。

(4)「総合的な学習の時間」という発想——教科主義を克服できるか

　現在の教育の基本は，明治時代からずっと続いてきた教科主義である。そしてそれは，いわば近代科学の手法でもある**分析的方法**の発想に根ざしたものでもある。だが，科学自体もその方法に限界を感じはじめ，大幅に修正を加えようとしている段階になって，教育界においても一つの大きな転機が訪れようとしている。周知のように今新しい試みとして「総合的な学習の時間」というものが小学校から高等学校にかけて導入されることになった。いままでの教科ごとに分断された知を"総合"して，**横断的で統合的な知**を構築することを目指す時間である。そこでの理念は，現在の諸学問が目指している**臨床化**である。そのことは，「総合的な学習の時間」と呼ばれるものが，「課題発見」や「問題解決」といった概念を使っていることからも容易に察することができよう。

　ただ，ここで注意しておかねばならないことは，そうした純然たる学問の時流に合致したかにみえることが，事の深層においてはそうでもなさそうだということである。すなわち，文部科学省が用意する「総合的な学習の時間」というのは，たしかに**知の臨床化**を促すものではあっても，肝心要の「知」がそもそも欠けている可能性があるということだ。すでに述べたように，現在学問の世界が総合化に向かっているのは，今までの分析的な学問だけでは現実の諸問題に対処することができないという認識による。現実は分析的な知よりもはるかに複雑に出来上がっているからである。だが，そうした現実に対処するために学問がいかに総合化し臨床化したといっても，そこに使われる基本的な知は今まで蓄積してきた分析的学問で培われてきたものであることを忘れてはならない。今までの知を一切無視して新しいものを作ろうとしているわけではない。そうした学問がたどっている道と，現在小学校から高等学校までで行われている「総合的な学習の時間」とが，微妙に目指すところが食い違っているという点には重大な注意を払わなければならない。何でもいいから自分で課題を見つければよい，自分なりに解決の方法を考えよ，というのでは学問にもならなければ学習にもならない。端的に無内容な時間というしかない。

　教科主義を打ち壊すこと自体は大変に望ましいことであり，時代の要請にもかなっていることだが，いかんせん，その方法がどうやらまたしても間違っているということである。教科主義を克服するためには，単に知の臨床化を促すだけではだめであり，

教養という概念が必要とする**世界観の樹立**という作業がどうしても必要となる。「観」なき「知」は、いくら臨床化したとしても、単なる日常の素朴な世界観に戻るだけである。朝起きて朝食を食べて歯を磨いてバスで学校にくる——こうした日常生活を、朝食については家庭科の知識、歯を磨くことに関しては保健の知識、バスの運行については地歴科・公民科の知識、等々と「総合化」(?)して考えたとしても、それは単に日常生活の感覚(世界観)に舞い戻っているだけの話である。そこにはいかなる意味での学問もない。戦後教育の失敗の総決算として、どうやら現在、巨大な失敗(学問の喪失)を促そうとしているといっていいだろう。

そもそも文部科学省がこうしたアイデアを打ち出した理由(動機)について若干述べておこう。

文部科学省の発想の原点には、①教科主義的教育が教育効果をあらわしていない、②教科主義的教育は地球環境問題などの臨床的な課題に対処できない、といった現状に対する否定的な認識とともに、③意欲や関心を引き出すためには主体的な学習が不可欠、④総合化され臨床化された学問が求められている、⑤先行き不透明な厳しい時代を生き抜くためには受け身的人間ではなく能動的人間が求められている、といった将来に向かっての積極的な構想とがある。とくに5番目の点については**生きる力**という特殊な概念を用意して、高度情報社会のなかで力強く生き抜く(survive)ためには自分で課題を見つけ、自分で学び、自分で考え、主体的に行動し、自らを律してゆくことがなにより必要という考え方を提示している。文部科学省がもっとも重視しているのは、この5番目の観点である。

だが、確かに欲望と妄想が支配する高度情報社会では自分でことがらを処理してゆく主体性がなにより必要なことではあるが、それは生活レベルの意志の問題であり、直接的には知の営みとは無縁のことである。知の営みはいつの時代でもそうだが、きわめて理論的・観想的であり実践をとりあえず度外視したものである。だからこそ知の修得には、すでにそうした理論を修得している「教師」という存在が必要とされるのである。現在、文部科学省が行おうとしていることは、したがって二重の意味で問題をはらんでいる。一つは、本来理論的であるべき知の修得を無理やり実践的なところへ引きずり落とそうとしている点において。もう一つは、そもそも総合的な知を修得させるためにはすでに総合的な知を持った者が必要であるのに、現状においてはそうした者はいないにもかかわらず、それを強引におし進めようとしている点において。二重の問題は大きな矛盾となって現れてくるはずであるが、その時いったいだれがその責任をとるのであろうか。

(5) 個性化の教育——個人化と個性化の違い

文部科学省の批判ばかりしているようであるが、批判をすることに意味があるのではなく、ことがらの正常化を求めることに意味がある。そのことを前提にしたうえで、さらに現在の教育問題について考えてみよう。

すでに述べたことだが、情報化の進展にともない、現在デジタル革命が進行中であ

る。これは単なるアナログ情報がデジタル情報に変わるということではなく，社会全体から中心や権威がなくなることを意味する。したがって，それは単なる技術革命ではなく一つの社会革命なのである（114頁参照）。またそうであるがゆえに，教育政策においても，すでに文部科学省を中心とするヒエラルキー（階層構造）は瓦解しつつあるといっていい。中央官庁から各都道府県に下りてきた指令を各市町村単位が拝受してそれを各学校に伝達するといった権力集中システムがいま終わろうとしている。文部科学省自身もそのことはすでに自覚しており，これから重視されるべき**個性化**の教育は，単に生徒に必要なだけでなく学校単位でも認められるべきだと主張している。つまり文部科学省自身の脱中心化宣言である。

これからの時代には教育プログラムの良し悪しが学校間で競われることになる。あるいは，学校をもバイパスしてインターネット上での教育プログラムが覇を競うことになるかもしれない。ともかくも良いプログラムをもったところに学習者はなびいてゆくはずである。国民国家の時代が終焉を迎え，新しい参加市民社会が誕生している時代には（146頁参照），学習プログラムの供給者と需要者の主体的な取り組みがより求められることである。文部科学省が暗に想定しているのも，そうした事態かもしれない。「**ゆとりの教育**」という名のもとに基礎知識を大幅に減じてゆく手法は，単に知識は少なくてもよいということを主張しているのではなく，文部科学省自身が教育プログラムの立案から撤退する意思表示だと解釈するのが妥当である。これからは脱中心化の時代であり，各自がおのれにとっての最適プログラムをみずから開拓してゆくしか生きる道はない以上，それはしかたがないことである。

「生涯教育」という言葉があるが，これは単に教育を受けることができる期間が青少年期から一生涯に延びることを意味する言葉ではない。そうではなく，教育の機会や教育の方法が各人各様に多様化し，それぞれのプログラムにしたがって自律的な学習を果たすことができることを意味する概念である。いつでも，どこでも，どのようにでも，教育を受けることができるというほどの意味だと思っておけばよい。そうした時代は，また別の観点から見れば，**自己組織化**の時代でもあるといえる。自分のどういう能力をどのように開発してゆくかを自分で立案する時代である。これは**個性化**と表裏一体のことである。

ただ，ここで厳重な注意が必要なことは，個性化の教育が即**個人化**の教育を意味するわけではないということである。往々にしてこの区別が明確についていない議論が多いので，ここでその点について述べておこう。

いま社会はインターネットを主軸とする高度情報社会に突入している。このことは**デジタル・コミュニケーション**による**相互作用**（インタラクション）社会の誕生を意味する。情報は送信者と受信者の双方から瞬時に伝達され，知は急速にインテグレート（統合）されてゆく。たとえば数学の理想的な教育サイトができれば，学習者は疑問点を送り返すことによって学習者自身の学習効果も期待できるとともに，教育プログラムとしても逐次改善されてゆく。送受信者双方によって知が精緻化されてゆくのである。このことは，単に個人単位の学習では不可能なことである。従来のように参考

書を片手に一人でウンウンうなっているだけの学習とは次元が異なる学習方法のはじまりである。たしかにある特定のテーマやある特定の能力を追求しているという点においては個人ごとに異なる営みではあるが，営み自体はそこに集う仲間とともに行われることであり，その意味では必ず**コミュニティー(アソシエーション)**単位で行われる。**パートナーシップ**と助け合いの精神が学習"環境"においても求められることである。そして，それをうまく作り上げたコミュニティーが勝利を収めて，そこに集うメンバーに高い能力と指導力が授けられるのである。これからの**個人の多様化**とはそういう意味である。従来のように，まず個人があって，それが独力ででも多様化するという意味ではなく，個人がさまざまなコミュニティーに属することによって，そこで相互作用を繰り返すなかでしだいに独特の個性を発揮しはじめるという意味である。コミュニティーの量と質が以前とは比較にならないぐらい幅があるので，その分個性に開きが生まれるのである。したがって，すでに何度も述べたように，個人を単位とする思考方法すなわち原子論的社会観はもはや捨てなければならない。社会は個人から成り立つのではなく，コミュニティーから成り立つ。あるいはそこでの相互作用(interaction)やコミュニティー同士の相互作用から成り立つ。事柄の最初に存在するのは，特定の実体(substance)というよりも関係(relation)であり，主観(subject)ではなく共同主観(intersubject)なのである。

(6) 教養に目覚める学習者──解釈共同体の成員として

　学習方法が個人単位からコミュニティー単位に変化してゆくことは以上述べたとおりだが，このことは単に学習方法が集団化することを意味するわけではない。従来でも学習は学校で行われていたのであり，その意味ではつねに学習は集団で行われていた。問題はメンバー(成員)が知を構築するに際して自分が集団とどのように関係しているかの**自己認識**が働くという点にある。

　従来の学習スタイルを想起すればわかることだが，従来は，教師や本からの一方通行的情報伝達に受け身的に接することで何かをつかもうとしてきた。したがって，そこで重視された学習姿勢は，まず第一に**従順さ**であった。あるいはときには**忍耐力**や**鈍感さ**でもあった。だが，相互作用を前提にするコミュニティー単位の学習スタイルで重要になるのは，疑問が何なのかを突き止める作業であり，あるいは不安を取り除く作業であり，そもそも何のために学習しているのかの目的性を明確にする作業である。医者と患者の関係でいえば，従来のような医者から患者への一方通行的な処方箋の伝達ではなくインフォームド・コンセント(十分な説明にもとづく合意)に見られるように，疑問や不安を解消して何のための治療なのかを明確にする作業である。こうした作業を通じて実現されることは，一つには早期の学習効果であるが，もう一つは自分が何をやっているのかという自己認識の発生である。

　いままでの教育では，とにかく6歳になったら小学校，12歳になったら中学校，15歳になったら高等学校，という具合に，自動的＝トコロテン式に学校に通い，そこでまた受け身的・盲目的に学習していた。そしてそれでじゅうぶん世の中を渡ってゆけ

た。だが，これからはそれは通用しない。学習内容の確認からはじまって学習の方法や学習の目的にいたるまで，相互作用を繰り返しながら自己認識をおこなわなければならない。**学習者が目覚める**とでもいったらよいだろうか。**何を，どのように，なぜ**，という学習に必要な疑問をすべて解消するべく学習が進むのである。

したがって，学習者は自分が属するコミュニティーの属性を自己認識することになり，その意味では共同体の属性をみずからも引き受けることを自覚することになる。いわば，趣味の共同体が「○○派」とか「△△系」という系統にしたがって**自他の差異**を認識するように，学習共同体の差異を自己認識しはじめるのである。もちろん，学習の途中で他のコミュニティーにくら替えすることも自由であるから，その意味では流動的なものでしかないが，ともかくもある共同体に属することを自他の差異を認識することによって確認する作業は避けて通れないといっていい。

このことは，多少抽象的なところから見直せば，学習プロセスにおいて解釈学的循環がはじまっていることを意味する。自分の知がある共同体によって規定されつつ，逆にその共同体がどういう共同体であるかを自分が規定するという循環構造がそこにはたらいている。**共同主観性の確認**といえばいいのかもしれないが，たとえば極端な話をいえば，日本の数学教育とアメリカの数学教育の相違をインターネット上で確認し，自分が日本式の数学学習しか行っていないことを確認することによって自分が日本人的な理解しか持っていないことを自覚するようなものである。

ここに，非常に生産的な学習が生み出される可能性が出てくる。すなわち，自分の学習を解釈学的視点から見直して自他の差異を確認する際に，ほぼ必然的に**世界観**の問い直しが付随するからである。自分がどんな地平からものを見ているか，それがしだいに分かってくるということである（十分な分別があればの話だが）。したがって，すでに述べたように，**知が単なる知識でとどまることなく教養**にまで達する可能性が開けてくる。その意味で，これからの学習は教養の有無が問われる時代だといっていいのである。

(7) 普遍的価値はもはや存在しない

ここまで，新しい学習スタイルについてその性格を検討してきたが，そもそもこうした新しい学習スタイルが必要になっているのは，いうまでもなく社会の構造変革による。IT革命やデジタル革命がこうした学習を要請しているし，社会構造自体が**自己決定**と**自己責任**を重視する形に変化し，個人がどういうコミュニティーに属するかの自己認識を問われる時代へと変化していることがそもそもの原因である。

20世紀中葉にリースマンというアメリカの社会学者が『孤独な群衆』(1950年)という本を書いて，その中で，近代社会においては「内部指向型」人間が主流だったが，現代は「他人指向型」人間が主流になる時代であると述べている。つまり近代においては自主自律の精神で貫かれた確固不動の信念の持ち主が時代に合致した人間であったが，現代は信念の有無よりも他者追随の消費型人間が支配する時代だというのである。ブームやトレンドに酔いしれる大衆社会の特徴を個人の特性として語っているのである。

いま，個人が従来のような原子的な意味を消失しつつあり，それに代わってコミュニティーの時代が始まろうとしている歴史的段階においては，そこでの個人の特徴を表す概念は，リースマンのいう「他人指向型」だけでは十分でなく，それに「コミュニティー指向型」も付け加えておく必要があるだろう。十把一からげの「他者」に追随するのではなく，仲間内だけで通用するスタイルや様式を重視する人間が増えてゆくことが予想されるからだ。すでに趣味的世界においてはこの傾向は顕著に出ており，若者は自分の趣味世界を頑固なまでに主張して，容易に他者一般に追随しようとはしない。今後，学習スタイルや人生設計において従来の「他人指向型」が失墜してゆけば，いよいよ世の中はコミュニティー全盛時代を迎えることになるだろう。

「内部指向型」にせよ「他人指向型」にせよ，そこで前提とされている社会は一様均質の社会である。特定の価値観が社会全体に満遍なく行き渡っているからこそ，その特定の価値観を自己の内部に求めたり他者に求めたりすることができたのである。だが，価値観がコミュニティーごとに異なり多様な価値観が入り乱れる社会になれば，そうした普遍的な理想を追う人間像は力を失うことになる。一様均質な社会では一つの権威ある理想像が成立しうるが，多様化した社会ではそうした権威はもはや存在し得ない。単にさまざまなコミュニティーがフラットな地平に**差異の体系**を形成し，おのおのが独自の価値観を呈示するだけであるから，われわれはそうしたコミュニティーのどれかに属してその価値観を共有するしかなく，無党派的な立場をとるわけにはゆかなくなる。

従来，学校では，「質実剛健」や「自主自律」といった画一的なモットーが世間一般に通用する価値観として金文字で掲げられ，道徳訓話においては一つの理想的な人物像が語られることが多かった。だが，これからはそうした普遍的で価値中立的な立場は通用しないということである。近代社会は均質であったがゆえに，「この種の人間になりなさい」とか「みんな仲良くしなさい」と，普遍的な価値観を唱えたり，普遍的な地平から価値中立性を唱えたりすることができたが，これからはそうしたやり方は通じない。多種多様なコミュニティーが乱立する社会では，さまざまなコミュニティー内で相互作用と助け合いの精神が要求されるようになるとともに，他のコミュニティーがもつ異質な価値観に対する**差異の承認**が求められる。それは普遍的で無党派的な地平から価値中立を唱えることと同じではない。おのれが立脚する地平(価値観)をしっかり自覚したうえで，他のコミュニティーとの相互承認をはかることだけが残された唯一の方法なのである。

(8) 自己認識から公共性へ——倫理の主体としての学習者

多様なコミュニティーが多様な個性を発揮してそれぞれの個人をそれぞれの仕方で育ててゆく。それがこれからの教育のあり方である。それは地域ごとの特色となるかもしれないし，学校ごとの特色となるかもしれないし，あるいはネット上の特色となるかもしれないが，ともかくもコミュニティーごとに独自の価値観を呈示しながら，相互に異なるものとして林立することになることは間違いない。従来のように，「学

校」という概念で固定的なイメージを結べた時代は終わるだろうし,「教育」という概念でワンパターンの学校教育を意味できた時代は終わりを迎えるだろう。

　そうした多様な個性が共生する社会になれば,当然のことながら,それぞれのアイデンティティを相互に承認しあうことが求められると同時に,全体の教育システムの安定はどうしたら実現できるかといった問題や,そもそも教育システムは何のために存在するのかといった社会全体の目的の問題などがあらためて問い直されることになる。ひとことで言えば,教育が個性化すればするほど,教育は公共性を問題にせざるを得なくなるということである。それは単に教育の個性化が公共性を論理的に要請するということではなく,自然なプロセスとして,個性化された教育が内発的に公共性の観点に思い至るということである。

　たとえば,特定の学問的知識を学ぶ者は,自分の学習内容や自分が属している学習コミュニティーの学習プログラムを,自他の個性(価値観や方法)と比較することを通じて自分の個性として自覚するとともに,そもそも何のためにそれを学習しているのかといった**学習の目的性**や,そもそもその学習に意味があるのかといった**学習の意義**について問い直さざるを得なくなるからである。学習の**メタ思考**の始まりとでもいったらよいかもしれないが,自分の学習に対する問い直しが自発的に生じ,広く一般的な地平においてその学習がもつ意味にまで思考が遡及(そきゅう)せざるを得なくなる。これは端的に**インテリジェンス**の起動であると同時に,一種の**倫理**の芽生えでもある。科学が自己観察を通じてメタ科学化して倫理を身につけはじめたように,学習者は,単なるインフォメーションに関わる次元からそのインフォメーションの意味を自己観察する次元へ飛翔するとき,自発的(ボランタリー)に知の公共性や知の倫理性を重く問題として抱え込まざるを得なくなるのである。

　自己の内部に公共性を抱え込んだ主体は,「宇宙の生ける鏡」としての**モナド**となる(166頁参照)。**全体システムを自己の内に認識しつつそれと関わってゆく個体**は,単なる受け身的な学習者であるにとどまることなく,社会全体のあり方について「観」点をもって積極的(アクティブ)に提言を行うことができる主体となる。学習という営みがそもそも相互作用にもとづく共同主観的な営みであることに気づいた主体は,個人的なモラルとしてではなく**われわれの倫理**として,学習システムや広く社会システム一般に積極的に関わりはじめるからである。科学がメタ科学化を果たし,みずから科学者集団の倫理規約を設けはじめたように,学習者が感じ取る倫理は超個人的なものとして,共同体(システム)が全体として目指すべき**共通善**の色彩を帯びてくる。学習者が学習プロセスを通じて実現する自己組織化は,最終的には,こうして自発的(ボランタリー)でありつつ,**われわれ**が従うべき規範性を要求しはじめるのである。

(9) なぜいま教育問題なのか

　教育問題を,単に個人個人の成長に関わる問題と捉えるかぎり,教育問題の今日的意味は見えてこない。世間でいまこれほどまでに教育が問題になるのは,単なる個々人の発達の問題としてではなく,根本的には国家論や歴史の問題として捉え返されて

いるからである。

　情報化社会にあっては，個人が社会システム全体をひっくり返すことは簡単にできる。非常に悪質なコンピュータウィルスを作成し，それをどこかの情報端末に送れば情報システムは一気にダウンしてしまう。あるいは環境問題が緊急の問題だとはいえ，自分の生活の都合だけを固守しようとすれば，環境議論は端的に"邪魔な"話となる。自分だけ得をしようとして周りの事情や将来の状況を考えようとしない非インテリジェントな頭脳からは身近な利益やおもしろ半分の興味しか生まれない。だが，それは今までの社会であれば，単なる個人的な矯正の対象にすぎなかったが，いまやそれは単なる個人的な問題では済まなくなっている。システムが崩壊したとき，崩壊を仕掛けた本人が困るのは自業自得であって何ら痛痒を感じない問題だが，それによって全世界がダウンしてしまうことは人類の存亡に関わる巨大な問題である。本人が「知らなかった」「考えなかった」では済まない問題である。知らなければならないし，考えなければならない問題なのである。

　いま教育が当面している問題は，究極的にはそういうところからの要請が働いている問題である。ひとことで言えば**公共性の問題**であり**共同体倫理の問題**なのである。いま人類は急速に結束しつつある。これは地球史レベルでの画期的な出来事である。地球を守るためには，そして人類を守るためには，運命共同体としての意識をもつしか方法がないことに気づきはじめている。人類が，個人レベルではなく全体レベルで，はじめて**インテリジェンス**を持ちはじめた時代といってもいいだろう。こうした時代であるからこそ，教育は抜き差しならぬ問題として先進国をはじめ全世界的に急速に問題化されてきているのである。教育を間違えれば国家は滅亡するだけでなく地球が破滅する可能性すら否定できないのである。

　いまの教育の課題は，全体のシステム安定化プログラムをどのようにつくるかという問題の一環として位置づけられる。かつてギリシア時代において個人が「ポリス的動物」（アリストテレス）でしかなかったように，現代においては個人はコミュニティー——狭くは学習コミュニティーや地域コミュニティー，広くは国家コミュニティーや民族コミュニティーや地球コミュニティー——に内属するものであり，コミュニティーの秩序が何より優先されなければならない。近代という一つのエポックにおいて，個人があまりにも強調されすぎた経緯があるために，われわれは今すぐにでもそうした全体的な視点をもつことに躊躇をおぼえるが，時間的余裕はそれほどあるわけではない。とりあえずは「リベラル」な態度でいろいろな言い分を"平等"に聞き分けることからはじめようというのは，事柄の順序としては"正しい"とはいえ，グッドな（善い）選択とは言い難いかもしれないのである。

　現在，さまざまなメディアを通じてわれわれは学習の機会を多様にもつことができるようになった。そしてそれによって今われわれが置かれている状況がしだいに明確になりつつある。それをテコにすれば，われわれが一つの共同体としてどのような選択をするべきかが，共同主観的で歴史的な結論としてインテリジェントにわかってくるはずである。それを目指してわれわれは対話と協調を宗として，自発的（ボランタ

リー)に相互作用(インタラクション)を繰り返してゆくしかない。そして歴史の赴(おもむ)くところを"善きもの"に設定しなければならないのである。

　こうした歴史的に重大な局面に遭遇した時代には，まずはそういう時代性を認識する作業が不可欠であるが，それを促す社会的システムがほかならぬ**小論文**なのである。**小論文は時代を映す鏡であるとともに，時代を救う目的をもった学習プログラムであり，全体システムの安定化プログラムでもあるのだ。**

第III部
実践的問題演習

世界を映しだすモナドは、自己の眼差しをも世界の一部に閉じ込めてしまう。
そのとき自己と世界の乖離は解消する。だが、モナドを支えるものは、あくまで己でなければならない。

　第I部，第II部をふまえて，第III部では，実際の入試問題を解きながら，近代的な「知」の批判的検討を試みる。この部では，次のことに留意してほしい。
1) 第I部で示した**概念の埋め込み**がどのようになされているかを確認すること。
2) おなじく第I部で示した**抽象化**と**論理化**がどのようになされているかを確認すること。
3) 第II部で展開された世界観(20世紀的知)が，具体的な問題でどのように応用されているかを確認すること。
4) 自分が受ける大学・学部にこだわらず，全体を通して読み，世界観の適用の諸相を感じ取ること。

1．環境問題

＊タイプ(A), (B), (C)の説明は42頁参照

(1)「地球環境の汚染」 京都大 医学部　　　　　　　　タイプ(A)

　次の文章は，昆虫駆除のために用いられた化学薬品による地球環境の汚染について，約三十五年前に書かれたものである。これを読んで後の問いに答えなさい。

　私たちは，いまや分かれ道にいる。どちらの道を選ぶべきか，いまさら迷うまでもない。長い間旅をしてきた道は，素晴らしいハイウェイで，すごいスピードに酔うこともできるが，私たちはだまされているのだ。その行き着く先は，禍であり破滅だ。もう一つの道は，あまり《人も行かぬ》が，この道を行くときにこそ，私たちは自分の棲家(すみか)の安全を守れる。そして，それはまた，私たちが身の安全を守ろうと思うならば，最後の，唯一のチャンスといえよう。

　とにかく，私たちはどちらの道をとるか，決めなければならない。長い間我慢したあげく，とにかく《知る権利》がみんなにもあることを認めさせ，人類が意味のない恐るべき危険に乗り出していることがわかったからには，一刻もぐずぐずすべきではない。毒のある化学薬品をいたるところ撒かなければならない，などという人たちの言葉に耳を貸してはいけない。目を見開き，どういう別の道があるのか，を探さなければならない。

　私たちの住んでいる地球は自分たち人間だけのものではない——この考えから出発する新しい，夢豊かな，創造的な努力には，《自分タチノ扱ッテイル相手ハ，生命アルモノナノダ》という認識が終始光り輝いている。生きている集団，押したり押し戻されたりする力関係，波のうねりのような高まりと引き——このような世界を私たちは相手にしている。昆虫と私たち人間の世界が納得し合い和解するのを望むならば，さまざまの生命力を無視することなく，うまく導いて，私たち人間にさからわないようにするほかない。

　人に後れを取るものかと，やたらに，毒薬を振りまいたあげく，現代人は根源的なものに思いをひそめることができなくなってしまった。こん棒をやたらと振り回した洞穴時代の人間に比べて少しも進歩せず，近代人は化学薬品を雨あられと生命あるものに浴びせかけた。精密でもろい生命も，また，奇跡的に少しのことではへこたれず，もり返してきて，思いもよらぬ逆襲を試みる。生命にひそむ，この不思議な力など，化学薬品をふりまく人間は考えてもみない。《高キニ心ヲ向ケルコトナク自己満足ニオチイリ》，巨大な自然の力にへりくだることなく，ただ，自然をもてあそんでいる。

　《自然の征服》——これは，人間が得意になって考え出した勝手な文句にすぎない。生物学，哲学のいわゆるネアンデルタール時代にできた言葉だ。自然は，人間の生活に役立つために存在する，などと思い上がっていたのだ。このような考え方とや

り方は，科学の石器時代のものというべきである。およそ学問ともよべない原始的な科学が最新の武器を手にして勝手なことをしているとは，何とそらおそろしいことか。おそろしい武器を考え出してはその矛先を昆虫に向けていたが，それがほかならぬ私たち人間の住む地球そのものに向けられていたのだ。

(レイチェル・カーソン『沈黙の春』より，一部変更)

問
　下線部「およそ学問ともよべない原始的な科学」とはどのような内容を指し，いかなる点に問題があるかを述べ，また，下線部「もう一つの道」とは具体的にどのようなものかを説明し，さらに医療の場においても教訓とすべきことがないかどうか考察しなさい。(800字程度)

解　説

　出題文はレイチェル・カーソンの『沈黙の春』(1962年)からの抜粋である。この本は環境倫理学の古典とされているものである。まだ環境問題が公害問題と同一視されていた時代の著作だが，観点はすでに地球環境の保全というシステム論で貫かれている。
　さて，第Ⅱ部の「20世紀的知の構造」を読んだ人はここでの問題の所在はすぐに気づくだろう。ここに抜粋されている部分は，近代が生み出した個別科学が有する自己目的的な研究スタイルと，環境問題がクローズアップされる時代になってからの総合的な科学が有する自己言及的な科学の研究スタイルの違いを問題にしている。本文中の「およそ学問ともよべない原始的な科学」とは，いうまでもなく個別科学としての近代科学のことであり，「もう一つの道」とは，これまたいうまでもなく総合化され臨床化された現代の科学のことを指している。
　したがって，設問に答えようとすれば，近代科学と現代の科学の相違点を概念的に指摘すれば十分である。また，医療の現場で教訓とすべきことがないか，との問いに対しては，当然のことながら「ある」と答え，現代の医療のあり方——とくに倫理的側面——についてそれなりの意見を表明することになる。そこで重要なポイントは，自己言及的な医療のあり方をいかに語るかである。
　ところで，医学部がこうした環境問題を出題文に選んだ理由は，現代の医学——科学の一つ——が，すでに個別科学の領域を超えて，総合的でシステム論的な科学になっていることを受験生が直観的に理解しているかどうかを試すためである。因果関係が複雑に絡み合っている現代の環境問題は一つのシステム論的思考を余儀なくさせるが，それはあらゆる科学研究プログラムにもあてはまり，医療行為をおこなう医者にも，当然そのシステム論的思考は適用されるからである。特に医療行為の場合には患者と医者という関係が中心になり倫理的関係として現れるために事柄が複雑になる。そのあたりのことが感情レベルの問題ではなく認識レベルの問題として消化できているかどうかが試されているのである。

重要概念
【本文中の重要概念】
「自然の征服」「生物学，哲学のネアンデルタール時代」「自然は人間の生活に役に立つために存在する」「危険」「地球」「生命」「和解」
【その他答案作成のための重要概念】
「近代科学」「ベーコン主義」「個別性」「自己目的」「人間中心主義」「機能主義」「目的合理主義」「生態系」「システム思考」「地球中心」「共生」「循環」「生命」「インタラクション（相互作用）」

【解答模範例】

　「およそ学問ともよべない原始的な科学」とは，端的にいえば20世紀前半までの近代科学のことを指している。その特徴は**個別性**，**自己目的性**が中心であるが，その背景には**人間が世界の中心**であり，なおかつ（カーソンの言を借りれば）"自然は人間の生活に役に立つために存在する"という**機能主義**や**目的合理主義**がある。
　一方，「もう一つの道」とは，現代的な科学のことであり，それは単なる個別的・盲目的に自然を研究対象とするような科学ではなく，地球規模での**生態系**を一つの大きなエコ・システムとみなす**システム論的な思考**をもった科学のことである。また，それは具体的に言えば，地球環境の破壊を極限的に阻止することを第一の目的として人間と自然が**共生**できる道を探る環境工学や環境社会学などの環境学一般のことを指していると言える。
　なお，医療現場において，こうしたカーソンの考え方から教訓とすべきことがあるかどうかという点に関していえば，当然のことながら「ある」と答えなければならない。なぜなら，カーソンが問題にしている近代科学の「自然征服」の姿勢（**ベーコン主義**）が近代から現代にかけて様々に人類に災厄をもたらしたことは明らかであり，その反省の上に立ってでなければいかなる科学的な営みも倫理的に許されるものではないからである。また，医療という生命体を扱う場を考えれば，当然のことながら**生態系**の発想が必要となり，**地球**規模におよぶ壮大なスケールのもとで思考することが求められるからである。また，医者と患者という関係からいっても，機能主義では収まり切れない**インタラクティブな関係**を前提にしない限り，これからの医療は考えられないことも重要な要素としてつけ加えておくべきだろう。
（728字）

(2)「自然の支配」　早稲田大　人間科学部　　　　　　　タイプ（A）

　次の文章は，福沢諭吉の『文明論之概略』（明治8年）からの引用（訳文）である。そこには，自然に対する人の「知力」と「勇力」のあり方を読み取ることができる。彼のいう「知力」と「勇力」に言及しながら，現代における人と自然のかかわりについて論

述しなさい。（500字以上800字以内）

　文明が次第に進み，人智が発達するにつれて，人間には"懐疑の精神"が生まれてきた。天地間の事物を軽々しく見逃すことなく，物の作用を見れば，必ずその原因を突き止めようとする。たとえ真の原因は突き止められなくても，一旦懐疑の精神が起こった以上，その物の利害を考えて，利を採り，害を避ける工夫をめぐらさざるを得ない。風雨の災害を避けるには家屋を厳重にし，河海の水害を防ぐには堤防を築き，水を渡るには船を作り，火を防ぐには水を用いる。あるいは薬を作って病を直し，水路を開いて干ばつに備えるなど，多少とも知力に頼って，生活の不如意を解決するようになってきた。

　すでに知力を以て生活の安定が得られる段階になれば，天災を恐れる無智な感情は次第に薄らぎ，これまで頼みにしていた神への信仰などは，半ば消滅せざるを得なくなる。そこで知力が一歩進めば，勇気も一段と進み，知力の進歩とともに，勇気も無限に湧き出してきたわけである。

　今，西洋人の文明についてこの点を考えると，彼らは身辺の万物，五官［目，耳，鼻，舌，皮膚］に感ずる限りのものは，ことごとくその性質を探り，その作用を調べ，さらにその作用の原因を研究する。そして少しでも利のあるものは利用し，害のあるものは除去し，現代におけるあらん限りの知力を用いつくして余すところがない。たとえば水火を利用して蒸気を作り，（汽船を発明して），太平洋の波も乗り切れるようになった。広大なアルプス山も，これを拓いて，車が走られるようになった。避雷針が発明されてからは，雷もその威力を発揮できなくなったし，化学の研究［土性の分析や肥料・農薬の発達など］が次第に効果を示して，飢饉で人の死ぬことも減ってきた。電気の力は恐ろしいが，これを利用すれば，（電信によって）飛脚の代役をさせることができる。光線の性質は複雑だが，その映し出すかたちを撮影して，写真を作ることも可能になった。風波の恐れがあれば，港を作って船を護り，流行病の危険があれば，防疫の策を講じて近寄らせぬのが現状である。

　これを要するに，人智を以て自然の力を征服し，次第に自然界の奥に踏み込んで，造化の秘密を暴露し，その勝手な働きを押さえて，自由に暴れさせぬようにするのが近代の文明なのである。知力に伴って発する勇力は，その向かう所，天地に敵なし，いわば人間の力で天をこき使うといってもよかろう。すでに人間が自然を支配して，自由に利用するとなれば，これを恐れて崇め奉る必要がどこにあろうか。山を祭ったり，川を拝んだりする者がどこにあろうか。山沢河海，風雨日月の類は，文明人にとっては奴隷となったも同然である。

解　説

　いうまでもなく，福沢諭吉は明治初期の日本の文明開化を強力に推し進めた人である。その思想は，ここに端的に表されているように，いわゆるベーコン主義（自然征服思想）である。

こうした福沢のベーコン主義に対して，君はどう考えるか，それが問われている。安直に福沢・ベーコン路線を肯定することは，よもやないとは思うが，明確にそれを否定し去ることができるかというと，若干怪しいのではなかろうか。いろいろと述べ立てているうちに，結局は「知は力なり」の路線に舞い戻ってしまうということになる可能性がありはしないか。ここでは，明確にベーコン主義を否定し去る必要がある。そしてその否定のためには，モダニズムに対抗するための概念装置を知っている必要がある。

ここでは「自然の征服」といった人間中心主義に対抗すべく生態系という概念がものを言うだろう。また，「知力」という理性主義をパラダイム論によって駆逐することも必要かもしれない。いずれにしても，自然を敵にまわして自然に君臨することだけを企図するような偏狭な思い上がりを，システム論的な視座から徹底的に打ちのめす必要がある。それができるかどうかが試されているのである。

方向は見定めても，使う論理が単なる感情論ではダメである。「人間の思い上がりを反省しよう」「自然を大切にしよう」「自然と仲良くしよう」「自然に帰ろう」……等々，といった言葉あそびはこの際どうでもいい。その程度の感情論ならば小学生でも言える。問題はそれを明確な概念として切り出すことである。

重要概念

【本文中の重要概念】
「近代の文明」「知力」「勇力」「利害」「生活の不如意」「作用」「作用の原因」「天地に敵なし」「天をこき使う」「自然を支配」

【その他答案作成のための重要概念】
「近代科学」「客観主義」「普遍主義」「理性主義」「啓蒙主義」「作用因」「機能主義」「効率主義」「二元論」「ベーコン主義」「システム思考」「生態系」「共生」「因果関係の循環性」「パラダイム」

【解答模範例】

　明治8年に書かれた福沢のこの文章は，自然を征服しようという「**ベーコン主義**」を端的に表明するものである。自然と人間を**二元論的**に対立するものとみなし，一方の人間が他方の自然を支配し利用するという図式が，そこには明確に打ち出されている。だが，こうした**二元論的**で**人間中心主義的**な世界理解は，今となっては時代遅れとしか言いようがない。

　いわゆる啓蒙思想家としての福沢諭吉が「知力」や「勇力」といった**啓蒙主義的**で**理性主義的**なもの言いをすることは，時代的制約からいってやむを得ないことではあるが，**生態系の保全**と**地球環境の持続可能性**が課題となっている21世紀に住まうわれわれがこうしたもの言いをすることは，倫理的に許されるものでないことは明らかである。

　近代から現代にかけて，人類は科学の力によってさまざまな災厄を取り除いてきたこと，そして安全で快適な生活を手に入れてきたこと，これは福沢のいうと

おりであり，その点に関しては福沢を批判することはできないだろう。だが，それに伴って，人間は自然を破壊し生態系を粉砕してきた。いま地球環境は瀕死の状態にあると言われている。こうした状況にあっては，単に自然を支配し，そこから人間にとって利用できるものだけを利用しようという安易な**人間中心主義**はもはや端的に禁じられているといっていい。いま人類に求められているのは，地球環境全体についての**システム論的な眼差し**であり，システム論的に自然と共存する方法の樹立なのである。

ときに「**自然との共生**」という言葉が使われることがあるが，これは単なる自然との感覚的な融和を企図する概念ではない。今われわれは感覚的・感情的なレベルをはるかに超えて，リアルな**因果関係**の中で自然と共生する具体的な方法が求められているのである。　　　　　　　　　　　　　　　　　　　　　（800字）

(3)「環境倫理と自己決定」　北海道大　法学部　　　　　　　タイプ(B)

問題

「低俗な内容の雑誌の刊行は，森林資源の枯渇をもたらし，ひいては地球の温暖化につながるから，禁止すべきだ」という見解に対して，次の文にみられる二つの原理の対立の観点から，あなた自身の考えを述べなさい。(600字以内)

　選択の意味を考えると，何のため(目的)だけでなく，誰が(決定主体)という要素が大きい。個人の選択の全体的な結果についても何も知らなくても選択はできる。許可される。

　環境倫理学者はインドの人工妊娠中絶を半ば強制することもやむを得ないという立場をとる。生命倫理学者は，個人の自己決定権の侵害を認めることは絶対にできないという立場をとる。環境倫理学は一種の全体主義であり，生命倫理学は個人主義である。

　生命倫理学(バイオエシックス，bioethics)では，人工妊娠中絶を支持する理由づけが「自己決定」を拠り所にして展開されている。医学の倫理では，「自己決定」を根本原理だと認めておかないと困ることになる。例えば安楽死は「自己決定」という条件があってはじめて認められるので，自己決定のない安楽死は殺人になってしまう。自己決定が究極の倫理的根拠なのだから，それを侵害するものを黙視するわけにいかない。

　環境倫理学(environmental ethics)では，地球上での人類の生存を可能な状態にしておくことが，一番重要な原理である。だから原則としては人工妊娠中絶の強制をしてもいいと主張する人も当然，出てくる。インドや中国で人工妊娠中絶を強制したとしても，西欧諸国が非難するのは間違いだということになる。

　この問題には倫理学上の原理の180度の対立が含まれている。個人の自己決定を原理とする立場と，全体の生存可能性を原理とする立場との対立である。

生命倫理学と環境倫理学とは，ともに同じ時代にアメリカを中心として生まれた思想運動であるが，それぞれの体質はまったく違う。生命倫理学の学者は，たいてい背広を着て，ネクタイをしめて，革靴をはいている。どこかの大学の正式の教授が多い。環境倫理学の学者はジーンズ姿でズック靴をはいている。職業は必ずしも大学教授ではない。ありていにいえば失業者の場合もある。オーストラリアのピーター・シンガー教授は，生命倫理学も環境倫理学もどちらもやる人だが，日本に来たときには，背広を着てネクタイをしめていた。ただし，靴はズック靴だった。

　生命倫理学は，大まかにいえば個人主義を徹底し，相対主義の価値観の上に立って，人間と人間の関係を平和的に維持しようとしている。たしかに一見ラディカルではあるが，近代主義に対して倫理学的な保守主義の態度を示している。生命倫理学には，「自分のものは自分で決めていい」という原理がある。自己の所有であるものに対する人格の自己決定の原理こそが，生命倫理学の根底にある前提であるが，これは身体を所有権論に組み込んだものということもできる。

　すなわち生命倫理学は，問題が困難になればなるほど近代的な所有権理論の形に傾斜していく。「自分の物」を拡張すれば，臓器売買，代理母，人体改造，遺伝子改造の正当化ができる。どの場合にも自分の所有への自己決定という構造を用いて正当化が行われる。もちろんそこには功利主義，「他人への危害」を法的干渉の根拠とみなす自由主義の原理も重なり合ってくる。

　人工妊娠中絶をしていいのは，女性の自己決定権の行使だからだ。代理母も認めよう。精液銀行も個人の自由に属する。自由主義の過激な要素が，だいぶ生命倫理学に流れ込んでいる。

　これに対して環境倫理学は反乱的性格をもっている。環境倫理学の基本テーゼは，いずれも挑発的である。

　第一に，単に人格のみならず，自然物もまた最適の生存への権利をもつ(アニミズム)。人間だけが権利をもつという近代的な権利概念を克服しようとする。

　第二に，現在世代は未来世代の生存と幸福に責任をもつ(世代間倫理)。同世代間の合意に拘束力があるという近代的な契約中心主義を打ち破ろうとしている。

　第三に，決定の基本単位は，個人ではなくて地球生態系そのものである(地球全体主義)。個人主義の原理を，根こそぎにしようとしている。

　このテーゼのどれをとっても，生命倫理学が前提としている個人主義的・快楽主義的・自己決定論とは正反対の方向を向いている。

　第一に，生命倫理学の基本概念である生命の質(クオリティー・オブ・ライフ)は徹底的に現在という時間に定位している。痛いか，痛くないかという現在の感覚が，価値判断の原点なのである。環境倫理学は，未来への責任を倫理的な原理に導入する。

　第二に，生命倫理学は，生存権を人格に限定し，その人格の範囲をさらに限定するのであって，人格と非人格の二元論を前提としている。環境倫理学は，いわゆる客体の側にまで，権利の所在を拡張してしまう。

第三に，環境倫理学では地球生態系の存在が個人の生存に優先するのであるから，一種の生態系全体主義の形をとりやすい。生命倫理学では，個人の自己決定は理性的である必要は必ずしもないとされるのであるから，生命倫理と環境倫理の倫理の対立は，個人と全体との対立なのである。

（出典：加藤尚武『環境倫理学のすすめ』丸善ライブラリー，1991年）

解　説

　環境倫理の問題がつねに自己決定権の問題と衝突することを正面から見すえさせる問題である。これは環境問題を考える際につねにつきまとう難問であり，また出題がそうであるように，法的権利を考える場合にも陰に陽に出てくる問題でもある。

　この問題は，せんじ詰めて言えば個人（の自由）を重視するか全体（の秩序）を重視するかの問題である。往々にしてわれわれは抽象的には社会全体の秩序や安定を求めても，それが具体的な個人の自由の侵害にあたる場面に遭遇すると，途端に手のひらを返したように全体の利益よりも個人の利益を尊重し出す。一体どちらの利益を優先させたらよいのか，ほとんどの場合，確固たる信念が定まらないのが実情である。

　だが設問によれば，それをはっきりさせよ，ということである。もちろんここでは「低俗な内容の雑誌」という特定の社会的害悪を想定しているだけだから，一般的なもの言いはできないわけだが，それでも全体の利益と個人の利益という対立的な問題構制自体はなんら揺らいでいるわけではない。したがって，そうした問題構制のもとで語らなければならない。

　おそらく受験生の多くは，この設問に対して，方向としては，内容の低俗さだけをもって発行を禁止することはできない，という方向で語るであろう。その際，誰が内容の低俗を判断するのかという判断主体の問題や，そもそも何を基準に低俗とするのかという価値判断の基準の問題などをあげつらうはずである。一般的な基準がないところで自己決定権を犯すことはできないという論理である。

　だが，一方では社会的な共通善は確かに存在しており，それがために「風俗営業法」や「麻薬取締法」も存在するのである。あるいは酒気帯び運転禁止やシートベルト着用義務についても，そうした共通善の存在があるからこそ，客観的な（主観に左右されない）基準はないにもかかわらず禁止したり義務づけたりすることができるのである。事柄を客観的な基準だけから語ろうとすれば世の中の多くの法規は根拠なく自己決定権を侵害するものと見なさざるを得なくなる。

　個人の自由と公共の秩序との安定的関係を模索させようというのがこの出題の意図であるが——またそれは法学を学ぶ者の究極の目的でもあるが——，解答に当たっては　方に偏して事柄を語るべきではない。両者の適切な均衡点を見出さなければならない。

重要概念
【本文中の重要概念】
「環境倫理」「生態系全体主義」「自然の生存権」「世代間倫理」「未来への責任」「地球全体主義」
「生命倫理」「個人主義」「自己決定」「相対主義」「身体の所有権」「自由主義」
【その他答案作成のための重要概念】
「公共性」「共通善」「公の秩序」「善良の風俗」「共同主観性」「社会的妥当性」
「リベラリズム（自由主義）」「出版・表現の自由」

―【解答模範例】――

　課題文から読み取れる問題構制は，**地球全体主義**と**個人主義（自由主義）**の相克である。全体の利益を考えれば個人の自由を制限せざるをえないが，個人の自由は**自己決定権**の論理から守られるべきだという，二律背反的事態がそこに存在する。

　さて，「低俗な内容の雑誌の刊行」が「森林資源の枯渇」や「地球の温暖化」の遠因になるという理由をもって禁止することができるかという問題であるが，これを先に述べた図式で言い換えれば，自由な**自己決定**を**全体の利益**によって制限することができるかという問題である。

　この問題を考えるに当たって，「低俗」の判断根拠の曖昧さやその判断主体の特定の困難さや，そもそも森林資源の枯渇や地球の温暖化とその刊行物との因果関係の有無の確定の困難さなど，挙げだせば切りがないほどたくさんの疑問があり，それゆえに，それだけの理由をもって**出版・表現の自由**を制限することは不可能という判断は容易にできるところである。だが，一方では，その刊行が**公の秩序**や**善良の風俗**を乱すことが社会的に明らかである場合には，地球環境を乱しているかどうかという問題はともかくとして，**社会に共通に存在するべき善**を阻害していることを以て禁止することは可能であろう。要は，社会全体で成立する**共同主観的な社会的妥当性**がそこに認められるかどうかの問題である。　　　　（600字）

2．情報化の問題

(1)「言語の価値と限界」　京都大　文学部　　　　　タイプ(B)

　Aの文章で語られている〈言語の価値と限界〉とは，具体的にどのようなことをさすのか。この点について，Bの詩を参照しながら，あなたの考えを述べなさい。(1200字)

A
　言語というこの驚くべきものが持つ意義は，それがある存在を意味するというこ

とではなく，言語がそれ自体一つの存在だということである。そして，言語のかたちをとって生まれてくるものは，要するにこのかたち以外では存在しないのであるから，言語というものは常に自分自身だけしか意味することができないのである。ある言葉の価値は，ふつう言葉の内容だとされているもの，すなわち，われわれの感性の領域に属する過程——言葉はこの過程から発展してくるものであり，また，連想作用によって多少ともこの過程のあることを感じさせるものであるが——それに基礎を置いているものではない。言葉の価値はむしろ，はじめはただ不定形な感性過程から成っている現実意識が，言葉のなかで新しい要素，新しい素材を得て豊かになるという点に基づいているのである。およそこの新しい要素と素材があってはじめて，人は首尾一貫して明確な現実を構築する驚くべき可能性が与えられるのである。このように理解すれば，測り知れぬ言語の価値が正しく評価されることになるであろうし，その反面，言語のなかで，言語を通じて成就される人間精神の発展にひとつの限界があることを見逃すこともないであろう。

(コンラート・フィードラー『芸術活動の根源』(山崎正和，物部晃二訳)より)

B

りんごへの固執

　紅いということはできない，色ではなくりんごなのだ。丸いということはできない，形ではなくりんごなのだ。酸っぱいということはできない，味ではなくりんごなのだ。高いということはできない，値段ではないりんごなのだ。きれいということはできない，美ではないりんごだ。分類することはできない，植物ではなく，りんごなのだから。

　花咲くりんごだ。実るりんご，枝で風に揺れるりんごだ。雨に打たれるりんご，ついばまれるりんごだ，もぎとられるりんごだ。地に落ちるりんごだ。腐るりんごだ。種子のりんご，芽を吹くりんご。りんごと呼ぶ必要もないりんごだ。りんごでなくてもいいりんご，りんごであってもいいりんご，りんごであろうがなかろうが，ただひとつのりんごはすべてのりんごだ。

　紅玉だ，国光だ，王鈴だ，祝だ，きさきがけだ，べにさきがけだ，一個のりんごだ，三個の五個の一ダースの，七キロのりんご，十二トンのりんご二百万トンのりんごなのだ。生産されるりんご，運搬されるりんごだ。計量され梱包され取引されるりんご。消毒されるりんごだ，消化されるりんごだ，消費されるりんごである。消されるりんごです。りんごだあ！りんごか？

　それだ，そこにあるそれ，そのそれだ。そこのその，籠の中のそれ。テーブルから落下するそれ，画布にうつされるそれ，天火で焼かれるそれなのだ。子どもはそれを手にとり，それをかじる，それだ，その。いくら食べてもいくら腐っても，次から次へと枝々に湧き，きらきらと際限なく店頭にあふれるそれ。何のレプリカ，何時のレプリカ？　答えることはできない，りんごなのだ。問うことはできない，りんごなのだ。語ることはできない，ついにりんごでしかないのだ，いまだに……

(『新選谷川俊太郎詩集』より)

解　説

　すでに言語のフェティッシュな存在性格について学習した者にとっては，ここで問題にされていることは比較的わかりやすいことだろう。一方，19世紀的な言語観しかもっていない者にとっては，ここで問題にされていること(特にＡの文章)は雲をつかむような話に聞こえるかもしれない。

　詳細な説明はここでは割愛するが，言語を考える上で主観と客観の二元論図式で考えることは許されない。そのことはＡの文章が，「ある存在を意味するのではない」と明瞭に語っていることからもわかるだろう。主観の向こう岸に客観の存在世界が広がっており，その存在世界の意味を拾い集めてくるといった具合に言葉は使われるのではない。言語は，フィードラーが指摘するように，すでにして「一つの存在」なのであり，もっといえばシニフィアン／シニフィエの両義的存在なのである。言語を越えた向こう岸に何かが在るということは言えても，それが何であるかや，どうあるかは端的に不可知である。

　言語についての学習を積んでいない者にとっては，谷川俊太郎のこの詩は存在の詩に聞こえるだろう。りんごという言葉を離れたところで成立しているりんごそのものの存在についての詩(うた)に聞こえるに違いない。だが，それは解釈としては端的に誤っている。谷川はここで存在についてうたっているのではなく，「りんご」についてうたっているのである。だからこそ「りんごでなくてもいいりんご，りんごであってもいいりんご」とあくまで「りんご」という名辞にこだわる姿勢を示し，「語ることはできない，ついにりんごでしかないのだ，いまだに」と「りんご」という名辞によってしかりんごは"示す"ことができないことを明確に告げているのである。

　谷川がここで試みているのは，あの赤くて丸くて甘くて酸っぱい果物を，存在の側に回り込んで表現することなどではさらさらなく，こちらから言葉を通じて表現できる可能性を極限まで試しているのである。言葉の意味は，その他の言葉との差異の体系として存在し，その言葉が使用される用法の集積として立ち現れる。それを谷川は最もコンパクトな形で読者に示そうとしているのだ。

　したがって，解答にあたって最も大切なことは，主観─客観の二元論を前提にした物と言葉という図式で語ってはならないということである。言葉が届かない彼方に，物がその物として存在する，といった理解で語ってはならない。あくまでも差異の体系の中に据え置かれたフェティッシュなもの(＝言語)から抜け出そうにも抜け出せない人間の限界を見定めなければならない。したがってまた，そのことは，単に言語の価値と限界についての考察であるにとどまらず，人間存在のあり方の論定であり，一つの世界観の提示でなければならない。

重要概念

【本文中の重要概念】
Ａ　「言語」「存在」「価値」「感性過程」「不定形な感性過程」「新しい要素と素材」「限界」

B 「りんご」
【その他答案作成のための重要概念】
「主観」「客観」「物と言葉」「差異」「用法」「フェティシズム」

――【解答模範例】――

　Aの文章に現れる「言葉の価値と限界」を見定めるにあたって重要なヒントになるのは，Bの谷川俊太郎の詩である。谷川はここで，言語のもつ意味を，ある特徴的な方法を通じて明らかにしようとしている。

　すなわち，ここで彼は，「りんご」という言葉のもつ意味を確かめるために，「りんご」にまつわるさまざまな**用法**を試みることによって，りんごの存在の様相を浮き彫りにしようとする。味でも形でも色でもないのが「りんご」であり，量にも価格にも種類にも還元できないのが「りんご」であるとして，「りんご」という言葉がもつ独特の輝き，独自の意味を，その他のあらゆる言葉との**差異**を示すことによって極限的に明確化しようとしている。その試みは，一見すると，「りんご」という言葉の彼岸に存在するであろうりんご自体の存在の表現の試みにもみえるが，谷川が真にここで試みようとしているのは，そうした言葉を超絶した彼岸の呈示ではなく，鈍重ではあっても言葉とともに「りんご」の存在を一歩一歩確かめてゆく道である。

　往々にしてわれわれは，言葉は**主観的な観念**にすぎず，言葉が表す対象としての物の写し（コピー）だと思いなしているが，こうした理解を谷川の詩は打ち砕くものである。谷川は，「何のレプリカ，何時のレプリカ？　答えることはできない，りんごなのだ。問うことはできない，りんごなのだ。語ることはできない，ついにりんごでしかないのだ，いまだに……」と結ぶことによって，「りんご」があくまでも言語世界の**フェティッシュな性格**をぬぐい取ることができないものであることを明瞭に告げている。〈物と言葉〉という二元論で考えることは，ここでは禁じられているといっていいだろう。りんごが徹頭徹尾りんごでしかないという谷川の認定は，言語が恣意的なものでありながら，その背後に回り込んでその実体をつかみとることができないもどかしさをはっきりと映し出している。

　ひるがえって「言語の価値と限界」について考えるとき，言語のほかに何か別様の存在様式があるかのような理解で言語の「価値」や「限界」を考えることはできないだろう。「言語はここまでが限界である」といった言い方は，まったく言語のもつ絶対的な力を無視するものである。フィードラーがいうように，言語は「自分自身だけしか意味することができない」というフェティッシュな「価値」をもつものであると同時に，言語を通じてのみ「明確な現実を構築する」ことがかろうじて可能になるという「限界」をもつものである。われわれは，そういう意味では，端的に言語的世界に住まう住人でしかないし，言語という**フェティッシュな世界**から一歩も抜け出せない構造に縛られた存在でしかない。**言語の限界**とは，したがって，人間の在り方の限界でもあると言えるだろう。

（1194字）

(2)「真なる知と贋金(にせがね)」　早稲田大　第一文学部　　　　　　　タイプ(A)

　ソクラテスのいわゆる「無知の知」という論法が嫌いだと言いキニクのディオゲネスを愛するというある批評家に対して，別のある批評家が，しかしソクラテスとディオゲネスは結局のところ同じことを言っているのではないかと反論している。ソクラテスは要するにあらゆる通貨＝知は贋金にほかならず，真なる貨幣など存在しないと言っているのであり，それに対してディオゲネスは敢えて貨幣偽造を行いそれを発行することによって，同じくあらゆる貨幣＝知は贋金にすぎないと示そうとしたのである。つまり二人はともに，流通している公式の貨幣＝知に対する同じ懐疑を示しているのである，と。

　確かにソクラテス的懐疑とディオゲネス的懐疑は同じことを示しているように見える。双方ともに，真なる貨幣＝知など存在せず，ただ贋金が流通しているだけであり，公式の知とは要するに贋金を真なる貨幣だと言い張る権力の頑迷さにすぎないというわけである。この二人の主張には微妙だが決定的な相違があるようだ。ひとことで言えば，ソクラテスはあらゆる知への懐疑において，懐疑の否定性において地上の知には属さない至高の知，「真なる知」「真なる貨幣」を導いてくるのに対し，ディオゲネスはただすべては贋金であると言っているだけであり，懐疑の否定性における真なる貨幣，知の導出をまったく認めていないように思われるのである。いわばソクラテスには懐疑の否定性において真なるものを導いてこようとする「超越論的現象学」「現象学的還元」の手つきが潜在しているが，ディオゲネスのそれは一種の絶対的懐疑論であって，そうした真理の潜在的導出は認められないのである。そしてここからはずいぶん性質の異なる「世界」が導かれてくるだろう。

　ディオゲネスの絶対的懐疑論……これは要するに一種のニヒリズムを成すことになるだろうか？　すべては贋金である。真なる貨幣＝知など存在せず，仮にそんなものがありうるにしても，それは人間の能力の権限外にあるものである。人間はただ贋金を生み出し流通させることしかできない……。おそらくディオゲネスの試みはニヒリズムにおける試みである。しかし重要なのはディオゲネスがこのニヒリズムから「すべては虚しい」式の脱力を導いてはこないという点であるだろう。

　周知のように，伝説によれば，キニクのディオゲネスは「通貨を変えよ」というデルフォイの神託を受け，それにしたがって実際に通貨を偽造し，その罪によって追放の刑を受けることになる。「私はその神託に従い，文字通り通貨偽造の罪科で追放された」。「汝自身を知れ」という神託を受けたソクラテスに対しディオゲネスは「通貨を偽造せよ」という神託を受け，追放されたわけである。ところでソクラテスとディオゲネスとの類似性を暗黙に認めているある解説者はこの偽造の象徴的意味を次のように解読している。「流通している政府貨幣(知)は真証の価値尺度と適合しないままに刻印されているのだから，粗悪な通貨(知)なのだ。必要なことは，そんな通貨を鋳つぶして流通から締め出し，新しい通貨つまりは新しい価値(真理)を流通させることなのだ」(堀田彰『エピクロスとストア』)。傍点およびカッコ内は筆者

の補足による）。つまりは，わが物顔に流通してはいるが実のところそれ自体贋物にすぎない「政府通貨」に対して「真なる貨幣」を提示することが肝要なのであり，それがディオゲネスの通貨偽造の象徴的意味なのだというわけである。偽に対して真を置くこと，そのために真と信じられているものを疑問に付し，真に真なるものを置くこと，これがその意味である，と。これがおそらく正統的な解釈であり，学問的にそれに抵抗するつもりはない。しかし，次の点に注意してみよう。確かにディオゲネスは「政府通貨」を真なるものとしては否定した。しかし，一方，自分がつくり出した貨幣も彼は「偽造通貨」と呼び，決して「新しい通貨」「新しい価値」「より真なる貨幣」とは呼んでいないのである。ここから一つのユーモアの戦略を読み取ることは容易である。私の通貨は偽造である。しかし，いわゆる政府通貨にもそれが公式に流通しているという点を除けば私の通貨以上に正当な根拠があるわけではない，贋金と真なる貨幣を分けているのは「真理」ではなくてただ取り決めだけであり，その取り決めを失えば偽造貨幣と真なる貨幣は同じものにすぎない。逆にいえば，各自がこれこそ真であるという取り決めを行えば，あらゆる偽造貨幣はそのまま真なる貨幣となるだろう，と。いわばユーモアを戦略としたニヒリスティックな相対主義が認められることになるわけである。

　ユーモアを戦略としたニヒリスティックな相対主義……すべては贋金であり，したがって何だって真理のような顔をすることが出来るが，実のところすべては贋金なのだ……。しかし，重要なのは，ディオゲネスにはいわば「贋金のポジティヴィズム」とでも呼べるものが認められるという点である。ディオゲネスは一度も贋金は悪であるとは言っていないのだ。彼が否定しているのは「真なる貨幣」という観念だけであり，だから「政府通貨」が否定の対象となるが，それは，政府通貨が実は贋金だから否定されるのではなく，贋金なのに真なる貨幣であると言い張るゆえである。つまりは彼が否定しているのは自らを真なるものとして固持する贋金なのであり，贋金そのものではないのである。

　この文章を読み，内容を踏まえた上で「知」について論じなさい。（600〜1000字）

解説

　課題文は，ソクラテスとディオゲネスの知についての考え方の相違をテコにして，知の相対主義（ディオゲネス路線）で開き直る可能性を模索している。ご存知のこととは思うがソクラテスは普遍主義者であり，彼が相対的な知を疑うときは背後に真なる知を想定している。一方，ディオゲネスは根っからの相対主義者であり，真なる知なんぞまったく信用しておらず，この文章の筆者によれば，「ユーモアを戦略としたニヒリスティックな相対主義」者ということになる。要するに，真なる知なんて存在しないし，存在しなくたって結構，というわけである。

　早稲田大は，こうした普遍主義対相対主義の対立を前提にして，相対主義寄りに話

をすすめる上のような課題文を提示したうえで，知について何か述べよと要求している。したがって，素直に解釈すれば，それは相対主義と普遍主義の相克をあなたはどうとらえるか，ということを聞きたがっていると解釈しなければならない。

現代の知が総じて相対主義化してきているのははっきりとした事実であり，それを否定することはほとんど絶望的である。したがって，上の図式になぞらえていえば，ディオゲネス路線をそのままに踏襲することが現代の知のあり方を率直に物語るものとなる。もちろん，そうはいっても，単純に「ディオゲネス万歳」では話にならないので，知の相対化をそれなりの概念枠組みによって補強的に説明しなおす必要はあるが，いずれにしても相対主義路線で突き進むほかないことだけは間違いないところである。

相対主義を補強するための概念枠組みとしてどのような概念が考えられるかということについて若干述べておくと，普遍主義(＝ソクラテス主義)は当然使うことになるだろうし，場合によっては客観性や必然性という概念も使うことになるかもしれない。あるいはオリジナルとコピーの対応関係を廃棄することを促せば，そこには二元論という概念も登場することになるだろう。要は，第Ⅱ部で見たように，近代の知の批判を行えば，それで十分なのである。

重要概念
【本文中の重要概念】
「真なる知」「真理」「贋金」「ニヒリズム」「取り決め」「相対主義」「贋金のポジティヴィズム」

【その他答案作成のための重要概念】
「普遍主義」「フェティシズム」「象徴」「記号」「パラダイム」「共同幻想」

【解答模範例】

ソクラテスの懐疑とディオゲネスの懐疑が表面的には同じように見えても，内実においては正反対の方向への思考が働いているという筆者の論理は，われわれにある種の態度決定を迫るものがある。それは端的に表現すればソクラテスの**普遍主義**で行くのか，それともディオゲネスの**相対主義**で行くのか，それをはっきりさせなければならない，というものである。

そもそも現実に存在する知がいかにも根拠の希薄な「贋金」にすぎないものであることはいうまでもないことである。常識と名のつくものはあまりにも杜撰(ずさん)な論理や理論しか背景に持っておらず，それがために学問という営みもまた必要になってくるのである。現実に流布しているそうした知にたいして，それを否定的に見る点においてはソクラテスもディオゲネスも同様の立場をとるが，そこから普遍(真理)へと向かうか，それとも贋金の世界で開き直るかで，両者の知的スタンスの違いは大きく異なっている。

私としては，ディオゲネスの立場——しかもそれは筆者のいう「ユーモアを戦略としたニヒリスティックな相対主義」——が正しい知の読み取り方ではないかと思う。なぜなら，現代の知は，記号論や科学論を持ち出すまでもなく，**記号化**

や**象徴化**や**パラダイム化**されたものでしかないことが分かっており，その意味では"底"が存在しない**フェティッシュな世界**のある種の**共同幻想**であることが判明しているからである。

　要は，体系(システム)としてどれだけ"美しい"かが最後の判定の基準でしかない。葵の御紋よろしく普遍を持ち出して白黒をつけるというのは，現代という時代においては，やはり少々時代錯誤の喜劇といわざるを得ないのではなかろうか。

(750字)

(3)「オリジナル・コピー・シミュラークル」　筑波大　第二学群

タイプ(C)

　次の文章を読んで，あとの問に答えなさい。
　尾辻克彦・赤瀬川原平は，「模写の付録に構造がある」(『本物そっくりの夢』所収)のなかで，模写と描写とを区別する。富士山の前にキャンバスを立てて，富士山を見たそのままに描き写したら描写だが，富士山を写真に撮って，その写真を見ながらその写真そっくりの絵を描いたなら模写だと言うのである。
　模写とは元のものをまねて写すことだが，その元のものが何であるかは，よく考えると微妙である。まねて写すというときのマネ，マネビ(真似，学び)は，見聞したことをそのまま人に語ることや，芝居や人間界以外の状態を演ずることも言うし，また哲学の方の模写説は，認識は実在の忠実な模写・反映であるとするのだから，模写される元のものは，尾辻・赤瀬川の言う描写の対象たる現実のものであってもいいことになる。すると描写と模写の差は消えてしまう。せいぜいそれは写しの程度の差ということになるだろう。
　ところが一方で，あの懐かしい古川緑波のつくった声帯模写というのがあるが，その模写の対象が，政治家や芸能人の声であるときと，鳥獣の声であるときに生まれる差は何だろう。人が人を真似るときは，真似られた人がそっくりそこへ出てきてしまったり，真似る人が真似られた人にすり替わってしまうような錯覚をいだくが，鳥獣の鳴き声のときは，遠くからそこへ近づいていくような気がするだけだ。声帯模写には，模写と描写の差があるように思われる。
　こうしたことを考えていくと，描写とは，尾辻・赤瀬川の示唆するとおり，知性的行為，または知性的行為の所産を，そっくりそのままうつしとることだと言えそうである。そう定義すれば，見聞したことをそのまま人に語るということも，見聞という知的行為が先行しているゆえに描写だし，芝居で人間界以外の状態を演ずることも，そこにはすでに先行する知的行為によって生み出された一つの型があってそれをコピーしているのだから模写だと言える。そしてさらに哲学の模写説も，絶対的な型が個々の認識に先行していると考えることによってそこに包括できる。尾辻・赤瀬川のいう模写と描写の区別は納得がゆくのである。
　さてそこで話をもとに戻すが，尾辻・赤瀬川は，模写はなぜかそれだけで嬉しい，

それは本当は生命の根源に関わってくることではないかという。彼(ら)はその理由を模写が「知性の中を素通りする」ところに見つける。写真そっくりに描かれた絵を見て，「え？これ描いたの？」という驚き，見る方ばかりでなく描く方にもある「そっくり」ということに感じる快感というものは，それが人間の手を通っていながら「知性」の中を素通りしているからだというのだ。「素通りするなら当然ながらそのまま見ることはできない。それはソックリという現象にはじめてその確かな痕跡を認めることができる」というわけだ。

　これは巧みな言い方だが，少し曖昧でもある。「知性の中を素通りする」とはどういうことなのか？　「素通り」すると見えないはずとはどうしてか？　もう少し綿密に考えると，それは模写がすでに一つの知性的行為の結果を前提としているゆえに，その行為の結果をなぞるのにさらなる知性はいらない，人はひたすら眼となり，その眼と直結した手となればよい，ということであるのが分かる。さて，「素通り」すると見えないはずとは，今度はその模写を見る人の話である。透明人間は屈折率が空気の屈折率と同じだから見ることができない。それと同じように，模写は模写されたものと，いわばその屈折率が同じなのだ。ところが気がつくと，それはまさに「ソックリ」という点において元のものと違うことによって見ることができるのである。こうしたわけで，尾辻・赤瀬川は，立体のものを平面に描き写すのではなく，平面のものを平面にというように，つまり「形態を転換しないで描き写す」ことが模写であると定義することになる。

　しかし，このように一般化するとき問題が起こってくる。いわゆる普通の意味での絵の模写は，平面から平面へという定義に合致する。しかしそれが，模写する側においては知性を素通りし，また勉強になるというので楽しくためになるかも知れないが，それを見る側においては別段おもしろくも何ともなく，そして全然知性を素通りしないのはなぜだろうか。尾辻・赤瀬川の言うように模写がおもしろいのは，それが写真の模写であるからではないだろうか，という考えが当然出てくるのである。

　絵を模写するとき，模写される絵はオリジナルであり，模写はコピーである。そこでの模写とは，原作＝オリジナルをできるだけ忠実にコピーすることだ。模写(コピー)はどこまでいっても模写(コピー)のままで，原作(オリジナル)の外へ出ることはできない。独特の個性的な模写(コピー)，つまり換骨奪胎がオリジナルの外へ出ることができるのは，それがもうコピーでないからだ。模写(コピー)が模写(コピー)として素晴らしい出来で，原作(オリジナル)に本当にソックリだったらどうか。するとそれは真作と区別がつかなくなり，真作として通用してしまうか，あるいは真作が出てきたらおわりの贋作であるか，どちらかである。このように，絵の模写においては，オリジナルであるか，コピーであるか，存在のしかたは二つに一つなのだ。人はそこで二項対立の内部に閉じ込められている。

　これに反して写真の模写は，考えてみるまでもなく，写真がすでにコピーなのである。写真はここで模写の対象になるという意味ではオリジナルと言えるが，それ

自体がコピー存在である。それゆえ写真の模写はコピーのコピーである。もともとそれ自体でコピーのものをさらにコピーしてどうするのか，と言われよう。できたコピーはまったく無意味で空白な存在ではないか。それはまるでがらんどうだ。この空虚が楽しいのだと言ったら，嘘に聞こえようか。しかし，何かをコピーしながら，オリジナルとコピーという二項対立から逃れうるのは，そうそうあることではない。これはコピーだが，オリジナルに従属していない。相手もコピーなのだ。しかも，これはコピーであることに止まっていない。なぜならこれは元のコピーと同じものではないのだ。「え？　これ描いたの？」というわけである。気がつくとそれは元のコピーとは全然別のもので，それ自体で存在している。たしかにこれはあれをマネたのだから，あれはこれのオリジナルで，これはあれのコピーなのだが，これはこれでオリジナルではないか。コピーでありながらコピーでないというこのシミュラークル（注）。写真の模写が嬉しいのは，それがオリジナルかコピーかというつまらない二項対立を，内側から崩すシミュラークルであるからなのだ。

(原章二『近代の映像』による)

注）シミュラークル：模擬・模造品・見せかけ・幻影などを意味するフランス語

【問1】　本文の中で，絵の模写と写真の模写はどのように比較されていますか。筆者の考えを300字以内で要約しなさい。

【問2】　本文で取り上げられている問題は，文化一般にも見出せると考えられます。具体例を挙げ，そこにおいてオリジナル・コピー・シミュラークルがどのような関係にあるかを，600字以内で論じなさい。

解説

　写真の模写は，絵の模写とはちがって，オリジナルとコピーの差を無力化するものであるという課題文の論旨にたいして，第Ⅱ部をすでに読んだ人はすぐさまそれがヴァーチャルな世界の論理であることに気づくだろう。すなわち，写真というものは，すでにしてヴァーチャル・リアリティーの産物であるが，そのコピーも，それがリアルであればあるほど，ヴァーチャルな世界の要素となりうるものであるということが容易にわかるはずだ。

　ヴァーチャルな世界ではオリジナルとコピーの落差はなくなるから，そこに立ち現れるのはオリジナルでもコピーでもない，第三のもの，すなわちシミュラークルである。それは無限に複製可能であり中心をもたない。中心あるいは権威をもたないことがポスト・モダンの文化一般にあてはまる特徴であるが，シミュラークルはそういう意味でポスト・モダンに典型的な概念となりうるものである。

　そんな新しい時代の文化の在り方を予感させる概念がシミュラークルなのであるが，設問はその概念をまずは機械的に読み取ることを要求している。国語の問題に近い問題で解答はたやすいが，背景にはおそろしいほど巨大な文化のうねりが存在していることを忘れてはならない。今後とも，この種の問題は頻出するはずである。

重要概念

【本文中の重要概念】
「模写」「描写」「知性を素通りする」「オリジナル」「コピー」「シミュラークル」

【その他の重要概念】
「本物」「贋物」「二項対立」「落差」

【解答模範例】

【問1】
　絵の模写は，オリジナルなもの（絵）の模写であるためにオリジナルなもの（絵）に従属したもの，すなわち純然たるコピーと見なされるか，模写（コピー）自体がオリジナルなもの（絵）にそっくりで一つの独自のオリジナルなものと見なされるようになるかのいずれかであるが，写真の模写は，写真自体がすでにコピーなので，その模写はコピーのコピーとなり，オリジナルとコピーの二項対立から解放され，オリジナルでもなければオリジナルの従属物としてのコピーでもない**シミュラークル**として立ち現れる。　　　　　　　　　　　　　　　（234字）

【問2】
　オリジナルとコピーの二項対立を解消するようなものはわれわれの身近に数多く存在している。写真のコピーもそうであるが，映画のビデオやCDのコピーなど，情報メディアを通じたものはおしなべて**シミュラークル**の世界に属するものと言っていいだろう。いまこうして答案を書いている当の問題文にしても，一度に何百枚もコピーされて配布されたものであり，それ自体がすでにシミュラークルである。

　たとえばいま，CDをコピーしたCDを考えてみよう。版の表面に書かれた文字や色彩を無視すれば，どちらがオリジナルでどちらがコピーかまったく不明である。またそのようなことは，少なくともCDの内容に関する限り，まったく意味をもっていない。**オリジナル**と**コピー**の二項対立を解消するとはそういうことである。

　オリジナルとコピーの間には，**本物**と**贋物**あるいは実在とそれに従属する模写という確然たる"落差"が存在するが，**シミュラークル**はそうした"落差"とは無縁の存在である。ある特定のものが「本物」として意識されることがないので，どこにも本物は存在せず，無限のコピー可能性が開かれているといっていい。

　　　　　　　　　　　　　　　　　　　　　　　　　　　（503字）

3. 異文化理解の問題

(1)「ノーマライゼーション」　香川大　教育学部　　　　タイプ(B)

　ロニーは，両手両足がなく生まれてきました。ロニーは，はうことはできませんが，床の上を早くころがることができます。また，右足と口を使って，ものをつかんだり，遊んだりすることもおぼえました。すわれるようになることは，ロニーにとって，とくにむずかしいのです。ころんだときに支える足も腕もないからです。でも，やわらかいマットの上で，マルガレータ先生の両足に支えられ，ロニーはひとりですわることができました。

　　　　　　(出典：トマス・ベリイマン作/ビヤネール多美子訳『なぜ，目をつぶるの？』偕成社)

問題　「いっしょに遊んで！」と言いながらロニー君があなたの所へやってきました。さて，あなたはこの場合，何を感じるでしょうか？　そして，彼とどのような会話をかわし，どのように時を過ごしますか？
　　その際，感情，会話，時の過ごし方とその理由を800字以上，1000字以内で具体的に書きなさい。

解説

　設問は，端的に表現すればノーマライゼーションについてどこまで受験生が実感的に理解しているかを試すものである。設問は，「感情，会話，時の過ごし方とその理由」という具体的な内容を書くことを求めているが，いうまでもなく，背景には具体的な内容を支える人間観や社会観や世界観が求められていると考えなければならない。

　さて，こうした問題に接したとき，通常，受験生はどのような反応を示すだろうか。「感情」面に限定していえば，「がんばって」「わたしが応援するからね」「くじけてはだめ」……，といった言辞が多くの答案に書かれることになるのではなかろうか。そして，どのような「会話」をするか，どのような「時の過ごし方」をするかについても，「ハンディを感じさせないような」とか「人間としての喜びを感じられるような」といった"思いやり"に満ちた言葉の数々が飛び交うのではなかろうか。

　だが，こうした「思いやり」が，高みから見下ろす差別化の論理であり，健常者と障害者をことさら区別しようとする"排除"の論理でしかないことを想起しておく必要がある。そもそも，ロニー君に手や足がないことから，それは「かわいそうだ」という"憐れみ"の感情からして，自/他の区別を意識化するものである。違うものとして意

識したうえで，「思いやり」をもって「かわいそうだ」と言うのは，手の込んだ詐術である。その詐術に対抗する論理としてのノーマライゼーションの観点から文章が書けるかどうか，したがってロニー君をそうした観点から見ることができるかどうか，それが問われているのである。

　まちがっても，そこに機能主義的観点や優劣の意識をともなう観点を持ち込んではならない。役に立つ/立たないや劣っている/いないといった観点は，近代主義そのものであり，人間の価値や意味を台無しにするものである。われわれは，いろいろな意味の人生がぶつかり合い，いろいろな価値を認め合う人間集団の一員として，一つの共同体に属する者でしかない。そのことを忘れて，特定の意味と特定の価値だけを普遍化するような論理を展開してはならない。

重要概念
「身体的特徴」「個性」「プライド」

【解答模範例】

　私が初めてロニー君に出会ったとしたら，まず最初に手と足がないことをやはり奇妙に感じるかもしれない。それは「おそらく」という限定つきではあるが，事実生じる感情だと思う。通常何気なく接している人々にはいつも手と足がついているのだから，それがないという事実に突き当たったとき，やはりそれを奇妙な感覚で受け止めるのではないかと思う。

　しかし，人にはいろいろな身体的特徴があるのが当然であり，手や足がないからといってそれで決定的なものが欠落しているという感情はもちえない。頭の禿げている人もいれば染みだらけの顔の人もいる。手先の不器用な人もいればいつも下痢ばかりしている人もいる。いろいろな身体的特徴があるからこそその人の**個性**が存在するのである。手や足がないことは，手先が不器用なことや視力が低いことと同じく，一つの**身体的特徴**とはなっても，なにかが"劣って"いることの証しにはならない。

　したがって，ロニー君と何か会話をするにあたっても，別段これといった特殊な会話をすることはないだろう。たとえば手や足という言葉を使うことをあえて避ける必要もないだろうし，手や足が使えないという事実をことさら隠すような会話をすることもない。手や足がないことは事実なのだし，それはロニー君自身もはっきりとわかるはずのことである。それを隠し立てしてもはじまらないだろう。むしろ手や足がないことを前提にして，その上でロニー君が自分に一つの**個性**を感じられるようなそんな会話をしたいと思う。

　「一緒に遊んで」というロニー君と遊ぶ場面を考えると，通常の子供があそぶような遊び，たとえばキャッチボールとか輪投げとか積み木とかお絵かきといった手や足を使う遊びは端的に不可能である。だが，床の上を早くころがることもできるし，右足と口を使ってものをつかむこともできるから，そうした身体感覚だけで遊ぶことはできるだろう。どれだけ早く床の上をころがることができるかを

競争することもできるだろうし，口を使ってものをつかむ遊びをしてもいい。こ
とば遊びだってできる。
　いずれにしても，ロニー君が妙な劣等感や卑屈な思いをもたないように，ごく
自然にプライドを持ちうるような接し方をしなければならないと思う。（988字）

(2)「自己と他者の補完性」　慶應大　文学部　　　　　　　　　　タイプ(C)

問題　次の問題文は，ある哲学者が書いた本の中の「遭うということ」と題された一
　章から引用したものです。以下の問Ⅰ，問Ⅱのそれぞれに答えなさい。
問Ⅰ　自己と他者の補完性を筆者はどのように考えているのかまとめなさい(300字
　以内)。
問Ⅱ　「他者の他者としてのじぶん」とは何か述べなさい(400字以内)。
問題文
　じぶんというものの存在をたしかなものとして感じうるには他者の存在を欠くこ
とはできない。しかしここで問題にしたいのは，食料だとか衣料や家屋だとか，
ことばとか作法だとか，他人たちとの共同生活を維持するためには，いろいろなもの
ごとが必要だ，という意味での他者の社会的存在ではない。そうではなくて，わた
しが「だれ」かであるという，その特異性を，そのかけがえのなさを，わたしがみず
からにおいて感じることのできる，その条件にかかわるような他者の存在，それが
ここで問題なのである。
　アイデンティティにはかならず他者が必要だ，わたしがだれであるかということ
——わたしのアイデンティティ，つまり「それによって，この時この場所でも，あ
の時あの場所でも，過去でも未来でも，自分が同一人物だと感じるところのもの」
——は他者との関係のなかではじめて現実化されるとして，自他のアイデンティテ
ィの《補完性》を問題にするのは，R.D.レインである。
　レインは「場所」ということを問題にする。「すべての人間存在は，子供であれ大
人であれ，意味，すなわち他者の世界のなかでの場所を必要としているように思わ
れる。……少なくともひとりの他者の世界の中で，場所を占めたいというのは，普
遍的な人間的欲求であるように思われる。おそらく宗教における最大のなぐさめは，
自分はひとりの大いなる他者の前に生きているという実感であろう。たいていの人
びとは，人生のある時期に，彼らが幼年時代にそれを見いだしたかどうかは別にし
て，少なくともひとりの他人の世界のなかで自分が第一の場所を占めるという経験
を求める」(『自己と他者』)。このように書くことでレインが思い描いているのは，
各人にとってはじぶんがだれの他者でありえているかの感覚が，〈自己〉の同一性感
情の核をなすというしくみである。
　生徒のいない教師はいない。患者のいない医師や看護婦はいない。教師としての，
あるいは医師，看護婦としての同一性は，たとえそれが一方的な関係であっても，
やはり相互補完的なものである。その意味で，いかなる人間関係であれ，そこには

他者による自己の，自己による他者の「定義づけ」が含まれている。問題なのはそういう役柄の同一性でなく，端的に「だれ」としてのこの自己の同一性である。このときに他者であるのは教師でも医師でもなく，別の「だれ」という単独的な存在である。そういう意味での他者のいずれに対しても，自分の存在は何らの意味をもっていないのではないかという思いにとらわれたとき，ひとはひどく落ち込む。

　人間は，他者の存在の欠落を経験するのではなくて，他者に対する他者としての自分自身の存在の欠落を経験する。彼にむかって何かをなんらかの仕方で働きかけてこない他者，彼を誘惑し，強奪し，何かを盗み，窒息させ，食い尽し，なんらかの仕方で彼を破壊しようとしない他者に悩まされる。他者はそこにいるが，彼は他者に対してそこにいない。　　　　　　　　　（R. D. レイン『自己と他者』）

　求められるということ，見つめられるということ，語りかけられるということ，ときには愛情のではなくて憎しみの対象，排除の対象となっているのでもいい，他人のなんらかの関心の宛て先になっているということが，他人の意識のなかで無視しえないある場所を占めているという実感が，ひとの存在証明となる。寺山修司もある文章のなかで触れていたが，ひとは「だれもわたしに話しかけてくれない」という遺書を残して自殺することだってあるのである。

　他者の他者としてのじぶん，それを経験できないとき，ひとはどうするか。ひとつには，〈間あい〉を超えて——ということは〈間あい〉がもてないということだ——過剰に他者に接近しようとすることがある。他人の生を自分の生として生きてしまう投影的な同一化や，逆に他者の存在で自分を満たしてしまおうという併合的な同一化がそうだ。ここでは他者の不在が他者との同一化によって一気に否定される。駅のプラットフォームで未知の男性にいきなり「結婚してください」と話しかけた女性を例にとって，長井真理がいうには，未知の者どうしのあいだにあるべき匿名の「無関係」という関係が，間主観的な妥当性を欠いたまま，ここではいきなり，すでにある程度の親密性を有しているかのような関係へと変更されることがある。〈間あい〉がクッションのような弾力をもちえなくなるのである。

　ところでこれら二様の同一化は，皮肉なことながらいずれも，〈解脱〉と〈救済〉といった宗教的な経験の技法と構造的に類似している。というのも，解脱というのは自己を自己自身からできるだけ遠ざける技法であり，救済は逆に，自己とは異なるものをうちに呼び込む技法だからである。自己を超えたものへとじぶんを開くこと，あるいは逆に，じぶんとは異なるものを自己のうちに呼び込むこと，これらはいずれも，じぶんを世界の側にすっぽりとゆだねてしまう技法，じぶんが世界にそっくり誘拐されてしまう技法を意味する。ところが，これがそのまま，「超越」という場面ではなく，具体的な他者との水平的な関係の場面に移行してくると，他者への過度の接近として現象しだすわけで，宗教において「伝道」がしばしば，他者への過剰な関心，あるいはおせっかいのような一方的で粘着的な接触として他人を辟易させ

3. 異文化理解の問題

ることがあるのも、おそらくそのためであろう。信仰のモティヴェーションと他者への過度の接近とは、自己の存在の重心を自分の外に置こうとするその一点でだが、たしかに交差している。

第二に、次のような幻想の解決法もある。じぶんがじぶん以外のだれによっても意味のある存在としてじぶんを感じることのできないとき、じぶんを他者として認知してくれるような他者との関係をなんとか仮構してでも、自己の存在を確証しようとするものである。自分の存在を意味のあるものと感じてくれるそういう他者を妄想的に設定し、そういう他者との妄想の関係のなかでじぶんをその他者にとって意味のあるものとして経験しようとする方法。被害妄想というのも、じぶんを（たとえネガティヴなかたちであれ）攻撃のターゲットとしている他者を仮構することで、そういう妄想的他者のその他者として自己を構築しようという無意識の要請というかあがきというか、それらを反映しているのだろう。そのようにしてでも、ひとはなんとか他者の他者としての自分の存在を感じようとあがくのである。アイデンティティは他者との関係のなかでそのつどあたえられるもの、確証されるものであって、ひとが個としてもつ属性なのではない。ところがひとはしばしば、自分のアイデンティティを、「所有していたり、失ったと思ったり、探し求めはじめたりするところの対象物」とかんちがいすることがある。そのとき「他の人びとは、一種のアイデンティティ用材料一式となる。それらをつなぎ合わせて、自分自身の肖像を組み立てるわけである」（レイン）。たとえ幻想の他者をつくりあげてでも、である。

他者の他者として自分の存在を感じるためには、ある種の隔たりというものを介在させねばならない。が、ここでは他者との隔たりが極大になっている。すれちがいや的外れというかたちでそれが現象しているわけで、それゆえにここでも〈間あい〉というものがやはり欠如している。レインは母親の子どもに対する的外れ的応答の例として、こんな会話をあげている。「五歳の男の子が、大きなふとい虫を手に持って、母親のところへかけてきていう。〈お母ちゃん、ほら、すごく大きなふとい虫を捕まえたよ。〉彼女はいう。〈おまえったら、きたないわ。あっちへ行って、すぐにきれいにしなさい〉」。

この会話のなかで、母親と子どものことばはすっかりすれ違っている。母親は、虫を見せようとする子どもに対し、会話のなかでつぎのようなメタ・メッセージを送りつづけている。「おまえが虫を持っているかどうかは、わたしにとってはちっとも重要じゃない——わたしにとって一番大事なのは、おまえが清潔か不潔かということで、おまえが清潔なときだけ、わたしはおまえが好きになる」というメッセージである。「おまえが好きになる」とは、「おまえを認める」ということだろう。他者に「認められる」ことが他者の他者としての自己の存在を確証するいとなみの核にあるとすれば、ここには「認める」という行為はない。

「こんなことをしでかすやつは、わたしの息子ではない」という父のことばに、「おまえはわたしの息子だとわたしがいえば、おまえはわたしの息子だ。おまえは

わたしの息子ではないとわたしがいえば，おまえはわたしの息子ではない」という父のメタ・メッセージを読み，それをさらに，「自分はこうであるとぼくがいうところの者にぼくはなる。また，自分はこうではないとぼくがいうところの者にぼくはならない」と解釈し，ついに「自分は指を鳴らすだけでなりたい者になれる」という妄想にはまった青年の例を，レインはあげている。

　これは他者との隔たりが極大になっている例である。そこで無意識にとられるストラテジーはいろいろありうる。会話において，隠れた意味にばかり過剰にこだわることで意味作用のレヴェルが恣意的に混同され，定義どおりの意味やメタファーが理解できなくなるばあいがまずあるだろうし，メッセージをただただ文字どおりに受けとり，言外の意味，裏の意味をいっさい無視することで，意味作用の多層的なレヴェルを単一の次元に平準化してしまうというばあいもある。そして最後は，だんまりをきめこむという，コミュニケーションそのもののカット・オフという手である。

　※ R. D. レイン＝1927〜1989。英国の精神科医・精神分析家。主著に『引き裂かれた自己』，『狂気と家族』がある。

解　説

　アイデンティティという概念は通常，自分の自分らしさをあらわすための概念として使用される。したがってそれは，一般的な理解としては，自分という個体が独自に所有する属性(個性)だと思われている。だが，ここにあらわされた文章によれば，それは他者の存在がなければ成立することのない他者依存的な概念だという。「他者の他者としての自分」という表現は，まさにそうした他者に支えられる自己のあり方を端的にあらわしている。

　われわれは自分の自分らしさは自分の内部にあるものと意識するが，少なくともその成立の過程においては，そうした意識とは裏腹に，他者の存在が確実に要求されているのである。自己とは，その意味では，あくまでも対他存在としてのみ存在しうるものなのである。

　設問は「自己と他者の補完性」と「他者の他者としてのじぶん」が，それぞれどういう意味であるかを問うている。小論文の問題というよりも国語の問題に近いと言える。各設問の解答はどうしても論理的に重複せざるを得ず，同じ一つの事態を角度を変えて表現することになるが，要は，認識(意識)レベルでの自己が発生してくる際に他者の存在が必要になることを本文に即して論理的に明らかにしているかどうかがポイントである。

重要概念

「アイデンティティ」「自己の同一性感情」「だれかの他者」「相互補完性」「他者に対する他者」「関心の宛先」「場所」「間合い」「隔たり」「他人との関係」「所有」「対象物」

【解答模範例】

問I
　自己と他者の補完性とは，自分のアイデンティティの成立の要件にかかわることである。すなわち，アイデンティティは，通常，自分自身だけで単独にでも所有できるものと見なされているが，そうした見方は端的に間違っており，アイデンティティは本来，他者との関係のなかで，自己が他者の関心の宛先（場所）となることによって，他者の他者として現れるのである。すなわち，自己は「だれかの他者」という形で，一定の隔たりをもった他者によって何らかのかたちで認められることによってしか存在し得ない。それが自己と他者の補完性の意味である。
(253字)

問II
　「他者の他者としてのじぶん」とは，自己の同一性感情がどのように生じるかを原理的に述べる場面で使われる表現である。通常われわれは，自分の同一性すなわちアイデンティティが，自分のもとにある何らかの特徴や自分自身に対する意識によって支えられているものとみなしており，その意味でアイデンティティは私という個体の属性であると考えがちであるが，その成立の構造においてアイデンティティというものは，他者による認定（ときには拒否をも含む）をまってはじめて可能となる。
　すなわち，自分が自分として存在しうるためには，自分だけでは足りず，一定の隔たり（間合い）をもった他者が自分を見つめたり自分に語りかけたり自分を排除したりすることを通じて，自分が他者の関心の対象となっていること，すなわち自分が他者の他者となっていることを経験することが必要となるのである。
(384字)

(3)「マルチカルチュラリズム」　横浜国立大　教育人間科学部

タイプ(**C**)

次の文章を読んで後の設問に答えなさい。

　日本のような社会では，「上」からも「横」からもかかってくる同化圧力に反発するあまり，逆にマルチカルチュラリズムを過大評価してしまう問題まで生じてくる。単一民族神話や自文化中心主義が，深刻な差別を生んでいることは事実である。しかし，だからといってマルチカルチュラリズムを導入すれば，すべてが解決すると考えるのは誤りである。
　マルチカルチュラリズムは少数者の権利も，マジョリティ同様，保障しようとするものだが，マイノリティとマジョリティの間で利害の不一致がおきた場合，誰がいかにしてそれを調停しうるのだろうか。また，マイノリティ同士の間で利害の不一致がおきた場合に，誰がいかにしてそれを調停しうるのだろうか。その際，多数決原理に基づいた民主主義は，どこまで有効なのだろうか。また，もし多数決原理

に基づかなくとも民主主義が可能だとしたら、それはどんな原理に基づくものなのだろうか。誰の視点に基づいてマルチカルチュラリズムが構築されるべきなのかという問題について、議論が十分になされたとは未だいえない。ここでは、(1)マルチカルチュラリズムが引き起こす差別についても考えてみたい。

まず、最初にあげられるのは、マルチカルチュラリズムを導入することで生じる、諸文化のステレオタイプ化という問題である。相互理解が可能となるよう、文化を規格化する問題といいかえてもいい。また、そうして規格化された文化を「尊重する」という名目で、「保存を義務化」することの弊害がある。本来、マルチカルチュラリズムは自文化に対して自己決定権を保障するために導入されたはずなのだが、ステレオタイプ化/規格化/保存の義務化というプロセスにはまった途端、本末転倒していく。他者化され、外から規定されることで、文化は内からわき出る生命力を失う。文化とは、ある人々がともにその風土の中で生き延びるために編み出した生活様式だったのだから、状況に応じて当然変化するはずであった。が、マルチカルチュラリズムを通した途端、文化は「博物館」に陳列され、他者の賛辞は受けるかもしれないが(見られる/記述される/評価される対象物)となる。マルチカルチュラリズムの中で尊重されるべき文化かどうか、査定される必然性が生じるからだ。誰の目にも留まらない文化は、そもそも文化の一つとして数えられることもない。

つまり、マルチカルチュラリズムは「文化は分類することが可能だ」という前提に基づいているわけだ。が、文化を分類するのはいったい誰なのか。マジョリティだろうか。マルチカルチュラリズムを構築するという、それこそ(公の意思形成と公権力の行使)にどこまでマイノリティが参画しているのだろうか。概してマルチカルチュラリズムとは、マジョリティの中の権力者・権威者が共同作業によって「諸文化」を分類し、その代表者それぞれに小スペースを貸与し、「外のスペースを侵犯しないかぎり好きにやってくれ」といって、マイノリティの権利主張を鎮静化させているようなものだ。そのマジョリティとマイノリティの間には、厳然と(2)ビルのオーナーとテナントに似た権力関係がある。

それに、それぞれの文化における代表性の問題が続く。つまり、文化を代表して表象する者は誰なのか、というコミュニティ内の権力問題である。文化が人間を介して存在するものである以上、他者がある文化を尊重することは、すなわちその文化を表象するある特定人物を尊重することでもある。マジョリティにとって、マイノリティ文化を体現するもの(舞踏家、歌手、書家、画家、作家、音楽家、料理人などジャンルもレベルも様々だが)が文化を表象してくれないことには、マルチカルチュラリズムを始動させることができない。よって、マルチカルチュラリズムを成立させるために、むしろマジョリティの方から協力的なマイノリティを引き立てていく、ということも頻繁に起こる。つまり、許可証的人間を採用して「協調」することで、マジョリティは「マイノリティの主張にも配慮している」という(3)アリバイをつくることができる。しかも、マジョリティの既存特権や権力構造を根底から解体して平等な社会を構築したいと望むマイノリティを無視することも可能となる。

こうして，マイノリティの代表が，マジョリティによって選定されるとき，マルチカルチュラリズムとはいったい誰のためにあるのだろうか。
　ここで仮に，マイノリティの代表が，マジョリティによってではなく，コミュニティ内の政治によって決定されたとしよう。それでも，やはり同様の問題が起こりうる。マイノリティ同士の間にも，当然のことながら多かれ少なかれ権力関係や序列がある。しかし，マルチカルチュラリズムによって，自分たちのことをよく知らない他者に向かって誰かが「代表して」文化を表象することで，そうしたコミュニティ内の権力関係や序列がさらに拡大してしまう。〈他者との出会い〉や〈他者と相互理解する必要〉さえなければ，誰かが文化を代表するという矛盾も生じなかっただろう。文化とはそもそも誰かが専売特許をもったり，独占したりできないものはずだから。
　そして，(4)<u>マルチカルチュラリズムはアイデンティティ・ポリティックスを加熱させるおそれがある。</u>マルチカルチュラリズムは，文化の連続性より独立性を重視している。上述したような，文化のステレオタイプ化や文化の代表性といった問題が生じるのもそのためである。そして，そこでは文化の純粋性に価値がおかれ，混合した文化，重層化した文化，グローバライゼイション下の文化／文明のためのスペースが用意されていない。それゆえ，最寄りの「純粋文化」に収斂せずして，マイノリティとして権利主張することもままならず，どこに自分を同一化させ，どこまでそこでのアイデンティティを獲得できるか，というポリティックスに進んで自分を巻き込まざるをえない。しかし，これは自分が有する(諸)文化の全体性を自ら放棄することであり，アイデンティティ・ポリティックスにはまればはまるほど，既存の権力の罠にからめ取られていく仕組みが待っている。

[出典]鄭暎惠「日本における定住外国人とマルチカルチュラリズム」による。

設問
問1　下線部(1)の「マルチカルチュラリズムが引き起こす差別」について，筆者はどのような問題をあげているか。文中の言葉で3つ答えなさい。

問2　下線部(2)の「ビルのオーナー(所有者)とテナント(借り手)に似た権力関係」とは，マイノリティとマジョリティのどのような関係をさしているのか。100字以内で説明しなさい。

問3　下線部(3)の「アリバイをつくることができる」とは，どのようなことを言っているのか。75字以内で答えなさい。

問4　下線部(4)の「マルチカルチュラリズムはアイデンティティ・ポリティックスを加熱させるおそれがある」という筆者の指摘はどのようなことを言っているのか。175字以内で答えなさい。

解説
　マルチカルチュラリズムという考え方は，現在の相対主義化した世界にあっては必要不可欠な思考法であるが，それがもっている欠陥部分を丹念に洗い出しているのが

本文である。マイノリティの文化を積極的に認めることをマルチカルチュラリズムというが，筆者は，マルチカルチュラリズムがマイノリティを認める際に規格化や標準化がおこり，結果的に現実の微妙な文化的差異が抹消されてしまう危険をおもに危惧している。ありうる事態であるだけに説得力のある文章となっている。異文化を理解しそれを積極的に認めることがいかにむずかしいことであるかがこの文章から伝わってくるだろう。

ただ，一点だけ注意しておかなければならないことは，筆者ははじめからマジョリティとマイノリティの権力関係を強弱（優劣）関係として前提しているということである。「ビルのオーナーとテナントに似た権力関係」や「アリバイをつくる」といった表現に，そうした前提的了解の図式がはっきりと見てとれる。

だが，本来，マルチカルチュラリズムとは強者による弱者の統御術を意味する概念ではない。強き者が弱き者の言い分を巧みに封じるために使用する便宜的な手法として考え出された概念ではない。そもそもこの概念が登場してきたのは，近代が生み出した中心化思想（ヨーロッパ中心主義や白人中心主義など）を乗り越えるためであり，その意味では，ことがらの最初から強弱や優劣の関係は度外視されている。したがって，マルチカルチュラリズムを語る際には，そうした強弱関係を前提にした論理は"御法度"なのである。その点，筆者はマルチカルチュラリズムの原理的欠陥を指摘する作業に集中するあまり，少々禁制を犯す領域にまで侵入してしまっている。われわれはそこのところを若干マイルドに緩和して読み込む必要がある。

ただ，設問自体はまったくの国語問題で，読者の見解を問う部分はまったくないので，筆者のそうした勇み足的言説は実質的な影響をもたらさない。淡々と聞かれたことに答えてゆけばそれで済む問題である。しかし，事柄の本質部分を気にする受験生のために一言つけくわえておけば，近代主義の発想がダメになってさまざまなところで脱中心化が進んでいる現在，マルチカルチュラリズムもダメということになれば，われわれは一体どこへ向かって進んでいったらいいのか皆目見当がつかなくなるということだけははっきりしているということである。あれもダメ，これもダメでは，日本の野党やマスコミと同じで，まったく政治的な方向が見えなくなってしまうということだ。

重要概念

「マルチカルチュラリズム」「マイノリティ」「マジョリティ」「自己決定権」「文化のステレオタイプ化」「文化の保存の義務化」「権力関係」「文化の代表性」「アイデンティティ・ポリティックス」

【解答模範例】

【問1】「文化を規格化する問題」「文化における代表性の問題」「アイデンティティ・ポリティックスを加熱させるおそれ」
【問2】マジョリティがマイノリティの参画なしに一方的に文化を分類し区画化する自由をもっており，マイノリティは区画化された文化の中でおのれの権利主張

を鎮静化させなければならないという対照的な権力関係。　　　　(95字)
【問3】マイノリティ文化を体現する者の中から許可証的人間を採用することで、マイノリティの主張にも配慮しているという尊重の姿勢を見せること。　(66字)
【問4】マルチカルチュラリズムは文化の独立性や規格性を重視しているがゆえに、混合した文化や重層化した文化はマジョリティの信任を受けるために進んで自分をどこかの文化に収斂させようとし、結果として自らの文化の全体性を放棄して純粋文化のアイデンティティを獲得するポリティックスにはまりこんでゆくという事態。　　　　　　　　　　　　　　　　　　　　　　　　　　(148字)

(4)「歴史の解釈」　慶應大　経済学部　　　　　　　　タイプ(A～B)

　21世紀を前にして、20世紀がどのような世紀であったかを顧みると、この世紀は、二つの世界大戦をはじめとして、多くの虐殺や地域紛争があったという事実にあらためて愕然とさせられる。こうした事実だけから考えてみても、20世紀は〈野蛮〉の世紀だったと総括することができるかもしれない。

　20世紀の歴史家は、「事実をして語らしめる」という19世紀の歴史実証主義の立場に素朴に立つことができなくなっている。というのも、20世紀になると、歴史的事実をどのように見るかという問いかけに加えて、過去をふりかえるとはどういう行為なのか、歴史的事実というものはそもそも把握可能なものか、こうした問題が歴史学において真剣に考えられるようになったからである。

　素朴な歴史実証主義の立場に満足できなくなった20世紀の歴史家は、歴史的事実には歴史家の解釈や主観が強く入り込んでいることに注目するようになった。つまり、歴史家が過去の出来事を再構成し叙述するとき、「事実の選択と解釈」をおこない、それによって事実を「歴史的事実」として認識することになる。すなわち、歴史的事実は、けっして歴史家の目の前にはじめから存在するものではなく、歴史家が選択し創造した産物だと考えるようになったのである。しかしこう主張しているからといって、「証拠」を無視して歴史的事実をねつ造することが許されるわけではなく、むしろ「証拠」こそが解釈の妥当性を判断する根拠になるとみなされていることに留意しなくてはならないだろう。

　一方、現在の関心からの問いかけにもとづいて歴史的事実が選択されるということを、さらに強調して考える立場に立つ歴史家も出てきた。こうした歴史家によれば、歴史を語るということは、言語を用いた行為であり、したがって、言語によって書かれた「テクスト」こそが歴史的事実を「構成する」ということになる。つまりこの立場は、歴史を解釈するとき、ある歴史解釈が他の解釈より真実に近いとみなすことのできる基準を、客観的な「証拠」という歴史的事実に求めること自体に疑問を投げかける。言い換えれば、歴史を解釈し物語るときに大切なことは、証拠に裏づけられた歴史的事実そのものではなく、一定の解釈の枠組みの中で首尾一貫した「プロット(筋書き構成)」を生み出すことである。このプロットこそが歴史的事実を

つくっていくのであって，歴史的事実がプロットをつくるのではないということである。こうした歴史解釈をさらに推し進めていくと，「歴史的事実は無で，解釈が一切」ということになり，したがって，「無限の解釈」が許されるという極論まであらわれてくることになる。

こうした<u>現代の歴史学上の対立</u>を軸に20世紀をふりかえるとき，この100年間の歴史はどのようにとらえることができるであろうか。

設問

Ⅰ　下線部の「現代の歴史学上の対立」とは，歴史叙述をめぐるどのような対立なのか。80字以上100字以内で述べなさい。

Ⅱ　1931年の満州事変にはじまり，1945年の終戦にいたるまで，日本は一連の軍事的活動をおこなった。この軍事的な活動が，日本がアジア諸国に対しておこなった「侵略戦争」であったという見解と，欧米列強の経済的圧力に対する「自衛戦争」であったという見解の二つの解釈があるとすれば，こうした解釈の対立は〈なぜ〉生ずるのか。課題文の内容と設問Ⅰの答えを踏まえて，歴史解釈上の問題として，160字以上200字以内で述べなさい。

Ⅲ　20世紀は，ホロコースト（ナチスによるユダヤ人虐殺），南京虐殺，原爆投下，ポル・ポト政権下の虐殺など，多くのジェノサイド（大量虐殺）がおこなわれた「野蛮な」世紀として後世の人々に記憶されるかもしれない。こうした出来事を理解し叙述するときに，課題文で論じられている歴史的事実と解釈の問題にどう向き合ったらいいのだろうか。あなたの見解を460字以上500字以内で述べなさい。

解　説

ドイツ語には「歴史」を表す概念が二つ存在する。一つは Geschichte（ゲシヒテ）で，歴史的"事実"の重なりを意味する概念である。もう一つは Historie（ヒストーリエ）で，歴史の"物語"的連なりを意味する概念である。両者の相違点は粗っぽく表現すれば歴史の客観的側面を強調するかそれとも主観的側面を強調するかの違いである。このように，歴史をみる見方というのは，大きく分けて二つ存在する。過去自体に独自の輝きを認めるか，それとも現在の歴史家の叙述にウェイトをかけて歴史というものを見るかの二つである。

課題文で表されているのも，概念的に乱雑さはあるにしても，大略この二つの見方をめぐっての対立の図式である。一方は「事実」を重視し，他方は「解釈」を重視する。設問もその二つの見方の違いをめぐって用意されている。問Ⅰに答えることは苦もないはずである。使われている概念をそのまま引用するように書けば済む。純然たる国語問題である。問題は問Ⅱおよび問Ⅲである。

かつての戦争を「侵略戦争」と見るかそれとも「自衛戦争」と見るかを決定するものは何であろうか。この二つの見解はあきらかに解釈として異なっているわけで，それぞれの解釈は何を根拠にしているのかが問題となる。それを問うているのが問Ⅱである。受験生の多くは安直に一方は「証拠」を重視し，他方はそれを重視しない──つまり一

方は歴史的"事実"重視論で他方は歴史"解釈"重視論——という答案を作成したのではなかろうか。だが、一方の解釈はある特定の歴史解釈論を採用しているが、他方の解釈はそれを採用していない、などと考えるのは虫がよすぎる"解釈"である。両者ともに「証拠」を重視しているかもしれないことはいうまでもない。どういう歴史を語るかという問題とどういう歴史解釈論をとるかという問題とはパラレルではない。その理解を試しているのが問Ⅱである。したがって、求められる答案としては、両者の対立の理由がどういう歴史解釈論を採用しているかではなく、少なくとも歴史的プロット(筋書き構成)の相違を生み出す歴史的パースペクティブ(視座)が互いに異なっていることを指摘することが第一に必要なこととなる。そして、そのパースペクティブの相違がイデオロギーや政治的観点、あるいは宗教や倫理にもとづく考え方の違いに由来するものであるかもしれないということまでつけ加えておけば十分である。

問Ⅲは、純然たる小論文問題で、受験生に歴史観(歴史解釈論)を問いかける問題である。あなたはどういう歴史観をもっていますか、とたずねている。これに対しては本来は模範解答は存在しないといっていい。だが、いうまでもないことだが、安直な客観主義や主観主義に舞い戻って、「事実なんて所詮ないんだ」とか「歴史的な証拠は絶対だ」といった論調だけには陥らないようにしなければならない。ここでは模範例として、解釈学的循環を正面から受け止めて、みずからのアイデンティティをどのように確立するかの問題として捉えてみた。

重要概念

【本文中の重要概念】
「歴史実証主義」「歴史的事実」「証拠」「解釈」「関心」「構成」「プロット」「物語」
【その他の重要概念】
「パースペクティブ」「イデオロギー」「解釈学的循環」「アイデンティティ」

【解答模範例】

Ⅰ．一方は**証拠**こそが歴史解釈の妥当性を判断する根拠になると考えるのに対して、他方は証拠に客観的意味を見出さず、**歴史プロット**こそが歴史的事実をつくりあげると考えて、歴史の物語性を強調する。　　　　　　　　　　(91字)

Ⅱ．かつての軍事活動を「侵略戦争」とみるか「自衛戦争」とみるかの見解の相違は、単に歴史的事実(**証拠**)を重視するかどうかに起因しているのではないだろう。どういう歴史を語るかは、どういう**歴史解釈論**をもっているかには直接つながらない。むしろ、両者の見解の相違は、どういう**パースペクティブ**から事実を見るか、あるいはその背後にどういうイデオロギーをもっているか、に起因していると考えるべきだろう。　　　　　　　　　　　　　　　　　　　　　(191字)

Ⅲ．20世紀という時代を、大量虐殺が繰り広げられた時代として「野蛮な」世紀と記述するかどうかは、単にどういう歴史解釈論をとるかの問題ではないだろう。歴史的事実(証拠)に重心を置いて「野蛮性」を指摘することは容易だが、逆に証拠をもって「野蛮性」を否定することも可能である。あるいは歴史的プロット(筋書

き構成)の選択の仕方によっては、野蛮かどうかの見え方も変わってくるはずである。

　20世紀が「野蛮」だったかどうかは、どのような**歴史解釈論**を採用するかの問題ではなく、むしろわれわれ人類が自らの来歴をどのように**アイデンティファイ**するかの問題ではなかろうか。歴史が**歴史的事実**に支えられたものでしかないことは当然のことだし、また歴史的記述がわれわれの**主観的**営みでしかないことも致し方ないことである。問題はその両者の考え方を**解釈学的循環**として受け止めると同時に、われわれ自身が自己の身分証明としてどのような歴史を語るべきかを決然たる意志をもって決定することである。それは特定の歴史家の作業というよりも、広く世界人類の共通の課題といえるだろう。　　　　　　　　(477字)

4．個と公共の問題

(1)「パターナリズムと自己決定」　信州大　医学部　　　　タイプ(A)

　「人の心を思いやる」ということについて、あなたの考えを600〜800字にまとめなさい。

解　説

　「人の心を思いやる」ということは、いわゆる「思いやり」の心を持つことを意味する、と解するのがもっとも一般的な理解だろう。だが、「心を思いやる」ことを「思いやり」と同義と解すと、そこから浮かんでくる答案の方向性は、ほとんど一方向のみである。つまり、「思いやりは人の道義心としてもっとも大切な心であるから、私もそれを大切にして生きてゆかねばならない」という方向で答案が書き進められるはずだ。この問題を実際に解いた受験生の大半がそうした答案になったと思われる。そして、ある者は自分の経験をそれに織り交ぜ、ある者は世の中から「思いやり」が消えつつあることを憂い、いかに「思いやり」が大切であるかを切々と訴えたに違いない。

　この問題の趣旨を、医学部が心を重視しているあらわれだと理解するのは無理からぬことである。心ない医者が増えている現状を憂いて、入試段階で心のあるなしを判断するためにこうした問題を出題したのだと考えるのは自然なことである。だが、もしそうであるとすれば、なぜ「思いやりの心」という表現にしなかったのだろうか、という疑問が生じる。つまり、「人の心を思いやる」ということを聞いているのはなぜなのか、ということである。最初に言ったように、それを単に「思いやり」と同義とみなせば、この疑問はすぐさま解消するのであるが、果たしてそう単純に割り切ってよいものかどうか……、その辺が問題である。

　少々謎掛け的なもの言いになったが、結論的にいえば、ここで出題者があえて「心を思いやる」という表現をとっていることには、ある種の重大なプロブレムが潜んで

いると解釈することができる。つまり，端的にいえば，「人の心を思いやる」ことは，その「人の人生を思いやる」ことや「結果を思いやる」こととは違う，ということである。

たとえば，手術を必要とする患者がいるとしよう。患者は手術を望んでいない。そのとき，「心を思いやる」ことに徹すれば手術をしないことがもっとも適切な処置である。しかし，その人の「人生を思いやる」ことを考えれば，あえて患者を説得してでも手術することが求められる。どうするか。それがプロブレムである。

いま世の中でもっとも大切な徳目の一つとされているものが「思いやりの心」である。大人が子どもに対して人の道を説く際に，ほとんど判で押したように使われるのが，「思いやり」と「人に迷惑をかけるな」である。むかしの日本人は「清き明き心」（清明心）や「もののあはれを知る心」や「正直」や「至誠」などを強調したものだが，このところ日本人はそうしたものよりも，とにかく人の痛みがわかることを第一に考えはじめている。それがために，こうした問題を解こうとすると，すぐに「思いやり」という心情主義的なアプローチを試みようとしだすのである。つまり，相手のことを考えることは，即その人の心になり代わることを意味し，その人の痛みや不快をおもんばかることであると解釈しだすのである。

問題に戻ろう。ここで問われていることは，「人の心を思いやる」ことである。それは，文字どおりに解釈すれば，「人の人生を思いやる」ことでもなければ「結果を思いやる」ことでもない。しかし本来，「思いやり」というのは，相手の心だけでなく相手の人生や相手の行為結果を思いやることも意味しているはずである。相手を思いやればこそ，相手につらいこと耳の痛いことでもあえてやらなければ（言わなければ）ならないこともある。単に相手の心の痛みをおもんばかるのであれば差し控えるべき言動も，あえてしなければならないこともあるということである。そのジレンマをどう考えるかがここで問われていることだと解釈するべきだろう。

この問題は，端的にいえば，倫理学における「パターナリズム」の問題である。つまり，相手の自己決定権に介入し，相手にとって不快なことでも，いわば父親（pater）のようにあえて強要することが善いことかどうかという問題である。医療現場ではしょっちゅう問題になることだが，医療だけでなく世の中のあらゆる場面で問題になることでもある。

問題は，相手の心をおもんばかって行動すべきか，それとも相手の人生全体をおもんばかって行動すべきかという　点に収斂する。自己決定権を重視すれば，相手の意思を尊重することが求められるとともに，相手に不快な思いをあたえることが禁じられる。パターナリズムを重視すれば，相手の気持ちはともかくとして，もたらされる結果を重視することになる。医者になる者はここのところを重々考えていなければならない。安直な個人的な思い込みで軽々な判断を下してはならないのである。大切なことは，医者は人と人のあいだの心のやりとりをする一人の心ある人間であると同時に，医学という歴史的・社会的に形成されてきた学問の体現者であるということである。つまり医者は，人間であると同時に，医学の一部でもあるということ，すなわち医学の世界で言われていることを世の中に伝達する社会的役割を担う社会的存在であ

るということである。その自覚をもってことにあたれば、患者の自己決定権にどこまで介入してよいかという判断もおのずから働くはずである。患者が知識がないゆえに不快を感じていることも、十分な説得があれば納得させられるかもしれない。医学上必要と判断される処置は、患者の意思と戦ってでもそれを完遂しなければならないことがあるということである。問題は、そうした場面で生じる深い葛藤を全面的に受け入れて、なおかつ医者としての自覚を積極的に定めることができるかどうか、そのあたりが問われているのである。

重要概念
「自己決定」「思いやり」「モラル」「専門知」「インフォームドコンセント」

【解答模範例】

　「人の心を思いやる」ことは人間と人間のコミュニケーションの場面ではもっとも大切な要素である。互いの心の尊重がなければいかなるコミュニケーションも実のあるものとはならないからである。

　だが、「心を」思いやるとは相手の意思や感情を尊重することであるが、ほんとうに相手のことを尊重すれば、ときには相手に合わせるだけではなく相手と争ってでも正しい道を指し示すことが必要になることもあろう。「心を」思いやるだけではなく、その人の「人生」や本当の「幸せ」を思いやって行為すべきときがあるということである。幼い子が手術がいやだと泣き叫んでいるとき、その子の「心」を思いやって手術を中止するというわけにはいかないだろう。必要な手術であれば、心を鬼にしてでもそれを行わければならない。大人にしても、医学の知識がないために、あるいはその他の理由から、どうしても医学的に必要な処置を拒みつづけようとする場合もあろう。その場合、医者は患者の意思を尊重して単に「**自己決定**」だけをたよりにしてよいものかどうか。**医者のモラル**というものはその程度のものなのだろうか。医学の**専門知**をもっている者が従うべきモラルとは、医者のエゴイズムをも患者のエゴイズムをも同時に説き伏せるだけの卓越したものでなければならないのではなかろうか。

　近年、「**インフォームドコンセント**」がさかんに叫ばれるようになって医者が患者の意思を尊重すべきことが求められるようになったが、これを単純に医者が患者の言いなりになることと理解すべきではないだろう。それは医学の敗北であり、**医者のモラル**の失墜である。患者が大人である限り、患者の納得は絶対的に必要なことであるが、ほんとうに患者にとって最善の道を模索することが医者にとって必要なことではなかろうか。

(796字)

---

(2)「民主主義と資本主義」　東京都立大　経済学部　　タイプ（A）

問1　この文章を300字以内で要約せよ。
問2　筆者の主張についてあなたの考えを400字以内で述べよ。

今日ほとんどの人々は，民主主義と市場経済，すなわち資本主義のことを，まるで兄弟であるかのように最も自然なペアとして語っている。ほぼ同時に産業資本主義と代表民主主義が世界の隅々まで広がったために，この経済と政治の二つのシステムは完全に調和して共存している，という錯覚を作り出してしまったのかも知れない。

しかし，蓋を開けて中を見てみれば，民主主義と資本主義の中核をなす価値観が，それぞれ非常に異なることは明らかではないか。民主主義は極端な平等を肯定している。つまり，いかに頭が良くても悪くても，勤勉でも怠惰でも，博識でも無知でも，一人一票なのである。社会への貢献に関係なく，選挙の日には，だれもが同じ「一票」をもつのである。歴史的に，この極端な平等のシステムを擁護する支配者はほとんどいなかった。今われわれはあらゆる人に一票を与えている。知性，富，あるいは社会における影響力とは無関係にである。そのようなシステムの恩恵について，かつてのジュリアス・シーザーを説得しようとしたら，どんなことになるだろう。

一方，資本主義は，極端な不平等を肯定している。経済収益の差は，インセンティブの構造を作り出し，それによってだれもが働き続け，すぐ先の未来に投資し続ける。不平等は，健全な資本主義に必要な競争をあおる。市場経済では，富はさらに富をもたらし，貧困はさらに貧困をもたらす。なぜなら，人的，物的資産への投資——ゆえに将来的な所得——は，現在の所得によって左右されるからだ。

資本主義そのものには，平等化のメカニズムは組み込まれていない。経済的適者は経済的不能者を絶滅させると考えられている。実は，「適者生存」という言葉は，19世紀の経済学者ハーバード・スペンサーが作り出し，チャールズ・ダーウィンが進化論を説明するために借用したものだ。19世紀の資本主義についての厳しい見解では，経済的飢餓は，この経済システムにおいて積極的な役割を果たしていた。資本主義は実は民主主義など必要ないのであり，それは19世紀のアメリカに見られたように，奴隷制と容易に共存することができるのである。

民主主義と資本主義は，基本的な次元で正反対である。基本的価値が異なるにもかかわらず，資本主義と民主主義の共存を可能にしたのは，先にも触れたように，社会福祉と教育への公共投資である。マルクスは，これらの二つの要素，特に公共教育が，近代社会を強固なものにすることを予知していなかった。

民主的な資本主義国では，国家が市場での結果を平等化するための措置(たとえば，累進税など)をとり，必需品の取得を助ける(たとえば，住宅ローンに対する特別税免除など)。もはや市場に必要とされなくなった人には，国家は年金，ヘルスケア，失業保険などのかたちで援助を提供する。そして，国家は人々が売り物になる技能，すなわち公共教育を習得するのを助け，そこそこの生活の糧を得られるようにする。

民主主義が成し遂げた最も重要なことは，親の所得と，その子供が教育や技能を習得する能力との関連を断ち切ったことである。公共教育によって，だれもが少なくともある程度，資本主義のゲームに必要な能力を身につける。これがなかったら，

経済活動に有意義に参加できない，文盲で技能を持たない人々が増えるだろう。それはまた，まさにマルクスが予想した通り，社会に危険な断層を作り出すことになると思われる。

このシステムでは，国家は明らかに平等の味方であった。民主主義国家は，不平等を拡大させていく資本主義的傾向に対する均衡化要因として機能した。低所得者，および中所得者は，政府（あるいは裁判所）に友人がいると考えることができた。成功して満足な生活を享受するために，体制を転覆させる必要はなかったのだ。

このように，20世紀のほとんどを通じて，民主主義と資本主義は，相互に緊張はあるが，比較的安定したバランスの中で共存することができた。第二次世界大戦後から1970年代初期にかけての，生産性が上昇し賃金が増大し国際経済が拡大し続けた資本主義の黄金時代には，この二つのシステムのチームワークは，すべての問題にとっての完璧な解決策であるかのように思われたかもしれない。

しかし今日では，この調和に見過ごすことのできない亀裂があらわれている。民主主義的・資本主義的な社会システムの安定に対する圧力は増す一方で，社会福祉も社会投資も，グローバル経済，および国民経済の変化によって，脅威にさらされている。

スカンジナビア諸国の経験からも分かるように，広範囲にわたる社会福祉制度は，理論上は理想的かもしれないが，実際問題として，維持するのが非常に難しいことが分かってきた。

まず，所得税50％，それに加えて，消費税20％余りという形で，所得の半分をはるかに上回る額を政府に取られるというレベルまで税負担が増大し続ける。経済より急速に成長する社会福祉制度をいつまでも保つことは不可能であり，スカンジナビアでは，この試みは限界に達しているようだ。

そして，世代が代わると，失業，および疾病手当てが非常に厚いシステムでは，動機づけの問題が起きてくる。

たとえば1980年代，スウェーデンには，非常に贅沢な疾病手当て制度があり，それまで30年間変わらずに続いていた。1960年代には，それはたしかにうまく機能していた。その制度を不当に利用する人がだれもいなかったからだ。その頃の世代が自ら戦って確立した制度だったので，それに対してある種の道徳上の義務を感じていたのだろう。しかし，30年後の世代は，確立された福祉制度のもとで育った世代であり，今では，毎週，驚くほど多くの人々が病気休暇をとっている。彼らはみな週末のみでなく，月曜日や金曜日にも休みをとり，その日分の給料をもらっているのが現状だ。

高度に発達した福祉制度をもつオランダのような国でも，なんと人口の20％が障害者として登録されている。30年前なら医者にさえかからなかったような腰痛が，今では障害者として認定される。そして，仕事をせずに政府の補助を受けられるのだ。

スウェーデンでもオランダでも，社会や法律は実際，何も変わってはいない。た

だ第二世代の福祉利用者の態度が変わったのだ。第二, 第三の世代は, 本当に必要でなくても病気休暇をとったり, 本物, あるいは想像上の, あらゆる種類の障害を登録して, 制度を悪用する。最初の世代では大事な特権とされていたものが, 次の世代では権利になる。そして国家は, 福祉制度を維持するのがますます困難になる。

　さらに, すべての産業国における人口の高齢化が, 制度に圧力をかけている。そしてこれは, 現在まさに日本が直面している問題である。増え続ける高齢者に対する政府支出は拡大する一方で, これを何らかの方法で賄わなければならない。しばしばそれは, 他のグループのための社会的手当てを制限することによって, 教育, インフラ, 基礎研究への投資, すなわち, 未来への社会投資を削ることによって賄われるだろう。あるいは政府は, 所得税を増税しなければならないかもしれない。

　グローバル化する経済では, 増税はますます難しくなってきた。賃金税が高くなると, 企業が支払わなければならない実際の賃金が上昇し, 産業や雇用を海外の低賃金の国へ追いやることになる。そして取り残された者たちが, 老人を支えるために高くなる一方の税金を払わなければならない。このプロセスは, 最近のヨーロッパで劇的に現れているようだ。

　教育, 技能, インフラ, 知識の生産（研究）への社会投資が減ると, 会社や労働者は, グローバル経済における競争力を低下させることになり, 未来の社会的・経済的進歩が危険にさらされる。資本主義の時間的視野は近視眼的であるため, これらの長期的課題に対して賢明な取り組みをするのは非常に難しい。しかし, 少なくとも30年, あるいは50年先を考えなければ, 社会投資に対する真のニーズは軽視されやすいのである。

（レスター・サロー著『経済探検　未来への指針』より）

解説

　課題文は, 平等化原理を基本とする民主主義と競争原理すなわち自由を基本とする資本主義が奇妙に調和してきた理由を福祉政策と公共教育に求めるとともに, 福祉に対する国民意識の堕落が急速に両者の蜜月時代を終わらせようとしていると指摘している。これは事柄の長期的展望としてはまったく正鵠（せいこく）を得ている。いま福祉政策が世界的に見直しを迫られているのは, それが国民の自立心を阻害しているという認識が働いているからである。財政的な問題もあるにはあるが, それよりも倫理的な問題のほうがはるかに大きい。いま世界的に「公共性」の問題がクローズアップされてきているが, それもこうした個人個人のエゴイズムに端を発する問題が根底にある。

　さて, 設問は問1で要約を求めている。これはまとめるだけなので問題はないであろう。問2について若干述べておくと, ここで福祉路線への復帰を叫んでもはじまらない。時代状況はそれとはまったく逆の方向に進んでいるからである。自分勝手に「世界を変えよう」といくら叫んでも単なる独りよがりにすぎない。あるいは, 福祉を悪用するけしからぬ連中に対する憤りを吐露したり, 国民一人ひとりの自覚を訴えたところで, 解決には何らつながらないことはいうまでもない。

　むしろ, 福祉見直しが進む時代状況の何が問題なのかを的確に見つめ, それへの建

設的な意見を述べることのほうがよほど重要である。観点は公共性をどのように取り戻すかである。**20世紀的リベラリズム**によって社会は**自由**かつ**平等**になったが，その結果として**エゴイズム**が氾濫し，社会の公共的秩序が失われてしまった。こうなってしまったのは，それぞれの**個人**を独立自存のものと想定していたためである。社会的**連帯性（パートナーシップ）**が欠けていたためともいえよう。それを取り戻すことができるかどうか，一種の**共同体的視点**から眺めることが求められているといえよう。ここでは**ボランティア型社会**の実現の方向を模索してみた。

重要概念
【本文中の重要概念】
「民主主義」「資本主義」「平等」「社会福祉」「権利」「義務」
【その他の重要概念】
「個人主義」「エゴイズム」「リベラル」「ボランティア」「連帯性」「公共性」

【解答模範例】

問1
　今日調和して共存しているかに見える資本主義と民主主義は，本来全く異なる原理に支えられている。資本主義は適者生存の競争原理を基本とし，その限り平等化とは無縁であるが，一方の民主主義は端的に平等化原理を基本としている。基本原理が異なる両者の共存を可能にしたのは，社会福祉と公共教育であった。両者は資本主義が拡大させる不平等に対する均衡化要因として機能した。だが，一見安定的な体制も，80年代以降維持が困難になってきた。それは，福祉を受ける国民の意識が道徳上の義務感を失いはじめ制度を悪用しはじめたためである。加えて，高齢化とグローバル化が福祉制度の維持に圧力をかけていることも要因の一つである。
　　　　　　　　　　　　　　　　　　　　　　　　　　　　　　(293字)

問2
　現在の福祉政策が悪用され腐敗しつつあることを指摘する筆者の主張は，われわれに大きな問題意識を突きつけている。これまでの社会が**自由**と**平等**をともに満たすものとして機能してきたのは**福祉政策**のおかげであったが，その福祉政策の利点を無視し，それを悪用し腐敗させているわれわれ自身の**エゴイズム**が問われている。
　おそらくという限定つきではあるが，こうしたエゴイズムの根本原因は**リベラルな思想**の根底に横たわる**個人主義**的発想ではなかろうか。自分だけ良ければよいといった自己利益追求の姿勢が社会全体から**公共性**を急速に失わせているといっていいだろう。個人主義を否定し去ることは全体主義の危険からいって無理ではあるが，個人主義の発想を根本的に修正して，市民の**連帯性**を**ボランティア型社会**のなかで実現するようなシステムを構築してゆくことが，これからの求められる**公共性**の復権の図式ではなかろうか。
　　　　　　　　　　　　　　　　　　　　　　　　　　　　　　(395字)

(3)「ゲームの理論」　東京大　文科二類　　　　　　　　　　タイプ(B)

第1話　スターリン時代，あるソ連のオーケストラ指揮者は演奏会場へ移動する電車の中で，その晩に指揮をする曲の楽譜に目を通していた。2人のKGB職員（注2）がそれを見つけ，楽譜の中になにか秘密暗号があるのではないかと疑い，彼をスパイとして逮捕した。指揮者は単なるチャイコフスキーのバイオリンコンチェルトだと抗議したが受け入れられなかった。「全部喋ったほうがいいぞ。あんたの友達のチャイコフスキーも俺たちに捕まって，もう喋り始めているぜ。」

　KGBは名前がチャイコフスキーというだけで逮捕した別の男に対し，指揮者に対するのと同様の尋問を別の部屋で行う。両者とも3年間の投獄を命ぜられる。もし，指揮者が共犯者がいるという嘘の自白をし，チャイコフスキーは何の自白もしなければ，指揮者は1年の刑（とKGBの感謝）で済まされ，チャイコフスキーは反抗的であったとして25年の重い刑となる。反対に指揮者が白白しないでチャイコフスキーが嘘の自白をすれば，投獄期間は逆になる。また，2人ともが自白すれば，両者とも10年の刑となる。

　さてここで指揮者はどう考えるか。チャイコフスキーは自白するか，しないかのどちらかである。彼が自白したことを前提にすると，自分は自白すれば10年，しなければ25年の刑になるから自分は自白したほうがよいことになる。チャイコフスキーが自白していないことを前提にすれば，自分は自白すれば1年，しなければ3年の刑になるからやはり自白したほうがよい。したがって指揮者にとって自白することが最善の行動となることは明らかである。

　KGBのあるジェルジンスキー広場の別の部屋では，チャイコフスキーも同じことを考え，同じ結論に達した。要するに，両者とも自白したのである。後に彼らが収容所で出会い，お互いに話を比べてみたとき，彼らは自分たちの失敗に気がついた。2人とも自白しなければ，もっと短い投獄期間ですんだのだ。

第2話　東京都心の首都高速道路の混雑はひどい状態だ。高速道路とはいっても，実際のところは「低速道路」という方が正確である。渋滞に巻き込まれたドライバーが，いらいらして叫んだ。「誰が悪くてこんなに道路が混んでいるのだ」，と。すると助手席に座っている人が言った。「高速道路を利用する人が多いから混雑するのだ。あなたも私も，高速道路を利用しているのだから，混雑の加害者なのですよ」，と。高速道路の混雑は加害者と被害者が同じ人物であるという奇妙な現象だ。

第3話　超大国はお互いに自国は有事に備え核を兵器庫に保持しつつ，相手国が核保有を放棄することが最も良い状態と考えている。逆に相手国が核を保持して自国が放棄する場合は最悪の状態である。したがって相手国の出方がどうあれ，自国は核を保有するほうがよい。しかしながら両国が共同して同時に核を放棄することができれば，両国とも保持する場合よりは良い状況だと考える点では一致している。問題は意思決定の相互作用であり，両国にとって最終的により良い結果

を得るためには，それぞれの国は個別にはより劣る戦略を選択しなくてはならない。それぞれの国にとって協定を破り密かに核を保有する誘因がどうしても生じてしまう。

注1　第1話と第3話は，ディキシット・ネイルバフ著『戦略的思考とは何か』(TBSブリタニカ)に基づいている。

注2　KGBとは，旧ソ連の国家保安委員会のことで，反体制派の監視，スパイの摘発などを行った。(『広辞苑(第4版)』岩波書店，による)。

設問1：上の3つの話は，人間社会のあり方に関するある共通した現象を説明しようとしている。それはどのような現象であるのか。(400字)

設問2：設問1で質問した「この3つの話に共通した現象」は，人間社会にいろいろな形で存在する。思いつく事例を1つあげて，それを説明しなさい。(300字)

解　説

　課題文はいずれもゲームの理論に関わるものである。第1話は囚人のジレンマと呼ばれる話である。

　第1話の状況を表に表せば右のようになる。指揮者は，友人が自白すると仮定

	指揮者自白	指揮者黙秘
友人自白	指10，友10年	指25，友1年
友人黙秘	指1，友25年	指3，友3年

しても黙秘すると仮定しても，自分が自白する方が得であることを知る。合理的に判断すればそうならざるを得ない。

　ゲームの理論の特徴として言えることは，ゲームの(プレイヤー)の意思(目的)と，そのプレイヤーにもたらされる結果とが，一致しないという状況があらかじめ設定されている点にある。それぞれのプレイヤーは自分にとって最大の利得を獲得しようという目的のもとに最善の策を講ずるが，結果としてあまり望ましい利得は獲得できないということになる。なぜプレイヤーは，みずからが最善と思ったにもかかわらず，結果としてそうした利得の減少を余儀なくされるのか。重要なことは，各プレイヤーは全体の成り行きについて無知であるという点である。プレイ全体をひとつの"系"と考えれば，その"系"全体の構造について知らされていないのである。第一話で言えば，相棒の囚人が何をKGBにしゃべったかについて無知であり，第二話で言えば，他のドライバーがどのような行動に出るか無知であり，第三話で言えば，相手国がどのような核戦略をとってくるか無知である，ということである。

　このことは，別の言い方をすれば，部分の合成の問題である。部分が全体について盲目で，全体がどのように推移しているかについて全く関知していないという状況下にあっては，部分の極大化が集合的に集まると，全体のカタストロフィ(崩壊)が生じるのである。これを「合成の誤謬」というが，部分では最善と思われることも集合化すると全体としては最悪になることもある。

　この部分と全体の不整合の問題は現代社会の根本的な問題の一つである。社会学でも経済学でも政治学でもつねに問題になることである。したがって，今後もこの種の

問題は頻出であると覚悟しておいてほしい。

なお，設問については，問1は問題点を指摘するだけだし，問2は周辺の問題を拾ってくるだけであるので，解答はそれほどむずかしくはないだろう。東大がここで試しているのは，この種の問題の在りかを知っているかどうかではなく，具体的な問題から一般的な問題を抽象する能力があるかどうか(設問1)，そして，今度は逆に一般的な問題から特殊な問題を演繹する能力があるかどうか(設問2)を試しているのである。この二つの能力が学問の基本的な力になるからである。そういう意味で，これはなかなかの良問である。

重要概念
「合成」「全体」「無知」「合理的判断」

――【解答模範例】――

設問1
　3つの話に共通しているのは，表面的に見る限り，ある状況下にある複数のメンバーの各々がおのれの最大利益を目的として**合理的に判断**して行動しても，結果的には最大利益は得られず，所期の目的からするとより劣った結果しかもたらされないという事態である。が，より子細にその論理構造を考えてみると，そこに共通している現象とは，一つには，それぞれのメンバーが他のメンバーの行為選択についてあるいは**全体**の推移について**無知**であるということ，また一つには，メンバーの意思が集合的に同一の行為に向かうと全体として**「合成の誤謬」**が起こり，結果的に各自の利得が減殺されてしまうということ，である。　　　(283字)

設問2
　農家の人にとって，豊作と凶作の違いは決定的であるし，自分がつくった作物が市場で売れるかどうかは生計に直結する問題である。農家の人であれば誰しも豊作を願い，各種の方法を講じて自分だけは天候に左右されにくく，なおかつ市場に受けのよい作物をつくろうと考える。だが，皆がそうした考えをもつことによって，長期的にみれば，結果としてはあり余る良質の作物が市場価格を低下させ，結果的に投資に見合う収入を安定的に得ることがむずかしくなってしまう。
(216字)

5．科学文明の問題

(1)「社会科学の客観性」　大阪大　経済学部　　　　　タイプ(B)

　次の二つの文章AおよびBを参考にしながら，「社会科学はどのような意味で学問としての客観性をもちうるのか」について，あなたの考えを700字以内で書きなさい。

A

　ロンドンのハイゲート墓地にマルクスの墓碑がある。その碑には「哲学者はこれまで世界をさまざまに解釈してきたにすぎない。大切なのはそれを変革することである」という文句が英文で刻まれている。これはマルクスが27歳のときにノートに書き留めた『フォイエルバッハにかんするテーゼ』のひとつである。シュンペーターは24歳でものした処女作『理論経済学の本質と主要内容』の冒頭に「すべてを理解することはすべてをゆるすことである」と記した。「世界を変革する」と断じるマルクスと「すべてをゆるす」とつぶやくシュンペーターとでは、個性の違いはきわだっている。この二つのテーゼは、二人がまだ青年であったときに吐露したものではあるが、それぞれが樹立した経済学体系とアイデンティティをもっており、マルクスの知性に裏打ちされた烈々たる赤い情熱、シュンペーターの知性をたたえた紺色の深い悲しみは、その後の著作の行間ににじみ出ている。（中略）

　社会科学者の基本的任務は現実の分析であるが、現実は歴史性をもった一回限りのものであり、分析する人間もこの世に二人と同じ者のいない個性的存在である。マルクスもシュンペーターも近代資本主義社会の歴史的運命について体系的解釈をもっていた。そしてその二つの解釈体系は二人の個性を離れて存在したのではない。

　たとえば、マルクス『資本論』とシュンペーター『景気循環論』は、ともに近代資本主義をトータルに解剖してその発展と没落の宿命的過程を浮き彫りにしてみせた作品であるが、マルクスは資本主義体制を否定、シュンペーターは肯定した。同様の対象に取り組みながらも、正反対の見方を生んでいるところに社会科学の性格が横たわっている。すなわち、社会科学の中でもっとも科学性が高いといわれる経済学でさえ、突き詰めていくと、マルクス経済学、ケインズ経済学、サミュエルソン経済学等々と固有名詞を冠した経済学体系をもっていることに気づかされる。社会科学は、科学者の主観から超然としている自然科学とは異なり、研究主体の世界観を離れてはありえない。　　　　　　　　（川勝平太『日本文明と近代西洋――「鎖国」再考』より）

B

　自然現象よりも社会現象の方が複雑な要因をもつと申しましたが、それではその複雑な要因は一つ残らず計測可能かといいますと、そうではありません。量化できないものもありますし、できるものもすべて計測することはとてもできません。プログラムをつくるにしても複雑になりすぎて不可能でしょうし、今日コンピューターの処理能力は非常に大きくなっていますが、しかし一つ残らず計算できるというものではありません。

　結局は、たくさんあるファクターの中から、計測可能な、しかも限られた数のファクターしか取り上げられないことになります。ずいぶんと複雑な式をつくることも試みられてはいますが、実際には計算外のファクターが作用するためなかなか予想どおりにならない、というのが社会科学、経済学の現状です。与件の固定化ということが、自然科学の実験のようにはいかないということであります。

　そうなりますと、実はこの点が重要なのでありますが、いかなるファクターを重

視するか，どういうファクターは一応捨ててしまうか，ということが大問題になります。ここで私たちは否応なしに一つの判断基準を持つことを迫られます。価値判断，あるいはそのためのある基準を求められるわけであります。それは(中略)世界観の問題であると言いかえてもよろしいでしょう。

　当初から全部一つ残らず計測をして，これは関係があるから取り上げるとか，これはどう計算してみても関係がないから捨てる，ということではないのであります。どういう要素を重要と考え，どういうものを無視するかというところに実は人間の判断が入り込まざるをえないのです。これは避けることができない研究上の制約です。

　(中略)　いくら客観的だといいましても，ある事柄を客観的事実と認識すること自体が，実は一つの主観である，ということであります。1個100円のケーキという価格は，あるいは客観的事実といってもよいでしょう。しかし，そこで100円という価格が重要だと考えるとしますと，それはすでに一つの主観であります。あるいはケーキの糖分だとか原料の小麦粉を重視することもできますが，それもまたそれぞれ主観であります。つまりケーキならケーキという対象の選択，あるいはそこでのファクターとファクターのからみ合いを，どういう側面で測定するかということが観察者の選択であり，そもそも選択ということは主観的判断なのであります。客観的事実が存在するとしても，その客観性が成立する根拠としてどうしても主観が入り込まざるをえない。客観的世界を考えるとしてもその世界をどのようなものとして構成するか，というところに主観，と申しますか，ともかく一つの判断基準が入り込むのであります。

　ここのところに今日の経済学あるいは社会科学が直面している大問題があります。一定の目標を立てて政策操作をしても必ずしもうまく行かない，というのは実は操作を行い計測をするファクターについて，一定の主観的な価値基準が入り込まざるをえないということに問題があると申せましょう。

(隅谷三喜男『大学はバベルの塔か』より)

解説

　学問に要求される「客観性」について正面から問いただす問題である。

　「客観性」という概念は，いろいろな文脈で多義的に使用されるため，その意味を確定することは一般的にむずかしい作業であるが，ここに紹介されている文章でも「事実性」や「決定性」や「普遍性」の意味で使用されているため，どの側面から語り出すかで答案の方向性も異なってくる。おそらく多くの受験生はここにいう「客観性」を「事実性」と同意義で考えたと思われるが，第Ⅱ部でも述べたように，自然科学においても「事実」の確定は「パラダイム」という解釈共同体の理解地平に依存しており，純粋無垢の事実なるものは存在しないといっていい。どこかで主観の息がかかっており，その意味では解釈学的循環構造から抜け出すことは，そもそもどのような学問にとっても不可能であると言わざるを得ないのである。

この種の，客観性を問題にする問題を解くに当たっては，まずはそうしたことを了解した上で解答に当たる必要がある。事実が客観的に存在することを素朴に信じ込んで，「自然科学は客観的だが，社会科学は主観的だ」とか，社会科学だって「それなりに注意して事実を観察していけば，それなりの客観性が確保できる」といった，中学生でも考えそうなことを言ってもはじまらないということは，しっかりと頭に刻み込んでおこう。

　パラダイム論を念頭に置いてこの種の問題を見れば，むしろ社会科学が自然科学以上にすぐれている点も指摘できるはずである。それは，自然科学が自らのパラダイムに関して盲目的であるのに対して，社会科学は自らのポイント・オブ・ヴュー（視点）を自覚している分，それだけ普遍的な地平からことがらを検討することができているということである。科学とメタ科学の対比でいえば（178頁参照），社会科学は自然科学以上にメタ科学的視点をもっているため，客観性を普遍性の意味でとらえるかぎり，自然科学以上に客観性があるということになるのである。解答もだいたいその方向で書いている。

　なお，Bの文章にあるように，「客観性」の問題を「決定性」の問題に近づけて考えれば，現在の自然科学が非決定論的な複雑系科学の方向にむかっていることなどとからめて書くこともできるが，ここではそうした論点はとりあえず棚上げしておいた。

重要概念

【本文中の重要概念】
「社会科学」「自然科学」「個性」「客観的事実」「観察者」「解釈」「主観的判断」「世界観」「価値判断」「複雑」「計測可能」
【その他の重要概念】
「パラダイム」「普遍性」「事実性」「世界観」「知の誠実さ」

【解答模範例】

　ごく素朴に考えれば，自然科学と社会科学を比較したとき，「客観性」の度合いは社会科学よりも自然科学の方がまさっているように思える。自然科学の対象が自然の事実（**客観**）であるのに対して，社会科学の記述対象は事実ばかりではなく事実を解釈する人間（**主観**）にまで及んでいるからである。

　だが厳密に言えば，自然科学においても自然（事実）を解釈する主体としての人間の知的営みを無視するわけにはゆかないだろう。どのような対象を扱うにしてもやはりそこには一定の**パラダイム**（世界観）が働かざるを得ない。いかなる世界観からも自由な理論などというものはそもそも存在するはずはないからである。

　そう考えれば，社会科学の客観性を，自然科学のそれよりも"劣った"ものと見なす必要はないことになる。いや，むしろ，自然科学は自らのパラダイムに対して盲目であるのに対して，社会科学はそのことに自覚的である点において，より「**普遍性**」があるとも言いうる。「**客観性**」の意味をどういう観点から切り出すかによるが，「**事実性**」という観点ではなく「**普遍性**」という観点からすれば，おのれ

の世界観に自覚的な分，それだけ社会科学の方に**「客観性」**の軍配は上がるといわざるを得ない。

　事実を純粋無垢の状態で記述することはそもそも人間の営みでは不可能である。それは自然/社会の違いを超えて言いうることである。要は，そうしたことにどこまで誠実に思考するかであり，**知の誠実さ**の度合いが科学の客観性を保証しているとも言えるのである。
　　　　　　　　　　　　　　　　　　　　　　　　　　　　　　(680字)

(2)「人工身体と自然の身体」　島根大　法文学部　　　　　　タイプ(A)

　現代の常識では，存在する身体はほとんど一つである。それは，科学的，客観的，物質的な身体である。それがいかに一般的かを言おう。多少でもからだの具合が悪いときに多くの人がなんと言うか。「病院に行って，検査してもらったら」と言うはずである。そうした検査によって示される身体，それが第一の身体である。検査の結果，判明するものは何か。それは，計量可能であり，論理化可能であるような身体である。CTやMRIの画像は，1「自然の身体」を画像化したように見えるかもしれない。しかし，それは電磁波を利用して，物質の透過度を測定し，その結果を計算機で画像化したものにほかならない。その意味では，あれは典型的に計量化された身体なのである。

　それを私は「人工身体」と呼んでいる。なぜならば，すべてが計量化され，論理化されたあかつきには，そうした身体は人工物として，最終的には置換可能だからである。その基底にあるものは，完全に予測され，統御された身体である。現代的な医療制度そのものが，こうした人工身体を目指して動いている。検査機器がほとんど無限に進歩するように見えるのは，身体の人工化の推進なのである。その延長上に，たとえば人工臓器がある。したがって，こうした人工身体を，物理・化学的身体と呼んでもいいし，たんにモノあるいは物質と呼ぶ人もあろう。それは表現の問題であるが，2「人工」身体と呼んだほうが，真意は明瞭になる。

　もともと人は，「具合が悪いから」医者に行った。いまでは，「検査で引っ掛かったから」，医者に行く。「具合が悪い」ということを主張するのは，自然の身体である。さらに限定すれば，自然の身体に取り付けられたセンサーである。人びとはそれはあまりアテにならない，と考える。そのセンサー自体が，「自然」だからである。だから，「検査に行きなさい」なのである。

　そうした形で，人工身体は透明化する。それが完全に読めるものである以上は，人工身体は「透明である」というしかない。それと保険制度は，基本的に結合している。透明な身体を扱うなら，若い医者も，経験を積んだ医者も，関係ない。そこには，一定の「透明な」やり方があるのみである。そうした人工身体を扱うのが，現代の「キュア」である。現代医学では，治療とは，あらゆる疾病の予測と統御をさす。したがって，最終的な予測が「あと何カ月です」になるのも当然である。そこまでくれば，現代医学の使命は終わる。

これと対立する身体が，自然の身体である。それは，予測と統御が不能な面に注目し，つまり論理化できないという意味で，いわば不透明な身体である。さらに，自然の特質として，それは「かけがえのない」面を持っている。人工身体では，すべてが計量化される。そこには「かけがえのなさ」などというものはない。心臓はだれの心臓であろうと，やはり心臓なのである。免疫学はそれに異論を唱える。しかし，その異論は，人工身体論者にとっては，「克服されるべき障害」なのである。決して「自然とはそういうものだ」として受け入れられはしない。したがって，免疫制御剤が発達する。臓器移植において，自然の免疫は「排除すればいい」からである。免疫学者が何を言おうと，免疫学はそのための知識として利用されるのである。
　自然の身体を象徴するもの，それが生老病死である。そのいずれもが，予測不能で，統御不能な面を抱えている。われわれは子どもを「産むこと」を徹底的に統御してきたし，統御しつつある。しかし，「生まれること」を統御することはできない。だれであれ，「気がついたら，生まれていた」のである。歳をとることは，防げない。胎児が発生してくる過程そのものが，老化にそのまま引き続いていく過程であり，老化を好まないとしたら，はじめから育たないのが一番いいのである。病はどこかでかならず訪れ，やがてわれわれは死ぬ。その事実を統御することも，われわれには根本的には不可能である。
　こうした自然の身体を扱うこと，現代医学ではそれをケアと言う。人工身体は医者の持ち分であり，自然の身体は看護婦の持ち分である。そう考えれば，話はきわめてすっきりする。人工身体は，理性に基づく以上，積極的に定義できるものだが，自然の身体はその「残り」である。実際に，多くの人がそう感じているであろう。ガンで余命いくばくもない人は，まさに「残り」の人生を歩む。それを「ケア」するのは，基本的には医師ではない。それは看護婦であり，神父，僧侶である。
　3自然の身体の持つ不透明性，かけがえのなさ，それを現代社会は嫌う。なぜならそれは，人工の典型である経済の原則に乗りようもないし，そうした原則の上で運用される現代社会では，つねに「例外」として止まらざるをえないからである。現代社会では，自然の身体はつねに「例外」なのである。

（養老孟司『日本人の身体観の歴史』による。一部改変。）

問1　下線部1の「自然の身体」は，本文中の「　」のない自然の身体とどう違うのかを説明しなさい。
問2　下線部2について，「人工」身体と呼ぶことの筆者の真意は何かを説明しなさい。
問3　下線部3について，医療に関する具体的な問題を一つ例にとって説明しなさい。（400字程度）

解説

本問は「説明しなさい」という設問文によっても分かるように，小論文の問題という

よりも国語の問題である。小論文と国語の違いは，説明を求めているか解釈を求めているかの違いである。国語は一般的に説明を求めるだけだが，小論文は一般的には解釈を要求する。

説明(explanation)とは，分かりにくいことを平明(plain)に言い換えることであるが，解釈(interpretation)とは，ある事柄についての解釈者の理解(understanding)を開陳することであり，平明に言い換えることとはまったく異なる。例えば，「光」を説明するには「○○オングストロームの電磁波」で十分だが，それを解釈しようとするときには，どのような概念を用いるかはまったく解釈者の理解にゆだねられている。「光」を，「愛」や「理性」という概念で解釈することもできるし，「エネルギー」と解釈することもできる。解釈のバリエーションは無限に存在する。そうであるからこそ，小論文には正解がないのである。

本問の出題意図については，課題文を読めばすぐにでもわかるだろう。ここで問題となっているのは，科学的な身体と自然の身体の違いであるが，そのことは単に身体だけの問題ではなく，自然一般に対するものの見方やわれわれの生活一般についてのものの見方にも通ずることである。われわれは日常気づかないうちに自然科学や社会科学などの「透明な」ものの見方に陥っている。病院に行く理由は，自分に特有な具合の悪さからではなく，ある臓器が特定の病状を呈している(と思われる)からである。学校に通い学習するということも，自分の人生の問題というよりも，特定の能力を身につけて一般的なキャリア・アップの方程式に自らを合致させるためである。人間が生まれて成長して死んでゆくことが，かけがえのない特定の人生という観点からではなく，自然科学的あるいは社会科学的な機能(ファンクション)という観点からのみ見られる。そうしたわれわれの，今ではごく普通になったものの見方を反省させる材料としてこの課題文は存在する。そもそも人間にとって科学とは何なのか，あるいはそもそも人間にとって幸せとは何なのか，そんなことを考える材料になっている。設問はごく簡単な国語問題であるが，問題自体は非常に根の深い問題なのである。

科学の問題を考えるということは，文明の問題を考えるということであり，それはまた人間や世界の問題を考えるということでもある。科学文明の出題は今後も多数出題されるだろうが，どんな設問になっていようとも，その根の部分にはこうした文明に対する目や人間に対する目が求められていることは，けっして忘れてはならない。

重要概念

「人工身体」「物理・化学的身体」「透明な身体」「論理化」「計量化」「キュア」「自然の身体」「不透明な身体」「統御不能」「かけがえのなさ」「ケア」

【解答模範例】

問1

「自然の身体」が単なる自然の身体と異なる点は，すでにそれが**計量化**され**透明化**しているからである。それは外見上は自然の身体ではあっても，すでにその社会的意味は**論理化**され**人工化**されている。

問2

　そうした身体が，物理・化学的な**論理化**がほどこされた身体であること，すなわち人間がみずからの思考にもとづいて意図的につくりだした身体であって本来の人間的な身体ではないことを示すことが筆者の真意である。

問3

　安楽死や尊厳死の問題が挙げられる（ここでは尊厳死で一括する）。尊厳死の問題は，まさにその人だけの生きる意味，死ぬ意味を究極的に問い直す場面である。人間として**人間らしい**死に方を模索するところに尊厳死の問題は横たわっているからである。にもかかわらず医療の現場では，そうした特定の人間の生死の問題は直接問題にされることはなく，代わって医療による延命の可能性だけが問題となる。植物状態で生き長らえていることが当人にとってどういう人生上の意味をもつかという問題ではなく，広く生命一般の技術上の維持可能性だけが問題となる。そこには**「キュア」**の観点は見出せても**「ケア」**の観点は見出せない。特定の個人の特殊な問題という理解ではなく，一般的な身体（本文筆者のいう**人工身体**）の**理化学的**な理論上の問題という理解で済まされてしまう。　　　　　(354字)

(3)「幸福論」　奈良女子大　生活環境学部　　　　　　　　　　　タイプ(A)

[設問]

Ⅰ．次の文章でショーペンハウアーは，我々の幸福に何が本質的であると言っているのか，400字以内に要約しなさい。

Ⅱ．あなたは幸福な生活をおくるうえで何が本質的であると思いますか，あなたの考えを800字以内で述べなさい。

　われわれの幸福や楽しみにとって主観的なるものが客観的なるものよりもはるかに本質的であることは，飢えが最良の料理人であることや，老人が若者が賛美する女神を無関心に眺めることからはじまって，天才聖者の生き方にいたるまですべてのことが確証している。とりわけ健康さはすべての外的価値をはるかに凌ぐ意義があるために，おそらく健康な乞食のほうが病める王よりもより幸福であろう。完全な健康さと，体の組織の調子のよさから生じた落ち着いた明朗な性格，はっきりとしたうえに生き生きと事物の内部にまで浸透して，これを正しく把握する悟性，節度ある柔和な意志，それに正しい良心などは，いかなる位階や富をもってしても代用できない長所である。なぜなら，人がおのれ自身であるもの，すなわちその人が孤独になってもつきしたがい，なんぴともその人に与えたり，あるいはその人から奪ったりすることができないものは，その人にとって，自分の持ちものや，その人が他人の目にいかに映るかといったことよりも，明かにより本質的なことだからである。精神力豊かな人が，まったく孤独な立場にいても，おのれの精神や空想力を相手どってけっこう楽しむことができるいっぽう，愚鈍な人は，たとい，やれ社交だ観劇だ旅行だリクリエーションだとつぎからつぎへと変化を求めても，おのれを

するどくさいなむ退屈を追放するわけにはゆかない。善良で節度があり，しかも柔和な性格の持ち主は，貧しい環境にあっても満足していられるけれども，貪欲で嫉妬深く悪意のある人はいくら富があっても満足できない。まして，いつも異常なほど精神的な高尚な個性を保っている人にとっては，普通人がけんめいにとりくんでいる楽しみの多くは余計なものであるばかりか，わずらわしい，面倒なものである。

(ショーペンハウアー著　金森誠也『孤独と人生』白水社より抜粋)

解　説

　ショーペンハウアーは19世紀の哲学者で，ヘーゲルと同時代に生きた人である。厭世的な思想の持ち主で，孤独な思索生活を楽しむといった雰囲気をもった思想家である。ここでもそうした特徴は存分に発揮されており，要は人間の幸福とは主観的で内省的な生活にこそある，といわんばかりである。社会的な意味で孤独ではあっても，精神的な貴族であることを何よりも重視しようというわけである。

　こうしたショーペンハウアーを課題文に掲げた奈良女子大は何を企図しているのであろうか。単に「あなたは人生について，あるいは幸福について考えたことがありますか」という程度のことを聞きたがっているとは思えない。生活環境学部の出題という点を考えれば，「ここに掲げられたショーペンハウアーのような閉ざされた幸福観を批判的に検討せよ」という趣旨だと考えるべきだろう。

　ショーペンハウアーの思想に端的にあらわれている「幸福」＝「個人の幸福」という図式はいかにも古くさく，時代遅れで，現代にふさわしいものではない。その点を，感情的にではなく，概念的に批判すること，それが求められていることである。

　さて，「幸福」を「幸福感」と同義だとすれば，感慨や感情があくまで個人内部における内省の結果である以上，「幸福」はあくまで個人的なものにとどまる。その限りではショーペンハウアーの主張は肯定できる。しかし，「幸福」は主観的な内省の結果"感じられる"ものではあっても，主観的な内省の結果"生じる"ものではない。内省をしたから幸福になるということはない。幸福とはあくまで社会的ななにがしかのできごとに直面して，社会のなかで実現するものである。外界と無縁の生活をしている人が幸福を感じることはほとんど絶望的であるといえる。どんな孤独な趣味をもった人といえども，外界の環境と無縁に孤独の楽しみを追求することはできないはずだ。かならず環境との対話や調和が必要になる。「幸福」というものは，そういう意味で，環境世界との対話や調和を前提として生じるものだと言えるのである。もちろん，それを感じ取るときには，ショーペンハウアーがそうであるように，内省的で主観的な感受が必要になることはいうまでもないが，それは幸福の結果的享受にすぎず，幸福の生成のプロセスとは無縁である。

　かようなしだいであるから，幸福についての議論は，あくまで社会的，あるいは環境的な視点から語る必要がある。けっしてショーペンハウアーとおなじ路線で，主観に引きこもった視点から語ってはならない。とくにここでの出題が生活環境学部のものであることを想起すれば，それが必要条件になっていることがわかるであろう。

思考の全体的な視野から言い直せば，ショーペンハウアーのような19世紀哲学者は，ほとんど判で押したように主観―客観という二元論的図式のもとで世界や人生を語ろうとする。しかし，こうした二元論は今では採用され得ない図式である。主観―客観図式で語られた課題文が出題されたら，それを批判することが眼目だと思っておいてまず間違いない。現在，学問が向かおうとしている地平は，共同主観的な地平なのである。それはときに，他者とのコミュニケーションの場であり，またときには文化コミュニティーであり，またときには差異あるものどうしの共生の場である。こうした新しい概念枠組みをあらかじめ頭に思い描いたうえで，小論文のテーマの在りかを見きわめることが必要である。

重要概念
【本文中の重要概念】
「幸福」「楽しみ」「満足」「孤独」「主観的なもの」
【その他の重要概念】
「間主観的」「環境世界」「コミュニケーション」「自己/他者」

【解答模範例】

I
　「幸福」にとって本質的なことは幸福感の感受である。それは個人の健康や明朗な性格や正しい悟性や節度ある意志や正しい良心などによって得られるものであり，他者から与えられたり奪われたりすることのない孤独で主観的な感覚の感受である。
　したがって，幸福という概念は「満足」という概念ときわめて近接しており，自らのなかで安らぐことができるかどうかということとほぼ同義である。社交や観劇や旅行やリクリエーションといった外的環境や他者との人間関係をとりあえず捨象したところでも成り立つような精神的に満たされた感覚が，幸福の本質となっている。したがってまた，それは退屈という概念と明瞭なコントラストをもって現れるものでもあり，社会的な富の有無とは無縁の精神の豊かさに支えられたものでもある。　　　　　　　　　　　　　　　　　　　　(345字)

II
　幸福な生活をおくる上で本質的なことは，ショーペンハウアーのような**主観的な満足感**だとは思えない。彼は幸福の実感については語ってはいるが，幸福の生成の原因については何も語っていないように思えるからである。
　たしかに，幸福というものは幸福感という感覚によって支えられるものである以上，それはショーペンハウアーの言うように「主観的」なものかもしれない。だが，そう考えてしまうと，**幸福**が単なる**満足**の代用語になってしまい，人生の社会的な意味も半減してしまうように思える。
　人間が幸福であるかどうかは，幸福な人生であるかどうかの問題であり，それは単なる個人内部での満足感には還元できないものがあるように思う。それはす

ぐれて人と人の関係によって，あるいは**環境的・歴史的**な事柄によって形成されるものであり，**間主観的**に成立するものであると言えるだろう。人は，個人的にいくら満足していても，周りの者からみれば「不幸な人だ」とみなされる場合もあるし，主観的には不満を託（かこ）っていても，社会的にみれば「幸せいっぱいだね」と映る場合もある。要は，**環境世界**や人と人との**コミュニケーション**が最も望ましい形で安定的に推移することが人間にとっての幸福であり，それを**満足**として実感できるかどうかは本人の感性の問題であり，本質的には副次的な問題であると言わざるを得ない。

近年，往々にして人々は，ショーペンハウアーと同様に，**幸福＝満足**という安直な図式によって幸福を語ることが多いが，そうした理解をもって孤独な感性に埋没するがゆえに，ますます不満を託ちやすくなっている。人はいつの時代にも**共同主観的**に生きるものでしかないという当たり前の事実を「幸福」についても呼び覚ましたいものである。

(796字)

6. 教育問題

(1)「教育の現状と課題」　名古屋大　教育学部　　　　タイプ(B)

日本の場合，19世紀半ばに開国して西洋の学術や文物を摂取することに急なあまり，これまでに得られた知識，できあがった学問の体系を西洋諸国から学びとることに主力を傾けることになり，知的・精神的営みとしてのその機能や性格を顧みることはほとんどしてこなかった。また，すでに専門化したこの分野を大急ぎで個々的に取り入れたため，諸分野の間の相互の関連とか，西洋の思想・文化全般の中での位置づけといったことを，考えてみるいとまもなかった。初期におけるこうした姿勢はときとともに大きな開きとなってあらわれ，今やあらぬ方へとわれわれを連れ去りつつあるのではあるまいか。そして，その間にも，科学技術は日進月歩してさらに専門・細分化し，また，国家や企業と結びついていよいよ巨大化し，強力化していくのである。

西洋の学術の一般的な摂取はなによりも教育の場を通じて行われてきたのであるから，右に指摘した問題点の是正は，まず教育の中での西洋の学術に対する姿勢を改めることから始められなければならない。中でも，近代科学の教育に関してその必要性はとくに大きい。というのは，従来の科学教育は，一部の専門家を急造するには一応の効果をあげたかもしれないが，これを受ける大多数の青少年に対しては，科学の本質をよく理解させるどころか，逆に，科学に対する強いコンプレックスを与え，科学とはわからないもの，専門家にまかすよりほかはないものという，強度の劣等感を植えつける以外にはほとんど役立っていないように思われるからである。せっかくの科学教育が，西洋の近代的思考への理解を進める手だてともならず，ま

た，自然に対する人間の理解のめざましい成功に接して驚嘆とスリルを味わうといった機会にもならないで，いたずらに，学生・生徒への知的拷問の材料となり，成人にとっては若き日の悪夢の種となるという結果に終わっているのは，何とも残念なことである。

しかも，自然科学に所属する科目が——ほかの科目についても言えることであるが——，中学校や高等学校で教えられる他の十数科目とはほとんど何のかかわり合いもなく，個々の専門的立場から教えられるのであるから，教育を受ける側からすれば，個々の分野についてはそれぞれ相当に専門的なことを課せられるが，その全体的な境位(注)とか全体を貫く関連性とかについては，それを明らかにしようとする特別の努力を自分でするのでないかぎり，皆目わからぬままに学生時代を過ごしてしまうということになる。「木を見て森を見ず」に終わってしまうのである。A個々の専門知識のこま切れに接するだけで，近代的思考とその知的産物という，有意義でもあり，興味ふかくもあり，また必要でもあるものの全体像をつかまえることなしに，義務教育や高等教育の期間をすませてしまうのである。そして，高度かつ広い視野をもった知的能力よりも，卒業証書や，成績や，学閥がより重要だということになる。こうなると，大多数の子弟は，知的刺激を受け，知的啓発を受けるために教育を受けるというのではなくて，むしろ，右のような形式を取得するために学校に通い，また，学校を選ぶということになる。そこで，苦しい準備段階を経てその最終過程である大学に入ってしまえば，主たる関心は，とかく，学問よりはレジャーに向かい，学問は，レジャーやアルバイトの余暇にするということにもなりかねない。多数者が進学するようになればなるほど，こういった傾向はいっそうひどくなるばかりであろう。つまり，B教育が教育になっていないのである。

(渡辺正雄『日本人と近代科学』岩波新書，1976年)

(注)「境位」は筆者の造語と思われるが，ここでの「全体的な境位」とは全体的な状況の中での位置を意味していると考えられる。

問1　筆者は下線部Aで「ここの専門知識にこま切れに接するだけで，近代的思考とその知的産物という，有意義でもあり，興味ふかくもあり，また必要でもあるものの全体像をつかまえることなしに，義務教育や高等教育の期間をすませてしまうのである」と述べているが，あなたが受けてきたこれまでの教育をふりかえって，筆者のこの指摘をどう受けとめますか。300字程度で答えなさい。

問2　筆者は下線部Bで「教育が教育になっていないのである」と述べているが，どのようなことを論拠にしてそのように述べているか，200字程度で答えなさい。

解　説

ここで述べられていることの論点は明瞭であろう。近代以降日本の科学教育がほとんど全体的視点を失って，個々の専門化され細分化された領域の知に限定されてきたことを批判している。第Ⅱ部でも述べたように，日本は近代以降，西洋文明を模範と

して，それにキャッチアップすることだけを至上目的として邁進してきた。そのために科学的世界観がどのような視点に立っているかや全体の知がどのような構造になっているかについて，ほとんど盲目的であった。いま，この課題文もそうであるが，そうした従来の姿勢に対する問い直しが始まっている。世界観を見据えたうえでの知の受容ということが要求され始めているのである。

　設問は，ごく簡単なものなので，答えること自体は何ら困難はないはずである。字数もごく限られており，これぐらいならば苦もなくできるはずである。だが，解答の容易さということと問題の根深さとはイコールでないことは言うまでもない。問題自体は，単なる科学教育という領域に限定されるものではなく，教育全般におよぶ問題である。世界観を教えないという現在の日本の教育がもつ性格は，科学教育だけでなくさまざまな分野の教育においても同様に通じることだからである。その点についての眼差しが求められているといっていいだろう。

　教育とは何を伝達することなのか。単に知識を細切れで伝達すればそれで済むのか。それとも教師の個人的な世界観を教訓的に披瀝することなのか。あるいは，そもそも人類がこの二千年間どのような知的・文化的営みを展開してきたのかを，人類史的な視点から世界観として呈示することなのか。そのあたりの大局的な教育観がなければ，こうした問題には本来的には答えられないといっていい。

　教育問題の小論文を書く際には，目の前にある設問に答えるだけでなく，大所高所から俯瞰する眼差しが是非とも必要になる。細切れの視点ではなく大きな人間観や教育観を樹立しておくことが何よりの対処法である。

重要概念

【本文中での重要概念】
「専門化」「細分化」「科学教育」「近代的思考」「全体像」「高度かつ広い視野」
【その他の重要概念】
「文脈」「背景」「世界観」「教養」「人間的成長」

【解答模範例】

問1

　日本の教育が，近代的な思考方法に立脚しながらも，その立脚点を示さずして単に出来上がった知識のみを**細切れ的**に伝達してきただけであったことは今さら言うまでもない。私が受けてきたこれまでの教育も，その点に関してはいくぶんも違わない。小学校から高校にいたるまで，教わってきたことは単なる既成の知識のみであり，その知識がどういう**文脈**や**背景**によって成立したのかという点に関しては，端的に無視されてきた。だが，知には，それが成立する土壌というものがあり，それを理解せずしては真の**教養**とは言えないだろう。どういう世界観に立脚した知であるかの検証を怠り，やみくもに結果的な知を追い求めるだけでは，何らの**人間的な成長**にもつながらないことは明らかである。　　　　（314字）

問2

　本来の教育は，専門的あるいは細分的な知ではなく，知の全体像を教えて知的啓発を与えるものでなければならないのに，日本の現状の教育は単に個々の分野の細分的な知を教えるだけで知的啓発にも知的能力の育成にもなっておらず，結果的に教育内容よりも教育の証明(卒業，成績，学閥)ばかりを気にするようになっていることを論拠として，現状の「教育が(本来の)教育になっていない」と言っている。
(187字)

(2)「有害番組のコントロール」　お茶の水女子大　文教育学部

タイプ(C)

　左の文章を読んで，二つの設問に答えよ。

　わが国では，テレビの普及が進み，一家に一台の時代はとうに終わり，一人に一台の時代が近づきつつある。テレビが子供の個室に入り，子供が自分専用のテレビを見放題にできるケースも増えている。それにもかかわらず，テレビでは，過度に暴力的，性的であったり，下品な内容を含む番組がしばしば放送され，それに対する批判が見られている。こうしたいわゆる「有害番組」に対して，放送局や，行政，学校，地域，家庭などがどのように取り組むかということは，わが国における重要な青少年問題の一つであると考えられている。

　例えば，フランスでは，テレビの普及率は日本に比べて低く，まだ一家に一台程度であるが，有害番組の問題は重く捉えられており，レイティング制が実施されている。これは，放送局が番組をその内容の有害性に応じて分類し，番組の放送前および放送中に，その番組が分類されたカテゴリーを，視聴者に対して明示しなければならないというものである。現在のところ，カテゴリーには五段階があり，例えば，第四ランク(有害性が二番目に高いランク)は，十六歳以下の子供は視聴禁止が適当とされるものであり，その番組が放送されるときには，赤で書かれた四角が画面の隅に常時出される。番組の分類が適切に行われていたかどうかは，CSA(視聴覚再考評議会)という行政機関が常時監視しており，違反した放送局には，懲罰が与えられることがある。カテゴリーの明示によって，親が子供に有害番組を見せないように，その番組視聴をコントロールすることが容易になっていると考えられる。

　アメリカは，世界でもっともテレビが普及している国であり，有害番組の問題も深刻なものとして扱われている。アメリカも，フランスと同様に，レイティング制を採っており，放送局は，番組の分類を行い，それを視聴者に明示している。しかし，アメリカではこれをさらに進めて，Vチップ制を導入している。Vチップとは，テレビの中に組み入れる一つの部品であり，それを視聴者が操作すれば，そのテレビは，有害性が高いと分類された番組を自動的に映し出さなくなる。また，その操作によって，どの段階の番組までを映し出さないかを選択することもできる。テレビ・メーカーには，十三インチ以上のすべてのテレビに，Vチップを内蔵さ

せることが義務づけられており，親が子供に有害性の高い番組を見せたくないとき，このVチップを操作しさえすれば，それが可能になる。

また，有害番組の放送時間帯を制限している国は多い。例えば，イギリスでは，二十一時は分水嶺(Watershed)と呼ばれ，それ以前には，子供に不適切な番組を放送してはならず，それ以降，徐々に不適切性の弱いものから放送してよいことになっている。

日本でも，最近，放送時間帯の制限が組み入れられることになり，有害番組に対する取り組みが始まりつつあるが，更なる取り組みについて今後の動きが注目される。

設問
1 日本にレイティング制やVチップ制を取り入れることについて，どのような問題点が考えられるかを，300字から500字で具体的に答えよ。
2 上の設問に対する答えを踏まえたうえで，今後の日本において，有害番組の問題に対してどのように取り組むのが最もよいと思うか，また，なぜそう思うのかについて，300字から500字で論ぜよ。

解説

情報化社会のもとではつねに欲望と妄想への誘惑が人々を待ち構えている。とくにまだ年若い青少年にとって，情報の世界は一種のフェティッシュの森であり，その解釈体系を未だ持ち合わせていないがゆえに大きな危険地帯となって現われる。その危険を感じ取る大人が，青少年の健全育成をおもんばかってそこへの接近を制限しようと考えるのは，教育的視点から当然のことである。

ただ，そこにはいうまでもなくいろいろな形の困難がつきまとう。教育的配慮からそうした有害情報を制限しようとしても技術的に可能かどうかという問題や，技術的に可能であってもそもそも誰がどういう形で「有害」と判断するのかという問題や，有害と判断された情報の「表現の自由」の問題もある。あるいは教育的にそうした制限が実際に可能かどうか，つまり親がそれだけの見識を持ち合わせているかという問題や，規制が実際に働いても子供がそれに従順に従うかという問題等々，困難な問題は山積みである。

課題文はこのうち，情報受容の技術的面だけを取り上げてその方策を語っているが，そうした課題文を受けての設問の趣旨は歴然としている。技術的な問題点だけでなく，その他の問題点が存在することに気づくかどうか，とくに教育的視点から問題の所在が理解できるかどうかを試そうとしている。おそらく受験生の多くは，技術的な側面をさらに細かく分析するなかで，「Vチップの費用は誰が負担するのか」，「Vチップは誰がどこで取り付けるのか」といった些細な問題を取り上げたり，あるいは，事柄を法的な次元で捉えて，「有害の判断は誰がどういう基準で行うのか」，「表現の自由との関係は大丈夫か」といった教育問題とは無縁のところで語り始めるのではなかろうか。だが，ここで重要なのは，教育的観点から「有害」情報の問題をどう解決するか

であって，技術的な問題や法的・経済的な問題が問題なのではない。

　高度情報社会は，多様な価値観と多様な情報伝達手段が錯綜する社会である。その中での教育のあり方は，非常に高度な教育的見識が問われている。情報とは何か，価値あるものと価値なきものとは何か，そもそも人は何のために生きているのか，社会はどのように構築されるべきか，そして教育の営みとはそもそも何のために存在するか，等々，根本的な世界観や人間観や教育観が同時に考えられていなければならない。ひとことで言えば，教育に際して高度のインテリジェンス(知性)が要求されていると言っていいだろう。それは教育する者にもされる者にも要求されることである。

　レイティング制にせよＶチップ制にせよ，技術的規制策を講じることに限界があることは目に見えている。高度情報社会とは，そうした小手先の技術論では通用しない複雑性をもつ社会である。そうであればこそ，そもそも「情報」とは何なのか，あるいは人間が生きることと情報とはどういう関係があるのか，といった根本的な問題が教育問題としてストレートに問い直されるのである。こうした視点を欠いたまま，いくら技術的な側面や法的側面だけをとりあげても，それはまっとうな教育論とはならないことは言うまでもない。

重要概念
【本文中の重要概念】
「有害番組」「レイティング制」「視聴コントロール」「Ｖチップ制」
【その他の重要概念】
「表現の自由」「インターネット」「有害情報」「人間関係」「知性」「人類の叡智」

【解答模範例】

1．レイティング制にせよＶチップ制にせよ，規制を行う親(監督者)が具体的規制行為をスムーズに行えるかという問題がある。つまり，親に規制一般の必要性の認識と何が具体的な規制対象であるかの見識が存在するかという問題や，そもそも親子の間に権威と尊敬の関係が存在するかどうか，すなわち規制が平穏に行えるかという問題や，親がそもそも常時監視することができるかという問題がある。その他，具体的な規制が「表現の自由」の侵害に当たらないかという問題や，一人一台になりつつあるテレビ所有へ完全に対応できるかという問題などがある。だが，最大の問題は，テレビ以外のメディアへの対応とのバランスの問題である。雑誌やインターネットなどで有害な情報は多数存在しており，その方の視点を欠いては，レイティング制やＶチップ制は教育的には無意味であるからだ。

(360字)

2．今後の高度情報社会を前提にすれば，**有害番組**や**有害情報**が多種多様な形で洪水のように押し寄せることは目に見えている。その時，子どもたちへの教育的配慮からその危険性を防止あるいは排除する方策が必要となるが，そのためには本文で紹介されているような情報受容の技術的な対応策だけでなく，教育する者とされる者の適切な**人間的関係**の樹立や，そもそも情報全般に対する適切な視点

の育成なども対応策の一環となって現われる。教育とはどこまでも人間と人間の間での精神的なやり取りでしかない以上，情緒や知性の環境を整備しておくことが何より重要であるからだ。

　多様な有害情報の防止や排除のためには，究極的には，人が生きる意味や社会をつくる意味，文化や文明の意味などを子どもたちに納得ゆく形で理解させる必要があるだろう。先に生まれた者(親や教師)がそれに続く者たちに受け継ぐべきことは，総体的にいえば，**人類の叡智(インテリジェンス)** にほかならないからである。叡智(インテリジェンス)が十全に伝授されるとき，有害情報の問題は自然に解決されてゆくと言っていいだろう。　　　　　　　　　　　(480字)

(3)「教養と専門的知識」　東京大　文科一類　　　　　　　　タイプ(B)

問　次の文章はドイツにおける官僚の歴史を扱った書物の一節です。これを手がかりに，教養，専門的知識，「学歴」の関係について，あなたの考えを1200字以内で述べなさい(句読点も1字として数える)。

　19世紀後半，とくに世紀末以降に「教養」の権威はしだいに落ちてゆき，したがって「教養」官僚の価値も相対的に低下しつつあった。ところが，ウェーバーは1917年に次のように語っている。

　「『教育 Bildung』の違いは，今日，財産や経済的機能による区分にしたがった階級形成の要素に対して，疑いもなく真に身分をなす最重要の違いである。だから，主として教育の社会的威信によって，現代の将校は前線で自己主張し，現代の官吏は社会的共同体の内部で自己主張する。『教育』の違いは，これをどれほど遺憾に思おうとも，純内面的に作用する最も強力な社会的制約の一つである。とくにドイツではそうである。ドイツでは，国家勤務の内外のほとんどすべての特権的地位は，単に専門知識ばかりか，そのうえ『一般教養　allgemeine Bildung』の資格に結びついており，学校と大学のシステム全体がそれに奉仕している。すべて我が国の試験合格証書は，同時にとりわけこうした身分的に重要な占有を文書で証明している。」

　ここでウェーバーは，20世紀のドイツであいかわらず「教養」が「身分」を形成する根強い威力をもっていたことを衝いている。つまり，「教養人」型官僚から「専門人」型官僚へという彼自身が描いた普遍的発展図式のドイツ的偏差を指摘しているのである。

　しかし，それよりも重要なことは，ウェーバーが，教養と専門の相違を越えて「試験合格証書」，すなわち「学歴」の証明そのものに「身分」形成的要素を見いだしていることである。社会学的にもウェーバーは，「専門試験により獲得される教育免状」の「社会的威信」の意義を認識していたが，この認識は，「学歴」が専門化ないしプロフェッション化した時代において「教養」の代替の役割を果たすということを示

している。

　ひるがえってみれば，どの時代の官僚もおおむね，一方では実践的能力や業績に依拠しつつ，他方では「教養」ないし，それに類似した観念に正当性の根拠を見いだしていた。中世後期から近世にかけての聖職者や法律家の官僚，文人官僚，詩人官僚，文書官僚，絶対主義官僚，19世紀前半の「教養的」—「法律学的」官僚，19世紀後半以降の法科官僚は，いずれをとってみても，ラテン語の「読み書き」の能力から始まって，神学や教会法・ローマ法の学識，詩と弁舌の能力，頌詩・記念詩，「ドイツ語」の修辞学，宮廷的な社交術・フランス語，秘書術を経て，国家経営術(官房学)，「国家学」，そして私法学的「専門」の能力に至るまで，なにがしかの実践的技術(実用性)や業績によって雇用され，出世しながらも，しかし同時に文学への畏敬，学識ないし学位の権威，「ペーペル」(注)との差異，宮廷的「紳士」であること，古典的—人文主義的教養といった，非実用的な「威信」を基盤としていた。

　ところが，世紀末以降，教養は工業社会，自然科学，貴族的芸術，大衆文化から十字砲火を浴びた。この——とりわけ工業社会の実用的—専門的観点の優位と社会的流動化によって支えられた——趨勢は，……国家試験にも影響を及ぼさずにはすまなかった。法学部はこの流れにしぶとく抵抗したが，結局は専門化の勢いを押し留めることはできなかった。法科独占の牙城であったプロイセンでも，1910年代以降，しだいに国家試験制度に実用的な観点が進出してきて(現行法，国法，経済学，法律解釈の重視，検事・弁護士の試験委員任命)，1923年にはついに，それまで事実上行われていたローマ法大全からの翻訳が廃止になった。

　したがって，かつて教養を後背にしていた法科官僚は，20世紀になってようやく「専門」官僚となったのであるが，しかし彼らの専門知識そのものは，たとえ工業社会に即応した実践性＝業績を誇示することができたとしても，教養の欠落によって生じた空隙を埋めることはできなかった。そこに，専門知であると教養知であるとを問わず「学歴」の威信が登場する舞台ができた。　　　　（西村稔『文士と官僚』より）

注）ペーペル：一般大衆，下層民

解　説

　教育を積むことが社会的にどのような意味をもつかを問う問題である。特に，ここで問題になっていることは，「教養」を積むことと「専門的知識」を積むことの違いを前提にして，社会はどのような知を求めているのかを洗い直す作業である。

　課題文からも分かるように，近代以降，西洋文明はしだいに教養教育から専門教育へと大きくその流れを移してきた。国家の将来ビジョンを描く官僚に求められる知も，教養的知から専門的知へと変化してきた。実用性や機能性という観点から知が問い直され，役に立たない知は不要という判断がそこに働きはじめたのである。近代主義の典型的な帰結といえばそれまでであるが，近代がどういう時代であったかを理解するためにも，教育の場面での知の変遷は有力な材料になりうるものである。

　教養か，さもなくば専門知か，といった二者択一的な知の選択を行うことがここで

の課題ではない。学歴という，課題文によれば「教養の代替」物を，教養と専門知に交えて語ることが求められている。どのように語るかは自由であるが，三者の関係を正確にトレースしておかねばならない。その際，学歴が果たす社会的役割として「社会的威信」といった概念が重要なファクターとなる。かつて教養に求められていた威信が近代以降は学歴に求められるようになったという論理は抜け落とすことはできない。

　現在の日本の状況を振り返って考えてみると，情報化社会の中にあって，学歴至上主義が終焉を迎えつつあることは言うまでもない。だが，学歴なき社会の次にどのような社会が出現するのか，それは端的に未知数である。再び教養が支配権をふるいはじめるのか，それとも学歴に代わる社会的権威が登場することになるのか，それは今の時点では何とも言えないことである。

　解答例は，知の複雑化という時代的制約を前提として，従来のような画一的な教養主義やタコツボ的専門主義では通用しない知のトータルマネジメントの必要性を説いている。現代社会にあっては，専門的知識の必要性が衰えることは考えられないが，一方ではそうした個々の知を全一的に見渡す視点が是非とも必要とされている。それを担う人々が新たな知的階層として登場する可能性も否定できない。従来の教養主義はあまり意味はないが，自己組織化された知の可能性については積極的に見出す必要があるだろう。解答はそうした方向で書かれている。

重要概念

【本文中の重要概念】
「教養」「専門的知識」「学歴」「社会的威信」「実用性」「教養の代替」
【その他の重要概念】
「リベラル・アーツ」「タコツボ型人間」「知の希少性」「知のトータルマネジメント」「自己組織化」「インテリジェンス」

【解答模範例】

　歴史的にいって，リベラル・アーツ（教養）が，ヨーロッパの知的風土の中で，共通教養として君臨してきたことは周知の事実である。課題文はそうした歴史事実を踏まえた上で，ドイツにおける教養重視の姿勢が時代の趨勢とともに専門知へと移り変わっていった事情を語っている。近代以降の工業社会の中にあって，伝統的な教養教育の社会的威信がしだいに認められなくなり，それに代わって専門的知識の実用性が要求されるようになるとともに，学歴がしだいに教養の代替物として社会的に権威をもつようになったことが示されている。

　近代の学歴主義は教養の代替物として機能してそれなりの威信を誇示してきたが，そこで授けられる教育内容は専門的知識であったため，高学歴化にともない，いわばタコツボ型人間を量産することになった。今，世間的な評価として，高学歴であることが崇高な人物であることを意味することは有り得ないと言っていい。

　社会的威信の担い手として登場した「学歴」がここまで地に落ちてしまったのは，もとをただせば学歴自体には何の価値もないからである。かつて教養を光背にし

てかろうじて意味をもっていた学歴が一人歩きしはじめたときに、裸の王様ぶりが暴露されただけの話である。これからの高度情報社会にあっては、ますます学歴の社会的価値は失われてゆくだろうし、**学歴**だけをもって**権威**や**信用**を得ることは絶望的になるだろう。

これからの時代に求められることは、しばしば人々の耳目を賑わすように、スペシャリティなのであろうか。確かに社会全体が複雑化し高度化している現代社会にあっては専門的な知が求められていることは間違いない。だが、いかにスペシャルな能力を持っていてもそれを使うタイミングや使う場所を間違えてしまえば何の価値もないことは明らかである。**知の希少性**の観点からは専門知に価値は認められるが、**知のトータルマネジメント**の観点からは、依然として教養知の価値は衰えていないと言えるのではなかろうか。

現代社会を見渡して言えることは、専門的知が私的な欲望の奴隷となっていることである。人は何のために働き何のために社会を構成しているのか、その根本的なところが見えにくくなっていることである。一方で専門的知が高度化し、社会的に甚大な影響を与える危険性まで有し始めていることを考えると、こうした根本的な問題をひとわたり見渡す知が今ほど求められている時代はないと言っていいだろう。それは旧来の画一的な教養ではないにしても、社会の複雑なあり方を**自己組織化**するような**マネジメント的な知**であることは間違いない。学歴社会が失墜した段階で必要になる**社会的威信**は、そうした**自己組織化**された**インテリジェンス**に基づく威信なのではなかろうか。　　　　　　　　（1188字）

長尾　達也
1957年福岡市生まれ。
名古屋大学大学院(哲学)修了。
現在、名古屋市立向陽高等学校に勤務。
倫理や小論文などの授業を担当。

図版出典一覧
ブルーノ＝エルンスト著、坂根巌夫訳『エッシャーの宇宙』1983年、朝日新聞社
P. 1, P. 47, P. 203
A.G. ディーバス著、伊藤・村上・橋本訳『ルネサンスの自然観』1986年、サイエンス社
P. 67

小論文を学ぶ──知の構築のために──

2001年8月10日　第1版1刷発行
2018年10月31日　第1版16刷発行

編著者	長尾　達也
発行者	野澤　伸平
印刷所	明和印刷株式会社
製本所	有限会社　穴口製本所
発行所	株式会社　山川出版社

〒101-0047　東京都千代田区内神田1-13-13
電話　03 (3293) 8131 (営業)
　　　03 (3293) 8135 (編集)
https://www.yamakawa.co.jp/
振替　00120-9-43993
装幀　菊地信義

Ⓒ 2001　Printed in Japan　ISBN 978-4-634-07110-0

●造本には十分注意しておりますが、万一、落丁・乱丁などがございましたら、小社営業部宛にお送り下さい。送料小社負担にてお取り替えいたします。
●定価はカバーに表示してあります。